U0712372

彭林　嚴佐之　主編

方苞全集

第七册

左傳義法舉要　方望溪平點史記

方氏左傳評點　删定荀子管子

史記注補正　離騷經正義

復旦大學出版社

本册總目

左傳義法舉要

高瑞傑　整理

整理説明

左傳義法舉要一卷，是方苞運用桐城派古文理論解讀左傳的著作。桐城派是清代文壇最重要的文學流派，而方苞被公認爲桐城派奠基之祖。桐城派特重古文、「義法」，並且認爲其根源即來自於經書，其稱「蓋古文所從來遠矣，六經、語、孟，其根源也；得其枝流而義法最精者，莫如左傳、史記」，推崇經書如是，而在所謂「義法最精」中，方苞推崇左傳又甚於史記，這在左傳義法舉要中體現得尤爲明顯，該著對左傳行文推崇備至，屢稱「左氏之文，有太史公不能及者」，「雖太史公、韓退之不過能仿佛其二三，其餘作者皆無階而升」，可見其溢美處。方苞通過對左傳文本結構、史實裁取、用詞考量的分析，揭示了左傳的奥義隱言，融經術、史義、文法於一爐，頗有發覆之效。

左傳義法舉要由方苞口授，其弟子王兆符、程崟傳述。本次點校以清光緒十九年金匱廉泉刻本爲底本，參校蓉園叢書本及清同治間廣東真州張氏刻本（重修）和清光緒二十四年嫏嬛閣本。

高瑞傑

戊戌年端午于清華園

崟與北平王兆符成童以後，並請業於望溪先生，兆符嘗以其父昆繩先生所發揮左傳語質於先生曰：「先生與吾父爲兄弟交，以道義相然信，而論學則相持治。古文並宗左、史，而兆符暨二三同學從問古文，未嘗舉吾父之説以爲鵠的，何也？」先生曰：「凡所論，特爲文之義法耳。學者宜或知之，而非所急也。且左氏營度爲文之意，衆人不知而子之先君子獨悟者十之三，其中屈折左氏之文以就己説者亦十之三，吾嘗面講而不吾許，是以存而不論也。」兆符叩所以先生爲講韓之戰及城濮、邲、鄢陵四篇，請益，又增宋之盟及齊無知之亂。每受一篇傳指，必爲崟述之，崟大爲心開。匪直崟也，凡與聞者皆以爲不可易，而自先生以前二千餘年，儒宗文師不聞擬議及此也。乃與兆符共輯録而覆質於先生，先生爲點竄所録之失其指者，且告曰：「是余之贅言也，以生等迫欲聞此而偶發之，何必傳之人世，使敝精神於蹇淺乎？」時崟爲夏官司，碌碌吏事，未暇究切，及告歸侍母，端居多暇，取左氏傳，自程日討論數篇，翻覆數過，然後知明於四戰之脉絡，則凡首尾開闔、虚實、詳略、順逆、斷續之義法，更無越此者矣。觀於宋之盟，而紛賾細瑣、包括貫穿之義法更無越此者矣；觀於無知之亂，而行空絶迹、諸法之奇變，爲漢以後文家所不能窺尋者具見矣。在先生以爲學者不急之務，而在文章之家，則爲濬發心靈之奥府，苟能盡心於此，不亦大遠於俗學矣乎？兆符曾爲之序，詳述先生所論古作者之源流，及客死都下，發其篋，未得此稿，子幼，叩其家人，則遺文之存者無幾矣。爲是感念疇昔，略道講授之始末。雍正六年秋，八月，歙縣程崟識。

目録

左傳義法舉要

齊連稱管至父弑襄公

齊侯使連稱、管至父戍葵丘，瓜時而往，曰：「及瓜而代。」期戍，公問不至。請代，弗許，故謀作亂。僖公之母弟曰夷仲年，生公孫無知，有寵于僖公，衣服禮秩如適，襄公絀之，二人因之以作亂。連稱有從妹在公宮，無寵，使間公，曰：「捷，吾以女爲夫人」。冬，十二月，齊侯游于姑棼，遂田于貝丘。見大豕，從者曰：「公子彭生也。」公怒，曰：「彭生敢見！」射之，豕人立而啼。公懼，隊于車，傷足，喪屨，反，誅屨于徒人費，弗得，鞭之見血。走出，遇賊于門，劫而束之。費曰：「我奚御哉？」袒而示之背，信之。費請先入，伏公而出，鬭，死于門中。石之紛如死于階下。遂入，殺孟陽于牀，曰：「非君也，不類！」見公之足于户下，遂弑之，而立無知。

左氏之文，有太史公不能及者。如此篇，謀亂之始，連稱、管至父與無知交，何由合？何以深言相結而爲亂謀？連稱如何自言其從妹？何由通無知之意於宮中而謀伺襄公之間？若太史公爲之，曲折叙次，非數十百言莫備。此但以「因之作亂」及「使間公」二語隱括，而其中情事，不列而自明。作亂之時，連稱之妹如何告公出之期？無知與連、管何以部署其家衆？何以不襲公于外而轉俟其歸？何以直入公宫而無阻間？非數十百言莫備。此則一切薙芟，直叙公田及徒人費之鞭，而以走出，遇賊于門，遥接作亂，騰躍而入，匪夷所思。費入告變，襄公與二三臣倉皇定謀，孟陽如何請以身代？諸臣何以伏公於户下？費與石之紛如如何相誓同命以禦賊？非數十百言莫備。此獨以「伏公而後出，鬭」一語隱括，而其中情事，不列而自明。其尤奇變不測者，後無一語及連稱之妹，而中間情事皆包孕于「間公」二字，蓋弑謀所以無阻，皆由得公之間也。

韓之戰

晉侯之入也，秦穆姬屬賈君焉，且曰：「盡納群公子。」晉侯烝于賈君，又不納群公子，是以穆姬怨之。晉侯許賂中大夫，既而皆背之。賂秦伯以河外列城五，東盡虢略，南及華山，内及解梁城，既而不與。晉饑，秦輸之粟；秦饑，晉閉之糴，故秦伯伐晉。備舉晉侯失德，而束以「故秦伯伐晉」，通篇脉絡，皆總會於此。卜徒父筮之，吉：「涉河，侯車敗。」詰之，對曰：「乃大吉也。三敗，必獲晉君。其卦遇蠱，曰：『千乘三去，三去之餘，獲其雄狐。』夫狐蠱，必其君也。蠱之貞，風也；其悔，山也。歲云秋矣，我落其實，而取其材，所以克也。實落、材亡，不敗何時？」三敗及韓。方敘秦筮伐晉，忽就筮辭「敗」字突接「三敗及韓」，以敘事常法論之，爲急遽而無序，爲衡決而不安。然左氏精於義法，非漢、唐作者所能望，正在此。蓋此篇大指在著惠公爲人之所棄，以見文公爲天之所啓，故敘惠公愎諫失德甚詳，而戰事甚略。正戰且不宜詳，若更敘前三戰三敗之地與人，則臃腫而不中繩墨。宋以後諸史，冗雜庸俗，取譏於世，由不識詳略之義耳。晉侯謂慶鄭曰：「寇深矣，若之何？」對曰：「君實深之，可若何？」公曰：「不孫！」卜右，慶鄭吉，弗使。愎諫違卜，自取覆亡。承上敗德，下與詩辭相應。步揚御戎，家僕徒爲右。乘小駟，鄭入也。慶鄭曰：「古者大事，必乘其產。生其水土，而知其人心；安其教訓，而服習其道。唯所納之，無不如志。今乘異產以從戎事，及懼而變，將與人易，亂氣狡憤，陰血周作，張脉僨興，外彊中乾。進退不可，周旋不能，君必悔之。」弗聽。九月，晉侯逆秦師，使韓簡視師。復曰：「師少于我，鬬士倍我。」公曰：「何故？」對曰：「出因其資，入用其寵，饑食其粟，三施而無報，是以來也。今又擊之，我怠、秦奮，倍猶未也。」公曰：「一夫不可狃，況國乎？」遂使請戰，曰：「寡人不佞，能合其衆而不能離也。君若不還，無所逃命。」秦伯使公孫枝對曰：「君之未入，寡人懼之；入而未定列，猶吾憂也。苟列定矣，敢不承命。」韓簡退曰：「吾幸而得囚。」壬戌，戰于韓原。晉戎馬還濘而止。公號慶鄭，慶鄭曰：「愎諫、違卜，固敗是求，又何逃焉？」遂去之。梁由靡御韓簡，虢射爲右，輅秦伯，將止之。鄭以救公誤之，遂失秦伯。秦獲晉侯以歸。削盡枝葉，以詳敘晉侯之獲，則重腿失文律也。晉大夫反首拔舍從之。以上叙晉侯，無一事一言之在於德，見其自取敗亡。以下叙晉群臣，凛凛有生氣，所以能歸其君。秦伯使辭焉，曰：「二三子何其慼也！寡人之從君而西也，亦晉之妖夢是踐，豈敢以至？」晉大夫三拜稽首，曰：「君履后土而戴皇天，皇天后土實聞君之言，群臣敢在下風。」穆姬聞晉侯將至，以大子罃、弘與女簡璧登臺而履薪焉。使以免服衰絰逆，且告曰：「上天降災，使我兩君匪以玉帛相見，而以興戎。若晉君朝以入，則婢子夕以死；夕以入，則朝以死。唯君裁之。」穆姬本怨晉侯，及被獲，又以死免之，著穆姬之知義，正與晉侯之敗德反對。乃舍諸靈臺。大夫請以入。公曰：「獲晉侯，以厚歸也。既而喪歸，焉用之？大夫其何有焉？且晉人慼憂以重我，天地以要我。不圖晉憂，重其怒也。我食吾言，背天地也。重怒，難任；背天，不祥，必歸晉君。」秦伯務德。公子縶曰：「不如殺之，無聚慝焉。」子桑曰：「歸之而質其大子，必得大成。晉未可滅，而殺其君，祗以成惡。且史佚有言曰：『無始禍，無怙亂，無重怒。重怒，難任；陵人，不祥。』」乃許晉平。晉侯使郤乞告瑕呂飴甥，且召之。子金教之言曰：「朝國人而以君命賞。且告之曰：『孤雖歸，辱社稷矣，其卜貳圉也。』」衆皆哭。晉于是乎作爰田。晉侯本以背中大夫之賂失衆心，故假晉侯之命作爰田以要結之。呂甥曰：「君亡之不恤，而群臣是憂，惠之至也，將若君何？」衆曰：「何爲而可？」對曰：「征繕以輔孺子。諸侯聞之，喪君有君，群臣輯睦，甲兵益多。好我者勸，惡我者懼，庶有益乎！」晉人凛凛有生氣。未戰之前，人皆知君之敗，既敗之後，人皆欲君之歸。又與前反對。衆說。晉于是乎作州兵。初，晉獻公筮嫁伯姬于秦。筮嫁穆姬，何以追敘於此？以時惠公方在秦，有史蘇之問與對也。舍此，更無可安置處。觀此，則知古人叙事，或順或逆，或前或後，皆義之不得不然。遇歸妹之睽。史蘇占之，曰：「不吉。其繇曰：『士刲羊，亦無衁也；女承筐，亦無貺也。西鄰責言，不可償也。歸妹之睽，猶無相也。』震之離，亦離之震。『爲雷爲火，爲嬴敗姬。車説其輹，火焚其旗，不利行師，敗于宗丘。歸妹睽孤，睽孤亦與晉侯失德而外内無親相應。筮占又與前筮占相映。寇張之弧。姪其從姑，六年其逋，逃歸其國，而棄其家，明年其死于高梁之虚。』」及惠公在秦，曰：「先君若從史蘇之占，吾不及此夫！」韓簡侍，曰：「龜，象也；筮，數也。物生而後有象，象而後有滋，滋而後有數。先君之敗德，及可數乎？通篇言晉侯敗德，而以史蘇語出之，敗稱先君，是謂變化無方。史蘇是占，勿從何益！詩曰：『下民之孽，匪降自天。僔沓背憎，職競由人。』」晉侯先事而敗德，臨事而失謀，孽由己作，通篇關鍵。冬，十月，晉陰飴甥會秦伯，盟于王城。秦伯曰：「晉國和乎？」對曰：「不和。小人恥失其君而悼喪其親，不憚征繕以立圉也，曰：『必報讎，寧事戎狄。』君子愛其君而知其罪，不憚征繕以待秦命，曰：『必報德，有死無二。』以此不和。」晉人凜凜有生氣。秦伯曰：「國謂君何？」對曰：「小人慼，謂之不免；君子恕，以爲必歸。小人曰：『我毒秦，秦豈歸君？』君子曰：『我知罪矣，秦必歸君。貳而執之，服而舍之，德莫厚焉，刑莫威焉。服者懷德，貳者畏刑，此一役也，秦可以霸。納而不定，廢而不立，以德爲怨，秦不其然。』」秦伯曰：「是吾心也。」改館晉侯，饋七牢焉。蛾析謂慶鄭曰：「盍行乎？」對曰：「陷君于敗，敗而不死，又使失刑，非人臣也。臣而不臣，行將焉入？」慶鄭不敢逃死，與陷君於敗反對，將死之言順，與諫君之語犯反對。十一月，晉侯歸。丁丑，殺慶鄭而後入。結正慶鄭之罪，又見晉侯困辱而無能改德，所以爲外内所棄，而重耳由是興也。是歲，晉又饑，秦伯又餼之粟，曰：「吾怨其君，而矜其民。秦伯務德，又與篇首輸粟相抱。且吾聞唐叔之封也，箕子曰：『其後必大。』晉其庸可冀乎？姑樹德焉，以待能者。」此篇著惠公所以敗，爲重耳之興張本，至此始點明。却于秦伯輸粟出之，是謂變化無方。秦伯樹德與晉侯斂怨反對，箕子之言與史佚之言相映。于是秦始征晉河東，置官司焉。又抱篇首「賂秦伯以河外列城五，既而不與」。

左氏長篇，多於篇首總挈綱領，而隨地異形，其變無方。此篇晉惠公以失德致敗，篇首具矣。而中間愎諫、違卜，臨事而失謀，則非平昔敗德所能該也。故因韓簡之論占，忽引詩以要綰前後，而篇中所載惠公之事與言，細大畢舉矣。且失德失謀，以致敗由人，則守義好謀，而轉敗以爲功，亦由人。并晉群臣之慼憂以從君，惕號以致衆，馳辭執禮以喻秦，皆一以貫之。而慶鄭之孽由己作，亦包括無遺矣。叙事之文，義法精深至此，所謂出奇無窮。雖太史公、韓退之不過能彷彿其一二，其餘作者皆無階而升。

城濮之戰

二十八年，春，晉侯將伐曹，假道于衛。衛人弗許，還，自南河濟，侵曹伐衛。正月，戊申，取五鹿。二月，晉郤縠卒，原軫將中軍，胥臣佐下軍，上德也。德字直貫篇末。能以德攻，晉侯惟有德，故能上德也。晉侯、齊侯盟于斂盂。經書「晉侯、齊師、宋師、秦師及楚人戰于城濮」，而傳於戰止列晉之三軍，故具詳齊侯之合於晉，爲二卿以師從張本，且明三國之師分隸晉之三軍，與鄢陵之戰鄭伯自爲一軍異也。衛侯請盟，晉人弗許。衛侯欲與楚，國人不欲，故出其君，以說于晉。衛侯出居于襄牛。公子買戍衛，楚人救衛，不克。公懼于晉，殺子叢以說焉。謂楚人曰：「不卒戍也。」此節於篇法爲駢枝，以左傳義兼釋經故也。而書公之懼晉，又爲公與踐土之盟張本。晉侯圍曹，門焉，多死。曹人尸諸城上，晉侯患之。聽輿人之謀，晉惟有德有禮，故能集衆謀，所以勝也。曰：「稱舍于墓。」師遷焉。曹人兇懼，爲其所得者，棺而出之。因其兇也而攻之。三月，丙午，入曹，數之以其不用僖負羈，而乘軒者三百人也，且曰「獻狀」。令無入僖負羈之宮，而免其族，報施也。亦見晉侯有德有禮而報施，又與避三舍以報楚之施相映。魏犫、顛頡怒，曰：「勞之不圖，報于何有？」爇僖負羈氏。魏犫傷于胸。公欲殺之，而愛其材。使問，且視之。病，將殺之。魏犫束胸見使者，曰：「以君之靈，不有寧也！」距躍三百，曲踊三百。乃舍之。殺顛頡以徇于師，立舟之僑以爲戎右。宋人使門尹般如晉師告急。公曰：「宋人告急，舍之則絕，告楚不許。我欲戰矣，齊、秦未可，若之何？」帶出秦人，蓋晉本救宋，宋以師從不待言，而秦之合於晉，不可略也。先軫曰：「使宋舍我而賂齊、秦，藉之告楚。我執曹君，而分曹、衛之田以賜宋人。楚愛曹、衛，必不許也。喜賂、怒頑，能無戰乎？」公説，執曹伯，分曹、衛之田以畀宋人。楚子入居于申，使申叔去穀，使子玉去宋，曰：「無從晉師！晉侯在外，十九年矣，而果得晉國。險阻艱難，備嘗之矣；民之情僞，盡知之矣。天假之年，而除其害，天之所置，其可廢乎？軍志曰：『允當則歸。』又曰：『知難而退。』又曰：『有德不可敵。』此三志者，晉之謂矣。」子玉使伯棼請戰，曰：「非敢必有功也，願以間執讒慝之口。」無禮之言。王怒，少與之師，惟西廣、東宫與若敖之六卒實從之。子玉使宛春告于晉師曰：「請復衛侯而封曹，臣亦釋宋之圍。」子犯曰：「子玉無禮哉！子玉無禮，于子犯發之。君取一，臣取二，不可失矣。」先軫曰：「子與之！定人之謂禮，楚一言而定三國，我一言而亡之。我則無禮，何以戰乎？上德之言。不許楚言，是棄宋也；救而棄之，謂諸侯何？楚有三施，我有三怨，怨讎已多，將何以戰？不如私許復曹、衛以携之，執宛春以怒楚，既戰而後圖之。」公説，乃拘宛春于衛，且私許復曹、衛。曹、衛告絶于楚。子玉怒，從晉師。晉師退。軍吏曰：「以君辟臣，辱也；且楚師老矣，何故退？」子犯曰：「師直爲壯，曲爲老，豈在久乎？上德之言。微楚之惠不及此，退三舍辟之，所以報也。背惠食言，以亢其讎，我曲楚直，其衆素飽，不可謂老。我退而楚還，我將何求？若其不還，君退、臣犯，曲在彼矣。」退三舍。楚衆欲止，子玉不可。夏，四月，戊辰，晉侯、宋公、齊國歸父、崔夭、秦小子慭次于城濮。楚師背酅而舍，晉侯患之。聽輿人之誦曰：「原田每每，舍其舊而新是謀。」晉侯有德而能勤民，具見於此。公疑焉。子犯曰：「戰也！戰而捷，必得諸侯。若其不捷，表裏山河，必無害也。」公曰：「若楚惠何？」欒貞子曰：「漢陽諸姬，楚實盡之。思小惠而忘大耻，不如戰也。」晉侯夢與楚子搏，楚子伏己而盬其腦，是以懼。子犯曰：「吉。我得天，楚伏其罪，吾且柔之矣。」子玉使鬬勃請戰，曰：「請與君之士戲，君馮軾而觀之，得臣與寓目焉。」子玉無德無禮，不能勤民，具見於此。又與晉侯之疑懼戒敬相映。晉侯使欒枝對曰：「寡君聞命矣。楚君之惠，未之敢忘，是以在此。爲大夫退，其敢當君乎？有德有禮之言。既不獲命矣，敢煩大夫，謂二三子：『戒爾車乘，敬爾君事，詰朝將見。』」晉車七百乘，韅、靷、鞅、靽。晉侯登有莘之虛以觀師，曰：「少長有禮，其可用也。」有德而能勤民，具見於此。遂伐其木，以益其兵。己巳，晉師陳于莘北，胥臣以下軍之佐當陳、蔡。子玉以若敖之六卒將中軍，曰：「今日必無晉矣。」子西將左，子上將右。胥臣蒙馬以虎皮，先犯陳、蔡。陳、蔡奔，楚右師潰。狐毛設二旆而退之。欒枝使輿曳柴而僞遁，楚師馳之，原軫、郤溱以中軍公族橫擊之。狐毛、狐偃以上軍夾攻子西，楚左師潰。楚師敗績。子玉收其卒而止，故不敗。晉師三日館穀，及癸酉而還。甲午，至于衡雍，作王宮于踐土。左氏序事之法，在古無兩，宜於此等求之。蓋晉之告勝、王之謀勞晉侯，及晉聞王之出而留諸侯以爲會盟，就中情事，若一一序入，則不勝其繁而篇法懈散。惟於還至衡雍，先序王宮之作，則王至踐土，晉獻楚俘，可以順承直下，斬去一切枝蔓，而情事顯然，所謂神施而鬼設也。鄉役之三月，鄭伯如楚致其師。爲楚師既敗而懼，使子人九行成于晉。晉欒枝入盟鄭伯。正叙晉之得鄭，因追叙鄭之從楚，與魯、衛、曹之從楚相映，且爲鄭伯傅王張本。而鄭致楚師，又城濮之師所以合也。五月，丙午，晉侯及鄭伯盟于衡雍。丁未，獻楚俘于王：試思若前無「作王宮」一語，此處如何入王之下勞？晉之獻俘，突起闌入，氣脉必爲横隔矣。駟介百乘，徒兵千。鄭伯傅王，用平禮也。己酉，王享醴，命晉侯宥。王命尹氏及王子虎、内史叔興父策命晉侯爲侯伯，賜之大輅之服、戎輅之服，彤弓一、彤矢百，旅弓矢千，秬鬯一卣，虎賁三百人，曰：「王謂叔父，『敬服王命，以綏四國，糾逖王慝』。」晉侯三辭，從命，有禮。曰：「重耳敢再拜稽首，奉揚天子之丕顯休命。」受策以出。出入三覲。衛侯聞楚師敗，懼，與鄭伯、魯侯之懼遥應。出奔楚，遂適陳，使元咺奉叔武以受盟。癸亥，王子虎盟諸侯于王庭，要言曰：「皆奬王室，無相害也！有渝此盟，明神殛之，俾隊其師，無克祚國，及而玄孫，無有老幼。」君子謂是盟也信，謂晉于是役也，能以德攻。初，楚子玉自爲瓊弁、玉纓，未之服也。先戰，夢河神謂己曰：「畀余！余賜女孟諸之麋。」弗致也。大心與子西使榮黄諫，弗聽。榮季曰：「死而利國，猶或爲之，況瓊玉乎？是糞土也。而可以濟師，將何愛焉？」弗聽。出，告二子曰：「非神敗令尹，令尹其不勤民，實自敗也。」與晉之勤民反對。既敗，子玉戰前之事，與楚王戰後之命，風馬牛不相及。止用「既敗」二字直接榮季「實自敗」語，渾然無迹，是謂神施鬼設。王使謂之曰：「大夫若入，其若申、息之老何？」子西、孫伯曰：「得臣將死。」二臣止之，曰：『君其將以爲戮。』」及連穀而死。晉侯聞之而後喜可知也，曰：「莫余毒也已。蔿吕臣實爲令尹，奉己而已，不在民矣。」與子玉之不能勤民相映，又與晉之能勤民反對，故以結通篇。

唐、宋諸家之文，終篇一義相貫，譬如萬派同源，百枝共本。不如此，則氣脉斷隔，而篇法爲之裂矣。太史公禮書序首尾以二義分承，篇法之奇，唐以後無之。此篇以德、禮、勤民三義相貫，間見層出，融洽無間，又漢以後所未有也。

易於坤曰：「爲文。」又曰：「物相雜，故曰文。」蓋彼此交互，相爲經緯，而文生焉。叙事之文，最苦散漫無檢局。惟左氏於通篇大義貫穿外，微事亦兩兩相對。此篇言晉侯有德有禮而能勤民，所以勝；子玉無德無禮不能勤民，所以敗。其大經也。中間晉侯能用人言，不獨博謀於卿大夫，且下及輿人；得臣剛愎自用，不獨榮黄之諫不聽，楚衆欲還不從，即楚子之命亦不受。又一反對也。楚子不欲戰，而得臣强之；晉侯疑於戰，而諸臣決之。又一反對也。晉侯之夢，似凶而終吉；得臣之夢，似吉而終凶。又一反對也。楚所愛者曹、衛，晉所急者宋、魯，則陽從晉而陰爲楚，鄭則始嚮楚而終從晉，皆兩兩相對，所以杼軸而成章也。

邲之戰

十(有)二年，春，楚子圍鄭，旬有七日。鄭人卜行成，不吉；卜臨于大宮，且巷出車，吉。國人大臨，守陴者皆哭。楚子退師。鄭人修城。進復圍之，論叙事常法，出車、大臨，乃被圍常事，本不必書而特書者，與能信用其民，義相發也。春秋之法，書「入」則不復書「圍」。退師修城，乃復圍以前之事，亦不宜書而特書者，見楚子行師，進退有禮，與篇末論武有七德，義相發也。三月，克之。入自皇門，至于逵路。鄭伯肉袒牽羊，以逆，曰：「孤不天，不能事君，使君懷怒以及敝邑，孤之罪也。敢不唯命是聽？其俘諸江南，以實海濱，亦唯命；其翦以賜諸侯，使臣妾之，亦唯命。若惠顧前好，徼福于厲、宣、桓、武，不泯其社稷，使改事君，夷于九縣，君之惠也，孤之願也，非所敢望也。敢布腹心，君實圖之。」左右曰：「不可許也，得國無赦。」王曰：「其君能下人，必能信用其民矣，庸可幾乎！」退三十里而許之平。潘尫入盟，子良出質。夏，六月，晉師救鄭。荀林父將中軍，先縠佐之；士會將上軍，郤克佐之；趙朔將下軍，欒書佐之。趙括、趙嬰齊爲中軍大夫，鞏朔、韓穿爲上軍大夫，荀首、趙同爲下軍大夫。四大戰無書三軍之大夫者，惟邲特書，以晉之喪師由先縠剛愎，而趙括、趙同實助之。鞏朔、韓穿則有設七覆於敖前事，荀首則有以其族反之，獲連尹襄老，囚楚公子穀臣事，趙嬰齊有使其徒先具舟於河事，苟不先書其職司，則不知其爲何人。既備舉六人，則趙旃求卿未得，魏錡求公族未得，皆以卿族在軍行，而非有職司亦見矣。韓厥爲司馬。及河，聞鄭既及楚平，桓子欲還，曰：「無及于鄭而勦民，焉用之？楚歸而動，不後。」隨武子曰：「善。會聞用師，觀釁而動。晉人怙亂之釁，爲楚所窺，而楚君臣言戒，無釁可乘。此句乃通篇之關鍵。德、刑、政、事、典、禮不易，六事與篇末武有七德義相發。楚人六事具修，爲敵所畏，而楚子猶曰「武有七德，我無一焉」，是乃六事所以具修也。不可敵也，不爲是征。楚軍討鄭，怒其貳而哀其卑。叛而伐之，服而舍之，德、刑成矣。伐叛，刑也；柔服，德也。二者立矣。昔歲入陳，今茲入鄭，民不罷勞。君無怨讟，政有經矣。荆尸而舉，商、農、工、賈不敗其業，而卒乘輯睦，事不奸矣。蔿敖爲宰，擇楚國之令典，軍行，右轅，左追蓐，前茅慮無，中權，後勁。百官象物而動，軍政不戒而備，能用典矣。其君之舉也，内姓選于親，外姓選于舊。舉不失德，賞不失勞。老有加惠，旅有施舍。君子小人，物有服章。貴有常尊，賤有等威，禮不逆矣。德立、刑行，政成、事時，典從、禮順，若之何敵之？見可而進，知難而退，軍之善政也。兼弱攻昧，武之善經也。子姑整軍而經武乎！猶有弱而昧者，何必楚？仲虺有言曰：『取亂侮亡』，兼弱也。汋曰：『於鑠王師！遵養時晦』，耆昧也。武曰：『無競惟烈。』撫弱耆昧，以務烈所，可也。」彘子曰：「不可。晉所以霸，師武、臣力也。今失諸侯，不可謂力；有敵而不從，不可謂武。由我失霸，不如死。且成師以出，聞敵彊而退，非夫也。命爲軍帥，而卒以非夫，唯群子能，我弗爲也。」以中軍佐濟。知莊子曰：「此師殆哉！周易有之，在師之臨，曰：『師出以律，否臧，凶。』執事順成爲臧，逆爲否。衆散爲弱，川壅爲澤。有律以如己也，故曰律。否臧，且律竭也。盈而以竭，夭且不整，所以凶也。不行之謂臨，有帥而不從，臨執甚焉？此之謂矣。果遇，必敗，彘子尸之，雖免而歸，必有大咎。」韓獻子謂桓子曰：「彘子以偏師陷，子罪大矣。子爲元帥，師不用命，誰之罪也？失屬、亡師，爲罪已重，不如進也。事之不捷，惡有所分。與其專罪，六人同之，不猶愈乎？」師遂濟。楚子北師次于郔。沈尹將中軍，子重將左，子反將右，將飲馬于河而歸。聞晉師既濟，王欲還，嬖人伍參欲戰。令尹孫叔敖弗欲，曰：「昔歲入陳，今茲入鄭，不無事矣。戰而不捷，參之肉其足食乎？」參曰：「若事之捷，孫叔爲無謀矣。不捷，參之肉將在晉軍，可得食乎？」令尹南轅、反旆，伍參言于王曰：「晉之從政者新，未能行令。其佐先縠剛愎不仁，未肯用命。其三帥者，專行不獲。聽而無上，衆誰適從？此行也，晉師必敗。且君而逃臣，若社稷何？」王病之，告令尹改乘轅而北之，次于管以待之。晉師在敖、鄗之間。鄭皇戌使如晉師，曰：「鄭之從楚，社稷之故也，未有貳心。楚師驟勝而驕，其師老矣，而不設備。子擊之，鄭師爲承，楚師必敗。」彘子曰：「敗楚、服鄭，于此在矣。必許之。」欒武子曰：「楚自克庸以來，其君無日不討國人而訓之于民生之不易、禍至之無日、戒懼之不可以怠；在軍，無日不討軍實而申儆之于勝之不可保、紂之百克而卒無後，訓之以若敖、蚡冒篳路藍縷以啓山林。箴之曰：『民生在勤，勤則不匱。』不可謂驕。先大夫子犯有言曰：『師直爲壯，曲爲老。』我則不德，而徼怨于楚。我曲楚直，不可謂老。其君之戎分爲二廣，廣有一卒，卒偏之兩。右廣初駕，數及日中，左則受之，以至于昏。内官序當其夜，以待不虞。不可謂無備。子良，鄭之良也；師叔，楚之崇也。師叔入盟，子良在楚，楚、鄭親矣。來勸我戰，我克則來，不克遂往，以我卜也！鄭不可從。」趙括、趙同曰：「率師以來，唯敵是求。克敵、得屬，又何俟？必從彘子！」知季曰：「原、屏，咎之徒也。」趙莊子曰：「欒伯善哉！實其言，必長晉國。」楚少宰如晉師，曰：「寡君少遭閔凶，不能文。聞二先君之出入此行也，將鄭是訓定，豈敢求罪于晉？二三子無淹久？」隨季對曰：「昔平王命我先君文侯曰：『與鄭夾輔周室，毋廢王命！』今鄭不率，寡君使群臣問諸鄭，豈敢辱候人？敢拜君命之辱。」彘子以爲諂，使趙括從而更之，曰：「行人失辭。寡君使群臣遷大國之迹于鄭，曰：『無辟敵！』群臣無所逃命。」楚子又使求成于晉，晉人許之，盟有日矣。楚許伯御樂伯，攝叔爲右，以致晉師。許伯曰：「吾聞致師者，御靡旌、摩壘而還。」樂伯曰：「吾聞致師者，左射以菆，代御執轡，御下，兩馬、掉鞅而還。」攝叔曰：「吾聞致師者，右入壘，折馘、執俘而還。」皆行其所聞而復。致師實事，皆以虚言出之，忽用一語指實，與下文承接無間，所謂變化無方。晉人逐之，左右角之。樂伯左射馬，而右射人，角不能進。矢一而已。麋興于前，射麋，麗龜。晉鮑癸當其後，使攝叔奉麋獻焉，曰：「以歲之非時，獻禽之未至，敢膳諸從者。」鮑癸止之，曰：「其左善射，其右有辭，君子也。」既免。晉魏錡求公族未得，而怒，以楚人致師，連類而及之。舍此，更無可安置處。凡左、史叙事，溜溜直下處，皆以慘澹經營而得之，特觀者莫能識耳。欲敗晉師。請致師，弗許。請使，許之，遂往，請戰而還。楚潘黨逐之，及滎澤，見六麋，射一麋以顧獻，曰：「子有軍事，獸人無乃不給于鮮？敢獻于從者。」叔黨命去之。趙旃求卿未得，且怒于失楚之致師者，因楚人致師，晉人逐之，連類而及。晉人請戰，楚人逐之，因魏錡求公族不得，欲敗晉師而請使，連類而及趙旃求卿不得而請使。以二事舍此，別無可安置處也。猶慮章法散漫，又以「怒於失楚之致師者」緊抱上文，上與「魏錡之怒」，下與「二憾往矣」相應。義法之精密如此。請挑戰，弗許。請召盟，許之。與魏錡皆命而往。郤克、先縠、士季相語，魏錡未使以前事也。既叙魏錡請戰，楚人逐之，欲追叙三人之語，極難措置，故連類而書。趙旃之請，忽以「皆命而往」四字綰合，渾然無迹。此退之所謂「變動若鬼神」者，自周以後之文，不復見此。郤獻子曰：「二憾往矣，弗備，必敗。」彘子曰：「鄭人勸戰，弗敢從也；楚人求成，弗能好也。師無成命，多備何爲？」士季曰：「備之善。若二子怒楚，楚人乘我，喪師無日矣，不如備之。楚之無惡，除備而盟，何損于好？若以惡來，有備，不敗。且雖諸侯相見，軍衛不徹，警也。」彘子不可。士季使鞏朔、韓穿帥七覆于敖前，故上軍不敗。趙嬰齊使其徒先具舟于河，故敗而先濟。試思晉師既敗以後，有楚人教晉脱扃，及逢大夫免趙旃，知莊子獲連尹襄老等事，若更叙此二事，則辭意繁雜而不相屬，篇法散漫而無所統，與宋以後諸史無異矣。故因彘子不肯設備，連類而預書之，則敗後三事，得以類相從而不雜矣。太史公所謂「非好學深思不能心知其意」者，當于此等求之。潘黨既逐魏錡，趙旃夜至于楚軍，雖連類而書設覆、具舟二事，其實三子相語乃魏錡、趙旃初往時事也。魏錡之事已備見，而趙旃之事未終，故以二語綰合，渾然無迹，所謂變動若鬼神。席于軍門之外，使其徒入之。

楚子爲乘廣三十乘，分爲左右。右廣雞鳴而駕，日中而説；左則受之，日入而説。許偃御右廣，養由基爲右；彭名御左廣，屈蕩爲右。乙卯，王乘左廣以逐趙旃。趙旃棄車而走林，屈蕩搏之，得其甲裳。晉人懼二子之怒楚師也，使軘車逆之。潘黨望其塵，使騁而告曰：「晉師至矣！」楚人亦懼王之入晉軍也，遂出陳。孫叔曰：「進之！寧我薄人，無人薄我。詩云『元戎十乘，以先啓行』，先人也。軍志曰『先人有奪人之心』，薄之也。」遂疾進師，車馳、卒奔，乘晉軍。桓子不知所爲，鼓于軍中曰：「先濟者有賞！」中軍、下軍爭舟，舟中之指可掬也。晉師右移，上軍未動。工尹齊將右拒卒以逐下軍。楚子使唐狡與蔡鳩居告唐惠侯曰：「不穀不德而貪，以遇大敵，不穀之罪也。然楚不克，君之羞也。敢藉君靈，以濟楚師。」使潘黨率游闕四十乘，從唐侯以爲左拒，以從上軍。駒伯曰：「待諸乎？」隨季曰：「楚師方壯，若萃于我，吾師必盡，不如收而去之。分謗、生民，不亦可乎？」殿其卒而退，不敗。王見右廣，將從之乘。屈蕩户之，曰：「君以此始，亦必以終。」自是楚之乘廣先左。篇中叠見楚人乘廣之制，故戰之終事，又舉此與前相應。

晉人或以廣隊不能進，因叙楚之乘廣，連類而及之。楚人惎之脱扃。少進，馬還，又惎之拔旆投衡，乃出。顧曰：「吾不如大國之數奔也。」趙旃以其良馬二濟其兄與叔父，以他馬反。遇敵不能去，棄車而走林。逢大夫與其二子乘，謂其二子無顧。顧曰：「趙傁在後。」怒之，使下，指木曰：「尸女于是。」授趙旃綏，以免。因廣隊之奔，連類而及之。明日，以表尸之，與下載襄老之尸相映。皆重獲在木下。楚熊負羈囚知罃，知莊子以其族反之，敗後又有獨反而勝者，故叙晉之敗，以此終焉，且與篇首先縠之獨進相映。厨武子御，下軍之士多從之。每射，抽矢，菆，納諸厨子之房。厨子怒曰：「非子之求，而蒲之愛，董澤之蒲，可勝既乎？」知季曰：「不以人子，吾子其可得乎？吾不可以苟射故也。」射連尹襄老，獲之，遂載其尸；射公子穀臣，囚之。以二者還。公子穀臣之囚又與知罃之囚相映。及昏，楚師軍于邲。晉之餘師不能軍，宵濟，亦終夜有聲。丙辰，楚重至于邲，遂次于衡雍。潘黨曰：「君盍築武軍而收晉尸以爲京觀？臣聞克敵必示子孫，以無忘武功。」楚子曰：「非爾所知也。夫文，止戈爲武。武王克商，作頌曰：『載戢干戈，載櫜弓矢。我求懿德，肆于時夏，允王保之。』又作武，其卒章曰：『耆定爾功。』其三曰：『鋪時繹思，我徂惟求定。』其六曰：『綏萬邦，屢豐年。』夫武，禁暴、戢兵、保大、定功、安民、和衆、豐財者也，故使子孫無忘其章。今我使二國暴骨，暴矣；觀兵以威諸侯，兵不戢矣；暴而不戢，安能保大？猶有晉在，焉得定功？所違民欲猶多，民何安焉？無德而强争諸侯，何以和衆？利人之幾，而安人之亂，以爲己榮，何以豐財？武有七德，我無一焉，何以示子孫？其爲先君宫，告成事而已，武非吾功也。古者明王伐不敬，取其鯨鯢而封之，以爲大戮，于是乎有京觀以懲淫慝。今罪無所，而民皆盡忠以死君命，又可以爲京觀乎？」楚子既勝，而自以爲不德，所見高遠，所以德立刑行、政成事時、典從禮順而不可敵也。祀于河，作先君宫，告成事而還。是役也，鄭石制實入楚師，將以分鄭，而立公子魚臣。辛未，鄭殺僕叔及子服。君子曰：「史佚所謂『毋怙亂』者，謂是類也。詩曰『亂離瘼矣，爰其適歸』，歸于怙亂者也夫！」晉之怙亂者，軍帥則有先穀，大夫則有趙括、趙同；卿族之在師中者，則有魏錡、趙旃。而以鄭石制之怙亂，引史佚之言及詩以證之，所謂妙遠不測。鄭伯、許男如楚。傳主釋經，此經所不書而詳之者，以二國朝楚，乃南北盛衰分界，不可不志，且與前「不克遂往」相應也。秋，晉師歸，桓子請死，晉侯欲許之。士貞子諫曰：「不可。城濮之役，晉師三日穀，文公猶有憂色。左右曰：『有喜而憂，如有憂而喜乎？』公曰：『得臣猶在，憂未歇也。困獸猶鬬，況國相乎？』及楚殺子玉，公喜而後可知也。曰：『莫余毒也已。』是晉再克而楚再敗也，楚是以再世不競。今天或者大警晉也，而又殺林父以重楚勝，其無乃久不競乎？林父之事君也，進思盡忠，退思補過，社稷之衛也，若之何殺之？夫其敗也，如日月之食焉，何損于明？」晉侯使復其位。公羊、穀梁傳及國語、國策皆篇各一事，而脉絡具焉。左傳則分年以紀事，而義貫於全經。前此城濮之戰，楚殺得臣；後此鄢陵之戰，楚殺公子側。故林父請死，晉侯使復其位。不得不具書，以志晉、楚軍法之寬嚴。又以晉文既勝而有後事之慮，與楚莊既勝而知前事之非相映，以爲樞紐。義法之精密如此。

「怙亂」爲此篇樞紐，衆所共知。然以著晉之所以敗，而楚之不可敵不能該也；以著先穀、趙括、趙同、魏錡、趙旃之僨事，而林父及群帥之失謀不能該也。故又以「觀釁而動」貫穿前後，而楚君之明於七德、修其六事、日夜警備、無釁可乘，楚令尹之臨事而懼、當機而決，伍參之知己知彼、料敵得間，皆統攝於此矣。晉之釁，不獨先穀之專行，趙括、趙同之黨附，魏錡、趙旃之欒禍也。林父不能制命，明知必敗，而從韓厥分惡之謀，一釁也；隨季之對先縠，得而更之，二釁也；楚子求成，不使荀首、知罃往，明知魏錡、趙旃之樂禍而曲從其請，三釁也；諸帥明知楚之宜備而不爲戒，四釁也。士會設七覆，則無釁可乘，而一軍獨全矣。使中軍、下軍各自爲備，則彘子偏敗，而晉師不致大崩也。觀伍參之言，則晉之釁，楚早見之。觀士會、趙朔、欒書、韓厥之言，則晉之釁，合軍皆自知之。而林父不能定謀，諸帥不能强諫，以自彌其釁，則不敗何待哉！至於乘晉之釁者，楚也；而觀釁而動，則以晉士會出之怙亂者，晉人也。而引史佚之言及詩，則於鄭石制發之。旁見側出，不可端倪，神乎技矣。

此戰之事與言，最繁雜細碎，故特起連類而書之例。使一以事之前後爲序，則意脉不貫，拳曲臃腫而不中繩墨矣。其兩兩相映，則與諸戰略同。楚人致師，晉鮑癸以其有辭而免之；晉人請戰，楚潘黨以其有辭而免之；魏錡、趙旃皆以有求不遂而請使，其顯見者也。晉群帥皆不欲戰，而欲戰者惟先縠；楚君相皆不欲戰，而欲戰者獨伍參。荀林父之命，不獨不行於先縠，趙括、趙同乃得而更之，趙旃、魏錡皆得而强之，而楚之軍政則專制於孫叔，不獨伍參不敢違，三帥亦莫敢參焉，即王必告焉，而使自改其前命。隨季知楚之不可敵，而不能止先縠之獨進；欒書知鄭之不可從，而不能折趙括、趙同之黨同。荀首以易論敗之可必，楚子以詩論勝之不足爲功，隨季言楚之六事不易，楚子言己之七德俱無，引詩者五，古賢之言二，楚先君、晉先大夫之言二。隨季則總述楚之軍政，欒書則獨舉楚之車法。其中軍及左右前後之制，既見於隨季之言，故於後並舉左拒、右拒，以備楚之軍政。其乘廣之制，既詳於欒書之言，故於後並舉游闕，以備楚之車法。欒書之言，則趙朔稱善；郤克之言，則隨季稱善。趙嬰齊以舟具而先濟，趙旃之兄與叔父以馬良而先濟。趙旃前以遇大敵棄車而走林，後以失良馬棄車而走林。逢大夫二子之尸、連尹襄老之尸、知罃之囚、公子穀臣之囚，凡事皆兩兩相映，如錦繡組文，觀者但覺其悅目，而無從覓其箴功。後有作者，不可及也矣。

鄢陵之戰

十有六年，夏，晉侯將伐鄭。范文子曰：「若逞吾願，諸侯皆叛，晉可以逞。若惟鄭叛，晉國之憂，可立俟也。」「憂」字乃一篇綱領，蓋欒書、郤至所欲禦者外患，而范文子所欲弭者內憂。諸侯外叛，庶幾君臣內懼，而憂可弭耳。欒武子曰：「不可以當吾世而失諸侯，必伐鄭。」乃興師。欒書將中軍，士燮佐之；郤錡將上軍，荀偃佐之；韓厥將下軍，郤至佐新軍。荀罃居守。郤犨如衛，遂如齊，皆乞師焉。欒黶來乞師。孟獻子曰：「有勝矣。」晉之勝，孟獻子早見之，與楚之敗，姚句耳早見之相對。戊寅，晉師起。鄭人聞有晉師，使告于楚，姚句耳與往。楚子救鄭。司馬將中軍，令尹將左，右尹子辛將右。獨舉子辛，以子重爲令尹已見十一年，是役發命者子反，蔽罪者子反，則子反爲司馬不待書矣。過申，子反入見申叔時，曰：「師其何如？」對曰：「德、刑、詳、義、禮、信，戰之器也。德以施惠，刑以正邪，詳以事神，義以建利，禮以順時，信以守物。民生厚而德正，用利而事節，時順而物成，上下和睦，周旋不逆，求無不具，各知其極。故詩曰：『立我烝民，莫匪爾極。』是以神降之福，時無災害，民生敦厖，和同以聽，莫不盡力以從上命，致死以補其闕，此戰之所由克也。今楚内棄其民，而外絶其好；瀆齊盟，而食話言；奸時以動，而疲民以逞。民不知信，進退罪也。人恤所底，其誰致死，子其勉之！吾不復見子矣。」楚之敗，申叔時早必之，與晉之克，郤至早必之相對。姚句耳先歸，子駟問焉。對曰：「其行速，過險而不整。速則失志，不整，喪列。志失、列喪，將何以戰？楚懼不可用也。」五月，晉師濟河。聞楚師將至，范文子欲反，曰：「我僞逃楚，可以紓憂。夫合諸侯，非吾所能也，以遺能者。我若群臣輯睦以事君，多矣。」臨敵而逃，則君臣同憂，而不暇内相圖。獨言群臣輯睦者，與臣言忠，故不及君也。武子曰：「不可。」六月，晉、楚遇于鄢陵。范文子不欲戰。郤至曰：「韓之戰，惠公不振旅；箕之役，先軫不反命；邲之師，荀伯不復從，皆晉之恥也。子亦見先君之事矣。今我辟楚，又益恥也。」文子曰：「吾亦見先君之亟戰也〔一〕，有故。秦、狄、齊、楚皆彊，不盡

〔一〕「曰吾」，原無，據蓉園叢書本補。左傳此句作「文子曰：『吾先君之亟戰也』」。

力，子孫將弱。今三彊服矣，敵楚而已。惟聖人能外內無患。自非聖人，外寧必有內憂，盍釋楚以爲外懼乎？」再言晉國之憂而衆皆不喻，故至此始正告之。甲午，晦，楚晨壓晉軍而陳。軍吏患之。范匄趨進，曰：「塞井夷竈，陳于軍中，而疏行首。晉、楚唯天所授，何患焉？」文子執戈逐之，曰：「國之存亡，天也，童子何知焉？」文子所憂，不惟群臣不知，其子亦不知也。故怒而逐之，因以警群臣。欒書曰：「楚師輕窕，固壘而待之，三日必退。退而擊之，必獲勝焉。」郤至曰：「楚有六間，不可失也。其二卿相惡，王卒以舊，鄭陳而不整，蠻軍而不陳，陳不違晦，在陳而囂，合而加囂。各顧其後，莫有鬭心，舊不必良，以犯天忌，我必克之。」楚子登巢車，以望晉軍。子重使太宰伯州犂侍于王後。王曰：「騁而左右，何也？」曰：「召軍吏也。」「皆聚于中軍矣。」曰：「合謀也。」「張幕矣。」曰：「虔卜于先君也。」「徹幕矣。」曰：「將發命也。」「甚囂，且塵上矣。」曰：「將塞井夷竈而爲行也。」「皆乘矣，左右執兵而下矣。」曰：「聽誓也。」「戰乎？」曰：「未可知也。」「乘而左右皆下矣。」曰：「戰禱也。」邲之戰，不實叙致師，而以致師者之口出之，以虛爲實也。此則以實爲虛，晉人軍中事，皆現於楚子、伯州犂之目，是謂出奇無窮。伯州犂以公卒告王。苗賁皇在晉侯之側，亦以王卒告。皆曰：「國士在，且厚，不可當也。」苗賁皇言于晉侯曰：「楚之良，在其中軍王族而已。請分良以擊其左右，而三軍萃于王卒，必大敗之。」公筮之。史曰：「吉。其卦遇復，曰：『南國蹙，射其元王，中厥目。』國蹙、王傷，不敗，何待？」公從之。有淖于前，乃皆左右相違于淖。步毅御晉厲公，欒鍼爲右。彭名御楚共王，潘黨爲右。石首御鄭成公，唐苟爲右。欒、范以其族夾公行。陷于淖。欒書將載晉侯。鍼曰：「書退！國有大任，焉得專之？且侵官，冒也；失官，慢也；離局，姦也。有三罪焉，不可犯也。」乃掀公以出于淖。癸巳，記事書日常法也。已叙戰事，復追叙未戰時事，措筆甚難，直舉日子，便顯然可知爲甲午前一日事，而承接無迹，是謂化腐臭爲神奇。潘尫之黨與養由基蹲甲而射之，徹七札焉。以示王，曰：「君有二臣如此，何憂于戰？」王怒曰：「大辱國！詰朝爾射，死藝。」呂錡夢射月，中之，退入于泥。占之，曰：「姬姓，日也；異姓，月也，必楚王也。射而中之，退入于泥，亦必死矣。」及戰，射共王中目。因養由基之射，連類而及呂錡夢中之射，遂就呂錡夢占折射必楚王，而以「及戰」二字直入，「射王中目」與前臨陣之事相續，此等神巧，惟左氏有之。王召養由基，與之兩矢，使射呂錡，中項，伏弢。以一矢復命。郤至三遇楚子之卒，見楚子，必下，免胄而趨風。楚子使工尹襄問之以弓，曰：「方事之殷也，有韎韋之跗注，君子也。識見不穀而趨，無乃傷乎？」郤至見客，免胄承命，曰：「君之外臣至從寡君之戎事，以君之靈，間蒙甲胄，不敢拜命。敢告不寧，君命之辱。爲事之故，敢肅使者。」三肅使者而退。晉韓厥從鄭伯，其御杜溷羅曰：「速從之？其御屢顧，不在馬，可及也。」韓厥曰：「不可以再辱國君。」乃止。郤至從鄭伯，其右茀翰胡曰：「諜輅之，余從之乘，而俘以下。」郤至曰：「傷國君有刑。」亦止。石首曰：「衛懿公惟不去其旗，是以敗于熒。」乃内旌于弢中。唐苟謂石首曰：「子在君側，敗者壹大。此篇雜叙戰事，並未明著勝敗之迹，故於唐苟請止見鄭之敗，於楚子及子重之謂子反見楚師之敗，於子反引罪見奔由中軍，一變從前諸戰壁壘，是謂文成而法立。

我不如子，子以君免，我請止。」乃死。楚師薄于險，叔山冉謂養由基曰：「雖君有命，爲國故，子必射。」乃射，再發，盡殪。叔山冉搏人以投，中車，折軾。晉師乃止。囚楚公子茷。欒鍼見子重之旌，請曰：「楚人謂夫旌，子重之麾也，彼其子重也。日臣之使于楚也，子重問晉國之勇，臣對曰：『好以衆整。』曰：『又何如？』臣對曰：『好以暇。』今兩國治戎，行人不使，不可謂整；臨事而食言，不可謂暇。請攝飲焉。」公許之。使行人執榼承飲，造于子重，曰：「寡君乏使，使鍼御持矛，是以不得搞從者，使某攝飲。」子重曰：「夫子嘗與吾言于楚，必是故也。不亦識乎？」受而飲之，免使者而復鼓。

欒鍼見子重之旌，與郤至遇楚子之卒相映；行人執榼以飲子重，與工尹持弓以問郤至相映；子重受飲免使者而復鼓，與郤至受弓肅使者而免胄相映。至二卿之從鄭伯，杜溷羅謂可及，韓厥止之；茀翰胡謂可俘，郤至止之。晉侯中目之筮，呂錡射月之占，又其顯見者也。

旦而戰，見星未已。

此戰實無大勝負，但楚君既集矢於目而復宵遁，子反之卒又奔，故以敗績書。得此二語，情事了然。蓋日既終而戰未已，楚師實未大奔也。以「旦」字遥接「晨壓晉軍」，簡明而曲暢若此。

子反命軍吏察夷傷，補卒乘，繕甲兵，展車馬，雞鳴而食，惟命是聽。晉人患之。苗賁皇徇曰：「蒐乘、補卒，秣馬、利兵，修陳、固列，蓐食、申禱，明日復戰！」乃逸楚囚。王聞之，召子反謀。穀陽豎獻飲于子反，子反醉而不能見。王曰：「天敗楚也夫！余不可以待。」乃宵遁。晉入楚軍，三日穀。范文子立于戎馬之前，曰：「君幼，諸臣不佞，何以及此？

未戰則切戒群臣，既勝則正告其君。戒臣則欲其輯睦以事君，戒君則欲其修德以凝命。厲公之恃勝而驕，郤至之矜功而恣，欒書之失謀而讒。國亂君弑之情形，一一在文子心目中矣。故返國而使祝宗祈死，杜預以爲因禱自裁也。君其戒之！周書曰：『惟命不于常。』有德之謂。」楚師還，及瑕，王使謂子反曰：「先大夫之覆師徒者，君不在。子無以爲過，不穀之罪也。」子反再拜稽首曰：「君賜臣死，死且不朽。臣之卒實奔，臣之罪也。」子重使謂子反曰：「初隕師徒者，而亦聞之矣。盍圖之！」對曰：「雖微先大夫有之，大夫命側，側敢不義？側亡君師，敢忘其死？」王使止之，弗及而卒。

此篇大指，在爲三郤之亡、厲公之弑張本，故以范文子之言貫串通篇，而中間「國之存亡，天也」二語，尤前後之樞紐。蓋鄭之叛服，關晉、楚之興衰，欒書知之；晉之勝，孟獻子知之；楚之敗，申叔時知之、姚句耳知之；楚有間可乘，郤至知之，苗賁皇知之。而晉之逃楚，可以紓憂，倖勝轉爲亂本，則衆人皆不知。蓋衆人所知者，人事之得失；而文子所憂者，天命之去留。失政之經，棄民之信，則必敗；致己之謀，得敵之間，則可勝人事也。君無德，而以倖勝，致亂亡；臣不睦，而以争功生猜釁，天命也。衆人夢，夢再告以國憂而不喻，故推極于天命之存亡以警之。而既勝之後，又正言「天命無常，惟德是與」，以警其君也。

左傳以後叙次戰功，莫如史記項羽救趙之師。然其辭意精采，頗顯而易見。不若左氏五戰千巖萬壑，風雲變現，不可端倪，使觀者目駭而神怡也。豈惟後人，即作者於五戰外，不過齊、秦之師，小有丘壑。過此，晉、楚二戰，皆略而不敘矣。蓋能事已極，無爲屋下架屋，如五嶽崇巍，雖造化之靈氣，亦不能多結也。

五戰惟鞌有闕文，其脉絡之灌輸，精神之流注，遂莫可探尋，可知古人爲文之不苟。

宋之盟

宋向戌善于趙文子，又善于令尹子木，欲弭諸侯之兵以爲名。欲以爲名，是明知兵之不可弭，信之不可保也，故曰「以誣道蔽諸侯」。如晉，告趙孟。趙孟謀于諸大夫。韓宣子曰：「兵，民之殘也，財用之蠹，小國之大菑也。將或弭之，雖曰不可，必將許之。曰「不可」，知其誣也。姑許之，以名應也。弗許，楚將許之，以召諸侯，則我失爲盟主矣。」晉人許之。如楚，楚亦許之。如齊，齊人難之。陳文子曰：「晉、楚許之，我焉得已？知其誣，姑以名應。且人曰『弭兵』，而我弗許，則固携吾民矣，將焉用之？」齊人許之。告于秦，秦亦許之。皆告于小國，爲會于宋。五月，甲辰，晉趙武至于宋。丙午，鄭良霄至。六月，丁未，朔，宋人享趙文子，叔向爲介。司馬置折俎，禮也。仲尼使舉是禮也，以爲多文辭。此言宋享文子之禮與辭足觀也。而晉、楚在會之辭與文子答鄭六卿之賦，其綱維皆引於此。觀此可知舊所載禮辭甚多，左氏恐累篇法而薙芟也。與齊語姜氏告重耳凡數百言，而傳約以兩言同義。戊申，叔孫豹、齊慶封、陳須無、衛石惡至。甲寅，晉荀盈從趙武至。丙辰，邾悼公至。壬戌，楚公子黑肱先至，成言于晉。丁卯，宋向戌如陳，從子木成言于楚。晉、楚之無信久矣，故先要言以結之。戊辰，滕成公至。子木謂向戌，請晉、楚之從交相見也。庚午，向戌復于趙孟。趙孟曰：「晉、楚、齊、秦，匹也，晉之不能于齊，猶楚之不能于秦也。楚君若能使秦君辱于敝邑，寡君敢不固請于齊？」壬申，左師復言于子木，子木使馹謁諸王。王曰：「釋齊、秦，他國請相見也。」秋，七月，戊寅，左師至。是夜也，趙孟及子皙盟，以齊言。又齊言以申固之。庚辰，子木至自陳。陳孔奐、蔡公孫歸生至。曹、許之大夫皆至。以藩爲軍。晉、楚各處其偏。伯夙謂趙孟曰：「楚氛甚惡，懼難。」趙孟曰：「吾左還，入于宋，若我何？」辛巳，將盟于宋西門之外。楚人衷甲。在會而懷惡，乃欲以弭兵爲名乎？伯州犂曰：「合諸侯之師，以爲不信，無乃不可乎？夫諸侯望信于楚，是以來服。若不信，是棄其所以服諸侯也。」固請釋甲。子木曰：「晉、楚無信久矣，事利而已。苟得志焉，焉用有信？」楚之無信，子木不自諱，而可望信於楚以弭兵乎？太宰退，告人曰：「令尹將死矣，不及三年。求逞志而棄信，志將逞乎？志以發言，言以出信，信以立志。參以定之。信亡，何以及三？」趙孟患楚衷甲，以告叔向。叔向曰：「何害也？匹夫一爲不信，猶不可，單斃其死。若合諸侯之卿，以爲不信，必不捷矣。食言者不病，非子之患也。夫以信召人，而以僭濟之，必莫之與也，安能害我？且吾因宋以守病，則夫能致死。雖倍楚可也，子何懼焉？又不及是。曰弭兵以召諸侯，而稱兵以害我，吾庸多矣，非所患也。」季武子使謂叔孫以公命曰：「視邾、滕。」既而齊人請邾，宋人請滕，皆不與盟。叔孫曰：「邾、滕，人之私也；我，列國也，何故視之？宋、衛，吾匹也。」乃盟。故不書其族，言違命也。弭兵之利未見，而兼事晉、楚，蠹財用爲小國之災，已先見矣。傳主釋經，故所載之事有枝贅者，而必曲爲綰合，可徵古文結撰之難。晉、楚爭先。晉人曰：「晉固爲諸侯盟主，未有先晉者也。」楚人曰：「子言晉、楚匹也，若晉常先，是楚弱也。且晉、楚狎主諸侯之盟也久矣，豈專在晉？」叔向謂趙孟曰：「諸侯歸晉之德只，非歸其尸盟也。子務德，無爭先。且諸侯盟，小國固必有尸盟者，楚爲晉細，不亦可乎？」乃先楚人。書先晉，晉有信也。晉非能務德守信也，知楚之不可與爭耳。傳者曲爲紐結，故以信與晉。壬午，宋公兼享晉、楚之大夫，趙孟爲客，子木與之言，弗能對；使叔向侍言焉，子木亦不能對也。仲尼所稱趙武享於宋之文辭也，此所稱子木、叔向之能言也，傳皆略焉。而後此所述，多趙武之言，何也？武之善言若此，則子木、叔向可知矣。蓋備舉前二享之文辭，則拳曲臃腫不中繩墨，而文體爲之雜亢，故獨詳於終事。且自伯有而外，皆鄭卿自託於晉之辭，與楚無信而晉有信相應，又以見趙武能用叔向之言，務德以懷諸侯也。觀此可知，舊所載子木、叔向之言甚多，傳盡薙芟而約言以包舉之。乙酉，宋公及諸侯之大夫盟于蒙門之外。子木問于趙孟曰：「范武子之德何如？」對曰：「夫子之家事治，言于晉國無隱情，其祝史陳信于鬼神無愧辭。」子木歸以語王。王曰：「尚矣哉！能歆神人，宜其光輔五君以爲盟主也。」子木又語王曰：「宜晉之伯也，有叔向以佐其卿，楚無以當之，不可與爭。」晉荀盈遂如楚蒞盟。鄭伯享趙孟于垂隴，子展、伯有、子西、子産、子太叔、二子石從。趙孟曰：「七子從君，以寵武也。請皆賦，以卒君貺，武亦以觀七子之志。」子展賦草蟲。趙孟曰：「善哉，民之主也！抑武也，不足以當之。」伯有賦鶉之賁賁。趙孟曰：「牀第之言不逾閾，況在野乎？非使人之所得聞也。」子西賦黍苗之四章。趙孟曰：「寡君在，武何能焉？」子産賦隰桑。趙孟曰：「武請受其卒章。」子太叔賦野有蔓草。趙孟曰：「吾子之惠也。」印段賦蟋蟀。趙孟曰：「善哉！保家之主也。吾有望矣。」公孫段賦桑扈。趙孟曰：「『匪交匪敖』，福將焉往？若保是言也，欲辭福禄，得乎？」卒享，文子告叔向曰：「伯有將爲戮矣。詩以言志，志誣其上而公怨之，以爲賓榮，其能久乎？幸而後亡。」叔向曰：「然，已侈，所謂不及五稔者，夫子之謂矣。」文子曰：「其餘皆數世之主也。子展其後亡者也，在上不忘降。印氏其次也，樂而不荒。樂以安民，不淫以使之，後亡，不亦可乎！」宋左師請賞，曰：「請免死之邑。」公與之邑六十，以示子罕。子罕曰：「凡諸侯小國，晉、楚所以兵威之，畏而後上下慈和，慈和而後能安靖其國家，以事大國，所以存也。無威則驕，驕則亂生，亂生必滅，所以亡也。天生五材，民並用之，廢一不可，誰能去兵？兵之設久矣，所以威不軌而昭文德也。聖人以興，亂人以廢。廢興、存亡、昏明之術，皆兵之由也，而子求去之，不亦誣乎！揭出隱情，通篇筋脉俱振。以誣道蔽諸侯，罪莫大焉。縱無大討，而又求賞，無厭之甚也。」削而投之。左師辭邑。向氏欲攻司城。左師曰：「我將亡，夫子存我，德莫大焉。以誣罪之，向戌亦濾，然心服，蓋本欲以爲名也。又可攻乎？」君子曰：「『彼己之子，邦之司直』，樂喜之謂乎！『何以恤我，我其收之』，向戌之謂乎！」

兵本無可弭之理，雖欲暫弭，必諸侯相信而後可。晉、楚無信，諸侯懷疑，兵何自弭？知其不可弭而欲弭之以爲名，是誣也。告於晉，晉知其不可；告於齊，齊知其不可而姑許之。彼以名求，亦以名應也。豈惟諸侯，即向戌豈不知其不可，特欲以誣道蔽諸侯耳！故始中終，皆用此義聯貫，猶恐間架闊遠，章法散漫，又以多文辭收攝在會之語，及會畢過鄭賦詩贈答之事而多文辭，又以見晉之德不足以服諸侯而屈於蠻荆，徒喋喋於文辭，無益也。

左傳僖、文以前，義法謹嚴，辭亦簡鍊。宣、成以後，義法之精深如前，而辭或澶漫矣，故於篇中可薙芟者，句畫以示其略。

方氏左傳評點

高瑞傑　整理

整理説明

方氏左傳評點分上下兩卷，爲方苞評點左傳的代表性著作。評點學即對經典作品的重新編排、剪輯、評點的學問，其歷史源遠流長，經史子集無不畢涉，在桐城古文派學者中亦十分盛行。方苞文論，秉持「義法」説，其「義」是對文章内容的要求，即强調闡發聖人義理，必須「文以載道」，「言之有物」；其「法」指文章法度，是對文章形式的要求，包括對文章結構、材料剪裁取捨、用語錘煉都有一定審視。方苞的「義法」理論，注重將經與史、義與法、文與辭、情與理、美與善融會貫通。方苞爲清代左傳評點之開創者，其所開之學風，影響後世甚遠。

本書與左傳義法舉要可稱爲姊妹篇，舉要側重對左傳文章結構、語言描寫進行點評，本書則側重對左傳文本進行剪裁取捨，並用五色評點法記之，如每句從某至某，標以丹坐點、丹坐角、丹點、丹圈、丹坐圈、緑點、緑坐點、緑圈等以示區分，或某字以藍圈、丹圈特標等等。廉泉序稱「大抵辭義精深處用丹筆，叙事奇變處用緑筆，脉絡相灌輸處用藍筆」，其説大略可從。其實，句式文字雖用不同顔色區别，但一致表達的是作者對其辭章字句的欣賞與推崇。讀者宜仔細觀之，可得其徼妙。

本書有清光緒十九年金匱廉泉刻本。今以此爲底本進行整理。

高瑞傑

戊戌年端午于清華園

目録

方氏左傳評點卷上

果親王刊本左傳，望溪方氏奉教所點定也。泉嘗於滎成孫佩南先生處得讀其書，大抵辭義精深處用丹筆，叙事奇變處用緑筆，脉絡相灌輸處用藍筆，顧原本傳印甚稀，海内學者未能家有其書。今援馬平王氏輯歸方史記合筆例，摘録起訖爲方氏評點二卷，以坿左傳義法舉要之後，俾當世治古文者覽觀焉。光緒癸巳夏六月，金匱廉泉記。

隱公 元年

「制，巖邑也」至「佗邑唯命」。丹坐點。「都城過百雉，國之害也」。丹坐點。「大都不過參國之一」至「小，九之一」。丹坐角。「姜氏欲之，焉辟害」。丹點。「蔓，難圖也」至「況君之寵弟乎」。丹點。「多行不義」至「子姑待之」。丹點。「無庸將自及」。丹點。「不義不暱，厚將崩」。丹點。「小人有母」至「請以遺之」。丹點。「爾有母遺，繄我獨無」。丹點。

「天子七月而葬」至「外姻至」。丹坐角。「贈死不及尸，弔生不及哀」。丹坐點。

隱公 三年

「信不由中」至「苟有明信」。丹坐點。「澗、谿、沼、沚之毛」至「可羞於王公」。丹點。「而況君子結二國之信」至「又焉用質」。丹坐點。「風有采蘩、采蘋」至「昭忠信也」。丹點。「先君舍與夷而立寡人」至「其將何辭以對」。丹點。「請子奉之」至「亦無悔焉」。丹坐點。「群臣願奉馮也」。丹點。「公曰『不可』」至「使主社稷」。丹坐點。「若棄德不讓」至「豈曰能賢」。丹坐圈。「光昭先君之令德」至「吾子其無廢先君之功」。丹坐點。「臣聞愛子教之以義方」。丹坐圈。「弗納於邪」至「寵禄過也」。丹坐點。「將立州吁」至「階之爲禍」。丹點。「夫寵而不驕」至「無乃不可乎」。丹坐點。

隱公 四年

「君若伐鄭，以除君害」至「則衛國之願也」。丹坐點。「臣聞以德和民，不聞以亂」。丹坐圈。「以亂猶治絲而棼之也」。丹圈。「夫州吁，阻兵而安忍」至「難以濟矣」。丹坐圈。又「夫州吁」三字丹點。「夫兵猶火也」至「將自焚也」。丹圈。「夫州吁弒其君而虐用其民」至「必不免矣」。丹坐圈。又

「夫州吁」三字丹點。

「衛國褊小」至「敢即圖之」。丹點。「君子曰『石碏』」至「其是之謂乎」。丹圈。

隱公 五年

「凡物不足以講大事」至「則君不舉焉」。丹坐點。「君，將納民於軌、物者也。」丹坐圈。「故講事以度軌量謂之軌」至「所以敗也」。丹坐點。「故春蒐」至「冬狩」。丹坐角。「皆於農隙以講事也」。丹坐點。「三年而治兵」至「以數軍實」。丹坐角。「昭文章」至「習威儀也」。丹坐點。「鳥獸之肉不登於俎」至「則公不射」。丹坐角。「古之制也」至「非君所及也」。丹坐點。

「鄭祭足、原繁、洩駕」至「而不虞制人」。緑點。「鄭二公子以制人敗燕師于北制」。緑點。

「不備不虞，不可以師」。丹坐點。

「天子用八」至「士二」。丹坐角。「夫舞，所以節八音而行八風，故自八以下」。丹坐點。

「未及國」。丹點。「君命寡人」至「非寡人之所敢知也」。丹點。

隱公 六年

「長惡不悛」至「周任有言曰」。丹坐點。「爲國家者」至「則善者信矣」。丹點。

「我周之東遷」至「鄭不來矣」。丹坐點。

隱公 七年

「凡諸侯同盟」至「謂之禮經」。丹坐點。

隱公 八年

「是不爲夫婦，誣其祖矣」。丹坐點。

「天子建德」。丹坐點。「因生以賜姓」至「邑亦如之」。丹坐角。

隱公 九年

「凡雨」至「平地尺爲大雪」。丹坐點。

「使勇而無剛者」至「乃可以逞」。丹坐點。

隱公 十一年

「君與滕君」至「周諺有之曰」。丹坐點。「山有木」至「主則擇之」。丹點。「周之宗盟，異姓爲後」。丹坐角。「寡人若朝于薛」至「則願以滕君爲請」。丹點。

「潁考叔取鄭伯之旗蝥弧以先登」至「鄭師畢登」。緑點。「天禍許國」至「亦聊以固吾圉也」。丹點。

「吾先君新邑於此」至「吾其能與許爭乎」。丹坐點。

「不度德」至「不亦宜乎」。丹坐點。

「凡諸侯有命」至「不書于策」。丹坐點。

「爲其少故也，吾將授之矣」。丹點。

桓公元年

「凡平原出水爲大水」。丹坐點。

桓公二年

「君子以督爲有無君之心，而後動於惡」。丹圈。

「將昭德塞違」至「故昭令德以示子孫」。丹坐點。「是以清廟茅屋」至「粢食不鑿」。丹坐角。「昭其儉也」。丹坐點。「衮、冕、黻、珽」至「衡、紞、紘、綖」。丹坐角。「昭其度也」。丹坐點。「藻、率、鞞、鞛，鞶、厲、游、纓」。丹坐角。「昭其數也」。丹坐點。「火、龍、黼、黻」。丹坐角。「昭其文也」。丹坐點。「五色比象」。丹坐角。「昭其物也」。丹坐點。「鍚、鸞、和、鈴」。丹坐角。「昭其聲也」。丹坐點。「三辰旂旗」。丹坐角。「昭其明也」至「其若之何」。丹坐點。

「凡公行」至「舍爵、策勳焉」。丹坐角。「特相會」至「成事也」。丹坐點。

「夫名以制義」至「政以正民」。丹坐點。「嘉耦曰妃，怨耦曰仇」。丹坐點。「吾聞國家之立也」至「是以能固」。丹坐圈。「故天子建國」至「士有隸子弟」。丹坐角。「各有分親，皆有等衰」。丹坐點。「是以民服事其上，而下無覬覦」。丹坐圈。「今晉，甸侯也」至「其能久乎」。丹坐點。

桓公 三年

「凡公女嫁于敵國」至「則上大夫送之」。丹坐角。

桓公 五年

「陳亂」至「可以集事」。丹坐點。「君子不欲多上人」至「多矣」。丹坐點。「凡祀」。丹坐點。「啓蟄而郊」至「閉蟄而烝」。丹坐角。「過則書」。丹坐點。

桓公 六年

「吾不得志於漢東也」至「請羸師以張之」。丹點。「以爲後圖，少師得其君」。丹點。「天方授楚」至「臣不知其可也」。丹坐點。「夫民，神之主也」至「而後致力於神」。丹圈。「故奉牲以告曰」

至「無讒慝也」。丹點。「故務其三時」至「故動則有成」。丹坐點。「今民各有心」至「其何福之有」。丹坐圈。「君姑脩政」至「庶免於難」。丹坐點。

「人各有耦」至「非吾耦也」。丹點。「詩云：『自求多福』」至「大國何爲」。丹坐點。「無事於齊，吾猶不敢」。丹坐點。「今以君命奔齊之急」至「民其謂我何」。丹點。

「接以大牢」至「公與文姜、宗婦命之」。丹坐角。「名有五」至「取於父爲類」。丹坐點。「不以國」至「名終將諱之」。丹坐角。「故以國則廢名」至「是以大物不可以命」。丹坐點。

桓公 八年

「隨有釁，不可失也」。丹坐點。「弗許而後戰」。丹坐點。「所以怒我而怠寇也」。丹點。「無與王遇」至「衆乃攜矣」。丹坐點。「天去其疾矣，隨未可克也」。丹點。

桓公 九年

「凡諸侯之女行，唯王后書」。丹坐點。

「三逐巴師，不克」至「背巴師而夾攻之」。緑點。

「曹大子其有憂乎？非歎所也」。丹點。

桓公十年

「匹夫無罪，懷璧其罪」。丹點。「吾焉用此，其以賈害也」。丹坐點。

桓公十一年

「鄖人軍其郊」至「我以鋭師宵加於鄖」。丹坐點。「鄖有虞心而恃其城」至「四邑必離」。丹點。

「師克在和，不在衆」。丹坐圈。「商、周之不敵」至「又何濟焉」。丹坐點。「卜以決疑，不疑何卜」。丹坐點。

桓公十二年

「校人爭出」至「爲城下之盟而還」〔一〕。丹坐點。

桓公十三年

「莫敖必敗」。丹坐點。「舉趾高，心不固矣」。丹點。「大夫其非衆之謂」至「而威莫敖以刑也」。丹點。「莫敖狃於蒲騷之役」至「其不設備乎」。丹坐點。「夫固謂君訓衆而好鎮撫之」至「夫豈不知楚師之盡行也」。丹點。

桓公十五年

「諸侯不貢車、服，天子不私求財」。丹坐角。

〔一〕「校」，春秋左傳正義作「絞」。

「謀及婦人，宜其死也」。丹坐點。

桓公十六年

「有無父之國則可也」。丹坐點。

桓公十七年

「疆場之事」至「又何謁焉」。丹坐點。「天子有日官」至「以授百官于朝」。丹坐角。

桓公十八年

「女有家」至「易此必敗」。丹坐點。「使公子彭生乘公，公薨于車」。緑點。「寡君畏君之威」至「來脩舊好」。丹坐點。「禮成而不反」至「請以彭生除之」。丹點。

「並后、匹嫡」至「亂之本也」。丹坐點。

莊公 三年

「凡師，一宿爲舍」至「過信爲次」。丹坐點。

莊公 四年

「余心蕩」。丹點。「王禄盡矣」至「而蕩王心焉」。丹圈。「若師徒無虧」至「國之福也」。丹坐點。

莊公 六年

「夫能固位者」至「本枝百世」。丹坐點。

「人將不食吾餘」。丹點。「若不從三臣」至「而君焉取餘」。丹點。

莊公 八年

「使間公」。藍圈。「走出，遇賊于門」。藍圈。「伏公而出，鬭」。藍圈。「遂入」至「見公之足于户下」。緑點。「君使民慢，亂將作矣」。丹坐圈。

莊公 十年

「肉食者鄙，未能遠謀」。丹坐點。「小惠未徧，民弗從也」。丹坐點。「小信未孚，神弗福也」。丹坐點。「忠之屬也，可以一戰」。丹坐點。「夫戰，勇氣也」至「三而竭」。丹坐點。「彼竭我盈，故克之」。丹坐圈。「夫大國」至「故逐之」。丹坐點。

「凡師，敵未陳曰『敗某師』」至「王師敗績于某」。丹坐點。

「孤實不敬」至「拜命之辱」。丹坐點。「禹、湯罪己」至「其亡也忽焉」。丹圈。「且列國有凶稱孤」。丹坐角。「是宜爲君有恤民之心」。丹坐點。

「始吾敬子」至「吾弗敬子矣」。丹點。

莊公十二年

「天下之惡一也」。丹坐圈。「惡於宋而保於我」至「非謀也」。丹坐點。

莊公十四年

「人之所忌」至「妖不自作」。丹圈。「人棄常，則妖興」。丹坐圈。「傅瑕貳」至「寡人憾焉」。丹坐點。「先君桓公」至「典司宗祏」。丹坐點。「社稷有主」至「其何貳如之」。丹坐圈。「苟主社稷」至「天之制也」。丹坐點。「子儀在位十四年矣」至「庸非貳乎」。丹坐圈。「莊公之子」至「君其若之何」。丹圈。「臣聞命矣」。丹坐點。

「吾一婦人」至「其又奚言」。丹點。

莊公十六年

「良月也，就盈數焉」。丹坐點。

莊公十八年

「王命諸侯」至「禮亦異數」。丹坐角。「不以禮假人」。丹坐點。

莊公二十年

「哀樂失時，殃咎必至」。丹坐圈。「今王子穨歌舞不倦」。丹坐點。「樂禍也」。丹坐圈。「夫司寇行戮，君爲之不舉」。丹坐角。「而況敢樂禍乎」至「憂必及之」。丹坐點。

莊公二十二年

「羈旅之臣」至「以速官謗」。丹點。「翹翹車乘」至「畏我友朋」。丹點。「臣卜其晝，未卜其夜」。丹點。「是謂鳳皇于飛」至「莫之與京」。丹坐點。「是謂觀國之光」至「在其子孫」。丹坐點。「光，遠而自他有耀者也」。丹點。「坤，土也」至「利用賓于王」。丹坐點。「猶有觀焉」至「其在異國乎」。丹點。「若在異國」至「大嶽之後也」。丹坐點。「山嶽則配天。物莫能兩大」。丹坐圈。「陳衰，此其昌乎」。丹坐點。

莊公二十三年

「故會以訓上下之則」至「帥長幼之序」。丹坐角。「征伐以討其不然」。丹坐點。「諸侯有王，王有巡守」。丹坐角。「君舉必書」至「後嗣何觀」。丹坐點。

莊公二十四年

「大者玉帛，小者禽鳥」。丹坐角。「以章物也」。丹坐點。「不過榛、栗、棗、脩」。丹坐角。「以告虔也」。丹坐點。

莊公二十五年

「唯正月之朔」至「伐鼓于朝」。丹坐角。

「凡天災」。丹坐點。「有幣無牲，非日月之眚，不鼓」。丹坐角。

莊公 二十七年

「天子非展義不巡守」至「卿非君命不越竟」。丹坐角。

「凡諸侯之女」至「出曰『歸于某』」。丹坐。

「若驟得勝於我」至「亟戰將饑」。丹坐點。

莊公 二十八年

「宗邑無主」至「國之患也」。丹坐點。「則可以威民而懼戎」至「不亦宜乎」。丹坐點。

「先君以是舞也」至「不亦異乎」。丹點。

「凡邑有宗廟先君之主曰都」至「都曰城」。丹坐角。

莊公 二十九年

「凡馬」。丹坐點。「日中而出，日中而入」。丹坐角。

「凡師」至「輕曰襲」。丹坐點。

「凡物不爲災，不書」。丹坐點。

「凡土功」。丹坐點。「龍見而畢務」。丹坐角。「戒事也」。丹坐點。「火見而致用」至「日至而畢」。丹坐角。

莊公 三十年

「自毁其家，以紓楚國之難」。丹坐點。

莊公 三十一年

「凡諸侯有四夷之功」至「諸侯不相遺俘」。丹坐角。

莊公 三十二年

「國之將興」至「亦有以亡」。丹坐圈。「虞、夏、商、周皆有之」。丹坐點。「以其物享焉」。丹坐角。「其至之日，亦其物也」。丹坐點。「虢必亡矣，虐而聽於神」。丹坐點。「國將興」至「依人而行」。丹圈。「虢多涼德，其何土之能得」。丹坐圈。「不如殺之」至「能投蓋于稷門」。丹坐點。

閔公 元年

「宴安酖毒，不可懷也」。丹坐圈。「詩云：『豈不懷歸』」至「請救邢以從簡書」。丹坐點。「猶秉周禮。周禮，所以本也」。丹坐點。「國將亡」至「而後枝葉從之」。丹坐圈。「魯不棄周禮，未可動也」。丹坐點。「先爲之極」至「且諺曰」。丹坐點。「心苟無瑕，何恤乎無家」。丹點。「天若祚大子，其無晉乎」。丹坐點。「萬，盈數也」至「其必有衆」。丹坐點。「屯固、比入」至「必復其始」。丹坐點。

閔公 二年

「無德而祿殃也」。丹坐圈。「殃將至矣」。丹坐點。

「哭而往」至「乃縊」。綠點。

「男也」至「則魯不昌」。丹坐點。「同復于父，敬如君所」。丹坐點。

「國人受甲者」至「聽于二子」。丹坐點。

「大子奉冢祀、社稷之粢盛」至「故曰『冢子』」。丹坐點。「君行則守」至「守曰監國」。丹坐角。

「古之制也」至「師在制命而已」。丹坐點。「稟命則不威，專命則不孝」。丹坐圈。「故君之嗣適」至「君其舍之」。丹坐點。「告之以臨民」至「則免於難」。丹坐點。「衣身之偏」至「時以閟之」。丹坐點。

「尨，涼；冬，殺；金，寒；玦，離」。丹點。「胡可恃也」至「帥師者」。丹坐點。「受命於廟，受脤於社」。丹坐角。「有常服矣」至「不如違之」。丹坐點。「違命不孝」至「子其死之」。丹坐點。「昔辛伯諗周桓公云」至「與其危身以速罪也」。丹坐點。

「邢遷如歸，衛國忘亡」。丹點。

僖公 元年

「凡侯伯」至「討罪」。丹坐點。

僖公 二年

「冀爲不道」至「以請罪于虢」。丹坐點。

「虢必亡矣」。丹坐圈。「亡下陽不懼」至「必易晉而不撫其民矣」。丹圈。

僖公 四年

「君處北海」至「不虞君之涉吾地也，何故」。丹點。「昔召康公命我先君大公曰」至「敢不共給」。丹坐點。「昭王之不復，君其問諸水濱」。丹點。「豈不穀是爲」至「與不穀同好如何」。丹點。

「君惠徼福於敝邑之社稷」至「寡君之願也」。丹坐點。「君若以德綏諸侯」至「君若以力」。丹坐點。

「楚國方城以爲城」至「雖衆，無所用之」。丹點。

「師出於陳、鄭之間」至「其可也」。丹坐點。「師老矣」至「其可也」。丹坐點。

「凡諸侯薨于朝會」至「於是有以衮斂」。丹坐角。

「筮短龜長，不如從長」。丹坐點。「專之渝」至「十年尚猶有臭」。丹點。「君非姬氏」至「吾又不樂」。丹坐點。「君實不察其罪」至「人誰納我」。丹坐點。

僖公 五年

「公既視朔」至「而書」。丹坐角。「凡分、至、啓、閉，必書雲物」。丹坐角。

「無喪而慼」至「讎必保焉」。丹圈。「寇讎之保，又何慎焉」。丹點。「守官廢命不敬」至「宗子惟城」。丹坐點。「君其脩德而固宗子」至「焉用慎」。丹點。「狐裘尨茸」至「吾誰適從」。丹點。「君父之命不校」至「校者，吾讎也」。丹坐點。

「宫之奇諫曰」至「寇不可翫」。丹坐點。「一之謂甚」至「其虞、虢之謂也」。丹點。「將虢是滅」至「其愛之也」。丹點。「桓、莊之族何罪」至「況以國乎」。丹坐點。「鬼神非人實親，惟德是依」。丹坐圈。「故周書曰」至「將在德矣」。丹坐點。「若晉取虞」至「神其吐之乎」。丹點。「丙之晨」至「虢公其奔」。丹點。「其九月、十月之交乎」至「必是時也」。丹坐點。

僖公 六年

「許男面縛銜璧」至「士輿櫬」。丹坐角。

僖公 七年

「心則不競，何憚於病」。丹點。「既不能彊」至「請下齊以救國」。丹坐點。「朝不及夕，何以待君」。丹點。

「唯我知女」至「後之人將求多於女」。丹點。「女必不免」至「將不女容焉」。丹坐點。「古人有言曰」至「弗可改也已」。丹點。

「招攜以禮」至「無人不懷」。丹坐點。「君以禮與信屬諸侯」至「無乃不可乎」。丹坐點。「君若綏之以德」至「豈敢不懼」。丹坐點。「若總其罪人以臨之」至「何懼」。丹點。「且夫合諸侯」至「未可間也」。丹坐點。

僖公 八年

「期年，狄必至，示之弱矣」。丹坐點。

「凡夫人」。丹坐點。「不薨于寢」至「則弗致也」。丹坐角。

僖公 九年

「凡在喪」至「公侯曰子」。丹坐角。

「天子有事于文、武，使孔賜伯舅胙」。丹坐點。「且有後命」至「無下拜」。丹坐點。「天威不違顏咫尺」至「以遺天子羞」。丹點。「敢不下拜」。丹坐點。

「齊侯不務德而勤遠略」至「無勤於行」。丹坐點。

「以是藐諸孤」至「其若之何」。丹點。「稽首而對曰」至「則以死繼之」。丹坐點。「公家之利」至「貞也」。丹坐點。「吾與先君言矣，不可以貳」。丹坐點。「能欲復言而愛身乎」至「而能謂人已乎」。丹點。「臣聞亡人無黨」至「不識其他」。丹坐點。「唯則定國」至「公曰」。丹坐點。「忌則多怨，又焉能克」。丹點。「是吾利也」。丹坐點。

僖公十年

「微子則不及此」至「不亦難乎」。丹點。「不有廢也」至「其無辭乎」。丹坐點。

「神不歆非類」至「且民何罪」。丹坐點。

「幣重而言甘，誘我也」。丹坐點。「失衆」至「誰能出君」。丹點。

僖公十一年

「晉侯其無後乎」至「何以長世」。丹坐點。

僖公十二年

「臣賤有司也」至「何以禮焉」。丹點。「陪臣敢辭」。丹坐點。「舅氏」至「無逆朕命」。丹坐點。

僖公十三年

「重施而報」至「無衆必敗」。丹坐點。「行道有福」。丹坐點。「其君是惡，其民何罪」。丹點。

僖公十四年

「背施無親」至「何以守國」。丹坐點。「皮之不存，毛將安傅」。丹點。「君其悔是哉」。丹點。

僖公十五年

「千乘三去」至「其悔，山也」。丹坐點。「歲云秋矣」至「不敗何待」。丹點。「三敗及韓」。藍圈。「古者大事」至「君必悔之」。丹坐點。「師少於我，鬭士倍我」。丹點。「出因其資」至「倍猶未也」。丹點。「一夫不可狃，況國乎」。丹點。「寡人不佞」至「無所逃命」。丹點。「君之未入」至「敢不承命」。丹點。「吾幸而得囚」。丹點。「遂失秦伯，秦獲晉侯以歸」。藍圈。「二三子何其慼也」至「豈敢以至」。丹點。「君履后土而戴皇天」至「群臣敢在下風」。丹點。「上天降災」至「唯君裁之」。丹點。「歸之而質其大子」至「祇以成惡」。丹坐點。「無始禍」至「陵人不祥」。丹坐點。「子金教之言曰」至「晉於是乎作州兵」。緑圈。「士封羊」至「亦離之震」。丹坐點。「爲雷爲火」至「明年，其死於高梁之虛」。丹點。「龜，象也。筮，數也」。丹坐點。「物生而後有象」至「勿從何益」。丹坐圈。「下民之孽」至「職競由人」。藍圈。

「晉國和乎」。丹點。「不和」至「以此不和」。丹點。「國謂君何」。丹點。「小人慼」至「以爲必歸」。丹點。「小人曰」至「秦不其然」。丹坐點。「陷君於敗」至「行將焉入」。丹坐點。「吾怨其君面矜其民」至「晉其庸可冀乎」。丹坐點。「姑樹德焉，以待能者」。丹點。

僖公 十六年

「君失問」。丹坐點。「非吉凶所生也，吉凶由人」。丹坐圈。「吾不敢逆君故也」。丹坐點。

僖公 十八年

「梁伯益其國而不能實也」至「秦取之」。緑點。

僖公 十九年

「古者六畜不相爲用，小事不用大牲」。丹坐角。「而況敢用人乎」至「得死爲幸」。丹坐點。

「昔周饑」至「天其或者欲使衛討邢乎」。丹坐點。

「文王聞崇德亂而伐之」至「因壘而降」。丹坐點。「今君德無乃猶有所闕」至「盍姑内省德乎」。丹坐點。

「初，梁伯好土功」至「秦遂取梁」。丹坐點。

僖公 二十年

「凡啓塞，從時」。丹坐角。

「以欲從人，則可；以人從欲，鮮濟」。丹圈。

僖公 二十一年

「非早備也」至「焚之滋甚」。丹坐點。

「禍其在此乎」至「其何以堪之」。丹坐點。「禍猶未也，未足以懲君」。丹點。

「崇明祀」至「是崇皞、濟而脩祀、紓禍也」。丹坐點。

僖公 二十二年

「不及百年」至「其禮先亡矣」。丹坐點。

「而辱於秦」至「亦不敢言」。丹坐點。

「詩曰：『協比其鄰』」至「焉能怨諸侯之不睦」。丹坐點。

「國無小」至「況我小國乎」。丹坐點。「君其無謂邾小」至「而況國乎」。丹點。

「天之棄商久矣」至「赦也已」。丹坐點。

「君子不重傷，不禽二毛」。丹坐角。「古之爲軍也」至「不鼓不成列」。丹坐點。「君未知戰」至「如何勿重」。丹坐點。「若愛重傷」至「則如服焉」。丹點。「三軍以利用也」至「鼓儳可也」。丹坐點。

「婦人送迎不出門」至「戎事不邇女器」。丹坐角。「九獻」至「加籩、豆六品」。丹坐角。「楚王其不没乎」至「諸侯是以知其不遂霸也」。丹坐點。

僖公 二十三年

「吾以靖國也」。丹坐點。「夫有大功而無貴仕」至「有幾」。丹點。「子之能仕父教之忠」。丹坐圈。「古之制也」至「教之貳也」。丹坐點。「父教子貳，何以事君」。丹點。「刑之不濫」至「誰則無罪」。丹坐點。「周書有之」至「其何後之有」。丹坐點。「凡諸侯同盟，死則赴以名」。丹坐點。「赴以名，則亦書之」至「辟不敏也」。丹坐點。「保君父之命」至「罪莫大焉」。丹坐點。「我二十五年矣」至「請待子」。丹點。「子有四方之志」至「吾殺之矣」。丹坐點。「無之」。丹點。「行也」至「實敗名」。丹點。「臣聞天之所啓」至「況天之所啓乎」。丹坐點。「公子若反晉國」至「則君地生焉」。丹坐點。「其波及晉國者」至「其何以報君」。丹點。「雖然，何以報我」。丹坐點。「若以君之靈，得反晉國」。丹坐圈。「晉、楚治兵」至「以與君周旋」。丹圈。「晉公子廣而儉」至「違天必有大咎」。丹坐點。「吾不如衰之文也」。丹坐點。

「重耳拜賜」。丹點。「君稱所以佐天子者命重耳，重耳敢不拜」。丹點。

僖公 二十四年

「臣負羈絏」至「臣之罪甚多矣」。丹坐點。「臣猶知之，而況君乎」。丹點。「請由此亡」。丹坐點。「所不與舅氏同心者，有如白水」。丹坐點。「蒲城之役」至「女中宿至」。丹坐點。「雖有君命」至「女其行乎」。丹點。「臣謂君之入也」至「惟力是視」。丹坐點。「蒲人、狄人」至「其無蒲、狄乎」。丹點。「齊桓公置射鈎而使管仲相」至「豈唯刑臣」。丹坐點。「沐則心覆」至「何必罪居者」。丹坐點。「國君而讎匹夫，懼者甚衆矣」。丹點。

「得寵而忘舊，何以使人」。丹坐點。

「獻公之子九人」至「非君而誰」。丹坐點。「天實置之」至「以爲己力乎」。丹坐圈。「下義其罪」至「難與處矣」。丹坐點。「盍亦求之？以死，誰懟」。丹點。「尤而效之」至「不食其食」。丹坐點。「亦使知之，若何」。丹點。「言身之文也」至「是求顯也」。丹點。「能如是乎？與女偕隱」。丹點。

「大上以德撫民」至「其若文、武何」。丹坐點。

「報者倦矣，施者未厭」。丹點。「狄固貪惏，王又啓之」。丹坐點。「女德無極，婦怨無終」。丹點。「狄必爲患」。丹坐點。

「服之不衷」至「稱也」。丹坐點。

「膰焉」。丹坐角。「拜焉」。丹坐角。

「不穀不德」至「敢告叔父」。丹坐點。「天子蒙塵于外，敢不奔問官守」。丹坐點。「天子凶服降名」。丹坐角。

「省視官、具于氾，而後聽其私政」。丹坐角。

僖公 二十五年

「求諸侯莫如勤王」至「今爲可矣」。丹坐點。「遇黄帝戰于阪泉之兆」至「古之帝也」。丹坐點。

「遇公用享于天子之卦」至「亦其所也」。丹坐點。「王章也」。丹坐點。「未有代德」至「亦叔父之所惡也」。丹點。「德以柔中國，刑以威四夷」。丹坐點。「宜吾不敢服也」至「其俘之也」。丹點。

「信，國之寶也」至「所亡滋多」。丹坐點。

「昔趙衰以壺飧從，徑，餒而弗食」。丹坐點。

僖公 二十六年

「魯人恐乎」。丹坐點。「小人恐矣，君子則否」。丹點。「室如縣罄」至「及君即位」。丹坐點。「諸侯之望曰」至「君必不然」。丹點。「恃此以不恐」。丹坐點。

「我先王熊摯有疾」至「又何祀焉」。丹坐點。

「凡師，能左右之曰以」。丹坐點。

僖公 二十七年

「不知所賀」至「何後之有」。丹坐點。

「報施救患」至「於是乎在矣」。丹坐點。「楚始得曹而新昏於衛」至「則齊、宋免矣」。丹坐點。「郤縠可」至「君其試之」。丹坐點。「晉侯始入而教其民」至「文之教也」。丹坐點。

僖公 二十八年

「上德也」。「德」字藍圈。

「楚人救衛不克」。藍點。

「使宋舍我而賂齊、秦」至「能無戰乎」。丹坐圈。「無從晉師」至「而果得晉國」。丹坐點。「險阻艱難」至「其可廢乎」。丹坐圈。「允當則歸」至「有德不可敵」。丹坐點。「非敢必有功也，願以閒執讒慝之口」。丹點。「子玉無禮哉」至「不可失矣」。丹點。又無「禮」字，藍圈。「子與之」。丹點。「定人之謂禮」至「何以戰乎」。丹圈。又無「禮」字，藍圈。「不許楚言」至「既戰而後圖之」。丹坐圈。「師直爲壯」至「豈在久乎」。丹坐圈。「微楚之惠不及此」至「曲在彼矣」。丹坐點。「原田每每，舍其舊而新是謀」。丹點。「戰也」。丹點。「戰而捷」至「必無害也」。丹坐圈。「漢陽諸姬」至「不如戰也」。丹坐點。「吉。我得天」至「吾且柔之矣」。丹點。「請與君之士戲」至「得臣與寓目焉」。丹點。「寡君聞命矣」至「其敢當君乎」。丹坐點。「既不獲命矣」至「詰朝將見」。丹點。「少長有禮，其可用也」。丹坐點，又有「禮」字藍圈。「胥臣以下軍之佐，當陳、蔡」至「故不敗」。緑點。「至于衡、雍作王宮于踐土」。藍圈。「王謂叔父」至「糾逖王慝」。丹坐點。「重耳敢再拜稽首，奉揚天子之丕顯休命」。丹坐點。

「皆獎王室」至「無有老幼」。丹坐點。「能以德攻」。「德」字藍圈。

「死而利國」至「將何愛焉」。丹坐點。「非神敗令尹」至「實自敗也」。丹坐點。又「不勤民」字藍圈。「既敗」。藍圈。「大夫若入，其若申、息之老何」。丹點。「得臣將死」至「君其將以爲戮」。丹點。

「晉侯聞之」至「莫余毒也已」。丹點。「不在民矣」。藍圈。

「天禍衛國」至「是糾是殛」。丹坐點。

「以臣召君，不可以訓」。丹坐點。

「齊桓公爲會而封異姓」至「非刑也」。丹坐點。

僖公 二十九年

「卿不會公侯，會伯、子、男可也」。丹坐角。

僖公 三十年

「臣之壯也，猶不如人」。丹點。「今老矣，無能爲也已」。丹坐點。「吾不能早用子」至「子亦有不利焉」。丹點。「秦、晉圍鄭」至「敢以煩執事」。丹點。「越國以鄙遠」至「君之薄也」。丹坐圈。

「若舍鄭以爲東道主」至「君亦無所害」。丹坐點。「且君嘗爲晉君賜矣」至「君之所知也」。丹點。

「夫晉，何厭之有」至「將焉取之」。丹坐圈。「闕秦以利晉，唯君圖之」。丹坐點。「微夫人之力不及此」至「吾其還也」。丹坐點。

「國君，文足昭也」至「吾何以堪之」。丹坐點。

僖公三十一年

「禮不卜常祀」至「牛卜日曰牲」。丹坐角。

「杞、鄫何事」至「不可以閒成王、周公之命祀」。丹點。

僖公三十二年

「若潛師以來，國可得也」。丹坐點。「勞師以襲遠」至「其誰不知」。丹坐點。「爾何知？中壽，爾墓之木拱矣」。丹點。「晉人禦師必於殽」。丹坐點。「殽有二陵焉」至「余收爾骨焉」。丹點。

僖公三十三年

「秦師輕而無禮」至「能無敗乎」。丹坐點。「寡君聞吾子將步師出於敝邑，敢犒從者」。丹坐點。「不腆敝邑」至「行則備一夕之衛」。丹點。「且使遽告于鄭」至「則束載、厲兵、秣馬矣」。緑點。「吾子淹久於敝邑」至「以閒敝邑，若何」。丹點。

「秦違蹇叔，而以貪勤民」至「可謂死君乎」。丹坐點。「彼實構吾二君」至「以逞寡君之志，若何」。丹點。「武夫力而拘諸原」至「亡無日矣」。丹點。「君之惠」至「三年將拜君賜」。丹點。「孤違蹇叔」至「且吾不以一眚掩大德」。丹坐點。

「匹夫逞志於君而無討，敢不自討乎」。丹坐點。「敬，德之聚也。能敬必有德」。丹坐點。「舜之罪也殛鯀」至「無以下體」。丹坐點。「君取節焉可也」。丹點。

「文不犯順」至「亦無益也」。丹坐點。

「凡君薨」。丹坐點。「卒哭而祔」至「烝、嘗、禘於廟」。丹坐角。

文公 元年

「履端於始」至「歸餘於終」。丹坐角。「履端於始」至「事則不悖」。丹坐點。

「享江芊而勿敬也」。丹點。「呼！役夫！宜君王之欲殺女而立職也」。丹點。

「忠，德之正也」至「卑讓，德之基也」。丹坐點。

「是孤之罪也」至「夫子何罪」。丹坐點。

文公 二年

「吾未獲死所」。丹圈。「周志有之」至「不登於明堂」。丹坐點。「死而不義」至「共用之謂勇」。丹坐圈。「吾以勇求右」至「乃知我矣」。丹圈。「子姑待之」。丹坐點。「君子謂『狼瞫於是乎君子』」至「爰整其旅」。丹坐點。「怒不作亂」至「可謂君子矣」。丹點。「秦師又至」至「其可敵乎」。丹坐點。

「子雖齊聖」至「皇祖后稷」。丹坐點。「君子曰『禮』」至「而先帝也」。丹點。「詩曰」至「遂及伯姊」。丹坐點。「君子曰『禮』」至「而先姑也」。丹點。「臧文仲其不仁者三」至「三不知也」。丹坐點。

「凡君即位」至「娶元妃以奉粢盛」。丹坐角。

文公 三年

「凡民逃其上曰潰，在上曰逃」。丹坐點。

「君子是以知秦穆公之爲君也」至「子桑有焉」。丹坐點。

「小國受命於大國」至「大國之惠也」。丹坐點。

文公 四年

「君子是以知出姜之不允於魯也」至「敬主之謂也」。丹坐點。「同盟滅」至「吾自懼也」。丹坐點。「惟彼二國」至「其秦穆之謂矣」。丹坐點。

「臣以爲肄業及之也」。丹點。「昔諸侯朝正於王」至「於是乎賦湛露」。丹坐點。「則天子當陽，諸侯用命也」。丹坐點。「諸侯敵王所愾」至「以覺報宴」。丹坐角。「今陪臣來繼舊好」至「以自取戾」。丹點。

文公 五年

「皋陶、庭堅不祀」至「哀哉」。丹坐點。

「夫子壹之，其不没乎」。丹坐點。「天爲剛德」至「怨之所聚也」。丹圈。「犯而聚怨，不可以定身」。丹坐圈。「余懼不獲其利而離其難，是以去之」。丹坐點。

文公 六年

「秦穆之不爲盟主也，宜哉」至「君子是以知秦之不復東征也」。丹坐點。

「且爲二嬖」至「立之不亦可乎」。丹坐點。

「吾聞前志有之曰」至「何以事夫子」。丹坐點。

文公 七年

「公族，公室之枝葉也」。丹坐點。「若去之」至「此諺所謂『庇焉而縱尋斧焉』者也」。丹點。

「親之以德」至「誰敢攜貳」。丹坐點。

「先君何罪」至「將焉寘此」。丹點。「先君奉此子也」至「而棄之若何」。丹點。「我若受秦」至

「軍之善政也」。丹坐點。「夫人大子猶在」至「不然將及」。丹坐點。「吾與之同罪」至「將何見焉」。丹點。

「趙衰」至「夏日之日也」。丹坐點。

「兵作於内爲亂，於外爲寇」。丹坐點。「寇猶及人，亂自及也」。丹坐圈。「而君不禁」至「若之何」。丹坐點。

「叛而不討」至「無德何以主盟」。丹坐點。「戒之用休」至「宣子説之」。丹坐點。

文公 九年

「晉君少」至「北方可圖也」。丹坐點。

文公 十年

「當官而行」至「敢愛死以亂官乎」。丹坐點。

文公 十二年

「寡君願徼福于周公、魯公以事君」至「國無陋矣」。丹坐點。

「趙氏新出其屬曰臾駢」至「若使輕者肆焉其可」。丹坐點。「裹糧坐甲」至「將何俟焉」。丹坐點。「我不知謀」。丹點。「將獨出」。丹坐點。「秦獲穿也」至「我何以報」。丹坐點。「兩君之士」至「明日請相見也」。丹點。「使者目動而言肆」至「將遁矣」。丹點。

文公 十三年

「隨會在秦」至「若之何」。丹坐點。「不如隨會」至「且無罪」。丹坐點。「請東人之能與夫二三有司言者，吾與之先」。丹點。「若背其言」至「有如河」。丹坐點。「子無謂秦無人，吾謀適不用也」。丹點。「天生民而樹之君」至「孤必與焉」。丹坐點。「命在養民」至「時也」。丹坐圈。「民苟利矣」至「吉莫如之」。丹坐點。

文公 十四年

「凡崩薨不赴」至「亦不書」。丹坐點。「爾求之久矣」至「爾爲之」。丹點。

文公 十五年

「諸侯五年再相朝，以脩王命」。丹坐角。

「喪，親之終也」。丹坐點。「雖不能始，善終可也」。丹坐圈。「史佚有言曰」至「何怨於人」。丹坐點。「夫子以愛我聞」至「遠禮不如死」。丹點。

「日有食之」至「伐鼓于朝」。丹坐角。

「凡勝國曰滅之」至「曰入之」。丹坐點。

「齊侯其不免乎」至「弗能在矣」。丹坐點。

文公 十六年

「蔿賈曰『不可』」。丹坐點。「我能往，寇亦能往」。丹圈。「不如我庸」至「誰暇謀人」。丹坐點。

「姑又與之遇以驕之」至「先君蚡冒所以服陘隰也」。丹坐點。

「君無道」至「猶不亡族」。丹坐點。

文公 十七年

「以陳、蔡之密邇於楚」至「唯執事命之」。丹點。「六月壬申」至「爲齊侵蔡」。丹坐點。「亦獲成於楚」至「豈其罪也」。丹點。「大國若弗圖，無所逃命」。丹坐點。

「臣聞齊人將食魯之麥」至「民主偷，必死」。丹坐點。

文公 十八年

「人奪女妻而不怒」至「庸何傷」。丹點。「與刖其父而弗能病者，何如」。丹點。

「將行哭而過市」至「魯人謂之哀姜」。緑點。

「教行父事君之禮」至「庶幾免於戾乎」。丹坐點。

宣公 二年

「失禮違命」至「易之戮也」。丹坐點。「疇昔之羊」至「我爲政」。丹點。「君子謂羊斟『非人也』」至「敗國殄民」。丹坐點。「子之馬然也」。丹點。「非馬也，其人也」。丹點。「睅其目」至「棄甲復來」。丹點。「牛則有皮」至「棄甲則那」。丹點。「從其有皮，丹漆若何」。丹點。「去之，夫其口衆我寡」。丹點。

「能欲諸侯而惡其難乎」。丹坐點。「彼宗競于楚」至「姑益其疾」。丹坐點。

「人誰無過」至「衮不廢矣」。丹坐點。「不忘恭敬」至「不如死也」。丹坐點。「臣侍臣宴」至「非禮也」。丹坐角。「棄人用犬，雖猛何爲」。丹坐點。「子爲正卿」至「非子而誰」。丹坐圈。「惜也，越竟乃免」。丹坐點。

「君姬氏之愛子也」至「則臣狄人也」。丹坐點。

宣公 三年

「在德不在鼎」至「鼎遷于周」。丹坐點。「德之休明，雖小，重也」。丹坐圈。「其姦回昏亂」至「未可問也」。丹坐點。

「余爲伯鯈」至「人服媚之如是」。丹坐點。「吾聞姬、姞耦」至「其後必蕃」。丹坐點。「蘭死，吾其死乎！吾所以生也」。丹坐點。

宣公 四年

「君無道也」。丹坐點。「臣之罪也」。丹坐點。

「必殺之」至「其可畜乎」。丹坐點。「椒也知政」至「且泣曰」。丹坐點。「鬼猶求食」至「不其餒而」。丹點。「伯棼射王」至「遂滅若敖氏」。緑點。「君，天也，天可逃乎」。丹坐點。「子文無後，何以勸善」。丹坐點。

宣公 六年

「使疾其民」至「此類之謂也」。丹坐點。

「無德而貪」至「弗過之矣」。丹坐點。

宣公 七年

「凡師出」至「不與謀曰會」。丹坐點。

宣公八年

「卜葬先遠日」。丹坐角。「辟不懷也」。丹坐點。

宣公九年

「孔子曰」至「其洩冶之謂乎」。丹坐點。

宣公十年

「凡諸侯之大夫違」至「敢告」。丹坐角。

宣公十一年

「以授司徒」至「不愆于素」。丹坐點。

「非德，莫如勤」至「況寡德乎」。丹坐點。

「猶可辭乎」。丹點。「可哉」。丹點。「夏徵舒殺其君」至「君之義也」。丹坐點。「抑人亦有言曰」至「罰已重矣」。丹點。「諸侯之從也」至「無乃不可乎」。丹坐點。「可哉」至「所謂『取諸其懷而與之』也」。丹點。

宣公 十二年

「孤不天」至「取不唯命是聽」。丹坐點。「其俘諸江南」至「夷於九縣」。丹點。「君之惠也」至「非所敢望也」。丹坐點。「其君能下人」至「庸可幾乎」。丹坐點。

「而勤民焉用之」。丹坐點。「隨武子曰：『善』」。丹坐點。「會聞用師」至「不可敵也」。丹坐圈。「不爲是征」至「武之善經也」。丹坐點。「子姑整軍而經武乎」至「何必楚」。丹點。「仲虺有言曰」至「無競惟烈」。丹坐點。「撫弱耆昧」至「可也」。丹點。「彘子曰：『不可』」。丹坐點。「晉所以霸」至「非夫也」。丹坐圈。「命爲軍帥」至「我弗爲也」。丹點。「此師殆哉」至「不猶愈乎」。丹坐點。

「昔歲入陳」至「孫叔爲無謀矣」。丹坐點。「不捷」至「可得食乎」。丹點。「晉之從政者新」至「若社稷何」。丹坐點。「敗楚服鄭」至「必許之」。丹坐點。「楚自克庸以來」至「必從彘子」。丹坐點。「原、屏，咎之徒也」。丹點。「欒伯善哉」至「必長晉國」。丹點。「寡君少遭閔凶」至「二三子無淹久」。丹點。「與鄭夾輔周室」至「豈敢辱候人」。丹坐點。「行人失辭」至「群臣無所逃命」。丹點。「許伯曰」至「皆行其所聞而復」。緑圈。「晉人逐之」至「射麋，麗龜」。緑點。「以歲之非時」至「敢膳諸從者」。丹點。「其左善射」至「君子也」。丹坐點。「楚潘黨逐之」。藍圈。「子有軍事」至「敢獻於從者」。丹點。「且怒於失楚之致師者」。藍圈。「與魏錡皆命而往」。藍圈。「二憾往矣。弗備，必敗」。丹坐點。「鄭人勸戰」至「多備何爲」。丹點。「楚之無惡」至「警也」。丹坐點。「士季使鞏朔、韓穿」至「趙旃夜至於楚軍」。藍圈。「晉人懼二子之怒楚師也」至「楚人亦懼王之入晉軍也」。藍圈。「孫叔曰：『進之』」至「薄之也」。丹坐點。「車馳卒奔」至「舟中之指可掬也」。緑圈。「不穀不德而貪」至「以濟楚師」。丹坐點。「楚師方壯」至「不亦可乎」。丹坐點。「王見右廣」至「吾不如大國之數奔也」。緑點。「非子之求」至「可勝既乎」。丹點。「晉之餘師不能軍」至「亦終夜有聲」。緑點。「非爾所知也」至「又可以爲京觀乎」。丹坐點。「君子曰」至「歸於怙亂者也夫」。緑圈。「鄭伯、許男如楚」。緑點。

「城濮之役」至「若之何殺之」。丹坐點。

「師人多寒」至「皆如挾纊」。丹點。「有麥麴乎」。丹點。「無有山鞠窮乎」。丹點。「無河魚腹疾奈何」。丹點。「目於眢井而拯之」至「哭井則已」。丹點。

宣公十三年

「苟利社稷」至「我則死之」。丹坐點。

宣公十四年

「鄭昭宋聾」至「我則必死」。丹坐點。「過我而不假道」至「乃殺之」。丹坐點。「楚子聞之」至「車及於蒲胥之市」。緑點。「子家其亡乎」至「何以不亡」。丹坐點。「聘而獻物」至「而有加貨」。丹坐角。

宣公十五年

「古人有言曰」。丹坐點。「雖鞭之長不及馬腹」。丹點。「天方授楚」至「天之道也」。丹坐點。「君能制命爲義」至「民之主也」。丹坐點。「義無二信」至「臣之禄也」。丹坐圈。「寡君有信臣」至

「死又何求」。丹點。「申犀稽首於王之馬前曰」至「王不能答」。緑點。「怙其儁才」至「茲益罪也」。丹坐點。「後之人」至「若之何待之」。丹點。「大恃才與衆」至「故滅」。丹坐點。「天反時爲災」至「民反德爲亂」。丹坐圈。「亂則妖災生」。丹圈。「故文」至「盡在狄矣」。丹坐點。

「羊舌職說是賞也」至「能施也」。丹坐點。

「不及十年，原叔必有大咎」。丹坐點。「天奪之魄矣」。丹點。

宣公 十六年

「戰戰兢兢」至「善人在上也」。丹坐點。「善人在上，則國無幸民」。丹坐圈。「諺曰」。丹坐點。「民之多幸，國之不幸也」。丹圈。

「凡火」至「天火曰災」。丹坐點。

「季氏而弗聞乎」。丹坐點。「王享有體薦」至「王室之禮也」。丹坐角。

宣公 十七年

「所不此報，無能涉河」。丹坐點。「不得齊事，無復命矣」。丹坐點。「夫晏子何罪」至「故高子及斂盂而逃」。丹坐點。「夫三子者曰」至「吾不既過矣乎」。丹點。「過而不改」至「何利之有焉」。丹坐點。「使反者得辭」至「將焉用之」。丹點。

「喜怒以類者鮮，易者實多」。丹坐點。「君子如怒」至「庶有豸乎」。丹坐點。

「凡大子之母弟」至「不在曰弟」。丹坐點。

宣公 十八年

「不能治也」至「許請去之」。丹坐點。「壇帷」至「三踊而出」。丹坐角。

成公 二年

「師敗矣」至「何以復命」。丹坐點。「子，國卿也」至「我此乃止」。丹坐點。「惜也，不如多與之邑」。丹坐點。「唯器與名」至「君之所司也」。丹坐圈。「名以出信」至「政之大節也」。丹坐點。「若以假人」至「弗可止也已」。丹坐圈。

「此城濮之賦也」至「無能爲役」。丹點。「晉與魯、衛，兄弟也」。丹坐點。「來告曰」至「君無所辱命」。丹點。「大夫之許」至「亦將見也」。丹坐點。「齊高固入晉師」至「賈余餘勇」。緑點。「余姑翦滅此而朝食」至「三周華不注」。緑點。「韓厥俛定其右」至「奉觴加璧以進」。緑點。「曰寡君使群臣爲魯、衛請」至「陷入君地」。丹坐點。「下臣不幸」至「攝官承之」。丹點。「自今無有代其君任患者」至「將爲戮乎」。丹坐點。「人不難以死免其君」至「赦之以勸事君者」。丹坐點。「齊侯見保者，曰」至「乃奔」。緑點。「蕭同叔子非他」至「使繼舊好」。丹坐點。「唯是先君之敝器、土地不敢愛」至「敢不唯命是聽」。丹點。「群臣帥賦輿以爲魯、衛請」至「敢不唯命是聽」。丹點。

「用蜃、炭」。丹坐角。「椁有四阿，棺有翰、檜」。丹坐角。「君子謂華元、樂舉『於是乎不臣』」至「今二子者」。丹坐點。「君生則縱其惑」至「是棄君於惡也」。丹坐圈。「何臣之爲」。丹坐點。

「君召諸侯」至「非慎之也」。丹坐點。「是不祥人也」至「何必是」。丹點。「對曰其信」至「其必許之」。丹坐點。「異哉」至「宜將竊妻以逃者也」。丹點。「止其自爲謀也則過矣」至「所蓋多矣」。

丹圈。「且彼若能利國家」至「何勞錮焉」。丹點。「無爲吾望爾也乎」。丹點。「師有功」至「必屬耳目焉」。丹坐點。「是代帥受名也」。丹點。「故不敢」至「吾知免矣」。丹坐點。「子重曰：『君弱』」至「莫如惠恤其民而善用之」。丹坐點。「位其不可不慎也乎」至「況其下乎」。丹坐點。

「衡父不忍數年之不宴」至「國棄矣」。丹坐點。「蠻夷戎狄」至「淫湎毁常」。丹坐點。「王命伐之則有獻捷」。丹坐角。「王親受而勞之」至「侵敗王略」。丹坐點。「王命伐之」至「不獻其功」。丹坐角。「所以敬親暱、禁淫慝也」。丹坐點。「今叔父克遂，有功于齊」至「其敢廢舊典以忝叔父」。丹點。「夫齊，甥舅之國也，而大師之後也」。丹坐點。「寧不亦淫從其欲」至「抑豈不可諫誨」。丹點。「非禮也勿籍」。丹點。

成公 三年

「子其怨我乎」。丹點。「二國治戎」至「又誰敢怨」。丹點。「然則德我乎」。丹點。「二國圖其社稷」至「其誰敢德」。丹點。「子歸何以報我」。丹點。「臣不任受怨」至「不知所報」。丹點。「雖然必告不穀」。丹點。「以君之靈」至「亦死且不朽」。丹點。「若不獲命」至「所以報也」。丹圈。

「晉未可與争。重爲之禮而歸之」。丹坐點。

「次國之上卿」至「上下如是」。丹坐角。

「君知厥也乎」。丹點。「服改矣」。丹點。「臣之不敢愛死，爲兩君之在此堂也」。丹點。

「吾無其功」至「不可以厚誣君子」。丹坐點。

成公 四年

「敬之敬之」至「可不敬乎」。丹坐點。

「非我族類」至「其肯字我乎」。丹坐點。

「君若辱在寡君」至「側不足以知二國之成」。丹點。

成公 五年

「神福仁而禍淫」至「祭，其得亡乎」。丹坐點。

「待我，不如捷之速也」。丹點。「故山崩川竭」至「以禮焉」。丹坐角。

成公 六年

「鄭伯其死乎」至「宜不能久」。丹坐點。

「聽於人以救其難」至「非由人也」。丹坐點。

「衛唯信晉」至「何以求諸侯」。丹坐點。

「郇、瑕氏土薄水淺」至「十世之利也」。丹圈。「夫山、澤、林、鹽，國之寶也」。丹坐點。「國饒，則民驕佚。近寶，公室乃貧」。丹坐圈。「不可謂樂」。丹坐點。

「吾來救鄭」至「不如還也」。丹坐點。「聖人與衆同欲」至「衆故也」。丹坐點。「善鈞從衆」至「不亦可乎」。丹坐圈。

成公 七年

「中國不振旅」至「斯不亡矣」。丹坐點。

「以御北方」至「晉、鄭必至于漢」。丹坐點。「爾以讒慝、貪惏事君」至「余必使爾罷於奔命以死」。丹坐點。

成公 八年

「大國制義」至「是以敢私言之」。丹坐點。

「從善如流」至「求善也夫」。丹坐點。

「成季之勳」至「而無後」。丹坐點。「夫豈無辟王？賴前哲以免也」。丹點。「爲善者其懼矣」。丹點。「三代之令王皆數百年保天之祿」。丹坐點。

「以利社稷者」至「況國乎」。丹坐點。

「禮無加貨」至「燮將復之」。丹坐點。

「凡諸侯嫁女」至「異姓則否」。丹坐角。

成公 九年

「大夫勤辱」至「施及未亡人」。丹點。「先君猶有望也」。丹坐點。

「兵交，使在其閒可也」。丹坐點。

「先父之職官也，敢有二事」。丹坐點。「非小人之所得知也」。丹坐點。「其爲大子也」至「不知其他」。丹點。

「恃陋而不備」至「詩曰」。丹坐點。「楚囚，君子也」至「事雖大必濟」。丹坐點。

「凡百君子」至「言備之不可以已也」。丹坐點。「雖有絲麻」至「無棄蕉萃」。丹點。

「我出師以圍許」至「晉必歸君」。丹坐點。

成公十年

「鄭人立君」至「以求成焉」。丹坐點。

「晉侯夢大厲，被髮及地」至「又壞户」。緑點。「疾不可爲也」至「不可爲也」。丹坐點。

成公十一年

「鳥獸猶不失儷」至「吾不能死亡」。丹坐點。

「昔周克商」至「子安得之」。丹坐點。

成公 十二年

「日云莫矣」至「下臣不敢」。丹坐點。「如天之福」至「焉用樂」。丹點。「寡君須矣，吾子其入也」。丹坐點。「諸侯閒於天子之事」至「宴以示慈惠」。丹坐角。「共儉以行禮」至「公侯于城」。丹坐點。「略其武夫」至「公侯腹心」。丹坐點。

成公 十三年

「郤氏其亡乎」至「不亡何爲」。丹坐點。「吾聞之」。丹坐點。「民受天地之中以生」至「以定命也」。丹圈。「能者養之以福，不能者敗以取禍」。丹坐圈。「是故君子勤禮」至「其不反乎」。丹坐點。「昔逮我獻公及穆公相好」至「用能奉祀于晉」。丹坐點。「又不能成大勳」至「是穆之成也」。丹坐點。「文公躬擐甲胄」至「逾越險阻」。丹坐點。「征東之諸侯」至「則亦既報舊德矣」。丹點。「鄭人怒君之疆埸」至「秦師克還無害」。丹坐點。「則是我有大造于西也」。丹點。「無禄，文公即世」至「傾覆我國家」。丹坐點。「我襄公未忘君之舊勳」至「是以有殽之師」。丹點。「猶願赦罪于穆公」至「以來蕩摇我邊疆」。丹坐點。「我是以有令狐之役」。丹點。「康猶不悛」至「翦我羈馬」。丹坐點。「我是以有河曲之戰」至「則是康公絶我好也」。丹點。「及君之嗣也」至「虔劉我邊垂」。丹坐點。「我是以有輔氏之聚」。丹點。「君亦悔禍之延」至「景公即世」。丹坐點。「我寡君是以有令狐之會」。丹點。「君又不祥」至「吾與女伐狄」。丹坐點。「寡君不敢顧昏姻」至「余唯利是視」。丹點。「不穀惡其無成德」至「諸侯備聞此言」。丹坐點。「斯是用痛心疾首」至「其不能以諸侯退矣」。丹點。「晉帥乘和，師必有大功」。丹坐點。

成公 十四年

「苦成家其亡乎」至「取禍之道也」。丹坐點。

「春秋之稱」至「非聖人誰能脩之」。丹坐點。

「夫人姜氏既哭而息」至「無不聳懼」。緑點。

成公 十五年

「凡君不道於其民」至「則曰某人執某侯」。丹坐點。

「聖達節」至「遂逃奔宋」。丹坐點。

「右師苟獲反」至「桓氏雖亡必偏」。丹坐點。「右師視速而言疾」至「今將馳矣」。丹坐點。「登邱而望之」至「閉門登陴矣」。緑點。

「郤氏其不免乎」。丹坐點。「善人，天地之紀也」。丹坐圈。「而驟絶之，不亡何待」。丹坐點。

「盜憎主人，民惡其上」。丹點。「子好直言，必及于難」。丹坐點。

成公 十六年

「若逞吾願」至「可立俟也」。丹點。「不可以當吾世，而失諸侯」。丹點。「必伐鄭」。丹坐點。

「德、刑、詳、義、禮、信」至「吾不復見子矣」。丹坐點。「其行速」至「楚懼不可用也」。丹坐點。「我僞逃楚」至「我若群臣輯睦以事君多矣」。丹點。「韓之戰」至「又益恥也」。丹坐點。「吾先君之亟戰也，有故」至「敵楚而已」。丹坐圈。「唯聖人能内外無患」至「盍釋楚以爲外懼乎」。丹圈。「塞井夷竈」至「何患焉」。丹坐點。「國之存亡」至「童子何知焉」。丹點。「楚師輕窕」至「我必克之」。丹坐點。「楚子登巢車，以望晉軍」至「戰禱也」。綠圈。「伯州犁以公卒告王」至「不可當也」。丹坐點。「楚之良」至「必大敗之」。丹坐點。「史曰吉」至「不敗何待」。丹坐點。「書退」。丹點。「國有大任」至「不可犯也」。丹坐點。「癸巳」。藍圈。「大辱國」至「爾射，死藝」。丹點。「姬姓，日也」至「亦必死矣」。丹坐點。「及戰，射共王中目」。藍圈。「郤至三遇楚子之卒」至「無乃傷乎」。綠點。「君之外臣至」至「敢肅使者」。丹點。「速從之」至「不可以再辱國君」。丹坐點。「諜輅之」至「傷國君有刑」。丹坐點。「子在君側」至「子以君免」。丹坐點。「楚人謂夫旌」至「彼其子重也」。丹點。「日臣之使於楚也」至「請攝飲焉」。丹坐點。「寡君乏使」至「使某攝飲」。丹點。「夫子嘗與吾言於楚」至「不亦識乎」。丹點。「旦而戰，見星未已」。藍圈。「君幼，諸臣不佞，何以及此」。丹點。「君其戒之」至「有德之謂」。丹坐點。「先大夫之覆師徒者」至「不穀之罪也」。丹點。「臣之卒實奔」。藍圈。「初隕師徒者」至「盍圖之」。丹點。「雖微先大夫有之」至「敢忘其死」。丹點。「女不可是皆君也」。丹點。

「自我先君宣公即世」。丹坐點。「國人曰」至「是大泯曹也」。丹點。「先君無乃有罪乎」至「敢私布之」。丹坐點。

「魯之有季孟」至「歸必叛矣」。丹坐點。「僑如之情」至「治之何及」。丹點。「嬰齊，魯之常隸也」至「又何求」。丹點。「季孫於魯」至「子其圖之」。丹坐點。「温季其亡乎」至「其可乎」。丹坐點。

成公十七年

「君驕侈而克敵」至「范氏之福也」。丹坐點。

「鮑莊子之知不如葵，葵猶能衛其足」。丹坐點。

「濟洹之水」至「瓊瑰盈吾懷乎」。丹坐點。「余恐死」至「無傷也」。丹坐點。

「使楚公子茷告公曰」至「吾因奉孫周以事君」。丹坐點。「其有焉」至「而受敵使乎」。丹點。

「君盍嘗使諸周而察之」。丹坐點。「必先三郤」至「敵多怨，有庸」。丹坐點。「人所以立」至「罪孰大焉」。丹坐點。「一朝而尸三卿，余不忍益也」。丹坐點。「人將忍君」。丹點。「臣聞亂在外爲姦」至「臣請行」。丹坐點。「昔吾畜於趙氏」至「焉用厥也」。丹坐點。

成公十八年

「孤始願不及此」至「否亦今日」。丹點。「共而從君，神之所福也」。丹坐點。

「凡去其國」至「以惡曰『復入』」。丹坐點。「西鉏吾曰：『何也』」。丹坐點。「若楚人與吾同惡」至「非吾憂也」。丹坐圈。「且事晉何爲？晉必恤之」。丹坐點。

「欲求得人」至「自宋始矣」。丹坐點。

方氏左傳評點卷下

襄公 二年

「虧姑以成婦」至「季孫於是爲不哲矣」。丹坐點。

「楚君以鄭故」至「寡人也」。丹點。「若背之」至「唯二三子」。丹坐點。「官命未改」。丹坐點。

「吾子聞崔子之言」至「豈惟寡君賴之」。丹坐點。

襄公 三年

「天子在」至「寡君懼矣」。丹坐點。「以敝邑介在東表」至「敢不稽首」。丹坐點。

「寡君使匄，以歲之不易」至「請君臨之」。丹坐點。

「君子謂祁奚『於是能舉善矣』」至「能舉善也夫」。丹坐點。「夫唯善，故能舉其類」。丹坐圈。

「詩云」至「祁奚有焉」。丹坐點。

「絳無貳志」至「何辱命焉」。丹坐點。「日君乏使，使臣斯司馬」。丹坐點。「臣聞『師衆以順爲武，軍事有死無犯爲敬』」。丹坐圈。「君合諸侯」至「罪莫大焉」。丹坐點。「臣懼其死」至「至於用鉞」。丹點。「臣之罪重」至「請歸死於司寇」。丹坐點。「寡人之言親愛也」至「敢以爲請」。丹坐點。

襄公 四年

「大國行禮焉而不服」至「而況小乎」。丹坐點。

「三夏，天子所以享元侯也」。丹坐角。「使臣弗敢與聞」。丹坐點。「文王，兩君相見之樂也」。丹坐角。「臣不敢及」至「敢不重拜」。丹坐點。「子爲正卿」至「誰受其咎」。丹坐點。

「以寡君之密邇於仇讎」至「無失官命」。丹坐點。「鄫無賦於司馬」至「寡君是以願借助焉」。丹點。

「諸侯新服」至「在帝夷羿」。丹坐點。「冒于原獸」至「用不恢于夏家」。丹點。「獸臣司原」至「可不懲乎」。丹坐點。「和戎有五利焉」至「五也」。丹坐點。

「臧之狐裘」至「使我敗於邾」。丹坐點。

襄公 五年

「詩曰」丹坐點。「周道挺挺」至「集人來定」。丹點。「已則無信」至「成允成功」。丹坐點。

襄公 六年

「少相狎」至「又相謗也」。丹點。「同罪異罰」至「罪孰大焉」。丹坐點。「幾日而不我從」。丹點。

襄公 七年

「夫郊祀后稷以祈農事也」。丹坐點。「是故啓蟄而郊，郊而後耕」。丹坐角。「今既耕而卜郊，宜其不從也」。丹坐點。

「辭曰」至「立之，不亦可乎」。丹坐點。

「趨進曰」。丹坐點。「諸侯之會」至「吾子其少安」。丹點。「孫子必亡」至「委蛇委蛇」。丹坐點。「謂從者也，衡而委蛇，必折」。丹點。

襄公 八年

「小國無文德而有武功」至「將爲戮矣」。丹坐點。「周詩有之曰」。丹坐點。「俟河之清，人壽幾何」。丹點。「兆云詢多」至「是用不得于道」。丹坐點。「請從楚，騑也受其咎」。丹點。「君命敝邑」至「馮陵我城郭」。丹坐點。「敝邑之衆」至「不敢不告」。丹點。「君有楚命」至「唯君圖之」。丹點。「誰敢哉」至「何時之有」。丹點。「城濮之役」至「敢不承命」。丹點。

襄公 九年

「火所未至」至「故商主大火」。丹坐點。「商人閱其禍敗之釁」至「是以日知其有天道也」。丹坐圈。「可必乎」。丹坐點。「在道」至「不可知也」。丹圈。「隨其出也」至「貞固足以幹事」。丹坐點。「然故不可誣也」至「不可謂貞」。丹坐圈。「有四德者」至「豈隨也哉」。丹圈。「我則取惡」至「弗得出矣」。丹坐圈。

「當今吾不能與晉爭」至「必將出師」。丹坐點。

「遂圍之」至「不然無成」。丹坐點。「許之盟而還師」至「楚不能矣」。丹坐圈。「猶愈於戰」至「先王之制也」。丹坐點。「自今日既盟之後」至「有如此盟」。丹坐點。「天禍鄭國」至「亦如之」。丹點。「改載書」至「大國亦可叛也」。丹坐點。「姑盟而退」至「何恃於鄭」。丹坐點。

「會于沙隨之歲」至「一星終也」。丹坐點。「國君十五而生子。」丹坐角。「冠而生子」至「大夫盍爲冠具」。丹坐點。「君冠」至「以先君之祧處之」。丹坐角。「今寡君在行」至「而假備焉」。丹坐點。

「國無滯積」至「三駕而楚不能與爭」。丹坐點。

襄公 十年

「郰人紇抉之」至「帶其斷以徇於軍三日」。綠點。「女成二事」至「以不女違」。丹坐點。「女既勤君而興諸侯」至「必爾乎取之」。丹點。「君若猶辱鎮撫宋國」至「其何罪大焉」。丹點。

「諸侯宋、魯」至「不亦可乎」。丹坐點。

「兆如山陵」至「而喪其雄」。丹坐點。「征者喪雄，禦寇之利也」。丹點。「鄭其有災乎」至「其執政之三士乎」。丹坐點。

「爲書以定國」至「是衆爲政也」。丹坐點。「衆怒難犯」至「子必從之」。丹坐點。

「諸侯既有成行」至「亦以退之」。丹坐點。「我實不能禦楚」至「不如還也」。丹坐點。

「篳門閨竇之人」至「其難爲上矣」。丹點。「昔平王東遷」至「且王何賴焉」。丹坐點。「今自王叔之相也」至「亦左之」。丹點。

襄公 十一年

「三分公室」至「不然不舍」。丹坐點。

「不從晉」至「楚弱於晉」。丹坐點。「晉不吾疾也」至「而後可固與也」。丹點。「與宋爲惡」至「吾乃固與晉」。丹坐點。

「不慎」至「能無貳乎」。丹坐點。「凡我同盟」至「踣其國家」。丹坐點。

「孤以社稷之故」至「孤之願也」。丹點。

「凡我同盟」至「寡君聞命矣」。丹坐點。

「子教寡人」至「子其受之」。丹坐點。

襄公十二年

「凡諸侯之喪」至「同族於禰廟」。丹坐角。「是故魯爲諸姬」至「臨於周公之廟」。丹坐點。

「先王之禮辭有之」至「先守某公之遺女若而人」。丹坐點。

襄公十三年

「凡書取」至「弗地曰入」。丹坐點。

「世之治也」至「恒必由之」。丹坐點。

「不穀不德」至「其弘多矣」。丹坐點。「若以大夫之靈」至「請爲靈若厲」。丹點。「君命以共」至「可不謂共乎」。丹坐點。

「先王卜征五年」至「不習則增脩德而改卜」。丹坐角。「今楚實不競，行人何罪」。丹坐點。

「止鄭一卿」至「不猶愈乎」。丹點。

襄公 十四年

「來，姜戎氏」至「豺狼所嗥」。丹坐點。「我諸戎除翦其荆棘」至「至於今不貳」。丹點。「昔文公與秦伐鄭」至「戎何以不免」。丹坐點。「自是以來」至「而罪我諸戎」。丹點。「我諸戎飲食衣服」至「賦青蠅而退」。丹坐點。

「君，義嗣也，誰敢奸君」。丹坐點。「札雖不才」至「以無失節」。丹坐點。「雞鳴而駕」至「唯余馬首是瞻」。丹點。「晉國之命」至「余馬首欲東」。丹點。「夫子命從帥」至「所以待夫子也」。丹坐點。「吾令實過」至「晉人謂之『遷延之役』」。丹坐點。「欒黶汰虐已甚」至「其在盈乎」。丹坐點。「武子之德在民，如周人之思召公焉」。丹坐點。「愛其甘棠，況其子乎」。丹點。「欒黶死」至「秦伯以爲知言」。丹坐點。「無神何告」至「無告無罪」。丹坐點。「寡君使瘠」至「其若之何」。丹坐點。「群臣不佞，得罪於寡君」。丹坐點。「寡君不以即刑」至「以爲君憂」。丹點。「君不忘先君之好」至「敢拜君命之辱」。丹坐點。「衛君其必歸乎」至「能無歸乎」。丹坐點。「余不説初矣。余狐裘而羔袖」。丹坐點。「衛君必入」至「欲無入，得乎」。丹坐點。

「成國不過半天子之軍」。丹坐角。

「或者其君實甚」至「將安用之」。丹坐點。「天生民而立之君」至「勿使過度」。丹坐圈。「是故天子有公」至「諫失常也」。丹坐點。「天之愛民甚矣」至「必不然矣」。丹圈。

「昔伯舅大公」至「無廢朕命」。丹坐點。

「君薨不忘增其民」至「忠也」。丹坐點。

襄公 十五年

「官人，國之急也」。丹坐點。「能官人，則民無覦心」。丹坐圈。「詩云」至「所謂周行也」。丹坐點。

「朝也」。丹坐點。「無人焉」。丹點。「朝也，何故無人」。丹點。「必無人焉」至「必無人焉故也」。丹點。

「我以不貪爲寶，爾以玉爲寶」。丹坐點。「若以與我」至「不若人有其寶」。丹點。「小人懷璧」至「納此以請死也」。丹坐點。

襄公 十六年

「歌詩必類」。丹坐點。

「以寡君之未禘祀」至「是以大請」。丹坐點。「敝邑之急」至「恐無及也」。丹點。「偃知罪矣」至「而使魯及此」。丹坐點。「匈在此，敢使魯無鳩乎」。丹坐點。

襄公 十七年

「拜命之辱」至「以杖抉其傷而死」。丹坐點。

「澤門之皙」至「而抶其不勉者」。丹坐點。「曰：『吾儕小人』」至「何以爲役」。丹點。「宋國區區」至「禍之本也」。丹圈。

「晏嬰麤縗斬」至「寢苫枕草」。丹坐角。「唯卿爲大夫」。丹坐角。

襄公 十八年

「公以戈擊之」至「見梗陽之巫皋」。緑點。「齊環怙恃其險」至「唯爾有神裁之」。丹坐點。

「齊侯登巫山以望晉師」至「齊師夜遁」。緑坐點。「師曠告晉侯曰」至「城上有烏，齊師其遁」。緑圈。「衛殺馬於隘以塞道。晉州綽及之」。緑坐點。「射殖綽，中肩」至「乃弛弓而自後縛之」。綠點。「其右具丙」至「坐于中軍之鼓下」。綠坐點。「左驂迫」至「以枚數闔」。綠點。「師速而疾」至「輕則失衆」。丹坐點。

「國人謂不穀主社稷」至「君亦無辱」。丹坐點。「師曠曰不害」至「在其君之德也」。丹坐點。

襄公 十九年

「宣子盟而撫之，曰：『事吴』」至「宣子出」。丹坐點。「曰：『吾淺之爲丈夫也』」。丹點。

「非禮也」至「亡之道也」。丹坐點。

「廢常不祥」至「君必悔之」。丹坐點。「婦人無刑」至「不在朝市」。丹坐角。

「王追賜之大路使以行」。丹坐角。

襄公 二十年

「吾得罪於君」至「不來食矣」。丹坐點。

襄公 二十一年

「不可詰也，紇又不能」。丹坐點。「我有四封而詰其盜」至「若之何不能」。丹坐點。「子召外盜而大禮焉」至「將何以能」。丹點。「若大盜」至「紇也聞之」。丹坐點。「在上位者」至「而後可以治人」。丹坐圈。「夫上之所爲，民之歸也」。丹坐點。「上所不爲」至「又可禁乎」。丹坐圈。「夏書曰」至「而後功可念也」。丹坐點。

「盈將爲亂」至「吾不敢不言」。丹坐點。「與其死亡若何」至「知也」。丹坐點。「必祁大夫」。丹坐點。「欒王鮒，從君者也，何能行」。丹點。「祁大夫外舉不棄讎，内舉不失親」。丹坐點。「其獨遺我乎」。丹點。「詩曰：『有覺德行，四國順之』」。丹坐點。「夫子覺者也」。丹點。「詩曰：『惠我無疆』」至「社稷之固也」。丹坐點。「猶將十世宥之」至「不亦惑乎」。丹點。「鯀殛而禹興」至「多殺何爲」。丹坐點。「深山大澤，實生龍蛇」。丹點。「余懼其生龍蛇以禍女」至「余何愛焉」。丹坐點。「天子陪臣盈得罪於王之守臣」。丹坐點。「將逃罪」至「敢布其死」。丹點。「能輸力於王室」至「不能保任其父之勞」。丹坐點。「大君若不棄書之力」至「不敢還矣」。丹點。「敢布四體，唯大君命焉」。丹坐點。

「子爲彼欒氏，乃亦子之勇也」。丹點。

「然臣不敏」至「先二子鳴」。丹坐點。「東閭之役」至「其可以與於此乎」。丹點。「臣爲隸新」至「而寢處其皮矣」。丹坐點。

襄公 二十二年

「在晉先君悼公九年」至「而申禮於敝邑」。丹坐點。「敝邑欲從執事」至「是以不敢攜貳於楚」。丹點。「我四年三月」至「晉於是乎有蕭魚之役」。丹坐點。「謂我敝邑」至「而何敢差池」。丹點。「楚亦不競」至「無役不從」。丹坐點。「以大國政令之無常」至「其敢忘君命」。丹點。「委諸執事，執事實重圖之」。丹坐點。

「吾聞之」。丹坐點。「生於亂世」至「可以後亡」。丹圈。「敬共事君」至「不在富也」。丹坐點。

「君三泣臣矣，敢問誰之罪也」。丹點。「他日朝」至「遂歸」。緑點。「子三困我於朝」至「何疾我也」。丹點。「吾不免是懼，何敢告子」。丹點。「昔觀起有寵於子南」至「何故不懼」。丹點。「吾見申叔，夫子」至「不然請止」。丹點。

襄公 二十三年

「盈曰：『雖然』」至「子無咎焉」。丹點。「伏之而觴曲沃人」至「徧拜之」。緑點。「且欒氏多怨」至「將何懼焉」。丹坐點。「范鞅逆魏舒」至「賂之以曲沃」。緑點。「矢及君屋，死之」。丹點。

「崔子將死乎」至「不得其死」。丹坐點。「過君以義」至「況以惡乎」。丹坐圈。

「子無然」至「禍倍下民可也」。丹坐點。「孺子秩」至「則季氏信有力於臧氏矣」。丹點。「何長之有？唯其才也」。丹點。「季孫之愛我」至「藥石也」。丹坐圈。「美疢不如惡石」至「吾亡無日矣」。丹圈。「殖之有罪」至「若免於罪」。丹坐點。「猶有先人之敝廬在，下妾不得與郊弔」。丹點。

「知之難也」至「順事恕施也」。丹坐點。

襄公 二十四年

「古人有言曰」至「何謂也」。丹坐點。「以豹所聞」至「豹聞之」。丹坐點。「大上有立德」至「此之謂不朽」。丹坐圈。「若夫保姓受氏」至「不可謂不朽」。丹坐點。

「子爲晉國」至「而無令名之難」。丹坐點。「夫諸侯之賄」至「將焉用賄」。丹坐圈。「夫令名」

至「是以遠至邇安」。丹坐點。「毋寧使人謂子」至「賄也」。丹點。

「齊將有寇。吾聞之」。丹坐點。「兵不戢，必取其族」。丹坐圈。

「將及楚師」至「公孫之亟也」。緑點。

「是將死矣，不然將亡」。丹坐點。「貴而知懼」至「又何問焉」。丹坐圈。「且夫既登而求降階者」至「將死而憂也」。丹圈。

襄公 二十五年

「崔子將有大志」至「異於他日」。丹坐點。

「夫從風」至「無所歸也」。丹坐點。「嫠也，何害？先夫當之矣」。丹點。「豈以陵民」至「誰敢任之」。丹坐圈。「曰：『所不與崔、慶者』」至「有如上帝」。緑點。「將舍」至「不可當也」。緑點。

「自今以往」至「兵可以弭」。丹坐點。

「昔虞閼父爲周陶正」至「不可億逞」。丹坐點。「我是以有往年之告」至「用敢獻功」。丹點。

「先王之命」至「何以至焉」。丹坐點。「我先君武、莊」至「不敢廢王命故也」。丹坐點。

「子木使庀賦，數甲兵」。丹坐點。「蔿掩書土田」至「禮也」。丹坐點。

「視民如子」至「如鷹鸇之逐鳥雀也」。丹坐點。「他日吾見蔑之面而已，今吾見其心矣」。丹坐點。「君子之行」至「思其復也」。丹坐圈。「政如農功」至「其過鮮矣」。丹圈。「文子聞之，曰：『烏乎』」至「殆必不可」。丹坐點。「書曰」至「可哀也哉」。丹坐點。

襄公 二十六年

「秦、晉不和久矣」至「吾所能御也」。丹坐點。「晉其庶乎」至「能無卑乎」。丹坐點。

「瑗不得聞君之出，敢聞其入」。丹坐點。「吾受命於先人，不可以貳」。丹坐點。「君淹恤在外」至「死無日矣」。丹坐點。「子鮮在，何益」至「於我何爲」。丹坐點。「大夫逆於竟者」至「頷之而已」。綠點。「寡人淹恤在外」至「寡人怨矣」。丹坐點。「臣知罪矣」至「敢忘其死」。丹坐點。

「自上以下，隆殺以兩」。丹坐角。

「上其手曰」至「方城外之縣尹也」。丹點。「頡遇王子，弱焉」。丹點。「子産曰：『不獲』」至「秦不其然」。丹坐點。「若曰『拜君之勤鄭國』」至「其可」。丹點。

「叔向命晉侯拜二君」至「敢拜鄭君之不貳也」。丹坐點。

「小人之事君子也」至「臣請往也」。丹點。「爲我子，又何求」。丹點。「唯佐也，能免我」。丹點。「日中不來，吾知死矣」。丹坐點。「誰爲君夫人？余胡弗知」。丹點。「君之妾棄使某獻」。丹點。「曰君夫人，而後再拜稽首受之」。丹坐點。

「晉卿不如楚」至「自楚往也」。丹點。「雖楚有材，晉實用之」。丹坐點。「雖有，而用楚材實多」。丹點。「歸生聞之」至「刑濫則懼及善人」。丹坐點。「無善人則國從之」。丹坐圈。「詩曰：『人之云亡』」至「恤民不倦」。丹坐點。「賞以春夏，刑以秋冬」。丹坐角。「爲之加膳，加膳則飫賜」。丹坐角。「此以知其勸賞也」。丹坐點。「爲之不舉，不舉則徹樂」。丹坐角。「此以知其畏刑也」至「聲子使椒鳴逆之」。丹坐點。「晉、楚將平」至「乃易成也」。丹坐點。「夫小人之性」至「非國家之利也」。丹坐圈。「若何從之」。丹坐點。

「晉士起將歸時事於宰旅」至「辭不失舊」。丹坐點。

襄公 二十七年

「使諸喪邑者」至「而遂執之」。緑點。

「服美不稱」至「美車何爲」。丹坐點。

「仕而廢其事」至「吾不可以立於人之朝矣」。丹坐點。「唯卿備百邑」。丹坐角。「臣六十矣」

至「臣懼死之速及也」。丹坐點。「大叔儀不貳」至「君其命之」。丹坐點。

「欲弭諸侯之兵以爲名」。藍圈。「兵民之殘也」至「將或弭之」。丹坐點。「雖曰不可，必將許之」。藍圈。「弗許」至「則我失爲盟主矣」。丹坐點。「且人曰弭兵」至「則固攜吾民矣」。丹坐點。「仲尼使舉是禮也，以爲多文辭」。藍圈。「晉、楚、齊、秦匹也」。丹坐點。「晉之不能於齊」至「寡君敢不固請於齊」。丹點。「釋齊、秦，他國請相見也」。丹坐點。「楚氛甚惡，懼難」。藍圈。「楚人衷甲」。藍圈。「以爲不信」至「是棄其所以服諸侯也」。丹坐點。「令尹將死矣」至「何以及三」。丹坐點。「何害也」至「非子之患也」。丹坐點。「且吾因宋以守病」至「雖倍楚可也」。丹坐點。「晉固爲諸侯盟主，未有先晉者也」。丹坐點。「子言晉、楚匹也」至「豈專在晉」。丹坐點。「且諸侯盟」至「不亦可乎」。丹坐點。「子木與之言」至「子木亦不能對也」。藍圈。「夫子之家事治」至「不可與爭」。丹坐點。

「七子從君以寵武也」。丹坐點。「請皆賦，以卒君貺，武亦以觀七子之志」。丹點。「善哉」至「不足以當之」。丹坐點。「牀笫之言不逾閾」至「非使人之所得聞也」。丹點。「寡君在，武何能焉」。丹坐點。「武請受其卒章」。丹坐點。「吾子之惠也」。丹坐點。「善哉」至「吾有望矣」。丹坐點。

「匪交匪敖」至「欲辭福禄，得乎」。丹坐點。

「凡諸侯小國」至「所以亡也」。丹坐圈。「天生五材」至「不亦誣乎」。丹圈。「以誣道蔽諸侯」

至「無厭之甚也」。丹點。又「以誣道蔽諸侯」句，藍圈。「削而投之」。丹坐點。「我將亡」至「又可攻乎」。丹坐點。「彼己之子」至「向戌之謂乎」。丹坐點。

襄公 二十八年

「今兹宋、鄭其饑乎」至「不饑何爲」。丹坐點。

「日其過此也」至「恒有子禍」。丹坐點。

「宋之盟」至「其何勞之敢憚」。丹坐點。「周易有之」至「周、楚惡之」。丹坐點。

「皆小國之禍也」至「無昭禍焉可也」。丹坐點。

「男女辨姓」至「何也」。丹坐點。「宗不余辟」至「惡識宗」。丹點。「譬之如禽獸，吾寢處之矣」。丹坐點。「嬰之衆不足用也」至「有盟可也」。丹點。「子之言云，又焉用盟」。丹坐點。「人各有以事君，非佐之所能也」。丹坐點。「盧蒲癸、王何」至「猶援廟桷，動于甍」。緑點。「車甚澤」至「宜其亡也」。丹坐點。「天殆富淫人，慶封又富矣」。丹坐點。「善人富謂之賞」至「其將聚而殲旃」。丹圈。

「慶氏之邑足欲」至「吾邑不足欲也」。丹坐點。「益之以邶殿」至「亡無日矣」。丹點。「在外不得宰，吾一邑不受郰殿」。丹坐點。「非惡富也」至「使無遷也」。丹點。「夫民，生厚而用利」至「使無黜嫚」。丹坐圈。「謂之幅利」。丹點。「利過則爲敗」至「所謂幅也」。丹坐點。「國人猶知之，皆曰『崔子也』」。緑點。

「濟澤之阿」至「敬也」。丹點。「我楚國之爲」至「遠圖者忠也」。丹坐點。「我一人之爲」至「待其立君而爲之備」。丹坐點。

襄公　二十九年

「乃使巫以桃、茢先祓殯」。丹坐角。

「是謂不宜必代之昌」。丹坐點。「松柏之下其草不殖」。丹點。「欺其君何必使余」。丹坐點。

「我死必無以冕服斂」。丹坐點。「非德賞也」。丹點。「且無使季氏葬我」。丹坐點。

「與其莫往」至「何常之有」。丹坐點。

「二者其皆得國乎」至「其以宋升降乎」。丹坐點。

「若之何哉」至「其誰云之」。丹坐點。

「專則速及」至「專則人實斃之」。丹坐圈。「將及矣」。丹坐點。

「齊也取貨」至「不尚取之」。丹點。「虞、虢、焦、滑、霍、揚、韓、魏」至「何必瘠魯以肥杞」。丹坐點。「且先君而有知也」至「而焉用老臣」。丹點。

「子其不得死乎」。丹坐點。「好善而不能擇人」。丹坐圈。「吾聞君子務在擇人」至「禍必及子」。丹坐點。「美哉」。丹坐點。「始基之矣」至「然勤而不怨矣」。丹點。「美哉淵乎」至「是其衛風乎」。丹坐點。「美哉」。丹坐點。「思而不懼其周之東乎」。丹點。「美哉」。丹坐點。「其細已甚」至「是其先亡乎」。丹坐圈。「美哉，泱泱乎」至「國未可量也」。丹坐點。「美哉，蕩乎」至「其周公之東乎」。丹坐點。「此之謂夏聲」至「其周之舊乎」。丹坐點。「美哉，渢渢乎」至「則明主也」。丹坐點。「思深哉」至「何憂之遠也」。丹點。「非令德之後，誰能若是」。丹坐點。「國無主，其能久乎」。丹坐點。「美哉」。丹坐點。「思而不貳」至「猶有先王之遺民焉」。丹點。「廣哉，熙熙乎」。丹坐點。「曲而有直體，其文王之德乎」。丹點。「至矣哉」至「盛德之所同也」。丹坐點。「美哉，猶有憾」。丹坐點。「美哉，周之盛也」。丹坐點。「聖人之弘也」至「聖人之難也」。丹點。「美哉，勤而不德，非禹其誰能脩之」。丹坐點。「德至矣哉」至「吾不敢請已」。丹坐點。「子速納邑與政」至「難未歇也」。丹坐點。「鄭之執政侈」至「鄭國將敗」。丹坐點。「衛多君子，未有患也」。丹坐點。「異哉」至「而可以樂乎」。丹坐點。「晉國其萃於三族乎」。丹坐點。「吾子勉之」至「必思自免於難」。丹坐點。「善之代不善」至「將焉辟之」。丹坐點。「天禍鄭久矣，其必使子產息之」。丹坐圈。「乃猶可

「以戾」至「將亡矣」。丹坐點。

襄公 三十年

「吾儕小人」至「焉與知政」。丹坐點。「楚令尹將有大事」至「助之匿其情矣」。丹坐點。

「吾得見與否」至「乃可知也」。丹坐點。「雖其和也」至「惡至無日矣」。丹坐點。

「臣，小人也」至「三之一也」。丹點。「師曠曰」至「然則二萬六千六百有六旬也」。丹坐點。

「武不才，任君之大事」。丹坐點。「以晉國之多虞」至「使吾子辱在泥塗久矣」。丹點。「武之罪也，敢謝不才」。丹坐點。「晉未可媮也」至「勉事之而後可」。丹坐點。

「或叫于宋大廟」至「如曰譆譆」。緑點。

「聚禾粟」至「不過十年矣」。丹坐點。

「豈爲我徒」至「姑成吾所」。丹坐點。「夫子禮於死者，況生者乎」。丹坐點。「其莠猶在乎」至「歲不及此次也已」。丹坐點。

「王子必不免」至「何以得免」。丹坐點。

「詩曰：『文王陟降』」至「不信之謂也」。丹坐點。

「辭曰國小而偪」至「國乃寬」。丹坐點。「無欲實難」至「以待其所歸」。丹坐點。「子産是以惡其爲人也」至「廬井有伍」。丹坐點。「唯君用鮮，衆給而已」。丹坐角。「從政一年」至「誰其嗣之」。丹坐點。

襄公 三十一年

「趙孟將死矣」。丹坐點。「其語偷，不似民主」。丹坐圈。「且年未盈五十」至「弗能久矣」。丹點。「可以樹善」至「魯其懼哉」。丹坐點。「人生幾何」至「將安用樹」。丹點。「吾語諸趙孟之偷也，而又甚焉」。丹點。

「大誓云」至「必死是宫也」。丹坐點。

「大子死」至「義鈞則卜」。丹坐角。「古之道也」。丹坐點。「居喪而不哀」至「是謂不度」。丹坐點。

「滕君將死矣」至「兆於死所矣」。丹坐點。

「敝邑以政刑之不脩」至「未知見時」。丹坐點。「不敢輸幣」至「以重敝邑之罪」。丹點。「僑聞文公之爲盟主也」至「命不可知」。丹坐點。「若又勿壞」至「敢憚勤勞」。丹點。「辭之不可以已也如是夫」至「諸侯賴之」。丹坐點。

「延州來季子」至「雖有國不立」。丹坐點。

「鄭有禮」至「北宮文子所謂有禮也」。丹坐點。

「子産曰何爲」至「若之何毁之」。丹坐點。「我聞忠善以損怨」至「不如吾聞而藥之也」。丹圈。

「今而後知吾子之信可事也」至「吾不信也」。丹坐點。

「子皮曰愿」至「今吾子愛人則以政」。丹坐點。「猶未能操刀而使割也，其傷實多」。丹點。

「子之愛人」至「棟也」。丹坐點。「棟折榱崩」至「不亦多乎」。丹點。「僑聞學而後入政，未聞以政學者也」。丹坐圈。「若果行此」至「若未嘗登車射御」。丹坐點。「則敗績厭覆是懼，何暇思獲」。丹點。「子皮曰：『善哉』」至「吾不知也」。丹坐點。「他日我曰」至「聽子而行」。丹點。「人心之不同」至「亦以告也」。丹坐點。

「令尹似君矣」至「令尹其將不免」。丹坐點。「對曰：『詩云』」至「民無則焉」。丹坐點。「民所不則」至「不可以終」。丹坐圈。「有威而可畏謂之威」至「謂之有威儀也」。丹坐點。

昭公 元年

「君辱貺寡大夫圍」至「告於莊、共之廟而來」。丹坐點。「若野賜之」至「是寡大夫不得列於諸卿也」。丹點。「不寧唯是」至「恃實其罪」。丹坐點。「將恃大國之安靖已」至「其敢愛豐氏之祧」。丹點。「武受賜矣」至「循而行之」。丹坐點。「譬如農夫」至「必有豐年」。丹點。「且吾聞之」至「不爲人下矣」。丹坐點。「楚公子圍設服離衛」至「不亦可乎」。緑點。「楚伯州犁曰」至「吾從之」。丹坐點。「子羽謂子皮曰」至「齊子雖憂弗害」。丹坐點。「夫弗及而憂」至「憂必及之」。丹坐圈。「大誓曰」至「天必從之」。丹坐點。「三大夫兆憂」至「言以知物」。丹坐圈。「其是之謂矣」。丹坐點。

「梁其踁曰」至「帶其褊矣」。丹坐點。「魯雖有罪」至「誰能辯焉」。丹坐點。「吴、濮有釁」至「豈其顧盟」。丹點。「莒之疆事」至「子其圖之」。丹坐點。

「對曰：『王弱』」至「雖可不終」。丹坐點。「彊以克弱而安之，彊不義也」。丹坐點。「不義而彊其斃，必速」。丹坐圈。「詩曰：『赫赫宗周』」至「將何以終」。丹坐點。「夫以彊取」至「弗可久已矣」。丹圈。

「小國爲蘩」至「其何實非命」。丹點。「吾兄弟比以安，尨也可使無吠」。丹點。「小國賴子」至「趙孟出」。丹坐點。「曰吾不復此矣」。丹點。

「美哉禹功」至「焉能恤遠」。丹坐點。「吾儕偷食」至「何其長也」。丹點。「諺所謂老將知而耄及之者，其趙孟之謂乎」。丹點。「爲晉正卿」至「又何以年」。丹坐點。

「曾天謂曾阜曰」至「焉用之」。丹坐點。「數月於外」至「而惡顯乎」。丹點。「阜謂叔孫曰」至「叔孫指楹曰」。丹坐點。「雖惡是其可去乎」。丹點。

「是國無政，非子之患也」。丹坐點。「余不女忍殺」至「無重而罪」。丹坐點。「吉不能亢身，焉能亢宗」。丹點。「彼國政也」至「王室故也」。丹坐點。「吉若獲戾」至「何有於諸游」。丹點。

「臣聞君子能知其過」至「令圖天所贊也」。丹坐點。「國於天地」至「弗能斃也」。丹坐圈。「國無道」至「鮮不五稔」。丹坐點。「朝夕不相及，誰能待五」。丹點。「趙孟將死矣」至「其與幾何」。丹坐點。

「昔高辛氏有二子」至「汾神也」。丹坐點。「抑此二者不及君身」。丹坐圈。「山川之神」至「於是乎禜之」。丹坐角。「若君身」至「又何爲焉」。丹坐圈。「僑聞之」至「夜以安身」。丹坐點。「於是乎節宣其氣」至「而昏亂百度」。丹圈。「今無乃壹之則生疾矣」。丹坐圈。「僑又聞之」。丹坐點。「内官不及同姓」。丹坐角。「其生不殖」。丹坐點。「美先盡矣，則相生疾」。丹坐圈。「君子是以惡之，故志曰」。丹坐點。「買妾不知其姓，則卜之」。丹坐角。

「疾不可爲也」至「天命不祐」。丹坐點。「對曰：『節之』」。丹坐點。「先王之樂」至「遲速本末以相及」。丹坐圈。「中聲以降」至「非以慆心也」。丹圈。「天有六氣」至「淫生六疾」。丹坐圈。「六氣」至「明淫心疾」。丹坐點。「女，陽物而晦時」至「能無及此乎」。丹坐圈。「主是謂矣」至「和聞之」。丹坐點。「國之大臣」至「吾是以云也」。丹坐圈。「淫溺惑亂之所生也」。丹坐圈。「於文」至「皆同物也」。丹點。

「底禄以德」至「非羈，何忌」。丹坐點。

昭公 二年

「觀書於大史氏」至「與周之所以王也」。丹坐點。「敢拜子之彌縫敝邑，寡君有望矣」。丹坐點。「宿敢不封殖此樹，以無忘角弓」。丹點。「夫子，君子也」至「其有以知之矣」。丹坐點。「寡君使弓來繼舊好」至「敝邑弘矣」。丹點。「敢辱郊使」。丹坐點。「寡君命下臣來繼舊好」至「取辱大館」。丹坐點。「忠信」至「夫子近德矣」。丹坐點。「伯有之亂」至「其助凶人乎」。丹坐點。「印也若才」至「司寇將至」。丹坐點。

昭公 三年

「梁丙曰：『甚矣哉』」至「其務不煩諸侯」。丹坐點。「令諸侯三歲而聘」至「大夫送葬」。丹坐角。「足以昭禮、命事、謀闕而已」至「子其無事矣」。丹坐點。「譬如火焉」至「能無退乎」。丹點。「晉將失諸侯，諸侯求煩不獲」。丹坐點。「張趯有知，其猶在君子之後乎」。丹點。「寡君使嬰曰」至「寡人之望也」。丹坐點。「寡君不能獨任其社稷之事」至「實寵嘉之」。丹坐點。「齊其何如」。丹坐點。「此季世也」至「齊其爲陳氏矣」。丹點。「公棄其民」至「君日不悛」。丹坐點。「以樂慆憂」。丹點。「公室之卑」至「則公從之」。丹坐點。「肸之宗十一族」至「豈其獲祀」。丹點。「君之先臣容焉」至「敢煩里旅」。丹點。「於是景公繁於刑」至「故與叔向語而稱之」。丹點。「景公爲是省於刑」至「其是之謂乎」。丹坐點。「非宅是卜」至「吾敢違諸乎」。丹坐點。

「禮，其人之急也乎」至「況以禮終始乎」。丹坐點。「吾不可以正議而目與也」。丹點。「文子曰：『退』」至「有言州必死」。丹坐點。

「公事有公利，無私忌」。丹坐點。

「楚人日徵敝邑」至「張趯使謂大叔曰」。丹坐點。「自子之歸也」至「小人失望」。丹點。「大叔曰：『吉賤』」至「尊夫人也」。丹坐點。「且孟曰」至「吉庶幾焉」。丹點。

「曹、滕、二邾」至「天所福也」。丹坐點。

「余髮如此種種，余奚能爲」。丹點。「彼其髮短而心甚長，其或寢處我矣」。丹點。

「又喪子雅矣」至「殆哉」。丹坐點。「姜族弱矣」至「姜其危哉」。丹點。

昭公 四年

「司馬侯曰：『不可』」。丹坐點。「以厚其毒」至「亦未可知也」。丹坐圈。「晉、楚唯天所相」至「吾又誰與爭」。丹坐點。「恃險與馬」至「是三殆也」。丹坐圈。「四嶽三塗」至「不可虞也」。丹坐點。「或多難以固其國」至「失其守宇」。丹坐圈。「若何虞難」至「敵亦喪之」。丹坐點。「晉君少安」至「將焉用之」。丹坐點。「其魯、衛、曹、邾乎」至「唯是不來」。丹坐點。「求逞於人，不可；與人同欲，盡濟」。丹圈。

「聖人在上，無雹」。丹坐點。「雖有，不爲災」。丹坐圈。「古者日在北陸而藏冰」至「其出之也」。丹坐點。「朝之禄位」至「於是乎用之」。丹坐角。「其藏之也」。丹坐點。「黑牡、秬黍以享司寒」。丹坐角。「其出之也」。丹坐點。「桃弧、棘矢以除其災」。丹坐角。「其出入也時」。丹坐點。「食肉之禄」至「無不受冰」。丹坐角。「山人取之」至「隸人藏之」。丹坐點。「夫冰以風壯，而以風出」。丹坐圈。「其藏之也周」至「藏冰之道也」。丹坐點。

「臣聞諸侯無歸」至「君其選焉」。丹坐點。「對曰：『禮』」至「又何以規」。丹坐點。「屬有宗祧之事於武城」至「敢謝後見」。丹坐點。「夫六王、二公之事」至「無乃不濟乎」。丹坐點。「吾不患楚矣」至「其惡不遠」。丹坐點。「遠惡而後棄」至「德遠而後興」。丹坐圈。

「臣聞無瑕者可以戮人」。丹圈。「慶封唯逆命」至「其肯從於戮乎」。丹點。「播於諸侯，焉用之」。丹坐點。「負之斧鉞」至「以盟諸侯」。緑點。「楚禍之首將在此矣」。丹坐點。「召諸侯而來」至「民其居乎」。丹坐圈。「民之不處」至「乃禍亂也」。丹坐點。

「凡克邑，不用師徒曰取」。丹坐點。

「其父死於路」至「國將若之何」。丹坐點。「子産曰：『何害』」至「死生以之」。丹坐點。「且吾聞爲善者」至「度不可改」。丹圈。「詩曰」。丹坐點。「禮義不愆，何恤於人言」。丹坐圈。「吾不遷矣」。丹坐點。「國氏其先亡乎」。丹坐點。「君子作法於涼」至「敝將若之何」。丹圈。「姬在列者」至「偪而無法」。丹坐點。「政不率法」至「何上之有」。丹坐圈。

「夢天壓己」至「無之」。緑點。「未問其名」至「曰唯」。緑點。「而聘于王」至「而賜之路」。丹坐點。「復命而致之君」至「以書勳」。丹坐角。「今死而弗以」至「將焉用之」。丹坐點。

昭公 五年

「三分公室，而各有其一」至「帥士而哭之」。丹坐點。「葬鮮者自西門」。丹坐點。「卿喪自朝」。丹坐角。「魯禮也」至「不敢自也」。丹坐點。「豎牛禍叔孫氏」至「豎牛懼奔齊」。丹坐點。「叔孫昭子之不勞」至「四國順之」。丹坐點。「而歸爲子祀」至「抑少不終」。丹坐點。

「是儀也，不可謂禮」。丹點。「禮所以守其國」至「不亦遠乎」。丹坐點。

「汏侈已甚，身之災也」。丹坐點。「可苟有其備，何故不可」。丹點。「恥匹夫不可以無備」至「不求恥人」。丹坐點。「朝聘有珪」至「出有贈賄」。丹坐角。「國家之敗」至「其蔑不濟矣」。丹坐點。

「君將以親易怨」至「何不可之有」。丹點。

「能用善人，民之主也」。丹坐點。

「女卜來吉乎」至「余亟使人犒師」。丹坐點。「請行以觀王怒之疾徐」至「克可知也」。丹坐點。

「好逆使臣」至「其爲吉，孰大焉」。丹坐圈。「國之守龜」至「其庸有報志」。丹坐點。

昭公 六年

「始吾有虞於子，今則已矣」。丹坐點。「昔先王議事以制」至「懼民之有争心也」。丹坐圈。

「猶不可禁禦」至「而不生禍亂」。丹坐點。「民知有辟」至「弗可爲矣」。丹圈。「夏有亂政」至「而作九刑」。丹坐點。「三辟之興，皆叔世也」。丹坐圈。「今吾子相鄭國」至「何辟之有」。丹坐點。「民知争端矣，將棄禮而徵於書」。丹圈。「錐刀之末」至「賄賂竝行」。丹坐圈。「終子之世，鄭其敗乎」。

丹圈。「肸聞之」。丹坐點。「國將亡，必多制」。丹圈。「其此之謂乎」至「不火何爲」。丹坐點。「女夫也必亡」至「女其畏哉」。丹坐點。

「楚辟我衷」至「況國君乎」。丹坐點。

「晏子曰：『不入』」至「未嘗可也」。丹坐點。

昭公　七年

「天子經略」至「無乃不可乎」。丹坐點。「若以二文之法取之，盜有所在矣」。丹點。「取而臣以往」至「未可得也」。丹點。

「昔先君成公」至「而致諸宗祧」。丹坐點。「曰我先君共王」至「況能懷思君德」。丹點。「今君若步玉趾」至「以請先君之貺」。丹坐點。

「對曰：『去衛地』」至「故政不可不慎也」。丹坐點。「一曰擇人」至「三曰從時」。丹坐點。

「雖有挈缾之知」至「雖吾子亦有猜焉」。丹點。

「以君之明」至「其或者未之祀也乎」。丹坐點。

「日君以夫公孫段爲能任其事」至「私致諸子」。丹坐點。「其父析薪」至「而建置豐氏也」。丹點。「敢以爲請」。丹坐點。

「鄭人相驚以伯有」至「不知所往」。緑圈。「鑄刑書之歲二月」至「國人愈懼」。緑點。「子産曰：『說也』」至「不信，民不從也」。丹坐點。「『伯有猶能爲鬼乎？』」子産曰：『能』」。丹坐點。「人生始化曰魄」至「至於神明」。丹圈。「匹夫匹婦强死」至「以爲淫厲」。丹坐圈。「況良霄」至「而三世執其政柄」。丹坐點。「其用物也，弘矣」至「不亦宜乎」。丹坐圈。

「君之羈臣」至「何位之敢擇」。丹坐點。「卿違」至「罪人以其罪降」。丹坐角。

「詩曰：『鶺鴒在原』」至「況遠人，誰敢歸之」。丹坐點。「叔父陟恪」至「余敢忘高圉、亞圉」。丹坐點。

「禮，人之幹也」至「故其鼎銘云」。丹坐點。「一命而僂」至「以餬余口」。丹點。「其共也如是」。丹坐點。「聖人有明德者」至「其後必有達人」。丹坐圈。「今其將在孔丘乎」至「以定其位」。丹坐點。「能補過者，君子也」至「孟僖子可則效已矣」。丹坐點。

「吾所問日食從矣」至「其異終也如是」。丹坐點。「歲、時、日、月、星、辰，是謂也」至「故以配日」。丹坐點。

「元亨，又何疑焉」。丹坐點。「康叔名之」至「建非嗣也」。丹坐點。「弱足者居」至「不亦可乎」。丹坐點。

昭公 八年

「石不能言，或馮焉」。丹坐圈。「不然」。丹坐點。「民聽濫也」。丹坐圈。「抑臣又聞之曰」至「石言，不亦宜乎」。丹坐點。「子野之言，君子哉」至「夫子知之矣」。丹坐點。「史趙見子大叔，曰：『甚哉』」至「將天下實賀」。丹坐點。「子胡然」至「吾猶有望」。丹坐點。「城麇之役不諂」。丹坐點。「城麇之役」至「女其辟寡人乎」。丹坐點。「若知君之及此，臣必致死禮以息楚」。丹點。「陳，顓頊之族也」至「其兆既存矣」。丹坐點。

昭公 九年

「我自夏以后稷」至「吾何邇封之有」。丹坐點。「文、武、成、康」至「而因以敝之」。丹點。「先王居檮杌于四裔」至「雖戎狄，其何有余一人」。丹坐點。「鄭裨竈曰：『五年』」至「封五十二年而遂亡」。丹坐點。「對曰：『陳』」至「故曰五十二年」。丹坐點。

「女爲君耳，將司聽也」。丹坐點。「辰在子、卯」至「學人舍業」。丹坐角。「爲疾故也」至「是不聽也」。丹坐點。「女爲君目」至「是不明也」。丹坐點。「味以行氣」至「臣之罪也」。丹坐點。

「詩曰：『經始勿亟』」至「無民其可乎」。丹坐點。

昭公十年

「七月戊子」至「吾是以譏之」。丹坐點。

「凡有血氣」至「利之本也」。丹坐點。「蘊利生孽，姑使無蘊乎」。丹點。「可以滋長」。丹坐點。

「詩云：『陳錫載周』」至「桓公是以霸」。丹坐點。

「詩曰：『德音孔昭』」至「將誰福哉」。丹坐點。

「大夫之事畢矣」至「孤斬焉在衰絰之中」。丹坐點。「其以嘉服見」至「大夫將若之何」。丹點。

「非知之實難」至「而不能自克也」。丹坐點。「忠爲令德」至「其是之謂乎」。丹坐點。

昭公十一年

「此蔡侯般弑其君之歲也」至「天之道也」。丹坐點。「對曰：『克哉』」至「能無咎乎」。丹坐點。

「天之假助不善」至「且譬之如天」。丹坐圈。「其有五材」至「力盡而敝之」。丹圈。「是以無拯不可沒振」。丹坐點。

「蔡小而不順，楚大而不德」。丹坐點。「天將棄蔡以壅楚，盈而罰之」。丹坐圈。「蔡必亡矣」至「王其有咎乎」。丹坐點。「美惡周必復，王惡周矣」。丹坐圈。

「單子其將死乎」至「言不過步」。丹坐點。「貌不道容，而言不昭矣」至「不昭不從」。丹坐圈。「無守氣矣」。丹圈。

「君有大喪」至「殆其失國」。丹坐點。

「五牲不相爲用」。丹坐角。

「擇子莫如父」至「君其少戒」。丹坐點。「鄭京、櫟實殺曼伯」至「則害於國」。丹坐點。「末大必折，尾大不掉」。丹點。「君所知也」。丹坐點。

昭公十二年

「子大叔使其除徒執用以立」至「子産乃使辟之」。綠點。「諸侯之賓」至「豈憚日中」。丹坐點。「禮無毀人以自成也」。丹坐點。

「昭子曰：『必亡』」至「將何以在」。丹坐點。

「有酒如淮」至「爲諸侯師」。丹坐點。「有酒如澠」至「與君代興」。丹坐點。「子失辭」至「歸弗來矣」。丹坐點。「日旰君勤，可以出矣」。丹坐點。「叔孫氏有家禍」至「則固有著矣」。丹坐點。「恤恤乎」至「有人矣哉」。丹坐點。「黄裳元吉，以爲大吉也」。丹坐點。「吾嘗學此矣」。丹坐點。「忠信之事則可，不然必敗」。丹坐圈。「外彊内温」至「善之長也」。丹坐點。「中不忠」至「不得其極」。丹坐圈。「外内倡和爲忠」至「非此三者弗當」。丹坐點。「且夫易」。丹坐圈。「不可以占險」。丹圈。「將何事也」至「未也」。丹坐點。「我有圃」至「非吾黨之士乎」。丹坐點。

「昔我先王熊繹」至「王其與我乎」。丹坐點。「與君王哉」。丹點。「昔我先王熊繹」至「其與我乎」。丹坐點。「與君王哉」至「鄭敢愛田」。丹點。「昔諸侯遠我而畏晉」至「諸侯其畏我乎」。丹坐點。「畏君王哉」。丹點。「是四國者」至「敢不畏君王哉」。丹坐點。「吾子，楚國之望也」至「國其若之何」。丹坐點。「摩厲以須」至「吾刃將斬矣」。丹點。「是良史也」至「王是以獲没於祇宫」。丹坐點。「臣問其詩」至「其焉能知之」。丹點。「子能乎」。丹點。「能」至「而無醉飽之心」。丹點。「古也有志」至「仁也」。丹坐點。

昭公 十三年

「寒者衣之」至「南氏亡矣」。丹坐點。「民疾而叛」至「將焉入矣」。丹坐點。「蔡公召二子」至「將師而從之」。丹坐點。「失賊成軍而殺余，何益」。丹坐點。「二三子若能死亡」至「以濟所欲」。丹點。「且違上，何適而可」。丹坐點。「王聞群公子之死也」至「祇取辱焉」。綠點。「國每夜駭曰」至「二子皆自殺」。綠圈。「子毋勤」至「其告子也」。丹點。「初，靈王卜曰」至「故從亂如歸」。綠圈。「同惡相求」至「何難」。丹點。「無與同好，誰與同惡」。丹點。「取國有五難」至「何以冀國」。丹坐點。

「況衛在君之宇下」至「敢請之」。丹坐點。「告之以文辭」至「遲速唯君」。丹坐點。「使諸侯歲聘以志業」至「再會而盟，以顯昭明」。丹坐角。「志業於好」至「寡君聞命矣」。丹坐點。「君信蠻夷之訴」至「寡君聞命矣」。丹坐點。「寡君有甲車四千乘在」至「必可畏也」。丹點。「況其率道，其何敵之有」。丹坐點。「牛雖瘠」至「其畏不死」。丹點。「南蒯、子仲之憂，其庸可棄乎」。丹坐點。「列尊貢重」至「甸服也」。丹坐角。「鄭伯，男也」至「將在今矣」。丹坐點。「晉政多門」至「何國之爲」。丹坐點。「吾已」至「唯夫子知我」。丹點。「足以爲國基矣」至「君子之求，樂者也」。丹坐點。

「吾未撫民人」至「子姑待之」。丹坐點。

「魯事晉」至「其何瘳於晉」。丹坐點。「臣一主二。吾豈無大國」。丹坐點。「寡君未知其罪」至「請從君惠於會」。丹點。「不能。鮒也能」。丹坐點。「昔鮒也」至「其若之何」。丹點。

昭公十四年

「三人同罪」至「皋陶之刑也」。丹坐點。「叔向，古之遺直也」至「猶義也夫」。丹坐點。

昭公十五年

「吾見赤黑之祲」至「其在涖事乎」。丹坐點。

「臣豈不欲吳」至「所以翦其翼也」。丹點。

「好惡不愆」至「所喪滋多」。丹坐點。「猶有食色，姑脩而城」。丹坐點。

「吾以事君也」至「不亦可乎」。丹坐點。

「王曰：『叔氏』」至「何故忘之」。丹坐點。「籍父其無後乎！數典而忘其祖」。丹點。「王其不終乎！吾聞之」。丹坐點。「所樂必卒焉」至「不可謂終」。丹坐圈。「王一歲而有三年之喪二焉」

至「非由喪也」。丹坐點。「三年之喪，雖貴遂服」。丹坐角。「禮也」至「典以志經」。丹坐點。「忘經而多言，舉典，將焉用之」。丹點。

昭公十六年

「興師而伐遠方」至「其是之謂乎」。丹坐點。

「發命之不衷」至「而忘其所」。丹坐點。「僑焉得恥之」至「子寧以他規我」。丹點。「非官府之守器也，寡君不知」。丹點。「若屬有讒人交鬬其間」至「悔之何及」。丹點。「吾子何愛於一環」至「不亦鋭乎」。丹坐點。「昔我先君桓公」至「不知所成」。丹坐點。「二三君子請皆賦，起亦以知鄭志」。丹點。「孺子善哉。吾有望矣」。丹坐點。「起不堪也」。丹坐點。「起在此，敢勤子至於他人乎」。丹點。「善哉」至「其能終乎」。丹坐點。「鄭其庶乎」。丹坐點。「二三君子」至「皆昵燕好也」。丹點。「數世之主也，可以無懼矣」。丹坐點。「子産拜」至「敢不拜德」。丹坐點。「子命起舍夫玉」至「敢不藉手以拜」。丹坐點。

「將因是以習」。丹坐點。「習實爲常」。丹點。「能無卑乎」。丹坐點。

昭公 十七年

「不有以國，其能久乎」。丹坐點。

「昭子曰：『日有食之』」至「伐鼓於朝」。丹坐角。「禮也」。丹坐點。「唯正月朔」至「其餘則否」。丹坐點。「在此月也」。丹坐點。「日過分而未至」至「史用辭」。丹坐角。「故夏書曰」至「謂之孟夏」。丹坐點。「夫子將有異志，不君君矣」。丹點。

「吾祖也」至「則不能故也」。丹坐點。「天子失官」至「猶信」。丹坐點。

「彗，所以除舊布新也」。丹坐點。「天事恒象」至「火出必布焉」。丹坐圈。「諸侯其有火災乎」至「不過其見之月」。丹坐點。

昭公 十八年

「是昆吾稔之日也」至「不亡何待」。丹坐點。

「是謂融風」至「七日，其火作乎」。丹坐點。「天道遠」至「何以知之」。丹圈。「竈焉知天道」。丹坐點。「是亦多言矣，豈不或信」。丹點。「火作」至「君子是以知陳、許之先亡也」。丹坐點。

「周其亂乎」。丹坐圈。「夫必多有是説」至「原氏其亡乎」。丹圈。

「鄭國有災」至「其敢有二心」。丹坐點。

昭公十九年

「子産不待而對客曰」至「何國之爲」。丹坐點。

「昔吴滅州來」至「能無敗乎」。丹坐點。「吾聞撫民者」至「非撫之也」。丹坐點。

「諺所謂『室於怒市於色』者，楚之謂矣」。丹點。「舍前之忿可也」。丹坐點。

昭公二十年

「君一過多矣，何信於讒」。丹坐點。「臣告之」至「事建如事余」。丹坐點。「臣不佞」至「亦無及已」。丹點。「使而失命」至「從政如他日」。丹坐點。「是宗爲戮，而欲反其讎」。丹點。「不可從也」。丹坐點。

「吾由子事公孟」。丹坐點。「子假吾名焉」至「是僭子也」。丹點。「子行事乎」至「其可也」。

丹坐點。「亡人之憂」至「不足以辱從者」。丹點。「敢辭」至「請以除死」。丹坐點。「與於青之賞」至「以干先王」。丹坐點。「齊豹之盜」至「女何弔焉」。丹點。「君子不食姦」至「不犯非禮」。丹坐點。「臣不敢愛死，無乃求去憂而滋長乎」。丹坐點。「子死亡有命，余不忍其詢」。丹點。「日宋之盟」至「以爲諸侯主也」。丹坐點。「其祝、史薦信」至「其言忠信於鬼神」。丹坐點。「其祝、史薦信」至「則虛以求媚」。丹點。「是以鬼神不饗，其國以禍之」至「其言僭嫚於鬼神」。丹坐點。「不可爲也」至「夫婦皆詛」。丹坐點。「祝有益也」至「豈能勝億兆人之詛」。丹點。「旃以招大夫」至「皮冠以招虞人」。丹坐角。「臣不見皮冠，故不敢進」。丹坐點。「守道不如守官，君子韙之」。丹坐點。「據亦同也」至「以洩其過」。丹坐點。「君子食之，以平其心」。丹坐圈。「君臣亦然」。丹坐點。「君所謂可而有否焉」至「臣獻其可以去其否」。丹坐圈。「是以政平而不干」至「時靡有争」。丹坐點。「先王之濟五味」至「成其政也」。丹圈。「聲亦如味」至「以相濟也」。丹坐點。「君子聽之，以平其心」。丹坐圈。「心平德和」至「據亦曰否」。丹坐點。「若以水濟水」至「誰能聽之」。丹點。「同之不可也如是」。丹坐點。「古而無死，其樂若何」。丹坐點。「古而無死」至「君何得焉」。丹點。「昔爽鳩氏始居此地」至「而後大公因之」。丹坐點。「古若無死」至「非君所願也」。丹點。「能以寬服民，其次莫如猛」。丹坐圈。「夫火烈」至「故寬難」。丹圈。「政寬則民慢」至「殘則施之以寬」。丹坐圈。「寬以濟猛」至「和之至也」。丹坐點。「及子産卒」至「古之遺愛也」。藍圈。

昭公二十一年

「王其以心疾死乎」至「輿以行之」。丹坐點。「小者不窕」至「物和則嘉成」。丹坐圈。「故和聲入於耳」至「其能久乎」。丹圈。

「若不亡」至「身將從之」。丹坐點。

「司馬以吾故」至「吾不可以再亡之」。丹點。「必多僚也」至「可若何」。丹點。

「二至二分」至「故常爲水」。丹坐點。「子叔將死，非所哭也」。丹坐點。「先人有奪人之心」至「則華氏衆矣」。丹坐點。「不死伍乘」至「君焉用之」。丹坐點。

「平侯與楚有盟」至「蔡無他矣」。丹坐點。

昭公二十二年

「孤不佞」至「孤之望也」。丹坐點。「若華氏知困而致死」至「其亦無能爲也已」。丹坐點。

「子朝必不克」至「天所廢也」。丹坐點。

昭公 二十三年

「列國之卿」至「固周制也」。丹坐角。「邾又夷也」至「不敢廢周制故也」。丹坐點。「子弗良圖」至「焉用盟主」。丹坐點。

「作事威克其愛」至「後者敦陳整旅」。丹坐點。

「君其勉之」至「東王必大克」。丹坐點。

「子常必亡郢」至「城無益也」。丹坐點。「古者，天子守在四夷」至「守在四竟」。丹坐圈。「慎其四竟」至「又何畏矣」。丹坐點。「至于武、文」至「不亦難乎」。丹坐點。

昭公 二十四年

「對曰：『何害』」至「無患無人」。丹坐點。

「寡君以爲盟主之故」至「使彌牟逆吾子」。丹坐點。

「昭子曰：『旱也』」至「將積聚也」。丹坐點。

「老夫其國家不能恤，敢及王室」。丹坐點。「抑人亦有言曰」至「然大國之憂也」。丹點。「吾儕何知焉」至「晉之恥也」。丹坐點。

「沈尹戌曰」至「其王之謂乎」。丹坐點。

昭公 二十五年

「而後能及人，是以有禮」。丹坐圈。「今夫子卑其大夫」至「是賤其身也」。丹坐點。「其皆死乎」。丹坐點。「哀樂而樂哀」至「何以能久」。丹圈。

「樂祁曰與之」至「動必憂」。丹坐點。

「是儀也，非禮也」。丹點。「夫禮」。丹坐點。「天之經也」至「氣爲五味」。丹坐圈。「發爲五色，章爲五聲」。丹坐點。「以奉五味」至「以效天之生殖長育」。丹坐點。「民有好惡、喜怒、哀樂」至「以制六志」。丹圈。「哀有哭泣」至「哀也」。丹坐點。「哀樂不失」至「是以長久」。丹坐圈。「對曰：『禮』」至「是以先王尚之」。丹坐點。「故人之能自曲直以赴禮者，謂之成人」。丹圈。「大，不亦宜乎」。丹坐點。

「鸜之鵒之」至「往饋之馬」。丹坐點。「鸜鵒跦跦」至「徵褰與襦」。丹點。「鸜鵒之巢」至「宋父以驕」。丹坐點。「鸜鵒鸜鵒，往歌來哭」。丹點。「讒人以君徼幸」至「其難圖也」。丹坐點。「君其許之」至「衆怒不可蓄也」。丹坐點。「蓄而弗治，將藴」至「生心，同求將合」。丹坐圈。「君必悔之」。丹坐點。「我，家臣也」至「是無叔孫氏也」。丹坐點。「諸臣僞劫君者」至「不敢不改」。丹坐點。

「將求於人」至「禮之善物也」。丹坐點。「天祿不再」至「誰與之立」。丹坐點。「信罪之有無」至「無通外内」。丹坐點。「如此吾不可以盟」至「焉可同也」。丹點。「陷君於難」至「而何守焉」。丹坐點。

「人誰不死」至「不亦傷乎」。丹坐點。

「寡人不佞」至「君命祇辱」。丹坐點。

「使民不安其土」至「弗能久矣」。丹坐點。

昭公 二十六年

「群臣不盡力于魯君者」至「君無辱焉」。丹坐點。「告於齊師曰：『孟氏』」至「請息肩于齊」。丹坐點。「軍無私怒」至「將亢子」。丹坐點。

「我受其名」至「必殺令尹」。丹坐點。

「昔武王克殷」至「昔先王之命曰」。丹坐點。「王后無適」至「德鈞以卜」。丹坐角。「王不立愛」至「亦唯伯仲叔季圖之」。丹坐點。「無禮甚矣，文辭何爲」。丹坐點。

「無益也，祇取誣焉」。丹坐點。「天道不謟」。丹坐圈。「不貳其命」至「以除穢也」。丹坐點。

「君無穢德」至「禳之何損」。丹坐圈。「詩曰：『惟此文王』」至「無能補也」。丹坐點。「美哉室。其誰有此乎」。丹點。「如君之言」至「式歌且舞」。丹坐點。「陳氏之施」至「則國其國也已」。丹點。

「唯禮可以已之」至「大夫不收公利」。丹坐點。「禮之可以爲國也久矣」至「禮之善物也」。丹坐點。

「先王所稟於天地」至「是以先王上之」。丹坐點。

昭公 二十七年

「我，爾身也」。丹點。「王使甲坐於道」至「遂弑王」。緑點。「苟先君無廢祀」至「先人之道也」。丹坐點。

「吾幾禍子」至「不亦可乎」。丹坐點。「國人弗爇」至「遂弗爇也」。緑點。「自以爲王」至「國將如何」。丹坐點。

「季孫未知其罪而君伐之」至「故鞅以爲難」。丹坐點。「二子皆圖國者也」至「無成死之」。丹點。

「天命不慆久矣」至「其死於此乎」。丹坐點。

「夫左尹與中厩尹」至「戍也惑之」。丹坐點。「仁者殺人以掩謗」至「不亦異乎」。丹點。「夫無極，楚之讒人也」至「而不慦位」。丹點。「吴新有君」至「其惑也」。丹點。

昭公二十八年

「天禍魯國」至「其亦使逆君」。丹坐點。

「鄭書有之」至「姑已，若何」。丹坐點。「鈞將皆死」至「以爲快」。丹點。「子靈之妻」至「可無懲乎」。丹點。「吾聞之」至「子貉早死，無後」。丹坐點。「而天鍾美於是，將必以是大有敗也」。丹坐圈。「黰黑，而甚美」至「女何以爲哉」。丹坐點。「夫有尤物」至「則必有禍」。丹圈。「是豺狼之聲也」至「莫喪羊舌氏矣」。丹坐點。

「遠不忘君」至「有守心而無淫行」。丹坐點。「昔武王克商」至「所及其遠哉」。丹坐點。

「詩曰：『永言配命』」至「忠也」。丹坐點。

「或賜二小人酒」至「及饋之畢」。丹坐點。「願以小人之腹」至「屬厭而已」。丹點。

昭公二十九年

「對曰：『夫物』」至「誰能物之」。丹坐點。「少皞氏有四叔」至「自商以來祀之」。丹坐點。

昭公三十年

「事大在共其時命」至「先王之制」。丹坐點。「諸侯之喪」至「於是乎使卿」。丹坐角。「晉之喪事」。丹坐點。「敝邑之間」至「雖士大夫有所不獲數矣」。丹點。「大國之惠」至「恤所無也」。丹坐點。「今大夫曰」至「則吉在此矣」。丹點。「唯大夫圖之」。丹坐點。「吴光新得國」至「將自同於先王」。丹坐點。「不知天將以爲虐乎」至「其終不遠矣」。丹坐圈。「我盍姑億吾鬼神」至「將焉用自播揚焉」。丹坐點。「初而言伐楚」至「又惡人之有余之功也」。丹點。「今余將自有之矣」至「必大克之」。丹坐點。

昭公三十一年

「伏而對曰：『事君』」至「敢有異心」。丹坐點。「君惠顧先君之好，施及亡人」。丹坐點。「君與之歸」至「而終身慚乎」。丹坐點。「君恐」至「子姑歸祭」。丹坐點。「將使歸糞除宗祧以事君」至「有如河」。丹點。「寡君其罪之」

「夫有所名而不如其已」。丹點。「是故君子動則思禮」至「懲不義也」。丹坐點。「此二物者，所以懲肆而去貪也」。丹坐點。「若艱難其身」至「將寘力焉」。丹坐圈。「春秋之稱微而顯」至「是以君子貴之」。丹坐點。

「日月在辰尾」至「故弗克」。丹坐點。

昭公 三十二年

「天降禍于周」至「余一人無日忘之」。丹坐點。「閔閔焉如農夫之望歲，懼以待時」。丹點。「伯父若肆大惠」至「先王庸之」。丹坐點。「天子有命」至「於是焉在」。丹坐點。「干位以令大事」至「況敢干位以作大事乎」。丹坐點。「計丈數」至「以爲成命」。丹坐點。

「物生有兩」至「各有妃耦」。丹坐點。「魯君世從其失」至「自古以然」。丹坐點。「三后之姓」至「不可以假人」。丹坐點。

定公 元年

「大事奸義」至「魏子其不免乎」。丹坐點。

「薛之皇祖奚仲居薛」至「薛焉得有舊」。丹坐點。「薛徵於人，宋徵於鬼」。丹坐點。「萇叔違天，高子違人」。丹坐點。「天之所壞」至「不可奸也」。丹坐圈。

「羈未得見」至「羈不敢見」。丹點。「若立君」至「而未知其入也」。丹圈。「羈將逃也」。丹坐圈。

「生不能事」至「後必或恥之」。丹坐點。「生弗能事」至「將焉用之」。丹坐點。

定公 三年

「隱君身」至「必如之」。丹坐點。

定公 四年

「臣展四體」至「社稷之常隸也」。丹坐點。「社稷不動，祝不出竟」。丹坐角。「官之制也」。丹坐點。「君以軍行」至「卿行旅從」。丹坐角。「臣無事焉」。丹坐點。「以先王觀之」至「將如之何」。丹坐點。「黃父之會」至「無犯非義」。丹坐點。

「子沿漢而與之上下」至「必大敗之」。丹坐點。「安求其事」至「初罪必盡説」。丹坐點。「不待命者」至「楚可入也」。丹坐點。「困獸猶鬬」至「半濟而後可擊也」。丹坐點。「謂其臣曰」至「吾不可用也已」。緑點。「君命天也」至「將誰讎」。丹坐點。「在漢川者」至「君實有之」。丹坐點。「以隨之辟小」至「敢不聽命」。丹坐點。「吳爲封豕、長蛇」至「世以事君」。丹坐點。

定公 五年

「子期曰：『國亡矣』」至「豈憚焚之」。丹坐點。

「不讓則不和」至「焉能定楚」。丹坐點。「子常唯思舊怨以敗，君何效焉」。丹坐點。「所以爲女子，遠丈夫也」。丹點。「固辭不能，子使余也」。丹坐點。「人各有能有不能」至「余亦弗能也」。丹點。

定公 六年

「君將以文之舒鼎」至「君姑待之，若何」。丹坐點。

「陽虎若不能居魯」至「有如先君」。丹坐點。「魯人患陽虎矣」至「以取入焉」。丹點。

「子立後而行，吾室亦不亡」。丹坐點。「惟君亦以我爲知難而行也」。丹點。

定公八年

「顏息射人中眉」至「猛也殿」。緑點。

「陽虎僞不見冉猛者」至「盡客氣也」。緑點。

「行有日」至「何遲之有」。緑點。

「林楚怒馬」至「殺之」。緑點。

定公九年

「静女之三章」至「取其忠也」。丹點。「故用其道」至「子然無以勸能矣」。丹坐點。

「陽虎欲勤齊師也」至「君焉用之」。丹坐點。「君富於季氏」至「無乃害乎」。丹點。「趙氏其世有亂乎」。丹坐點。

「犂彌辭曰」至「乃賞犂彌」。緑點。

定公 十年

「俘不干盟」至「君必不然」。丹坐點。「齊師出竟」至「有如此盟」。丹坐點。「而不反我汶陽之田」至「亦如之」。丹坐點。「齊、魯之故」至「是勤執事也」。丹坐點。「且犧象不出門，嘉樂不野合」。丹坐角。「饗而既具」至「不如其已也」。丹坐點。

「郈非唯叔孫氏之憂」至「將若之何」。丹坐點。「臣之業在揚水卒章之四言矣」。丹點。「衆言異矣」至「以備不虞」。丹坐點。「駟赤使周走呼曰：『齊師至矣』」。丹坐點。

「子叔孫」至「君豈以爲寡君賜」。丹坐點。

定公 十三年

「鋭師伐河内」至「則我能濟水矣」。丹坐點。

「三折肱知爲良醫」。丹點。「唯伐君爲不可」至「是使睦也」。丹坐點。

定公 十四年

「二君有治」至「敢歸死」。丹坐點。「夫差而忘越王之殺而父乎」。丹坐點。

「既定爾婁豬，盍歸吾艾豭」。丹點。「余不許」至「將以余説」。丹坐點。「余是故許而弗爲，以紓余死」。丹點。「民保於信」。丹坐點。

定公 十五年

「夫禮，死生存亡之體也」至「何以能久」。丹坐點。「驕近亂」至「其先亡乎」。丹坐點。

「賜不幸言而中，是使賜多言者也」。丹點。

哀公 元年

「樹德莫如滋，去疾莫如盡」。丹點。「昔有過澆」至「必不行矣」。丹坐點。「越十年生聚」至「吴其爲沼乎」。丹坐點。

「臣聞國之興也以福」至「若以晉辭吴若何」。丹坐點。「國之有是多矣」至「況大國乎」。丹坐點。「臣聞國之興也」至「是其禍也」。丹坐圈。「楚雖無德」至「其何日之有」。丹坐點。

「在國，天有菑癘」至「安能敗我」。丹坐點。

哀公 二年

「鄖不足以辱社稷」至「君命祇辱」。丹坐點。「鄖異於他子」至「且亡人之子輒在」。丹坐點。

「反易天常」至「桐棺三寸」。丹坐點。「不設屬辟，素車，樸馬」。丹坐角。「無入于兆」。丹坐點。

「畢萬，匹夫也」至「死不在寇」。丹坐點。「曾孫蒯聵」至「佩玉不敢愛」。丹坐點。「既戰」至「兩靷皆絶」。緑點。

哀公 三年

「南宫敬叔至」至「俟於宫」。丹坐點。「子服景伯至，命宰人出禮書，以待命」。丹坐點。「校人乘馬」至「助所不給」。丹坐點。「公父文伯至」至「命藏象魏」。丹坐點。「富父槐至」至「其桓、僖乎」。丹坐點。

「正常載以如朝」至「敢告」。丹坐點。

哀公 四年

「如牆而進，多而殺二人」。丹點。

「致蔡於負函」至「襲梁及霍」。丹坐點。

哀公 五年

「私讎不及公」至「臣敢違之」。丹坐點。「王生授我矣，吾不可以僭之」。丹點。

「二三子間於憂虞」至「何憂於無君」。丹坐點。

哀公 六年

「彼皆偃蹇，將棄子之命」。丹坐點。「需事之下也」。丹坐點。「彼虎狼也」至「亦無及也」。丹坐點。

「然則死也」至「亦不如死」。丹點。「死一也，其死讎乎」。丹坐點。「從君之命」至「亦順也」。丹坐點。「是歲也，有雲如衆赤鳥」至「三日」。丹坐點。「除腹心之疾」至「又焉移之」。丹點。「三代命祀，祭不越望」。丹坐圈。「江、漢、睢、漳」至「河非所獲罪也」。丹圈。「楚昭王知大道矣，其不失國也宜哉」。丹坐點。

「女忘君之爲孺子牛」至「而背之也」。丹點。「吾子奉義而行者也」。丹坐點。「若我可」至「不必亡一公子」。丹點。「義則進」至「則所願也」。丹坐點。「微子，則不及此」至「敢布諸大夫」。丹坐點。「君舉不信群臣乎」至「夫孺子何罪」。丹坐點。

哀公 七年

「晉范鞅貪而棄禮」至「周之王也」。丹坐點。「不過十二」。丹坐角。「以爲天之大數也」至「亦唯執事」。丹坐點。「國君道長」至「豈可量也」。丹坐點。「寡君既共命焉」至「有由然也」。丹點。

「民保於城」至「危將焉保」。丹坐點。「禹合諸侯於塗山」至「而以衆加之，可乎」。丹坐點。

「魯擊柝聞於邾」至「且國内豈不足」。丹坐點。「邾非敢自愛也，懼君威之不立」。丹坐點。「若夏盟於鄫衍」至「唯君圖之」。丹坐點。

哀公八年

「君子違不適讎國」至「所託也則隱」。丹坐角。「且夫人之行也」至「不亦難乎」。丹坐點。「魯雖無與立，必有與斃」。丹坐點。「此同車」至「國未可望也」。丹坐點。「不足以害吴」至「不如已也」。丹坐點。「楚人圍宋」至「請少待之」。丹坐點。

哀公九年

「是謂沈陽」至「不知其他」。丹坐點。「微子啓」至「我安得吉焉」。丹坐點。

哀公十年

「事不再令，卜不襲吉」。丹坐點。

哀公 十一年

「求曰：『若不可』」至「大不列於諸侯矣」。丹坐點。「君子有遠慮，小人何知」。丹坐點。「小人慮材而言」至「是謂我不成丈夫也」。丹坐點。「我不如顔羽」至「洩曰：『驅之』」。丹坐點。「能執干戈，以衛社稷，可無殤也」。丹坐點。

「喜曰：『何其給也』」至「懼先行」。丹坐點。

「將戰」至「不聞金矣」。緑點。

「得志於齊」至「不亦難乎」。丹坐點。「樹吾墓檟」至「天之道也」。丹坐點。

「胡簋之事」至「未之聞也」。丹坐點。「鳥則擇木，木豈能擇鳥」。丹坐點。「圉豈敢度其私，訪衛國之難也」。丹坐點。

「度於禮」。丹坐點。「施取其厚」至「將又不足」。丹坐圈。「且子季孫若欲行而法」至「又何訪焉」。丹點。

哀公 十二年

「寡君以爲苟有盟焉」至「日盟何益」。丹坐點。「今吾子曰」至「亦可寒也」。丹點。

「國無道，必棄疾於人」。丹坐圈。「吳雖無道，猶足以患衛」。丹坐點。「往也」至「無不噬也」。丹點。

「夫諸侯之會事既畢矣」。丹坐點。「侯伯致禮，地主歸餼」。丹坐角。「以相辭也」。丹坐點。

「衛君之來」至「是以緩來」。丹坐點。「其欲來者」至「得其志矣」。丹點。「君必不免」。丹坐點。

「其死於夷乎」至「從之固矣」。丹點。

「火伏而後蟄者畢」至「司歷過也」。丹坐點。

哀公 十三年

「肉食者無墨」。丹點。「今吳王有墨」至「大子死乎」。丹坐點。「王合諸侯」至「則侯帥子、男以見於伯」。丹坐角。「自王以下」至「何利之有焉」。丹坐點。「何也？立後於魯矣」至「遲速唯命」。丹坐點。「魯將以十月上辛」至「何損焉」。丹坐點。「佩玉縈兮」至「𪓰則有之」。丹坐點。「若登首山以呼曰」至「則諾」。丹點。

哀公 十四年

「魯有事于小邾」至「死其城下可也」。丹坐點。「彼不臣而濟其言」至「由弗能」。丹點。

「有陳豹者」至「故緩以告」。丹坐點。

「需，事之賊也」至「有如陳宗」。丹坐點。「逆爲余請」至「余有私焉」。丹坐點。「事子我」至「何以見魯、衛之士」。丹點。

「聞鐘聲」至「公曰：『可矣』」。丹坐點。「迹人來告」至「野曰：『嘗私焉』」。丹坐點。「至公告之故」至「下有先君」。丹坐點。「臣之罪大」至「若臣，則不可以入矣」。丹坐點。

「陳恒弒其君」至「可克也」。丹坐點。

哀公 十五年

「以水潦之不時」至「寡君敢辭」。丹坐點。「使人逢天之慼」至「禮也」。丹坐點。「於是乎有朝聘而終」至「又有朝聘而遭喪之禮」。丹坐角。「若不以尸將命」至「無乃不可乎」。丹坐點。「無穢虐士。備使奉尸將命」。丹坐點。「苟我寡君之命」至「非君與涉人之過也」。丹點。

「天或者以陳氏爲斧斤」至「亦不可知也」。丹坐圈。「若善魯以待時」至「何必惡焉」。丹坐點。

「而有背人之心」至「將焉用之」。丹坐點。「寡君之願也」至「則固所願也」。丹坐點。

「弗及不踐其難」。丹坐點。「食焉不辟其難」。丹坐點。「是公孫也」至「由不然」。丹點。「君子死，冠不免」。丹坐點。「柴也其來，由也死矣」。丹坐點。

哀公 十六年

「蒯聵得罪于君父、君母」至「敢告執事」。丹坐點。「來告余一人」至「悔其可追」。丹坐點。

「旻天不弔」至「無自律」。丹點。「君其不没於魯乎」至「君兩失之」。丹坐點。

史記注補正

金菊園　整理

整理說明

史記注補正一卷，爲方苞考辨史記文義，兼及考察上古歷史，尤其是秦漢歷史的著作。

史記爲我國歷史上首部正史，同時也是漢代古文的典範。由於其崇高的歷史地位，加上其文字較爲古奧，歷代湧現了大量關於史記的注解、詮釋、評論之作。其中南朝宋裴駰的史記集解、唐司馬貞的史記索隱、張守節的史記正義，由於在宋代以後就與史記正文合刻，遂有「三家注」之稱，成爲後來最通行、最權威的史記注本。然其所釋，亦間有疏於考證、不合文義者。方苞自幼年起即開始誦讀史記，據蘇惇元輯望溪先生年譜康熙十三年條，「祖有舊板史記，父固藏篋中。兄百川時年十歲，百川偕先生俟父出，輒啓篋而潛觀之。故先生所得於史記者，多百川發其端緒云」。其後方苞所創立的桐城文派，奉史記爲古文創作的典範，並從中探尋所謂古文義法。與此同時，方苞也留心於史記本文的文字勘定和句意疏通，本書以劄記形式，對史記的三百四十餘條文句進行了考察，重點疏解三家注未曾留意以及注釋有誤的文字。在此過程中，方苞對史記所反映的秦漢時期的部分史實，如秦漢時期尊君抑臣、公孫弘等人曲學阿世對儒學帶來的致命影響等，均做出了一定程度的揭示，可謂善讀史者。故而此書可以從一個側面反映方苞的考證功力和史才史識。

本次整理，以清康熙至嘉慶間刻抗希堂十六種本爲底本。此本卷端題「方望溪先生講授門人程崟、王兆符編録」，應該就是由程、王二人摘録方苞評點史記中補正三家注的内容而成。整理過程中，史記的文句參校了中華書局新修本。不當之處，敬請指正。

整理者

二〇一八年六月

目録

史記注補正

黄帝紀

萬國和，而鬼神山川封禪與爲多焉。

「與」讀去聲，言與事爲多也。又或「舉」字之譌，周官師氏職「王舉則從」，故書作「與」，亦謂王與事。

死生之説，存亡之難。

世傳醫經，皆黄帝與岐伯問難語，存亡之難，疑即謂此。

旁羅日月星辰水波土石金玉。

羅，列也。旁羅，謂紀日月星辰之纏次，辨水波土石金玉之性質，無不該徧也。

帝嚳紀

歷日月而迎送之。

歷，稽核而布列之也，屈子歷情而陳辭，莊子「歷物之意」，月令季冬「命宰歷卿大夫，至於庶人」。

其服也士。

服，與尚書「有服在大僚」、「罔或耆壽，俊在厥服」同義。上古四民不分，至帝嚳，則服用者皆士人也。

帝舜紀

爲匿空旁出。

舜於井中，爲可以自匿之空，而其空旁通，可上出也。

南撫交趾、北發，西戎、析枝、渠廋、氐、羌，北山戎、發、息慎，東長、鳥夷。

索隱謂字缺少，非也。首以「撫」字該之，下三方則直序其地，而「西戎」上不復重言其方耳。

禹本紀

聲爲律，身爲度，稱以出。

稱，稱量也。惟其聲之稱以出，故高下疾徐應律也。惟其身之稱以出，故動作威儀可度也。

周本紀

西伯蓋受命之年稱王。

文王無受命稱王之事，歐陽公、朱子辨之甚詳，太史公蓋據大雅有聲之詩「文王受命」而誤爲此説也。其實伐崇，斷虞、芮之訟，乃方伯之職，詩所謂受命，乃受方伯之命耳。其曰文王，則詩人所追稱。觀其於文王稱王后，於武王始稱皇王，即此可證受命稱王之説爲妄矣。〇王莽之篡，劉歆輩竄經誣聖以爲之徵，至增康誥篇首，謂周公稱王，或此篇亦爲所僞亂。今删去

「之年稱王」及「改法度制正朔矣」十一字，辭義相承，渾成無間。

我維顯服，及德方明。

顯服，與尚書「自服于土中」同義，言我思修明政事，當及我德方明，四方歸往之日，而大營土中，爲朝會之地也。

縱馬於華山之陽，放牛於桃林之虚。

馬牛本徵之井甸者，事畢，縱釋之，使所司各驗受而還也。必於野外者，車徒至衆，非城邑所能容也，管仲素賞於泰舟之野期軍士。

以存亡國宜告。

此隱括洪範而爲言也。鯀殛禹興，存亡之迹也。九疇，皆有國者所宜用也。

自爲質，欲代武王。

自爲質，以身爲質於神也。即書所謂「若爾三王，是有丕子之責于天，以旦代某之身」也。

昔我先王世后稷。

世后稷，謂世爲農官也。

王御不參一族。

娶雖一國三女，而進御之夕，則不使一族之人偕，所以養其廉恥也。

既笄而孕。

内則「十有五年而笄」。

所謂周公葬我畢，畢在鎬東南杜中。

忽出此語，以正書傳之譌也。公欲葬畢，近文王之兆也。書傳乃謂公欲葬成周，成王背公垂死之言而葬公於畢，謬悠極矣。

秦本紀

銘曰：帝令處父，不與殷亂，賜爾石槨，以華氏死。

蜚廉所自爲也。蓋雖報得石槨，而紂已死，無所用，故蜚廉以爲天實賜己，而竊言以欺世耳。

孟戲中衍。

索隱以爲二人，非也。果二人，則下「其玄孫曰中潏」，當爲何人之裔與？蓋一爲名，一爲號，而並舉之，猶遂族解、郭翁伯之類。

是爲宅臯狼。

正義以孟增居臯狼而生衡父，非也。蓋宅臯狼，孟增别號耳。下「臯狼生衡父，衡父生造父」，則人而非地明矣。河西有臯狼縣，則以臯狼居之而得名耳。

惡來革者。

惡來其號，而革其名，或惡來其名，而革其號也。古有以一字爲號者，如張釋之字季是也。

以女弟繆嬴爲幽王妻。

不曰后而妻，蓋夫人嬪婦之類，時秦僻陋，故史以妻書耳。

亦皆推鋒争死。

推，當作「摧」。推鋒者，乘勝之辭。時穆公見窘，晉師得雋，争死以摧其鋒也。

并諸小鄉縣聚。

萬二千五百家，乃周官六鄉六遂之鄉，此并諸小鄉聚而爲縣，則非萬二千五百家之鄉明矣。

伐楚取召陵。丹、犂臣。

「丹、犂臣」爲句，言二國臣屬於秦也。與下蜀相壯殺蜀侯來降，韓、魏、徐、楚、趙皆賓從，立文正相類，據正義「丹、犂臣蜀」爲句，則下云相壯，不知何國之相，且二國臣蜀，亦無爲載於秦史。

蜀相壯殺蜀侯來降。

據九年伐蜀，滅之，十一年公子通封於蜀，則秦所立也。據此年蜀相壯殺蜀侯來降，則故蜀君也。史記多一事而異書，非自相抵牾，傳聞異辭，末由得其實，故並存而不廢。

薛文以金受免。

九年，薛文來相秦。十年，免。中間無金受相秦事。金受名別無所見，恐傳寫之誤。蓋薛文以受金免，而樓緩代相耳。

攻魏取垣，復予之。

正義魏以浦坂爲垣，非也。果爾，則十七年不當書秦復以垣易蒲坂、皮氏矣。

秦以垣易蒲坂、皮氏。

十五年，攻魏取垣。索隱謂垣即蒲坂也，復謂以垣易蒲坂、皮氏，其説自相矛盾。蓋垣亦魏邑，秦既取之，復以易魏之蒲坂、皮氏也。前書「取垣，復予之」，而此書「以垣易」者，疆埸之邑，一彼一此，攻奪無常，不可悉書。書「以垣易」，則復取垣於魏可知矣。猶前書取魏皮氏，而此書以垣易蒲坂、皮氏，則皮氏復爲魏取可知矣。

秦始皇本紀

百姓内粟千石，拜爵一級。

平準書「民多買復及五大夫，徵發之士益鮮」，則民納粟拜爵，求免徵發也。

發卒受地韓南陽，假守騰。

發卒受韓南陽地，而使内史騰爲假守也。

莫不如畫。

畫，當音劃，與較若畫一之義同。

倫侯昌，武侯成。

獨不具姓，疑秦之同姓也。

與議於海上。

嶧山碑頌尚簡直，無過諛之詞。此頌則妄言侮聖以驕其君，故備載與議者之名，以見其敢爲不義，不可没也。

僕射周青臣頌曰。

尚書「左右攜僕」，戴記「射人師扶左」，皆近臣，而秦則合以名官也。

辨黑白而定一尊。句。

隱宫徒刑者，七十餘萬人。

下隱宫及送徒作阿房者，共七十餘萬人也。○蔣西谷曰：「玩上下文，不當插入下隱宫事，蓋隱括宫刑、徒刑者七十餘萬人，分作阿房，或作麗山也。」

寫蜀、荆地材皆至。

寫者，移彼而置此也，曲禮「器之溉者不寫」。○朱東御曰：「寫之義當爲傾，詩曰『我心寫兮』。」

諸生傳相告引，乃自除。

傳相告引他人，乃得自除己罪也。

使博士爲僊真人詩，及行所游天下，傳令樂人弦歌之。

及行所游天下，謂行游天下所歷之地，皆爲詩以紀之也。

飾省宣義。

飾，整齊也，即下防隔内外，禁止佚淫也。省，考察也，即察其爲寄豭逃嫁者。宣義，示以殺之無罪，子不得母之義也。

人樂同則。

謂人喜法則之畫一也。

二世本紀

不稱始皇帝，其於久遠也如後嗣爲之者，不稱成功盛德。

前「稱」平聲，金石刻詞，當始皇時止稱皇帝，今易世不稱始皇，則久遠之後，如後嗣爲之也，正義誤。後「不稱成功盛德」，上聲，謂使人疑後嗣所爲，則不稱始皇之成功盛德也。

下調郡縣轉輸菽粟芻槀，皆令自齎糧食。

下令調郡縣轉輸菽粟芻槀，以給當食者而轉輸之。人皆自齎糧，不得食咸陽三百里内穀也。此漕轉以給京師之始。古者甸服粟米穗秸，足以給官吏，而不資於外。師行，糗糧芻茭出於丘甸，而不給於官。越境，則資糧菲屨供於與國，而不資於内。經費所以常裕也。古法盪滅自秦始，而漢因之，征斂滋多，經費常乏，無制度之過也。

不㱿于此。

莊子天下篇「其生也勤，其死也薄，其道太㱿」，注「無潤澤也」，蓋粗薄之義。

囊括四海之勢。

坤六四「括囊」，結其口而不出也。此文「囊括」，如囊之包括也。

九國之師。

上言六國，所稱皆齊、楚、燕、趙、韓、魏之臣也。師言九國，宋、衛、中山，亦閒以師從六國也。

魚爛不可復全。

春秋「梁亡」，傳「魚爛而亡」，言自内潰也。

項羽紀

呂馬童面之。

以面向項王也，舊注誤。○蔣西谷曰：「面，與偭同，史記夏侯嬰傳『面擁樹馳』，漢書張歐傳『爲涕泣面而封之』，皆作背字解。」

吾爲若德。

言我自頸，使汝獻功受賞，是爲汝德也。

高祖紀

恐事不就，後秦種族其家。

種，當作「踵」，謂隨而迹之也。

淮陰侯復乘之。

左傳「車馳卒奔，乘晉軍」，蓋出其不意而推鋒以蹙之也。

縣隔千里。

言秦包河山之險，四封之内，壤地縣隔千里也。齊地二千里，故云縣隔千里之外。

吕后紀

高祖微時妃也。

戴記曲禮「天子之妃曰后」，衛風氓詩序「喪其妃耦」，並音配。又戴記哀公問「妃以及妃」，則知妃者，通上下而言，義宜爲配也。

文帝紀

未有嗛志。

索隱「嗛者，不滿之意」，與文義不協。戰國策「齊桓公夜半不嗛」，注「嗛，快也」。漢書作「㥷」，亦快足之意。

十一月望，日又食。

日，當作「月」。觀詔但言「十一月晦，日有食之」可見。并書月食者，以與日食同月也。景帝後二年「十月，日月皆食」，亦并書。

民或祝詛上以相約結，而後相謾。

謾者，告首以陷之也。

宫殿中當臨者，皆以旦夕各十五舉聲。

詔曰：毋發人男女哭臨。宫殿中當哭臨者，謂群臣命婦内外宗也，而景帝遂自短喪期，誤矣。

景帝紀

申屠嘉、周亞夫皆以自卒書，信乎此紀爲褚少孫所補也。太史公實録多直筆，此類不宜曲諱。

三代世表

稽其歷、譜諜。

十二諸侯年表序：歷人取其年月，譜諜獨紀世謚，則此稽歷與譜諜也。

于是以五帝繫諜、尚書，集世紀，黄帝以來，訖共和爲世表。

疑世紀亦古書名。蓋五帝繫諜及尚書所載五帝、三代事甚略，故并集世紀中黄帝以來及共和世次爲表也。

六國年表

然世異變，成功大。

言秦取天下雖多暴，然世變既與古異，而秦混一海宇，革古制法，成功甚大。

傳曰「法後王」，何也？

篇首太史公讀秦紀，必秦紀傳中有秦制可法後王語，故引而釋之也。漢興，一踵秦制，故曰：「以其近己而俗變相類，議卑而易行也。」

漢興諸侯年表

而内地北距山以東。

北，當作「比」，其外接胡、越，而内地比次，距山以東也。與下「漢郡八九十，形錯諸侯間，犬牙相臨」正對。

高祖功臣侯年表

居今之世，志古之道，所以自鏡也，未必盡同。帝王者各殊禮而異務，要以成功爲統紀，豈可緄乎？

漢武以列侯莫求從軍，坐酎金失侯者百餘人，遷不敢斥言其過，故微詞以見義，言古之道篤於仁義，以安勳舊，而今任法刻削，不同於古帝王殊禮異務，各以自就其功緒，豈可混而一之乎？刺武帝用一切之法以侵奪群下，而成其南誅北討之功也。

惠景間侯者年表

當世仁義成功之著也。

仁義之著，謂追修高祖時遺功臣，及諸侯子弟若肺腑，外國歸義封者。成功之著，謂從代來，及吳、楚之勞。

禮書

洋洋美德乎，宰制萬物，役使群衆，豈人力也哉？

言禮爲洋洋美德，其宰制萬物，役使群衆，皆天理之自然，豈人力所强設哉？役使群衆者，有禮而群衆爲所運動也。

仲尼曰：「禘自既灌而往者，吾不欲觀之矣。」周衰，禮廢樂壞，大小相逾，管仲之家，兼備三歸。

於諸侯之僭舉魯，秉禮之國也。於大夫舉管仲，賢大夫也。

雖不合聖制，其尊君抑臣，朝廷濟濟，依古以來。至于高祖，光有四海，叔孫通頗有所增益減損，大抵皆襲秦故。

秦人以私意背天理，故不合聖人制禮之意，其尊君抑臣，即所謂不合聖制者，而儀法則依託於古。稱其朝廷濟濟，以漢襲秦故，故不敢斥言其非也。

樂書

於樂府習常肄舊而已。

叔孫通制宗廟樂舞，皆因秦舊，事詳見漢書禮樂志。

律書

以下生者，倍其實，三其法。以上生者，四其實，三其法。

倍其實，三其法，即所謂三分損一也。四其實，三其法，即所謂三分益一也。

置一而九三之以爲法。

得萬九千六百八十三。

實如法，得長一寸，凡得九寸。

實如法者，即以法之數除實之數也。十七萬七千一百四十七爲實，萬九千六百八十三爲法，十七萬七千一百四十七爲萬九千六百八十三之九倍，故得九寸。

神生于無形，成于有形，然後數形而成聲，故曰神使氣，氣就形。形理如類，有可類。或未形而未類，或同形而同類。類而可班，類而可識。聖人從天地識之别，故從有以至未有，以得細若氣，微若聲然。聖人因神而存之，雖妙必效情，句。核其華，句。道者明矣。非其聖心以乘聰明，孰能存天地之神而成形之情哉？神者，物受之而不能知，及其去來，故聖人畏而欲存之。唯欲存之，神之亦存。其欲存之者，故莫貴焉。

神者，樂之精華，所以動天地，感萬物之實理也。生於無形者，太虚之絪緼也。成於有形者，播於樂器，然後聲生而神寓也。數者，十二律三分損益之數也。播於有形之樂器，然後其自然之數一一形見，而成宫、商、角、徵、羽之聲也。神使氣者，以天地之神而運於人之氣也。氣就形者，以人之氣而就乎樂器也。凡音之高下疾徐，皆以人氣之大小緩急調劑而成，故曰就也。既播於有形之樂器，則其理如物類之群分而有可别矣。方其未播於樂器，初無宫商清濁之可别，所謂未形而未類也。既播於樂器，則鐘磬管絃凡同形者，音必相似，所謂同形而同類也。然雖同形同類，而一器之中，其音之清濁高下又各自有别。類而可班者，制器而可别其度也。類而可識者，審音而可識其分也。凡此皆天地陰陽之理，自然而有别者也。聖人知天地之理而識其所以別者，故能從有以至未有，而得細於氣，微於聲者，所謂神也。有者，器數之既形也。未有者，器數之未形也。聲氣辨於既有器數之後，而神存於未有器數之先，故從有以至未有，然後可以探聲氣之本而得其神也。然聖人雖識天地之神，而苟無以存之，衆人不能用也。故制爲器數以存之，則其理雖微妙，必因器數而各效其情矣。效者，呈也。情者，實也。華者，器數之形。道者，神理之藴也。核其器數而無差忒，則神理之運，亦可得而明矣。非天地之神本具於聖人之心，而作律之聖人又乘其聰明之獨擅，以核乎器數之分，豈能存天地之神，而使聲氣之實理各效於器數之中哉？聖人辨器數以著聲音之實理，所謂成形之情也。神者，天地之所以鼓物，故神之去來，物之衰旺視焉，而物常受之而不能知，如聞聲知勝負，而勝者負者不自知也，審樂知興亡，而興者亡者不自知也，而其情畢效於聲樂，故聖人畏而欲存之。唯欲存之，故設爲器數，而神亦於是乎存。其欲存之者，聖心聰明之所寓也，故莫貴焉。

曆書

運算轉曆。

算密則天度不失，故必運算乃能改曆也。

以理星度，未能詹也。

古卜筮之官名詹尹，似有占驗符合之義，觀下「十一月甲子朔旦冬至已詹」可見。

蓋聞昔者黄帝合而不死，名察度驗，定清濁，起五部，建氣物分數。

此詔書中語。合而不死，即封禪書所謂黄帝迎日推策，後率二十歲復朔旦冬至，凡三百八十年而僊登於天，蓋方士之誕語也。合者，至日適與朔旦合也。名察者，五星二十八宿之名於是而辨也。度驗者，其宿離遲速之度，皆可驗也。定清濁者，即下所謂氣復正，羽聲復清也。起五部者，即下所謂黄鍾爲宫，林鐘爲徵，太簇爲商，南吕爲羽，姑洗爲角也。氣者，在天之節氣也。物者，十二律之管也。建氣物分數者，惟知其消息損益之分數，然後能立十二管，以應十二月之氣也。

今日順夏至

至，當作「正」，即曆書所謂日辰之度，與夏正同也。

名復正變，以至子日當冬至。

名復正變，義難通，豈謂五正聲、二變聲之名，皆復其舊與？「以至」之「至」，疑當作「甲」。

天官書

中宮天極星。

中宮即中垣紫微宮。天極即北極，天之樞星也。第一前星，第二赤色明盛者紫微，即帝星，第三庶子，第四後宮，第五即北極。

其一明者，太一常居也。

其一明者，今謂紫微。太一居垣外，與天一相近。

旁三星三公。

三公距黄道甚遠，無金、火守之之理，注誤。○蔣西谷曰：「或金、火之流星。」

後句四星，末大星正妃，餘三星後宮之屬也。

今所傳句陳六星，大者爲第三，並天潢爲七，即後句四星，餘三星也。别有四輔星，居極旁，微小。

環之匡衛十二星，藩臣。皆曰紫宫。

環衛十二星乃紫微宫垣星，宋均謂十二宫中外位各定，總謂之紫宫，非也。

紫宫左三星曰天槍，右五星曰天棓。

案槍在紫宫之右，棓在左，疑傳寫之誤。詩緯云「在杓左右」，益誤矣。

用昏建者杓；杓，自華以西南。夜半建者衡；衡，殷中州河、濟之間。平旦建者魁；魁，海岱以東北也。

以斗所指建月，故曰建寅東北方也。指寅者，以正月而言。

輔星明近，輔臣親强；斥小，疏弱。

恒星不移徙，正義謂與斗近與斗遠，非也。蓋明則視之似近，暗則斥小耳。

左角，李；右角，將。

左角、右角，東宮角宿也。石氏云「左角爲天田，右角爲天門」，誤。

匡衛十二星，藩臣。

陳星十二，在太微垣外，索隱誤。

門内六星，諸侯。

今以三星爲三公，三星爲九卿。

月、五星順入，軌道，司其出，所守，天子所誅也。其逆入，若不軌道，以所犯命之；中坐，成形，皆群下從謀也。

出謂自太微庭，過五帝坐而東也。所守謂將相執法，群位守者留而不去也。犯者，獵其旁也。一度内始爲占。中坐，五帝坐之中一星也。以所犯命之者，凡所犯各以其星所主，命其禍災也。惟犯中坐，成禍災之形尤大，即群下從謀其上也。其犯旁四坐，禍災亦大於他星，但不若中坐之甚耳。

火入，旱；金，兵；水，水。

舊以「水」字連下句，非也。火入五潢則旱，金入則兵，水入則水耳。

老人見，治安；不見，兵起。

此星中原常不見，五嶺以南始見，本文及注皆誤。

入軍，軍起。

入軍，羽林天軍之環域也。

營室爲清廟，曰離宫、閣道。

室二星在閣道六星下，故曰閣道抵營室。離宫六星夾室宿爲天子行宫。

義失者，罰出歲星。歲星贏縮，以其舍命國。

五星之行，贏縮有常度，精曆算者能預推。古曆於此法或未詳也，或贏或縮，以其所舍止星麈，命其所值之國。○歲星自有行度，古曆未密，以日月之行度揆之，是以時見贏縮。

其失次舍以下，進而東北，三月生天棓。

天棓、天欃、天槍，名見恒星中。今曰歲星所生，則非恒星也。又皆定以丈尺，不知何據。

熒惑熒惑爲勃亂，殘賊、疾、喪、饑、兵。上「熒惑」二字衍。

其入守犯太微、軒轅、營室，主命者惡之。

命令所從出者，天下則天子，一國則諸侯也。軒轅主後宫，太微非犯帝坐，亦不應占主命者。

主勿用，戰敗。

「主勿用」爲句。主凡事皆勿用，而以戰則敗也。戰尤重事，故特言之，易爻辭「潛龍勿用」。

主孽卿。

主其禍孽，卿當之也。

戰敗，爲北軍，軍困。

凡三占以戰則敗，又爲奔北之軍，又爲軍見困於敵也。

七寸以内，必之矣。

七寸謂一度之内也。

五星皆大，其事亦大；皆小，其事亦小。

五星通占，獨係填星下者，以土居中央，備四時之氣也。其曰「禮、德、義、殺、刑盡失而填星乃爲之摇動」，義亦如此。

察日行以處位太白。

太白平行，距冬至與日同度。一歲行度，比日行度止差一二分，故察日行以處其距限之位。

當出不出，當入不入，是謂失舍。

太白行度有常，本無當出不出，當入不入者。以古曆疏，不能詳推，而以日行處其距度，故見爲失舍也。

動摇躁，躁。圜以静，静。

太白動摇而躁，則兵亦躁。太白圜以静，則兵亦静也。

行勝色，色勝位。

行謂順逆遲疾之度，色謂明暗躁静，位謂所躔宫宿。

上而疾，未盡其曰過參天。

曰，當作「日」。蓋行疾，未盡其當行之日而遽過也。

察日辰之會，以治辰星之位。

辰星行度與日行度同，雖有遲速，相去無幾，故以日所會之辰定辰星之位也。

諸此雲見，以五色合占。而澤摶密，其見動人，乃有占。摶，圜厚也。言雖以五色合占，然必潤澤摶密，光氣動人，乃有占。其浮散之雲，雖略似諸物形，無占也。

兵必起合鬭其直。七字乃諸星下脱文。

城郭門閭，閨臬枯槀；宫廟邸第，人民所次。謡俗車服，觀民飲食。五穀草木，觀其所屬。倉府廄庫，四通之路。六畜禽獸，所産去就；魚鼈鳥鼠，觀其所處。次，如周官「思次」、「介次」之「次」，所止居也。屬，聚也。此承上言，不獨山川谿澤之變，異地常見象，即一方之衰旺，外而觀其城郭門閭之潤澤枯槀，内而觀其宫廟邸第，以及人民所止居，兼謡俗車服，其象必有先見者矣，不特此也。民所飲食，其本在五穀，草木之華實，其豐登荒耗，觀其所聚，倉府廄庫，及四通之路，其象必有先見者矣。至於六畜禽獸所産之去就，觀其所處山林川澤田疇，其象必有先見者矣。如淵深林茂，草豐泉潔，必諸産之所就也，反是則所去也。或謂此節申明上候息耗，非也。前文義已明著，無容覆演。宫廟邸第亦視其潤澤枯槀，魚鼈鳥鼠亦有去就，蒙於上而辨係於下者，古文簡奥也。

凡候歲美惡，謹候歲始。歲始或冬至日，産氣始萌。臘明日，人衆卒歲，一會飲食，發陽氣，故曰初歲。正月旦，王者歲首。立春日，四時之卒始也。

言歲始有三：或以冬至日，爲産氣之始萌也；或以臘明日，王者之歲首也；或以立春日，四時之卒而復始也。

數至十二日，日直其月，占水旱。爲其環城千里内占，則其爲天下候，竟正月。月所離列宿，日、風、雲，占其國。

直，當也。以其日晴雨占所當之月水旱也。則，法也。竟，終也。爲千里内占法如此，若爲天下候，則終竟正月。蓋月周歷二十八宿，然後可以所歷之宿辨分野，而爲天下占也。

炭動，鹿角解，蘭根出，泉水躍，略以知日至，要決晷景。

炭，當作「灰」。冬至日極南，晷景極長，過此則漸短，其物候四，略可以知日至，而決其運度，要在晷景之長也。正義以「晷景」連下，誤。

歲星所在，五穀逢昌。

逢，大也，天問「後嗣逢長」，音龍。正義訓逢，與「所在」義複。

是以孔子論六經，紀異而説不書。

直紀災異，而所應之説則不書也。

爲國者必貴三五。上下各千歲，然後天人之際續備。

五謂五百歲一大變，三謂三大變一紀，三紀而大備也。三紀上下，已各千歲矣，然必通三紀以次相續。上下各千歲者五，然後天人之際，以相續而備，其變應無不可考矣。

近世十二諸侯，七國相王。

前既言田氏、三家，又言近世十二諸侯者，田氏、三家，始猶未相王，其相王時，去漢尤近也。

自河山以南者，中國。

關隴代北諸山也。正義華山，誤。

是以秦、晉好用兵，復占太白，太白主中國；而胡、貉數侵掠，獨占辰星，辰星出入躁疾，常主夷狄：此其大經也。

前言太白、辰星主引弓之國，此言秦、晉雖在河山以南，而近西北，故其民亦好用兵。而復以太白爲占，蓋以秦、晉對引弓之國，則太白又主中國，而胡、貉則獨占辰星也。

此更爲客主人。

街南、街北雖有一定之限，而太白、辰星則更爲客主人。蓋以街南對街北，則太白爲客，而以秦、晉對引弓之國，則太白又爲主人，而辰星爲客也。

余觀史記，考行事，百年之間，五星無出而不反逆行，反逆行，嘗盛大而變色；日月薄蝕，行南北有時：此其大度也。

甘石法，五星逆行，日月薄蝕，皆以爲占。及遷以所聞見百年中考之，則五星無出而不逆行變色者。日月薄蝕，以所行南北同度，有時相值，此乃其行度之大凡，不宜以爲占也。曰觀史記，考行事者，見逆行薄蝕之占，與事不相應也。前言未有不先形見而應隨之者，此復言不應，何也？上所述秦、漢間，皆星變，非逆行薄蝕之比也。諸吕作亂，日蝕晝晦，蓋連晝晦而爲言。

此天之五官坐位也。

官，當作「宫」，即篇首所列五宫也。

夫常星之變希見，而三光之占亟用。

常星，五宫經星也。終古不易，故其變希見。三光，日、月、五星也。經緯見伏有時，過行嬴縮有度，故其變時見而占亟用。曰希見，亦間有見時也。春秋書恒星不見，其變大，或有大小明暗，亦小變也。

爲天數者，必通三五，終始古今，深觀時變，察其精粗，則天官備矣。

即前所謂「必貴三五」也，故曰「終始古今」。「深觀時變」，蓋合古之時變，以參究今之時變也。「粗」謂天官所傳三光之占。「精」謂與政事俯仰而爲大人之德符。故同是變而其占有應有不應，其應有過有不及也。

封禪書

自古受命帝王，曷嘗不封禪？

言特不以爲不死之術也。

至梁父矣，而德不洽。

「梁父」二字衍，曲爲之説，皆不可通。

卜居雍後子孫飲馬於河。一句讀。

其後百有餘年，而孔子論述六藝，傳略言易姓而王，封泰山禪乎梁父者，七十餘王矣，其俎豆之禮不章，蓋難言之。

孔子論述六藝封禪事，不見於經，是以其俎豆之儀不章，以是斷之，則非聖王之典祀，而傳所言易姓而王，封禪者七十餘王，亦無稽之言，明矣。蓋孔子欲斥爲妄，則傳有是言，而實典祀所不載，是以難言之，而置之不論也。非謂其儀曠不舉，而俎豆之禮難言。

或問禘之説，孔子曰：「不知。知禘之説，其於天下也視其掌。」

禘雖典祀，然不知其義，禮亦虚行，況以封禪致物怪，接僊人蓬萊士乎？

乾稱「蜚龍」，「鴻漸於般」。

「蜚龍在天，利見大人」，言君之得臣也。「鴻漸於磐，飲食衎衎」，言臣之遇君也。武帝以欒大爲天所遺士，故引此，注誤。

遭聖則興。

承上文鼎神物遭聖則興，以隱喻鼎出爲瑞，非直指汾陰鼎出事，正義誤。

蓋若獸爲符，路弓乘矢，集獲壇下。

即指武帝射麃事，服虔注誤。

秋及臘間祠。三歲天子一郊見。

三歲天子一郊見，其二歲或祠以秋，或祠以臘，故曰間。

群儒既已不能辨明封禪事，又牽拘於詩書古文而不能騁。不能辨明封禪事，謂不能辨其非接僊人求不死之術也。不能騁，見詩書古文無封禪之説，不敢如方士之騁其誣誕也。

其下則有玉牒書，書祕。太乙、明堂贊饗具載其文，而此書獨祕，蓋以登僊禱也。

皆至太山。遥承上天子獨與侍中奉車子侯上太山，故曰皆至，謂從行公卿侍從儒者也。

推曆者以本統。十一月朔旦冬至，爲得曆數之本統故云。

五寬舒之祠。句。官以歲時致禮。「官以歲時致禮」爲句。曰「五寬舒之祠」，明太時、后土二祠而外，皆寬舒成之，而遷不與其議也。曰薄忌太乙，以别於遷與議之太畤也。

究觀方士祠官之意。

言推究其意，專爲道諛，逢君之惡，而不主於敬鬼神之祀。

具見其表裏。

自古帝王典祀，乃致敬於鬼神，其餘淫祀，則妄意福祥。至漢武封禪，則以爲招來神僊人致不死之術，而假儒術以文之，故曰具見其表裏。以儒術文之用自託於古帝王之功至德洽者，表也，而妄意於上封則不死，裏也。

河渠書

度九山。

相度山勢所趨，以知水之所會也。

魚沸鬱兮柏冬日。

迫冬日，則水當歸壑矣，而汎濫不止，故睹魚之沸鬱而以爲憂也。

延道弛兮離常流。

延，引也。延道，引河之隄也。弛，傾圮也。延道傾圮，故水離所常流之地。

北渡迂兮浚流難。

禹引河北，載之高地。今決而南，則北渡迂遠，欲浚使復流，其勢甚難。觀此則知河沙淤墊，浚之甚難，惟塞其決，使水力自相推盪，乃可通行，古已如此。

搴長茭兮沈美玉。

祭川必沈玉，疑搴茭亦爲祭也，管子「淵深而不涸，則沈玉極矣」。

薪不屬兮衛人罪。

東郡燒草，以致柴薪少，故曰衛人罪也。

頹林竹兮楗石菑。

頹林竹，即所謂下淇園之竹以爲楗也。以竹爲楗於外，而填石與菑草於中。

平準書

一黄金一斤。

一黄，疑當作「十貫」，以字形相近而誤也。

蓄積餘葉以稽市物，物踊騰糶。

稽留市物，俟物價騰踊而後糶之也。

及徒復作，得輸粟縣官以除罪。

復，除也。徒，當作「者」，得入粟以除之也。既曰徒復作，又曰得輸粟縣官以除罪者，明景帝時獨徒作者許除罪，至武帝則一切當刑者皆可贖也。

於是大農陳藏錢經耗，賦税既竭，猶不足以奉戰士，有司言。

陳，奏也。既曰大農陳，又曰有司言者，大農陳奏有司計要之質詞如此也，與後「大農上鹽鐵丞孔僅、咸陽言」同義。

其一曰重八兩。

「曰」字衍，蓋傳寫者因下「二曰」、「三曰」而誤增也。

便屬在所縣。

在所，應爲「所在」，誤倒也。

令民得畜牧邊縣，官假馬母，三歲而歸，及息什一，以除告緡。

民能於新秦中畜牧，受馬母於官而歸其息者，則除其家不告緡也。

因南方樓船卒二十餘萬人擊南越。

昆明池所作樓船雖以習水戰，不過用爲游觀，而近粵之地别有習戰之樓船，故特言南方樓船卒以别之。南越傳「令罪人及江淮以南樓船十萬師往討之」是也。索隱謂即昆明池樓船二十餘萬人，豈昆明池所能容乎？

鐵器苦惡，賈貴。

器苦惡而賈又貴也。

不敢言擅賦法矣。

軍所過縣，吏擅賦法以多取於民，而衆亦不敢以爲言也。

諸官各自市，相與争，物故騰躍。

先是，水衡、少府、大僕、大農分受緡錢，弘羊欲併歸大農也。諸官各自市者，儲以待用，及貴而糶之也。

令遠方各以其物貴時商賈所轉販者爲賦，而相灌輸。

前此已稍置均輸以通貨物，然猶官自輸，故弘羊以爲賦輸或不償其僦費。今曰相灌輸，民以次相輸如灌也。名爲不加賦，而私費不啻倍之矣。故當時論其弊，即謂農民重苦，女工再税也。七書皆依世次順序，以其事歷代之所同也。平準乃武帝一時之法，故序上古及秦綴於書後，體當然也。竭天下資財以奉其上，猶自以爲不足，秦、漢之所同也，舉秦事而漢不必言矣。

或錢，或布，或刀。

布、刀各爲一物，舊注誤。

吴世家

猶有先王之遺民也。

遺民懷文武之德，故不貳不言。

齊世家

二年，伐滅郯。

春秋經傳「齊師滅譚」，而其後郯別見，此以聲同而誤也。

成請老於崔杼。「杼」字衍。

慶舍發甲圍慶封宫。

圍遶以爲衛也。

師乎師乎，胡黨之乎？

國策「歸於何黨矣」，蓋齊人語也。師，國衆也。之，適也。言公子四出，國衆將適何黨也。

魯世家

發書視之，信吉。六字衍。

燕世家

燕相將渠以處和。處，居間也。趙重將渠，故燕特相之，居間主和議也。

管蔡世家

陳司徒招弒景公，及平侯、悼侯事，俱與春秋經傳不合，豈書記所傳各異，遷以春秋但據魯史，故於異聞亦不敢廢與？或謂左傳後出，遷未之見，非也。列國世家據左傳者十之八九，可云未見乎？

伯邑考，其後不知所封。

紂烹伯邑考，雖不見經傳，但其後無封，必早死無後也。檀弓「文王舍伯邑考而立武王」，乃子服伯子附會之言，不足據。

衛世家

衛康叔。

康，謚也。周本紀「康叔封布兹」，蓋追稱之。此史文成法，索隱以爲畿内國名，誤矣。

宋世家

今女無故告予顛躋。

躋，升也。升高而顛，傷必重，以神明之後而墜命亡氏，則忝祖尤甚也。

於是太師、少師乃勸微子去。

尚書微子篇「太師」、「少師」，注家謂即箕子、比干，而太史公以太師、少師别爲二人，故序微子與太師、少師問答後，特起文曰「箕子者，紂親戚也」，「王子比干者，亦紂之親戚也」，而比干死後，復曰「太師、少師乃勸微子去」，舊注蓋未達其意。

言曰從。

得其次序也，春秋傳「典從禮順」。

微子開卒，立其弟衍，是爲微仲。

微子、微仲雖受周封，猶稱殷號，周家之忠厚也。洪範「王曰『嗚乎箕子』」，編書者又以微子之命名篇，則知武王、周公不忍革其故號，故微仲之子始稱宋公。

晉世家

魏，大名也。

魏乃建國之名，故謂之大。

且言何以易之。

謂重耳之言非恒人，不可忽也。

晉之宗家祁傒、孫叔嚮子相惡於君，六卿欲弱公室，乃遂以法盡滅其族，而分其邑爲十縣，各令其子爲大夫，晉益弱。晉之亡，實由於此，與田盤使其兄弟宗人盡爲齊都邑大夫同，而左氏乃歸美於魏獻子，其識不逮太史公遠矣。

楚世家

載祀六百。

載，如「厚德載物」之「載」。商之德能載鼎，其祀六百也。

此國冠之上。

言令尹居國，如冠之在上，不可復加也。

稱楚之大。

稱，去聲，衡量楚之强大也。

越世家

定傾者與人。

人謀得，則可以定傾。

不者且得罪。

國語：「子往矣，無使執事之人得罪於子。」

夏路以左。

楚辭哀郢「過夏首而西浮」，夏路以左，即夏首以西也。自商於至夏首，皆近秦之地。

鄭世家

公怒，溉逐群公子。

溉，當作「概」，屬下句。蓋怒己子之以罪死，而群公子概被逐也。○蔣西谷曰：「五帝紀『帝謦溉執中而徧天下』，徐廣曰：『古「既」字作水旁。既，盡也，與日有食之既同義。』」

諸衛君還。

四字於上下無著，疑衍。

趙世家

嬴姓將大，敗周人於范魁之西，而亦不能有也。

嬴姓將大，謂秦將興也。雖敗周而不能有，謂二世而亡也。

吾有所見子晰也。

所，處也。思夢中所見，而言吾有處見子甚晰也。

使廚人操銅枓以食代王及從者。行斟，陰令宰人各以枓擊殺代王及從官。

「及從者」爲句，「行斟」爲句。行斟謂行美汁，張儀傳所謂進熱啜是也。

左袵界乘。

界，一本作「介」，甲也。此指武靈王變服習騎射事。左袵，變服也。介乘，謂甲而乘馬習射。

吴廣聞之，因夫人而内其女娃嬴。孟姚也。

既曰娃嬴，又曰孟姚者，廣因王夢中歌曰「曾無我嬴」，故特名其女曰娃嬴，而實非嬴姓，故著其實曰孟姚也。

北至無窮。

無窮，門名，趙襄子所建。

負遺俗之累。

必遺棄舊俗，乃能成高世之功，而世人必相訾謷，故曰負遺俗之累。

有獨智之慮者，任鶩民之怨。

鶩民，猶違衆也。獨行其意，民將以爲鶩而怨之。

北地方從，代道大通。

方，始也。從，屬也。先是襄子已取代，而隔於中山，道不通，故十九年，主父北略地中山至於房子，遂之代。今滅中山，起靈壽，則北地始屬於代，而道大通也。

天下屬行以謀王也。

屬行，相屬而起兵也，齊策「使犀首屬行而攻趙」。

齊之事王，宜爲上佼。

戰國策作「交」。

秦以牛田之，水通糧，蠶食上乘，倍戰者裂上國之地，其政行，不可與爲難。

牛田則地利盡，水通糧則輸輓便，能蠶食鄰國者乘上乘，戰有兼人之勇者裂國中善地以予之，則士爭用命，故曰其政行，不可與爲難也。

悼襄王元年，大備。

疑是大爲戒備之意。君死，强敵外侵，大臣内鬨，故戒嚴也。

魏世家

魏武子以魏諸子事晉公子重耳。

周官諸子掌國子之倅，宗伯掌三族之别，其正室皆謂之門子，大胥掌學士之版，以待致諸子，則公卿大夫之適子、衆子皆可稱諸子。下云「令武子襲魏氏之後」，則此稱諸子，言非適也。

王之使者出，過而惡安陵氏於秦。

「王之使者出」爲句。「過而惡安陵氏於秦」爲句。言過計而惡安陵氏於秦也。

隨安陵氏而亡之。

隨以兵也。

田齊世家

吾欲盡滅田氏適。

欲盡誅其本支嫡嗣。

孔子世家

孔子要絰，季氏饗士，孔子與往。

季氏饗士卒，欲用之。古者既葬，金革之事弗避，孔子所居在季氏分地，故要絰而往，庶人召之役則往役之義也。故陽虎曰「季氏饗士，非敢饗子」，而正義謂饗文學之士，誤矣。

禹致群神於會稽山。

舜巡四嶽，望秩於山川，春秋傳晉主齊盟載書之辭亦曰「群神群祀」。蓋禹致群神而秩祀於會稽也。韋昭以文連「防風氏後至」，遂謂群神爲主山川之君，誤矣。致，與周官「致禽」同義，蓋屬聚之謂。

山川之神，足以綱紀天下，其守爲神。

言山川之神足以綱紀天下而爲神者，多即其守土之君也。蓋上世守土者有明德，或神明之胄，則死即爲神，以主其山川，如春秋傳所稱臺駘爲汾神之類。

由司空爲大司寇。

魯三卿皆三桓爲之。司寇乃小司寇，在侯國則司馬之屬也，故臧紇嘗爲之。此云大司寇，誤也。孔子所謂司空，亦如鞍之戰所稱齊辟司徒、晉司馬、司空之類，皆諸卿之屬，傳稱羽父求太宰者，侯國無冢宰，以司徒攝其職事也。

分異姓以遠方職，使無忘服。

職，職貢也。服，所服事也，周書畢命「纘乃舊服」。

故所居堂弟子内，後世因廟藏孔子衣冠琴車書。

當作「故弟子所居堂内」，傳寫誤倒也。蓋後世因故弟子所居堂内地爲廟，以藏孔子衣冠琴車書也。

陳涉世家

發閭左適戍。

秦發適戍，入閭取其左，蓋家取一人。

鄱盜當陽君黥布之兵相收。

相收者，彼此合爲一也。勢不相下，故特起此文。○蔣西谷曰：「周頌『我其收之』，傳『收，聚也』。」

外戚世家

乃厚賜田宅金錢，封公昆弟，家於長安。

「封公」二字疑衍。或曰田宅金錢皆封公家所有以予之，賜修成君亦曰公田百頃是也。

娙何秩比中二千石。

郡守、諸侯王相，外二千石也。婭娥秩比九卿，故曰中二千石。崔浩云「漢制：九卿以上秩一歲，滿二千斛」，又漢官儀云「中二千石俸，月百八十斛」，則爲中外之中明矣。而浩又謂中猶滿也，師古因謂實得二千石，恐未安。諸侯王相亦實得二千石，以不若九卿之貴，故以中別之。

荆燕世家

諸劉遠屬也。

索隱據班固言從祖兄弟，不宜稱遠屬。按禮，小功爲遠兄弟，記曰：「絶族無移服，親者屬也。」族未絶，故曰屬，古書無一字氾設。

弗與矣。

與，音預，言田生得金以歸，不復與我之事矣，蓋諷之也。故田生感其言而如長安。

曹相國世家

載其清淨。

載，成也。蕭曹相繼，成此清淨之治，故民以寧一也。

清淨極言合道，然百姓離秦之酷後，參與休息無爲，故天下皆稱其美矣。

謂參之清淨，時人極言其合道，即下「天下俱稱其美」也。然繼秦之後，時當休息，故見美於人，非治道當一於清淨，而不可以有爲也。

五宗王世家

吏求捕勃太急，使人致擊笞掠，擅出漢所疑囚者。

吏求捕諸證左於勃甚急，使人擊掠勃左右，勃恐語洩，遂擅出漢所疑囚，使遁匿也。漢所疑囚，即與姦諸證左。

三王世家

分子弟户邑錫號。句。尊建百有餘國。

曰尊建百有餘國者，王子侯者雖同爲諸侯，而有土有民爲尊，皇子以列侯家居長安爲卑，故曰尊卑相逾也。

陛下讓文武，躬自切，及皇子未教。

讓文武，以制詞「周封八百」及「康叔親屬有十」諸語而言也。躬自切，以制詞「朕之不德」而言也。及皇子未教，以制詞「以未教成者彊君連城」而言也。

群臣之議，儒者稱其術，或誖其心。

儒者稱其術，即李斯所謂令下各以其學議之也。或誖其心，即李斯所謂入則心非也。蓋帝恐群臣封諸子之議，儒者或稱其術以議之，或口不言而心非之，必當日口語及此而未筆於制詞，故略舉以復也。

伯夷傳

夫學者載籍極博，猶考信於六藝。

此六藝以六經而言也。許由、卞隨、務光雖見於諸子，而六經不載，孔子又無稱焉，是以不敢傳疑也。

豈以其重若彼，其輕若此哉？

疊引孔子、老子之言而繼以此語，言自聖賢論之，豈以若彼之富貴逸樂爲重，若此之困窮禍災爲輕乎？蓋君子之所謂重輕與俗異，故曰道不同，不相爲謀。

衆庶馮生。

馮，任也。任其生之所之而貿貿焉，所謂誘然皆生而不知其所以生也。

管晏傳

上服度，則六親固。

服，如「自服於土中」之「服」，謂行政也。上所服行有制度，則民親睦。

老子傳

老子列傳始詳其國邑鄉里姓氏名字謚爵職守，終及其子孫雲仍封爵時代居國，蓋以世傳老子爲神僊幻怪之流，故詳誌以見其不然也。

莫知其所終。

老子本以周衰，隱身遠去，莫知其所終，而世人遂以爲神僊者流也。

蓋老子百有六十餘歲，或言二百餘歲。

前言老萊子與孔子同時，後言太史儋後孔子百二十九年，而中間入老子年數，蓋謂老子隱去，其年壽所極，世人亦莫知其真，故與老萊子、太史儋相混也。

老子，隱君子也。

老萊子與老子同時同國，而著書言道家之用，周太史儋與老子同官同嫌名，而號前知，故其傳與老子相混，而太史公正言老子爲隱君子，所以破衆説之荒怪，且見儋與老萊子别爲二人也。

李耳無爲自化，清静自正。

此言著書言道德者乃李耳，而老萊子、太史儋别爲二人也。

莊子

然善屬書離辭。

屬，連屬也。書，文字也。莊子之文，以己意連合二字而不見於他書者甚多，所謂善屬書也。離，麗也，使辭與事相附麗也。

韓非

非吾知之有以説之難也。

非吾知其事之成敗利鈍，而有術以處之之難也。

非必其身泄之也，而語及其所匿之事，如是者身危。

不必有心泄其事，而偶語及其所匿，亦不免於危。

周澤未渥也，而語極知。

極知，盡知其事與心之隱也。

迺自以爲也故。

也，當作「他」，如晉欲伐陸渾之戎，而假於祭雒也。

論其所愛，則以爲借資。

借資於所愛也。

慮事廣肆。

慮事周徧而徧陳之也。

大忠無所拂辭，悟言無所擊排。

大忠、悟言，皆謂所説之人也。彼自以爲甚忠信，則應之如響，而辭無所拂。彼自言有獨悟，則無攻其瑕隙。

直指是非以飾其身。

飾，當作「飭」，謂直指是非以匡飭君身也。

故著書辭稱微妙難識。

號爲微妙難識也。

莊子散道德，放論。

散，推衍也，推衍老子所論道德之意而放言也。

伍子胥傳

剛戾忍訽。

訽，辱也，春秋傳「余不忍其訽」。

止中道乞食。

國策：伍子胥橐載而出昭關，夜行晝伏，至於蔆夫，無以餬其口。

王走鄖，鄖公弟懷曰。

鄖，小國，楚滅而邑之，封曼成然。楚邑長皆僭稱公，春秋傳「諸侯縣公皆賀寡人」是也。

仲尼弟子傳

吴王乃遂發九郡兵伐齊。

春秋時郡小於縣。定二年傳「上大夫受縣，下大夫受郡」是也。此曰發九郡兵，則秦、漢以後人所設之辭明矣。

秦商，字子丕。

家語「字丕兹」，左傳：秦厪父生丕兹，事仲尼。

商君列傳

令民爲什伍，而相收司連坐。

相收者，彼此相拘管，猶周官司圜「收教罷民」之「收」。相司者，相督察以告姦也。○蔣西谷曰：「與酷吏傳『收司姦盜賊』同義，漢書注云『收，捕司察』也。」

教之化民也深於命，民之效上也捷於令。

此泛論教化之理。命出於口，而教型於身，故化民也深，而民效之捷。

蘇秦傳

常苦出辭，斷絶人之交也。

苦出辭，猶出苦辭也，或傳寫誤倒。凡斷人之交，必出苦言，蘇代云「何不以苦言説秦王」是也。

不死，殊而走。

殊，分也，絶也。蘇秦將死未絶，而刺者走去也。

覆三軍，得二將。

覆燕之三軍也。

莫若挑霸齊而尊之。
與挑戰同義，興起而播弄之也。

西河之外，上雒之地，三川，晉國之禍，三晉之半。
西河、上雒、三川，皆秦所并三晉之地也。晉國之被秦禍，幾失亡三晉之半也。

燕、趙之秦者。
之秦，謂奉使於秦者。

張儀傳

然恐秦之攻諸侯，敗約後負。
恐敗約之後，已負諸侯之責也。

甘茂傳

人皆言楚之善變也，而公必亡，是自爲責也。

亡，音無，向壽黨楚，故人言楚善變，而壽必以爲無變，是自負楚變之責也。

孟子荀卿傳

先序今以上至黄帝，學者所共術，大並世盛衰。

大，當作「及」，傳寫誤也。蓋先序戰國以上至黄帝事，爲學者所共稱述者，然後及並世盛衰也。

始也濫耳。

言始爲汎濫無端涯之詞，以動人聽耳。

儻亦有牛鼎之意乎？

即指上負鼎飯牛。

信陵君傳

如姬資之三年。

以貨財資人，求其父仇也。

春申君傳

注地於齊。

秦得韓、魏，則地接於齊，若水之流注可通也。

范睢傳

擢賈之髮以續賈之罪，尚未足。

北音「續」、「數」相近而誤也。或曰擢髮而續之尚不足，以比其罪之長也。

睚眦之怨必報。

怒目相視之怨亦報也。

樂毅傳

是以至於入江而不化。

不變化其本志也。國策作「不改」，或字之譌也。

廉頗藺相如傳

李牧、司馬尚欲反。

案國策，牧以臂短，用木接之，郭開誣以懷刃而賜死，文甚明。其曰「反」、曰「捕斬」者，趙史之誣詞也。六國惟趙史尚存，故遷不敢録異聞，而於後論發之。然曰「欲反」，則無實迹可知，曰

「使人微捕」，則非謀反迹見而正名以誅之可知，此又遷之微指也。

屈原傳

各有所錯兮。

錯，與「措」通，置也。窮達禍福，各有措置處也。

李斯傳

即以屬吏，繫於陽周。

蒙恬之死，於後趙高語出之，故於此不言其死狀也。

則舍爲天下役何事？

舍，除去也。言既不能行聖人之術以督責天下，則除去爲天下役，更何所事乎？與荀子「是猶力少而任重，舍碎折無適也」辭意略同。

辭服，奏當上。

斯之辭服，故高奏其罪與刑相應也，漢書「蓋奏當之成，雖皋陶聽之，猶以爲死有餘辜」。

群臣百官皆畔不適。

不適，不如君所也，與尚書「民不適有居」字義同。

蒙恬傳

使者以蒙恬屬吏，更置胡亥以李斯舍人爲護軍，使者還報。「胡亥」二字衍。

以是籍於諸侯。

劉氏云「諸侯皆記其惡於史籍」，是也，春秋傳「非禮也，勿籍」。

張耳陳餘傳

嫁庸奴，亡其夫。

去其夫也。不曰去者，不告而去，猶逃亡也。

今已張大楚，王陳。

陳勝初起，爲狐鳴曰：「大楚興，陳勝王。」此言今已張大楚而王於故陳地也。

又不如立其兄弟。

如，疑當作「知」。

韓信傳

從間道萆山而望趙軍。

使依山用草木自蔽，而望趙軍之出入也。登山故能望遠，有蔽故趙軍不覺。

信乃使萬人先行出，背水陣。「先行出」爲句。使萬人先行出井陘口，背水而陣，然後信鼓行以出也。

樊酈滕灌傳

别擊西丞白水北，雍輕車騎於雍南破之。雍輕車騎，秦兵之屯於雍者。蓋擊西縣丞於白水北，雍輕車騎於雍南，皆破之也。文義正與下「從擊秦車騎壤東」類，此以雍，秦地，故不言秦耳。

張丞相傳

吹律調樂人之聲音，及以比定律令，若百工天下程作。比，刑罰之比例也，尚書吕刑「上下比罪」，禮記「必察大小之比以成之」。蓋漢初約法省刑，蕭何造律尚簡，律所未詳，蒼更以上下大小之比例定之，猶後世律之外更有例也。此刑罰之律，故曰律令，與樂音之律異。蒼吹律調樂器與人聲，又以比例定刑律，又爲百工立程品，故以「及」與「若」之文相承屬，所以别其爲三事也。○蔣西谷曰：「比定者，以舊律相比而定新律，即文帝十三年張蒼、馮敬議請定律事，詳見漢書刑法志。」

陸賈傳

數見不鮮，無久慁公爲也。

言凡物數見，則不覺其鮮好，故我一歲止再三過，無久慁汝爲也。公即謂其子，賈任達，故稱子爲公，非莊語也。鼂錯父亦稱錯爲公，怒辭也。

張釋之馮唐傳

其軍市租盡以饗士卒，私養錢，五日一椎牛，饗賓客軍吏舍人。

以軍市租饗士卒，以私養錢，五日一饗賓客軍吏舍人也。

直不疑傳

其所臨，爲官如故。

其官屢遷，所臨莅之地雖異，而接人處己皆如故也。

倉公傳

臣意年盡三年，年三十九歲也。

是年乃文帝四年，故曰盡三年，年三十九也。不曰年四十者，是年尚未盡也。○蔣西谷曰：「上言受慶方一年所，尚未精要，事之三年，此言受讀之年，盡三年時，年三十九歲，出治病即有驗，如下文所云也。」

魏其武安傳

引繩批根。

引繩以正其邪，批根以循其本，皆所以暴先慕後棄者之過也。

局趣效轅下駒。

轅下駒進局於扼，退束於衶，故曰局趣也。

匈奴傳

齊釐公與戰於齊郊。

據春秋，釐公，禄父也，索隱誤。

大者萬騎，小者數千，凡二十四長，立號曰「萬騎」。

二十四長中，雖數千騎者，亦立號曰「萬騎」也。

漢亦尚關市不絶以中之。

以市物投合其意，冀勿侵盜也。

以便偏指。

以便人主之偏指也。

不參彼己。

不參酌彼己之勢。

衛青傳

校尉句王高不識。

不識在匈奴時爲句王，降漢後爲校尉。

常先其大將軍。

蔣西谷曰：「大將軍青於去病爲親，故曰『其』。」汪武曹曰：「『將』字衍，常先其大軍也。」

公孫弘傳

恐竊病死。

「竊恐」字偶倒也。

南越傳

介漢使者權。

介，恃也。春秋傳「介恃楚衆，以憑陵我敝邑」，又「瞾齊，魯之常隸也，敢介大國以求厚焉」。

聞漢兵至，及越揭陽令定自定屬漢。

光與揭陽皆自輯其吏民以屬漢，是謂自定也。

滇傳

秦時常頞略通五尺道。

略，封略也，案封略而通道也。

司馬相如傳

崇冠於二后。

二后，謂夏、商也。自堯以後，所述惟周事，故以爲崇冠於夏、殷也。

正陽顯見，覺寤黎烝。

龍，至陽之物，其顯見於世，所以昭漢受命之符，以覺寤衆庶也。

依類託寓，諭以封巒。

言天不必諄諄然命漢封禪，而因物類之祥，以寄寓其意而諭之也。

淮南衡山列傳

一日發兵，使人刺殺大將軍。

淮南一日發兵反，其所使人即刺殺大將軍也。

循吏傳

市不豫賈。

索賈一定，無猶豫之虚辭也。

汲鄭傳

非苦就行，放析就功。

明知所行之非，而故爲艱苦以成之，如湯爲三公，而家産不過五百金，及造請諸公不避寒暑是也。析言破律以就其功，如湯興皮幣，造白金，籠鹽鐵，出告緡令是也。

儒林傳

余讀功令，至於廣厲學官之路，未嘗不廢書而歎也。

廢書而歎，歎儒術自是而衰也。自孔子修六經，明正道，困而不悔，諸弟子守其道不變，至於戰國，儒術既絀，而孟子、荀卿猶遵夫子之業，遭秦滅學，而齊魯諸儒講論不絶，漢興七十餘年，自天子公卿皆不説儒術，而諸老師尚守遺學，不肯曲以阿世，故武帝一鄉之，而遺經並出，凡此皆聖人之遺化也。自叔孫通以禮儀爲太常，諸弟子共定者爲選首，始喟然歎興於學，則稍鄉於功利矣。至公孫弘以春秋至三公，而天下靡然鄉風，弘既曲學阿世以至富貴，不能興禮彰教，乃置博士弟子，使試太常，補卒史，誘以利禄，自是天下多文學之士，而儒者之道熄矣。自孔孟以來，群儒相承之統，經戰國、秦、漢絀滅擯棄而未嘗絶者，弘以一言敗之，而其名則曰厲賢才，悼道之鬱滯，不甚可歎哉？

故子路居衛，子張居陳，澹臺子羽居楚，子夏居西河，子貢終於齊。

獨言五子，皆世所隆也，外此則隱而不見者。

其令禮官勸學，講議洽聞，興禮以爲天下先。太常議，與博士弟子，崇鄉里之化，以廣賢才焉。

制所下二事，令禮官勸學，講議所聞，使皆協洽，興禮以爲天下先，如改制度，易服色是也。弘議古者政教未洽，不備其禮對此。蓋言禮之未易興也。太常議，與博士弟子，崇鄉里之化，以廣賢才，欲士興於學也。弘議爲博士置弟子，郡國縣道上秀民對此。

請因舊官而興焉。

太常，舊禮官也。言禮不易興，請因舊禮官廣其路，以興賢才，即下文所云也。

能通一藝以上，補文學掌故缺。

周官列禮樂於六藝，以執其器，習其儀，可以藝名也。詩書則列於學官，而不名爲藝矣。以經爲藝，始於弘，侮聖人之言，莫甚於此。太史公云「中國言六藝者，折衷於夫子」，又曰「學者載籍極博，猶考信於六藝」，蓋徇時人所稱而未之察爾。

請選擇其秩比二百石以上，及吏百石通一藝以上，補左右内史、大行卒史。

凡吏百石能通一藝者，得與太常高第秩比二百石者，並補左右内史、大行卒史也。大行亦禮官。

先用誦多者，若不足，乃擇掌故補中二千石屬，文學掌故補郡屬。

誦多者，誦諸經多也。通一藝以上，補掌故缺，故先用誦多者，不足乃取掌故也。上云通一藝以上補文學掌故缺，是舊有是官，而弘請以博士弟子補其缺也。此獨稱掌故者，博士弟子新補者也。稱文學掌故者，舊爲掌故者也。誦多者，高第秩比二百石者也。中二千石屬，即左右内史、大行卒史。郡屬即太守卒史。先用誦多者補中二千石屬，不足，乃擇通一藝者足之，而舊掌故補郡屬也。

孔氏有古文尚書，而安國以今文讀之，遂以起其家。

古文，科斗文也。時科斗書廢已久，人不能識，安國用伏生所傳今文中字畫比校讀之，復得二十五篇。往時言書者惟伏生，而安國復自名家，所謂起其家也。漢時傳經者各守一家之説，故曰言易者要本於楊何之家。

故漢興至於五世之間，唯董仲舒名爲明於春秋。其傳，公羊氏也。

諸老師能傳經而已，惟董子則明其義，故表而出之。

酷吏傳

詐刻傳出關。

　詐刻符纂也。

見文法輒取，亦不覆案。

　見獄詞與法律相應，輒取之，而不覆案其事，以求官屬陰罪也。

上所是，受而著讞決法，廷尉絜，令揚主之明。

　承上意著讞詞，決其法，因載其事於廷尉律令中，俾後有疑事，得比例絜度，所以揚主之明。

關東吏隸郡國出入關者。

　吏，官也。隸，徒隸也。吏隸及郡國平民出入關者，皆畏成也。

豪惡吏盡復爲用，爲方略，吏苛察盜賊惡少年。

「吏苛察」。吏，當作「使」。温舒爲方略，使豪惡吏苛察盜賊及惡少年，即投缿購告言姦是也。苛，譴也，周官世婦職「大喪，比内外命婦之朝暮哭不敬者而苛罰之」。

章大者連逮證案數百，小者數十人，遠者數千，近者數百里會獄，吏因責如章，告劾不服，以笞掠定之。

「會獄」連上爲句。章内連逮證案者，遠近俱來會獄，以聽鞫也。内吏與外吏相表裏，因如章内所列罪狀，責令承伏。其告劾外吏枉撓而不肯遽服者，强以笞掠定之。

張湯以知陰陽，人主與俱上下，時數辯當否，國家賴其便。

湯知事之陰陽及武帝之陰陽也。名美而實惡者，事之陰陽也。内多欲而外施仁義者，武帝之陰陽也。武帝興事開釁，財匱姦生，欲假形威以劫之，而陽慕儒術，湯因請博士弟子用尚書、春秋、亭疑法，所謂知陰陽皆此類也。惟知陰陽，故人主與俱上下以遂其私。其所辯當否，即傳所載上所是，受而決法者也。國家賴其便者，便上之私而不顧民之害也。

二者皆譏，而學士多稱於世云。

謂二者實皆可譏，而學士則多見稱於世，蓋有感於俠客之獨爲儒墨所排擯也。

至如以術取宰相卿大夫，輔翼其世主，功名俱著於春秋，固無可言者。

功名俱著於春秋，言其行事具載國史也。固無可言者，鄙瑣齷齪不足道也。蓋謂公孫弘、張湯等輩。

竊鉤者誅，竊國者侯，侯之門仁義存。

諸侯之門，必有稱誦其仁義者，以見世俗毁譽不足憑也，語本莊子。竊鉤者誅，喻俠客之扞文罔也。竊國者侯，喻弘、湯誣上殘民以竊高位也。侯之門仁義存，譏世人不知弘、湯之醜而稱美之也。

今拘學或抱咫尺之義，久孤於世，豈若卑論儕俗，與世浮沈而取榮名哉。

此譏拘學始或抱義，及不爲世所取，則變其初志，以爲不若與世浮沈而取榮名也。所謂榮名，即以術取宰相卿大夫，非君子所謂榮也。曲學阿世，爲卑鄙之論以儕於俗，乃與世浮沈以取榮名之術。

佞幸傳

仁寵最過，庸乃不甚篤。

庸，用也。謂帝雖寵愛之，而任用則不甚篤也，春秋傳「士伯庸中行伯，君信之，亦庸士伯」。

弦次初詩。

延年能以弦音比次新造樂章也。

貨殖傳

務完物，無息幣，以物相貿易，腐敗而食之。

務取完善之物，可久藏，且易售也。其腐敗者，則自食而勿市於人。

與時逐而不責於人。

不以財物貸人而責其息，即下所謂子貸金錢也。

地重。

五方之民，剛柔輕重遲速異齊。地重者，其土厚而人性敦重也。

及秦孝文、繆居雍，隙隴、蜀之貨物而多賈。

「居雍」爲句。隙隴、蜀之貨物，與下東綰濊貉、朝鮮之利，文義正相類，蓋居其隙而並受之也。

領南、沙北固往往出鹽。

沙漠之北有自成之鹽。

此有知盡能索耳。

索，亦盡也，淳于髠傳「冠纓索絶」。

德者，人物之謂也。

德被人物，然後澤可百年不斷。

節駔儈。

駔儈所以成賈，案節出物，不失其時也。

連車騎，游諸侯，因通商賈之利，有游閑公子之賜與名，然其贏得過當，愈於纖嗇。

連車騎，游諸侯間，借其聲勢以通商賈。既得游閑公子之賜，復有獲交於諸公之名，而所贏利又過當也。

太史公自序

耕牧河山之陽

春秋傳「山南爲陽，水北爲陽」。

是歲，天子始建漢家之封，而太史公留滯周南，不得與從事，故發憤且卒。

封禪載諸方士以封禪爲合不死之名，致怪物，接僊人蓬萊士之術，而特書諸儒不能辨明封禪事，故於此著其父之發憤以死。蓋憤己不得與從事，而辨明方士之妄也。

有能紹明世，正易傳，繼春秋，本詩書禮樂之際？意在斯乎！

著其父雖兼論六家要指，而自處與教子則一於儒也。紹明世者，繼孔子而明世教也。

律居陰而治陽，曆居陽而治陰，律曆更相治，閒不容翲忽。

神化之幽潛爲陰，形象之顯見爲陽。律存天地微妙之神，而能感神人，格鳥獸，知吉凶勝負，故曰居陰而治陽。曆用象數之顯，以推步日月星辰之行，四時五氣之變，故曰居陽而治陰。更相治，即治陰治陽也。律失之忽微則氣不應，曆失之忽微則度必忒，故曰閒不容翲忽。

獵儒墨之遺文，明禮義之統紀，絶惠王利端，列往世興衰，作孟子荀卿列傳。

傳稱天下方務從横戰伐，而孟子乃述唐、虞、三代之德，荀卿序列儒墨道德之行事興壞，則獵儒墨之遺文，謂荀卿也；明禮義之統紀，謂孟子也；絶惠王利端，謂孟子也；列往世興衰，謂荀卿也。史記序所稱先後多錯綜，「陳杞世家爰周陳杞，楚實滅之。田齊既起，舜何人哉」，管晏傳序「晏子儉矣，夷吾則奢，齊桓以霸，景公以治」，正與此類。

自孔子卒，京師莫崇庠序，惟建元、元狩之間，文辭粲如也。傷武帝不能依古，崇庠序以興教化，而儒術反變爲文辭之學也。史序多微文，不敢斥指，如酷吏，天下所公惡也，而序乃曰「民奸軌弄法，善人不能化，惟一切嚴削，爲能齊之」，皆辭若褒美而義存譏刺也。

齊、楚、秦、趙爲日者，各有俗所用，俗循觀其大指，作日者列傳。「各有俗所用」爲句。言日者因其國俗，各有所用卜筮之法，欲循觀其大旨，故作此傳也。天官書「國殊窟穴，家占物怪」，即各有俗所用之謂。

厥協六經異傳，整齊百家雜語。言合六經並別傳之書以爲史記也。

方望溪平點史記

金菊園　整理

整理説明

方望溪平點史記四卷，爲方苞批點、評論史記的著作。

作爲桐城派的開創者，方苞對史記之行文有着很高的評價。他目史記爲古文正宗，並認爲得六經「枝流而義法最精者，莫如左傳、史記」（古文約選序），即使是不大爲人看重的史記諸表之序文，也是「義法精深變化」（古文約選凡例）。本書將方苞對史記所做的所有批點和評論單獨録出，並標明丹筆、藍筆、點、圈、坐圈等不同用色和符號，原原本本，無所更改，方苞對於史記文章義法的發明也因此多所保留。將本書與方苞的左傳義法舉要、方氏左傳評點進行對讀，可以了解方苞古文義法的大致思想。

本書收入光緒二年武昌張氏刻本史記卷首，本次即以此爲底本進行整理。不當之處，敬請指正。

整理者

二〇一八年六月

目録

方望溪平點史記卷二……（三一九）

方望溪平點史記卷三……（三三九）

方望溪平點史記卷四……（三五九）

方望溪平點史記卷一

五帝本紀

五帝紀後具列三代世系，陳杞世家後具列十一臣之後，及三代閒封小不足齒列者，乃通部之關鍵。陳杞以後不復總束，以衛、晉出於周，楚出於顓頊，越出於夏，趙、魏、韓瓜分於晉，田氏襲奪於齊，孔子出於宋，毋庸更著也。藍筆。「萬國和，而鬼神山川封禪與焉」。與，讀去聲，或曰「舉」字之訛，周官師氏職「王舉則從」，亦謂王舉事也。「存亡之難」句。世傳醫書，皆黄帝與岐伯問難是也。「歷日月而迎送之」句。歷，稽核而布列之也。屈子歷情而陳辭，莊子「歷物之意」，月令季冬「命宰歷卿大夫，至於庶人」。「其服也士」句。服，與尚書「有服在大僚」，「罔或耆壽，俊在厥服」，「服」字同義。上古四民並用，至帝嚳，則服用者皆士人也。俱丹筆。「昔帝鴻氏」段。左傳述古事，故曰「昔舜」，紀沿而弗削，史公之疏。藍筆。「臯陶爲大理，平」段。前所叙乃命官分職，此後總叙其成功。藍筆。索隱疑字闕少，非也，首以「撫」字該之，下三方則直叙其地，而「西戎」上不復重言其方耳。丹筆。

黄帝紀「嫘祖爲黄帝正妃」至「降居丹水」。藍圈。帝嚳紀「自玄嚻與蟜極」二句。藍坐圈。「高辛於顓頊爲族子」句，又帝舜紀「以至舜七世」至「微爲庶人」，又「而禹、皋陶」至「未有分職」。俱藍圈。自「黄帝至舜」至「姓姬氏」句。藍坐圈。

夏本紀

左傳所載過氏滅相事見吴世家，而夏本紀無之，豈少康復位，史遂勿籍，而散見他説者，姑别出以傳疑耶？藍筆。「稱以出」句。稱，量也。唯其聲之稱以出，故高下疾徐應律也。唯其身之稱以出，故動作威儀可度也。丹筆。「天降龍二」段。此何關典要？不宜入本紀。藍筆。「禹者，黄帝之元孫」至「爲人臣」句。藍坐圈。「禹爲人」三字。藍圈。「禹傷先人」至「受誅」句。丹圈。「禹行自冀州始」句，又「道九山」句，「道九川」句，又「帝舜朝」至「語帝前」。俱藍圈。

殷本紀

「契興於唐虞」三句。藍坐圈。「殷道衰」二句。藍點。「殷復興」句。藍點。「殷復衰」句，又

「殷復興」、「殷衰」句。藍點。「自中丁」三句。藍坐圈。「比九世亂」二句。藍點。「殷道復興」句，「殷復衰」句，又「殷道復興」、「殷復衰」、「殷益衰」句。藍點。「紂由是稍失權重」句，又「於是周武王」至「號爲王」。藍點。

周本紀

敬王以後，赧王以前，二百年無一事，以史記獨藏周室，遭秦火而滅，所據獨左傳、國語、國策耳，此遷所以深惜之也。藍筆。「文王蓋受命五十年」段。文王無受命稱王之事，歐陽公、朱子辨之甚明，史公蓋據大雅有聲之詩「文王受命」而誤爲此説也。其實伐崇，斷虞、芮之訟，乃方伯之職，詩所謂受命者，乃受方伯之命耳。其曰文王，則詩人追稱。觀詩於文王稱王后，於武王始稱皇王，即已可見受命稱王之説妄矣。又王莽之篡，劉歆輩竄經誣聖以爲之徵，至增康誥篇首，謂周公稱王，則此篇或亦爲所僞亂。今删去「之年稱王」及「改法度制正朔矣」十一字，辭意相承，渾成無閒。丹筆。「縱馬於華山」二句。馬牛皆徵之井甸者，事畢縱放，使有司受而還之也。必於野外者，車徒至衆，非城邑所能容也，管子素賞於泰舟之野期軍士亦此意。又「箕子不忍言殷惡，以存亡國宜告武王」。此檃括洪範而爲言也。鯀殛禹興，此存亡國也。九疇，皆有國者所宜用也。丹筆。「蘇代爲周説楚王」段。晚周事少，故詳載國策，而義鄙辭佻，不似本紀中語，且與篇首嚴重深廣之體不稱，不若略舉事實，芟其蔓辭，爲得體要。藍筆。「太史公曰」下「所謂周公葬我畢」句。此句忽出，以正書傳之訛也。公欲葬畢，近文王之兆也。書傳乃稱公欲葬成周，成王背公垂死之言，而葬公畢，謬悠極矣。丹筆。「后稷之興」至「皆有令德」，又「公劉雖在戎狄」二句，「周道之興自此始」句，「古公亶父復修后稷、公劉之業」句，「遵后稷、公劉之業」二句，又「西伯蓋即位」至「自太王興」，又「故成康之際」至「不用」。俱藍圈。「懿王之時」三句。藍點。「夫利」三句。丹坐圈。「宣王即位」至「復宗周」句。藍坐圈。「夫天地之氣」至「填陰也」。丹圈。又「廢申后去太子也」句，又「平王之時」至「政由方伯」，又「周太儋」至「出焉」。藍圈。「此爲秦取周之精者也」句，又「非吾能教」至「百發盡息」，又「不若令卒爲周城，以匿事端」句。俱丹點。

秦本紀

秦紀多夸語，其世系事蹟獨詳於列國，而於他書無徵，蓋秦史之舊也。丹筆。不載國策一語，體製遂覺峻潔，由國史具存，有事蹟可紀也。藍筆。「丹、犂臣」句。言二國臣屬於秦也。與下蜀相壯殺蜀侯來降，韓、魏、齐、楚、趙皆賓從，文正相類。正義「丹、犂臣蜀」爲句，則下文相壯不知何國之相，且二國臣蜀，亦無爲載於秦紀。「蜀相壯殺蜀侯來降」。據九年，伐蜀，滅之。十一年，公子通封於蜀，則秦所立也。此年蜀相壯殺蜀侯來降，則故蜀侯也。史記多一事而異書，非自相牴牾，乃傳聞異辭，莫由得其實，故并存而不廢。丹筆。「薛文以金受免」句。九年，文來相秦。十年，免。中間無金受相秦事。金受名別無所見，恐傳寫之訛。蓋薛文以受金免，而樓緩代相耳。丹筆。

「一曰大廉」至「於鳴條」，又「自蜚廉」至「其後」也，又「使復續嬴氏」至「以和西戎」，又「於是文王」至「獻之周」。藍圈。「是時秦地東至河」句，又「楚莊王彊」至「問周鼎」，又「當是之時」至「合諸侯」，又「是時晉悼公爲盟主」句，又「楚靈王」至「爲盟主」，又「晉公室卑」至「不相攻」，又「秦以往者」至「河西地」，又「河山以東」至「夷翟遇之」。俱藍圈。

秦始皇本紀

「發卒受地韓南陽，假守騰」句。發卒受韓南陽地，而使內史騰爲假守也。丹筆。「維秦王兼有天下」段。後世碑銘有序本此。此載群臣之議，故繫後，後世叙列時君事迹，故以冠於前，而私家之碑銘式焉，皆法以義起而不可易者。又泰山石刻無後語者，封祠祀天，不敢列群臣名爵也。下諸銘無後語者，舉一以例其餘也。藍筆。「倫侯昌、武侯成」。獨不著姓，疑秦同姓。丹筆。嶧山碑頌尚簡直，無過諛之辭。此頌則妄言侮聖以諛其君，故備載與議者之名，以見其敢爲不義，不可没也。「僕射周青臣進頌曰」句。尚書「左右攜僕」，戴記「射人師扶左」，皆近臣，而秦則合以名爲僕射之官。「隱宫徒刑者七十餘萬人」句。下隱宫及送徒作阿房宫者共七十餘萬人也。蔣西谷曰：「玩上下文，不當插入下隱宫事，蓋隱括宫徒刑者七十餘萬人，分作阿房或麗山也。」「諸生傳相告引，乃自除」句。相傳告引他人，乃得除己罪也。「飾省宣義」句。飾，整齊也。省，考察也。即考其爲寄豭逃嫁者。宣義，示以殺之無罪，子不得母之義也。「下調郡縣」段。二世下令調郡縣轉輸菽粟芻稾以給當食者，而轉輸之人皆自齎糧，不得食咸陽三百里内穀，此漕轉以給京師之始。古者甸服粟米稯秸，足以給官吏，而不資於外。師行，糗糧芻茭出於丘甸，而不給於官。越境，則資糧菲屨供於與國，而不資於内。經費所以常裕也。古法蕩滅自秦始，而漢因之，征斂滋多，經費常乏，則無制度之過也。「不轂於此」句。莊子天下篇「其生也勤，其死也薄，其道大觳」，注「無潤澤也」，粗薄之義。俱丹筆。「使郎中令爲内應」段。李斯傳異，蓋傳聞不一，無所據以徵其信，故並存而不廢也。藍筆。「太史公曰」下「於是六國之士」句。士言六國，齊、楚、燕、趙、韓、魏之臣。師言九國，宋、衛、中山亦閒以師從六國也。丹筆。「當是之時」至「三川郡」。藍圈。「河魚大上」二句。丹點。「自今以來」至「視此」。丹點。

「秦初并天下」句。藍圈。「更名河」至「德之數」。丹圈。「地東至海」至「至遼東」。藍圈。「今陛下有海内」至「何以相救哉」。丹坐圈。「於是始皇」至「帝王之都也」。丹圈。「周馳爲閣道」至「抵營室也」。丹點。「阿房宫未成」至「謂之阿房宫」。丹點。「於是立石」至「秦東門」。丹圈。「於是始皇曰」至「不稱朕」。丹點。「貪於權勢」至「如此」句,「使天下知之以懲後」句,又「始皇不樂」至「歌弦之」。俱丹點。「始皇默然」至「人之先也」,「始皇出遊」至「上許之」,又「書已封」至「未授使者」,又「高乃與公子」至「其賜死」。俱藍圈。「度不滅者久之」句。丹點。「群臣諫者」至「黔首振恐」。丹圈。「其後公卿」至「毋已」。藍圈。「盜多」至「賦税大也」。丹圈。「高前數言」至「其衆西鄉」。藍圈。「子嬰爲秦王」至「遂至霸上」。藍圈。「滅秦之後」至「王諸侯」句。藍坐圈。「秦竟滅矣」至「定於漢。」藍圈。「太史公曰」下「當此時」至「戮滅矣」句,「先生知雍蔽」至「社稷存」句,「且夫天下」至「何也」句,「然秦以區區」至「異也」句,「夫寒者」至「易爲仁也」句,「是以陳涉」至「安之而已」句,「安民可與」至「此之謂也」句。俱丹坐圈。

項羽本紀

楚與秦合兵,由趙而怨結於齊,羽之東歸,又二國首難,而其國事亦多端,故因與齊將田榮救東阿入諸田角立之釁，於救趙入張耳、陳餘共持趙柄，以爲後事張本，然後脉絡分明。韓、魏及燕，於劉、項興亡無關輕重，則於羽分王諸將見之。先後詳略，各有義法，所以能盡而不蕪也。藍筆。「馬童面之」句。以面向項王也，舊注誤。蔣西谷曰：「面，與偭同。夏侯嬰傳『面雍樹馳』，漢書張歐傳『爲涕泣面而封之』，皆作背字解。」丹筆。

「梁父」至「姓項氏」，又「略知其意，又不肯竟學」句，又「雖吴中子弟」至「憚籍矣」。丹點。「項梁乃以八千人渡江而西」句，又「當是時」句，又「項梁已并秦嘉軍」句，又「項梁使」三字，又「項梁聞陳王」至「往焉」，又「項梁已破東阿下軍」句，又「項梁起東阿」至「破秦軍」，又「呂臣軍彭城」至「當此時」。俱藍圈。「趙歇爲王」至「鉅鹿之北」句。藍坐圈。「此所謂河北之軍也」句。藍圈。「當是時」至「今將軍誅亂」。丹點。「項羽已殺」至「名聞諸侯」。藍圈。「項羽乃悉引兵」至「自燒殺」。丹點。「當是時」至「莫敢仰視」。丹圈。「項羽由是」至「相持未戰」。藍圈。「章邯見項羽而流涕爲言趙高」句。丹圈。「項羽遂入」至「相見」，又「當是時」至「在霸上」。俱藍圈。「沛公默然」至「柰何」，又「君安與項伯有故」句，「君爲我呼入，吾得兄事之」十字。俱丹點。「臣與將軍戮力」至「將軍於此」。丹圈。「項王、項伯東鄉坐」至「張良西鄉侍」。丹點。「於是張良」至「同命」。丹圈。「噲遂入」至「樊噲者也」。丹點。「當是時項王軍」至「四十里。」藍圈。「曰唉」至「虜矣」。丹圈。「皆將相諸君」至「而王之」。丹點。「漢之元年」至「各就國」，又「是時漢還定三秦」句，又「楚以此故無西意，而北擊齊」句，又「漢之二年」四字。俱藍圈。「於是大風」至「遁去」。丹圈。「楚起於彭城」至「滎陽而西」，又「漢之三年」四字，又「漢之四年」四字。俱藍圈。「楚遂拔成皋」至「不得西」。藍點。「是時」二字。藍圈。「項王已定」至「絶楚糧食」，又「楚、漢久相持」至「罷轉漕」。俱藍圈。「天下匈匈」至「父子爲也」。丹坐圈。「樓煩目不敢視」至「乃項王也」。丹點。「項王聞淮陰」至「欲擊楚」，又「項王聞龍且軍破，則恐」句，又「是時彭城」至「絶楚糧」，又「當是時」三字，又「是時漢兵盛」至「食絶」，又「項王已約」至「欲西歸」，又「漢五年」三字，又「項王軍壁垓下」十字。俱藍圈。「夜聞漢軍」至「飲帳中」。丹圈。「有美人」至「常騎之」。丹點。「於是項王」至「莫能仰視」。丹圈。「今日固決死」至「非戰之罪也」。丹點。「項王笑曰」至「於心乎」。丹圈。「顧見漢騎」至「此項王也」。丹圈。

高祖本紀

「後秦種族其家」句。種，當作「踵」，謂隨而迹之也。丹筆。「當是之時，趙歇爲王」段。高紀獨舉趙歇，而不及陳、張，則羽紀詳之，此以標前後脉絡明矣。「遺魏人甯昌使秦」段。因甯昌使秦未還，而側入章邯之降，因邯之降，而追叙羽之救趙破秦，然後以趙高來約遥承秦使未來，以襲攻武關遥承攻故陽，降析、酈，參差斷續，横縱如意，章法頗似左傳邲與鄢之戰。「會項伯欲活張良」段。項羽本紀高祖、留侯、項伯相語，凡數百言，而此以三語括之，蓋其事與言不可没，而於帝紀則不必詳也。高祖與項伯語必載羽紀以見事情，則與留侯語宜以類相從，故於留侯世家亦略焉。且留侯世家實傳體也，既載立六國後問答，又復載此，則詞氣近複，而體製亦病於重腿。羽紀則間架闊遠，不至重腿矣。晉語齊姜語重耳亦數百言，左傳以三語括之，紀事之文去取詳略措置各有宜也。俱藍筆。「懸隔千里之外」句。言秦包河山之固，四封之内，壤地懸隔千里也。齊地二千里，故云千里之外。丹筆。

「高祖爲人」四字。藍圈。「仁而愛人」至「生産作業」，又「喟然太息」至「當如此也」，又「公等皆去」二句。俱丹圈。「高祖即自疑」至「巖石之間」，又「高祖心喜」至「多欲附者矣」。俱丹點。「吾非敢自愛」至「父兄子弟」。丹圈。「由所殺白帝子」至「赤帝子」。丹點。「陳涉之將」至「項氏起吴」，又「吕臣軍彭城東」至「所謂河北之軍也」。俱藍點。「當是時」至「沛公西入關」。藍圈。「不如更遣長者扶義而西」句。丹圈。「卒不許項羽」二句。藍點。「是時章邯已以軍降項羽於趙矣」句。藍圈。「秦人憙」六字。丹圈。「因大破之」至「遂破之」。丹點。「秦人大喜」四字，又「人又益喜」至「不爲秦王」。俱點丹。「是時項羽兵」至「力不敵」。藍圈。「項羽怨懷王」至「何以得主約」，又「願從諸侯王擊楚之殺義帝者」句。俱丹點。「項羽雖聞漢東」至「遂入彭城」，又「漢王之敗彭城而西」句，又「是時」二字，又「漢王軍滎陽南」句，又「漢王之出滎陽」至「欲復東」，又「項羽已破走彭城」二句，又「當此時」至「絶其糧食」，又「漢、楚久相持」至「罷轉饟」，又「當此時」至「絶其糧食」，又「高祖與諸侯兵」至「卒可十萬」。俱藍圈。「吾聞帝」至「不敢當帝位」，又「諸君必以爲便，便國家」句。丹點。「天下太定」至「皆臣屬」。藍圈。「夫運籌」至「爲我擒也」。丹坐圈。「天下匈匈」至「過度也」。丹圈。「酒酣」至「猶樂思沛」。丹圈。「夏之政忠」至「豈不謬乎」。丹坐圈。

吕后本紀

「高祖微時妃」句。戴記曲禮「天子之妃曰后」，衛風氓詩序「喪其妃偶」，並音配。又哀公問「妃以及妃」，則知妃者，通上下而言，其義爲配也。丹筆。「是時高祖八子」段。劉、吕之禍成於分王諸吕，故具列舊封，則後此地勢事情了然在目，與秦紀將叙孝公修政廓土，先列六國彊界，及擯秦而不與盟同。長沙特標非劉氏，以功而王，正與吕氏無功相對。藍筆。「吕后爲人」至「多吕后力」，又「是時」二字，又「非劉氏」至「長沙王」。俱藍圈。「此非人」至「治天下」。丹點。「吕氏權由此起」句，又「太后欲侯諸吕」句，「太后欲王吕氏」句，又「不稱元年者」至「天下事也」。俱藍圈。「太后惡之」至「此爲我也」。丹點。「呂禄、呂産欲發亂」至「當是時」。藍圈。「使人報呂産」至「未有所決」，又「若爲將」二句。丹點。又「殿門弗得入」至「誅之」。俱點丹。「太史公曰」下「黎民得離戰國之苦」至「政不出房户，天下晏然」。丹圈。

孝文本紀

諸詔皆帝戰兢恐懼，克己循道，以懷安天下之大政，其他書則各入本傳，觀此可識本紀記事與言之法。藍筆。「未有嗛志」句。索隱曰「嗛者，不滿之意」，文義不協。國策「齊桓公夜半不嗛」，注「不快也」。漢書作「慝」，義同。「日又食」句。日，當作「月」。觀詔書但言日食可見，并書月食者，以與日食同月故也。景帝紀後二年「十月，日月皆食」，亦并書。丹筆。「孝文帝從代來」段。以下所叙列，視前諸大政爲小，故總束於後，韓、歐墓誌多用此法。藍筆。「毋發人男女哭臨」段。詔云：毋發人男女哭臨，宫殿中其當哭臨者，則以旦夕各十五舉聲。當哭臨者，謂群臣命婦内外宗也，而景帝則自短喪期，誤矣。丹筆。

「朕聞法正」二句。藍坐圈。「朕既不德」至「重吾不德也」。藍坐圈。「上從代來」至「功臣」。藍圈。「朕獲保宗廟」至「不德大矣」。又「朕既不能」至「設備未息」，又「今法有誹謗」至「其除之」。藍坐圈。「禍自怨起，而福繇德興」句。藍坐圈。「非乃朕德」至「其除肉刑」。藍坐圈。「昔先王遠施」至「明之極也」，又「孝文帝從代來」二句，又「專務以德」至「興於禮義」。俱藍圈。「死者，天地之理」至「奚可甚哀」句。藍坐圈。「朕獲保宗廟」至「懼於不終」。藍圈。「今乃幸」至「與嘉之」句。藍坐圈。

孝景本紀

申屠嘉、周亞夫皆以自卒書，信乎此紀爲褚少孫所補，太史公實録多直筆，此類不宜曲諱也。丹筆。

三代世表

十二諸侯年表序：曆人取其年月，譜諜獨紀世謚，則此所謂稽其曆譜諜者，稽曆與譜諜也。「於是以五帝繫牒、尚書，集世紀」句。疑世紀亦古書名。蓋五帝繫牒及尚書所載五帝、三代事甚略，故并集世紀中黄帝以來及共和世次爲表也。俱丹筆。

「蓋其詳哉」四字，「故疑則傳疑」二句。丹坐圈。

十二諸侯年表

序「師摯見之矣」段。厲王始亂，雖宣王中興，而周道自此陵夷，乃政由五伯之兆端也。關雎作，内治荒也。鹿鳴刺，外治衰也。「七十子之徒」段。所謂儒者斷其義。「魯多君子左丘明」段。所謂馳説者，騁其辭。又歷舉捃摭春秋之文以著書者，著己所由得十二諸侯之曆譜、世謚而爲表也。「漢相張君」段。張蒼爲曆數、譜諜之學，董子則漢儒之明其義者。俱丹筆。

六國表

六國并於秦，史記爲秦所焚，所表六國事迹獨據秦紀，故通篇以秦爲經緯。藍筆。「是後陪臣執政」段。楚故僭逆，四國皆篡弑餘孽，故天下卒并於秦。「秦始小國」段。六國失道，秦能自强於政治，其始事也。漢興，一仍秦法，其終事也。「傳曰『法後王』」段。自漢以後，所用皆秦法，史公蓋心傷之，而不敢正言，故微詞以見之，非果以秦爲可法也。丹筆。

「然世異變」至「而異行也」句。丹坐圈。

秦楚之際月表

「初作難」至「斯之亟也」句。丹坐圈。「以德若彼」三句。丹坐圈。「鄉秦之禁」至「爲驅除難耳」。丹圈。「故憤發」至「豈非天哉」。丹坐圈。

漢興以來諸侯年表

「而内地北距山以東」句。北，當作「比」，其外接胡、越，而内地比次，距山以東也。與下「漢郡八九十，形錯諸侯閒，犬牙相臨」正對。「而漢郡八九十」段。結與篇首周形勢弱相應。丹筆。

高祖功侯年表

漢武以列侯莫求從軍，坐酎金失侯者百餘人，還不敢斥言其過，故微辭以見義，言古之道篤於仁義以安勳舊，而今任法刻削，不同於古帝王殊禮異務，各以自就其功緒，豈可混而一之乎？刺武帝用一切之法以侵奪群下，而成其南誅北伐之功也。「異哉所聞」段。異於古河山帶礪，爰及苗裔之意也。「蓋周封八百」段。上篤於仁義，而下亦能奉法。「至太初百年」段。上不篤仁義，而下亦不能奉法。俱丹筆。

惠景間侯者年表

序稱仁義之著，謂追修高祖時遺功臣，及諸侯子弟若肺腑，外國歸義封者。成功之著，謂從代來，及吴楚之勞封者。丹筆。

禮書

自秦以後，古禮所以終不可復者，以漢諸帝皆挾私意，苦其拘縛，而樂秦之汰侈，故首揭其義曰：「豈人力也哉？」見其出於天理之自然，而非聖人所以强世也。「觀三代損益」段。此言三代之禮具存，惜四君皆樂秦之故，而不能復耳。「故德厚者位尊」段。非使肆於民上以爲淫侈也。「人體安駕乘」段。本不禁其欲，但不使之過。以上三條旁注。「仲尼曰」段。僭禮者，於諸侯舉魯，秉禮之國也，於大夫舉管仲，賢大夫也。魯之僭禮多矣，而獨舉此者，禘雖典祀，而行之者怠慢，尚爲聖人所不欲觀，況以封禪爲不死之術乎？正與篇末以封泰山爲典法相發。封禪書引或問禘之説，其義蓋亦如此。「而況中庸以下」三句。不以禮防之，而以俗誘之，尚可禁民之淫侈乎？「孔子曰『必也正名』」段。名以禮正，故拂時君之欲，而其徒守禮者，亦遂爲世所擯，此其所以可痛也。「至秦有天下」段。秦人以私意背天理，故不合聖人制禮之意，其尊君抑臣，即所謂不合聖制者，而儀法則依託於古。所稱朝廷濟濟，以漢襲秦，故不敢斥言其非也。以上三條旁注。「孝文即位」段。無躬化，禮不虛行，有躬化而不行先王之禮，亦不能化民成俗。以孝文之德而惑於道家之言如此，惜哉！「或言古者太平」段。正與武帝時四海騷動，百姓愁怨，災異數見相反，蓋諸儒之私言也，故曰「上聞之」。「議者或稱太古」五句。惡復古而樂秦儀，情見乎詞。此條旁注。「乃以太初之元」段。乃禮止此乎？此足以宰制萬物，役使群衆乎？以是爲典常，垂之於後，則古禮終不可復矣。「禮由人起」以下，乃荀子禮論也。俱丹筆。

「垂之於後云」句下。丹劃。

樂書

「余每讀虞書」段。以公孫弘語結，故以此發端。「成王作頌」段。正與武帝好大喜功相反。「傳曰『治定功成』」段，惟成康及文景能之。「滿而不損」二句。武帝以富强窮武，非損滿持盈之道。「故博采風俗」段。視用倡優協律，薦馬歌於祖廟者何如？「秦二世尤以爲娱」句，當以二世爲前車。「祖伊所以懼也」句，與汲黯對。「趙高曰」段，與公孫弘對。俱丹筆。「高祖過沛」段，首載高祖三侯之章，次及惠、文、景於樂無所增更，次及武帝所作十九章、四時之歌，而明著其指曰「世多有，故不論」，然後以馬歌終之，則漢之樂更無可言者矣。或乃疑其辭事未終，而以古樂語續之，謬矣。藍筆。「於樂府習常隸舊而已」句。叔孫通制宗廟樂舞，皆因秦舊事，詳見漢書禮樂志。丹筆旁注。「公孫弘曰」下「股肱不良，萬事墮壞」，所以讀虞書而流涕也。丹筆。「誹謗聖制，當族」句。丹劃。

律書

「孝文曰」段。律之用，樂音兵戒尤重，而理復相通。此詔不入本紀而載律書，正與樂書懲艾家難，戰戰恐懼，善守善終相發。藍筆。「術曰」下「故從有以至未有」句，「雖妙必效情」句。俱從歸氏。「以下生者，倍其實，三其法」，旁注「所謂三分損一也」。「以上生者，四其實，三其法」，旁注「所謂三分益一也」。「九置一而九三之以爲法」，旁注「得萬九千六百八十三」。「實如法，得長一寸，凡得九寸」，旁注「即以法之數除實之數也。十七萬七千一百四十七爲實，萬九千六百八十三爲法，十七萬七千一百四十七爲萬九千六百八十三之九倍，故得九寸」。俱筆丹。「神生於無形」段。神者，樂之精華，所以動天地，感萬物之實理也。生於無形者，太虚之絪緼也。成於有形者，播於樂器，然後聲生而神寓也。數者，十二律三分損益之數也。播於有形之樂器，然後有自然之數一一形見，而成宮、商、角、徵、羽之聲也。神使氣者，以天地之神而運於人之氣也。氣就形者，以人之氣而就乎樂器也。凡音之高下疾徐，皆以人氣之大小緩急調劑而成，故曰就也。既播於有形之樂器，則其理與物類之群分而有可別矣。方其未播於樂器，初無宮商清濁之可別，所謂未形而未類也。既播於樂，則鐘磬管絃凡同形者，音必相似，所謂同形而同類也。然雖同形同類，而一器之中，其音之清濁高下又各自有別。類而可班者，制器而可別其度也。類而可識者，審音而可識其分也。凡此皆天地陰陽之理，自然而有別者也。聖人知天地之理而識其所以別者，故能從有以至未有，而得細於氣，微於聲者，所謂神也。有者，器數之既形也。未有者，器數之未形也。聲氣辨於既有器數之後，而神存於未有氣數之先，故從有以至未有，然後可以探聲氣之本，而得其神也。然聖人雖識天地之神，而苟無以存之，衆人不能用也。故制爲器數以存之，則其理雖微妙，必因器數而各效其情矣。效者，呈也。情者，實也。華者，氣數之形。道者，神理之藴也。核其氣數而無差忒，則神理之運亦可得而明矣。非天地之神本具於聖人之心，而作律之聖人又乘其聰明之獨擅，以核乎器數之分，豈能存天地之神，而使聲氣之實理各效於器數之中哉？聖人辨器數以著聲音之實理，所謂成形之情也。神者，天地之所以鼓物，故神之去來，物之衰王視焉。而物常受之而不能知，如聞聲知勝負，而勝者負者不自知也，審樂知興亡，而興者亡者不自知也。而其情畢效於聲樂，故聖人畏而欲存之。唯欲存之，故設爲器數，而神亦如是乎存。其欲存之者，聖心聰明之所寓也，故莫貴焉。丹筆。

「朕能任衣冠」九字。藍圈。「常戰戰」二句。藍坐圈。「又先帝」至「自謂能」又「且無議軍」句。藍點。「神生於無形」至「而成聲」，又「神使氣，氣就形」六字，又「聖人知天地」至「道者明矣」，又「神者，物受之」至「畏而欲存之」。俱藍圈。

曆書

「而巴落下閎運算轉曆」句。算密則天度不失，故必運算乃能改曆也。「以理星度，未能詹也」句。古卜筮之官名詹尹，似有詹驗符合之義，觀下「甲子朔旦冬至已詹」可見。徐廣改「詹」曰「售」，非也。「蓋聞昔者黄帝合而不死」段，此詔書中語。合而不死，即封禪書所云黄帝迎日推策，後率二十歲復朔旦冬至，凡三百八十年而仙登於天，蓋方士誕語也。合者，至日適與朔旦合也。名察者，五星二十八宿之名於是辨也。度驗者，其宿離遲速之數皆可驗也。定清濁者，即下所謂氣復正，羽聲復清也。起五部者，即下所謂「黄鐘爲宫」至「姑洗爲角」是也。氣者，在天之節氣也。物者，十二律之管也。建氣物分數者，唯能知其消息損益之分數，然後能立十二管以應十二月之氣也。「今日順夏至」句。至，當作「正」，即曆書所謂日辰之度，與夏正同也。「名復正變」句。義難通，豈謂五正聲、二變聲之名，皆復其舊歟?「以至」之「至」句。至，當作「甲」。俱丹筆。

天官書

「紫宫左三星曰天槍，右四星曰天棓。」按，槍在紫宫之右，棓在左，疑傳寫之誤。詩緯云「左杓左右」，益誤矣。丹筆。「輔星明近」二句。恒星不移徙，明則視之似近，暗則斥小耳。又「左角，李；右角，將」句。左角、右角，東宫角宿。石氏云「左角爲天田，右角爲天門」，誤。「門内六星，諸侯」句。今以三星爲三公，三星爲九卿。「月、五星順入，軌道」段。司其出，謂自太微庭過五星座而東也。所守，謂將相執法，群位守者留而不去也。犯者，獵其旁也。一度内始爲占。中座，五帝座之中一星也。以所犯命之者，凡所犯各以其星所主，命其禍災也。唯犯中座，成禍災之形尤大，即群下從謀其上也。其犯旁四座，禍災亦大於他星，但不若中座之甚耳。「老人見，治安」四句。老人星，中原常不見，五嶺以南始見，本文及注皆誤。「歲星贏縮，以其舍命國」段。五星之行，贏縮有常，精曆算者能預推之，古曆於此法或未詳也。或贏或縮，以其所舍止星躔命其所值之國。又按：歲星自有行度，古曆未密，以日月行度推之，是以時有贏縮也。「天棓長四尺」段。天棓、天欃、天槍名見恒星中，今曰歲星所生，則非恒星也。又皆定以丈尺，不知所據。「熒惑熒惑爲勃亂」句。上「熒惑」字衍。「其入守犯太微、軒轅、營室，主命惡之」句。命令所從出者，天下則天子，一國則諸侯。軒轅主後宮，太微非犯帝座，亦不應占主命者。「主孽卿」句，主其禍孽，卿當之也。「戰敗爲北軍，軍困」句。凡三占以戰則敗，又爲奔北，又爲軍困於敵。「七寸以内，必之矣」句。七寸謂一度之内也。「察日行以處位太白」段。太白平行，距冬至與日同度。一歲行度比日行行度止差一二分，故察日行以處其距限之位。又太白行度有常，本無當出不出，當入不入，以古曆疏不能詳，而以日行處其距限，故見爲失舍也。「未盡其曰過參天」句。其曰，當作「其日」，蓋疾而未盡其當行之日而遽過也。「察日行之會以治辰星之位」段。辰星與日行度同，雖有遲速，相去無幾。「諸此雲見，以五色合占，而澤摶密」句。摶，圜厚也。言雖以五色占，然必潤澤摶密，光色動人，乃有占。其浮散之雲，雖略似諸物者，則無占。下「兵必起合鬬其直」七字，乃諸星下脱文，誤綴於此。俱丹筆。「城郭門閭，圭臬枯槀」段。或曰此節申明上候息耗，非也。前文已明，無庸覆演。宮廟邸第，亦視其潤澤枯槁。魚鼈鳥鼠，亦有去就。蒙於上而辨係於下者，古文簡奥也。藍筆。「候歲」下「炭動」句。炭，當作「灰」。「略以知日至，要決晷景」句。正義以「晷景」連下句，誤。「五穀逢昌」句。逢，大也。天問「後嗣逢長」，逢音龍。俱丹筆。「記異而説不書」句。直紀災異，而所應之説則不書也。「爲國者必貴三五」句。三五，謂三大變各五百歲，通爲一紀，二紀而大備也。二紀上下，已各千歲，必通三紀以次相續，上下各千歲者五，然後天人之際，變應悉可考矣。「自河山以南者，中國」句。河山以南，言關隴代北諸山也。正義主華山，誤。「是以秦、晉好用兵」段。前言太白、辰星主引弓之國，此言秦、晉雖河山以南，而近西北，其民亦好用兵。而復以太白爲占，蓋以秦、晉對引弓之國，則太白又主中國，而胡、貉則獨占辰星也。「更爲客主人」者，街南北雖定位，而太白、辰星更爲客主人。蓋以街南對街北，則太白爲客，而以秦、晉對引弓之國，則太白又主人，而辰星客也。「余觀史記，考行事」段，甘、石法，五星逆行，日月薄蝕，皆以爲占。乃還以所聞見百年中考之，則五星無出而不逆行變色者。日月薄蝕，以所行南北同度，有時相值，乃其行度之大凡，不宜以爲占也。曰「觀史記，考行事」者，見逆行薄蝕與事不相應也。前言未有不先形見而應隨之者，此復言不應，何也？前所述秦、漢間，皆星變，非逆行薄蝕之比。諸吕作亂，日食晝晦，蓋連晝晦而爲言。「此天之五官坐位」句。官，當作「宫」。即篇首所列五宫也。「大常星之變希見」段。常星，五宫經星，終古不易，故變希。三光，日、月、五星。經緯見伏，有時過行，贏縮有度，故變時見而占亟用。曰希見者，亦閒有時而見。春秋「恒星不見」，其變大。或有時而大小明暗，亦小變也。「爲天數者必通三五」段。「通三五」，即前所謂貴三五也，故曰「終始古今，深觀時變」，蓋合古之時變以參究今之時變也。粗者，即天官所傳三光之占。精者，謂與政事俯仰而爲大人之德符。故同是變而占有應有不應，其應有過有不及也。俱丹筆。

「星者，金之散氣」句，「漢者，亦金之散氣」句。丹圈。「故北夷」至「成宫闕」。丹點。「然雲氣」至「虚耗者，凶。」丹圈。「若煙非煙」至「陽氣之動者也」。丹點。「天開縣物」至「化言誠然」，又「太史公曰」下「三光者」至「統理之」，又「是以孔子論六經」至「雖言不著」。俱丹圈。「夫天運三十歲」至「其大數也」。藍圈。「故中國山川」至「没於勃、碣」。丹圈。「其大經也」四字。藍圈。「諸侯更强，時菑異記，無可録者」句，又「此其犖犖」至「不可勝道」。藍圈。「由是觀之」至「隨之者也」。丹圈。「余觀史記」至「此其大度也」。藍圈。「然其與政事俯仰，最近大人之符」句。丹圈。

封禪書

漢武封禪以爲招來神仙，致不死之術，而假儒術以文之，故曰「具見其表裏」。以儒術文之，用自託於古帝王之功至德洽者，表也。而妄意於上封則不死者，裏也。「究觀方士祠官之意」，言推究其意，專以道諛，逢君之惡，而不主於敬鬼神之祀也。「自古受命帝王」段。曷嘗不封禪？但不以爲合不死之名接仙人蓬萊士之術耳。「至梁父矣」，「梁父」字衍。俱丹筆。「尚書曰」段。歷叙舜禹周公之典祀，而曰「郊社所從來尚矣」，見尚書、周官所載三代以來，未聞所謂封禪也。然則管子及傳所稱封禪者七十餘王，何所據乎？曰唯成王近之，微示其無稽也。藍筆。「至帝孔甲」段。武帝封禪，將以祈天永命也。豈知淫德好神，乃亡國之徵乎？「伊陟曰『妖不勝德』」段。有德則妖異不爲災，與寶鼎、一角獸反對。「帝武乙慢神而震死」句。慢神亦亡徵，以封禪合不死，與祠神君竈鬼同比於慢矣。「由此觀之」二句束上起下，始未嘗不祇肅，舜、禹之典祀，太戊、武丁之修德是也，後稍怠慢，孔甲之好神，武丁之慢神是也，正與高文重祠敬祀，武帝好仙瀆神相對。其餘湯武之封禪，皆肅祇之類。秦先公、始皇之淫祀，皆怠慢之類。「於是作鄜畤」段。郊畤之興，妖妄之説，皆自秦始。「雍東有好畤」段。黄帝用事雍畤，語且不經，而薦紳不道，況以「黄帝合而不死」布之制誥乎？俱丹筆。又語必見經，乃信而有徵，六經中無一語及封禪，則誣妄可知矣。藍筆。「卜居雍後子孫飲馬於河」作一句讀。「而後世皆曰秦繆公上天」句。黄帝鼎湖亦猶秦繆公上天之妄，故於後特書「繆公立三十九年而卒」。「管仲曰」段。管仲能止君之妄，與漢公卿不能辨明封禪反對。「孔子論述六藝」段。孔子論述不及封禪，則傳言七十二王亦無稽之談可知矣。又旁注「孔子欲斥爲妄，則傳有是言，而實爲典祀所不載，是以難言之而置弗論也，非謂其儀曠不舉，而俎豆之禮難言也」。「或問禘之説」段。禘雖典祀，然不知其義，禮不虚行，况以封禪致怪物與神通乎？泰山，季氏嘗用事矣，上封不足以明得意。「貍首者」段，與詛天宛相射。俱丹筆。「周之九鼎入於秦」段。書此著鼎出汾陰，有司附會之妄。藍筆。「始皇聞此議」段。秦皇帝封禪尚不以爲不死之術。丹筆。「始皇封禪之後十二歲，秦亡」，大書之，與孔甲好神，三代而亡，武丁慢神，二世而亡相應。「自今祝致敬，毋有所祈」句。與封禪合不死藥反對。「而使博士諸生刺六經中作王制」段。書此爲後群儒采尚書、周官、王制望祀射牛事爲封禪禮儀張本。「新垣平使人持玉杯上書闕下」段。以玉杯况之，汾陰之鼎毋亦垣所爲乎？俱藍筆。「搢紳之屬皆望天子封禪」句。非望其以求神仙也。「乾稱『飛龍』」二句。「飛龍在天，利見大人」，言君之得臣也。「鴻漸於磐，飲食衎衎」，言臣之得君也。武帝以欒大爲天所遺士，故引此。「遭聖則興」句。承上文言鼎神物，遭聖則興，以隱喻鼎出爲瑞，非直指汾陰鼎出事也。「秋及臘閒祠」句。三歲天子一郊見，其二歲則祠以秋，或祠以臘，故曰閒。俱丹筆。「而群儒采封禪尚書、周官、王制之望祀射牛事」句。前云「刺六經中作王制」，則封禪之事非唯尚書、周官無有，六經中無有也，正與孔子論述六藝，而封禪之禮不章相應。藍筆。「群儒既已不能辨明封禪事」二句。不能辨其非接仙人求不死術也。不能騁，見詩書古文無封禪，不敢如方士之騁其誣妄也。「其下則有玉牒書，書祕」句。太乙、明堂贊饗具載其文，而此玉牒獨祕，蓋以登天禱也。「皆至太山祭后土，封禪祠」句。謂從行公卿侍從儒者皆至，非上獨與侍中等而已也。「五寬舒之祠」句。曰「五寬舒之祠」，明太時、后土二祠而外，皆寬舒成之，而遷不與其議也。曰薄忌太一，以別於遷與議之太祠也。俱丹筆。

「自古受命」至「即事用希」，又「由此觀之」至「稍怠慢也」，又「郊祀所從來尚矣」句，又「自未作鄜畤也」句。俱藍圈。「來也」至「野雞夜雊」。丹點。「周人之言方怪者自萇弘」句，又「自齊威、宣之時」至「不可勝數也」。俱藍圈。「患且至」至「嘗有至者」，又「未至望之」至「莫不甘心焉」。丹點。「及至秦始皇」至「而恐不及矣」。藍圈。「始皇自以爲」至「海上而恐不及矣」句。丹圈。「未能」至「望見之焉」丹點。「始皇封禪之後」至「用事者邪」，又「自五帝以至秦」至「可得而序也」。俱藍圈。「其光景動人民惟陳寶」句。丹點。「無有所興」至「改正度也」，又「於是天子」至「爲黄金矣」，又「而海上燕齊怪迂之方士更來言神事矣」句。俱藍圈。「若麟然」三字。丹點。「蓋麟云」三字。藍點。「風符應合於天也」句。丹點。「其後則又」至「仙人掌之屬矣」

句。藍圈。「弗可得見」至「則風肅然」，又「其所語」至「莫知也」。俱丹圈。「是歲天子始巡郡縣，侵尋於泰山矣」句。藍圈。「天子既誅文成」至「其方不盡」，又「臣之師曰」至「仙人可致也」，又「文成食馬肝死耳」句，又「神人尚肯耶不耶」句。俱丹點。「天若遺朕士而大通焉」句。藍點。「而海上燕齊」至「能神仙矣」。藍圈。「唯受命」至「而合德焉」句。藍圈。「言蓬萊不遠」至「不見其氣」，又「寶鼎事」至「何以爲」。俱丹點。「黄帝且戰且學仙」句，又「於是天子曰」至「脱躧耳」。俱丹圈。「自得寶鼎」至「射牛事」，又「天子既聞公孫卿」至「不能騁」。藍圈。「從官在山下」至「下不言」。丹點。「上即見大迹」至「以爲仙人也」。丹圈。「天子既已封」至「冀遇蓬萊焉」。藍圈。「公孫卿言」至「欲見天子」。丹圈。「越祠雞卜始用」句。藍圈。「東至海上」至「冀遇之」。丹點。「今上封禪」至「其效可覩矣」。藍圈。「太史公曰」下「入壽宫」至「得以覽焉」。丹點。

河渠書

「度九山」句。度九山者，相度山勢以知水之所會也。瓠子歌，迫冬日則水當歸壑矣，而汎濫不止，故觀魚之弗鬱而心憂也。延，引也。延道，引河之隄也。弛，傾圮也。延道傾圮，故水離所常流之地。禹引河北，載之高地。今決而南，則北渡迂遠，欲浚使復流，其勢難。觀此則知河沙淤墊，浚之甚難。唯決者塞之，使水勢自相推盪，乃可通行，古已如此。祭川必沈玉，疑搴茭亦爲祭也，管子「淵深而不測，則沈玉極矣」。東郡燒草，致柴薪少，故曰衛人罪。頽林竹，即下淇園之竹以爲楗也。以竹爲楗於外，而填石與菑草其中。丹筆。

「然河菑衍溢」至「尤甚」藍圈。「於是禹以爲」至「載之高地」。丹圈。「自是之後」四字。藍圈。「滎陽下」至「莫足數也」。藍坐圈。「於是天子久之不事復塞也」句，又「三天子以爲然」句，「井渠之生自此始」句，又「自河決瓠子後二十餘歲」句，又「於是天子」至「自臨決河」，又「自是之後」句。俱藍圈。「用事者」至「不可勝言」句。藍坐圈。「然其著者在宣房」。藍圈。「太史公曰」下「余從負薪」至「作河渠書」。丹圈。

平準書

平準乃漢一代之制，故以古事較論於後，與七書異。藍筆。「一黄金一斤」句。一黄，疑當作「一貫」，以字形近故誤也。「及徒復作，得輸粟縣官以除罪」句。復，除也。徒，當作「者」，得輸粟縣官以除之也。既曰「徒復作」，又曰「得輸粟縣官以除罪」，明景帝時獨徒作者許除罪，至武則一切當刑者皆可贖也。「於是大農陳藏錢」段。陳，奏也。既曰大農陳，又曰有司言者，大農陳奏有司計要之實如此也，與後「大農上鹽鐵丞孔僅、咸陽言」同義。「其一曰重八兩」，「曰」字衍文，蓋傳寫者因下「二曰」、「三曰」而誤增也。俱丹筆。「置小鐵官，便屬在所縣」句。在所，應爲「所在」誤倒。藍筆。「弘曰『此非人情』」段。式之不軌，弘能辨之，弘羊之逆天，式能識之，而唯帝不悟。「卜式相齊，而楊可告緡徧天下」句。告緡由卜式樂輸財，故屢牽連及之。「因南方樓船卒二十餘萬人擊南越」段。昆明池所作樓船雖習水戰，不過以爲遊觀，而近粤之地別有習戰之樓船，故特言南方樓船以別之也，南越傳「令罪人習江淮以南樓船十萬師往討之」即此。索隱謂即昆明池樓船，誤。「然兵所過縣爲以訾給」句。軍所過縣，吏擅賦法以多取於民，而衆亦不敢以爲言也。「弘羊以諸官各自市，相與爭」段。先是，水衡、少府、太僕、大農分受緡錢，至是弘羊欲併歸大農也。諸官各自市者，儲以待用，及貴而糶之也。前此已稍置均輸以通貨物矣，然猶官自輸也，故弘羊以爲賦輸或不償其僦費。今曰相灌輸，則民以次相輸如灌也。名不加賦，而私費不啻倍之，故當時論其弊即曰農民重苦，女工再稅也。「太史公曰」下「或布，或刀」句。布、刀各爲一物，舊注誤。「古者常竭天下之資財」段。舉秦事以況漢也。「事勢之流，相激使然」，謂篇中所載諸法弊政之馴致而旁出者。俱丹筆。

「漢興」至「而財匱」，又「量利禄」至「天下之經費」。俱藍圈。「而宮室列觀輿馬益增修矣」

句。藍點。「至今上即位」至「國家無事」。藍圈。「非遇水旱」至「絀恥辱焉」。丹圈。「當此之時」四字。藍圈。「網疏而民富」至「固其變也」。丹圈。「自是之後」四字。藍圈。「江淮之閒蕭然煩費矣」句，「巴蜀之民罷焉」句，「則燕齊之閒靡然發動」句，「天下苦其勞」至「法嚴令具」。俱丹圈。「興利之臣自此始也」句。藍圈。「作者數萬人」句，「又興十餘萬人」句，「費數十百巨萬」句。丹點。「兵甲之財」至「不與焉」。丹圈。「於是大農陳藏錢」至「有司言」。藍圈。又「吏道雜」至「耗廢」，又「自公孫弘」至「用矣」，又「當是之」至「於功利矣」。俱藍圈。「作者數萬人」句，「三費亦各巨萬十數」句，又「馬之來食長安者數萬匹」句，「又其費以億計，不可勝數」句。俱丹點。「於是縣官大空」句，又「於是天子」至「并兼之徒」，又「故三人言利事析秋毫矣」句。俱藍圈。「轉漕車甲之費不與焉」句。丹圈。「是時財匱，戰士頗不得禄矣」句，又「吏道益雜，不選，而多賈人矣」句。俱藍圈。「天子乃思」至「使明知之」。丹點。「此非人情」至「而亂法」。丹點。「而孔僅」至「通貨物矣」，又「天下大抵無慮皆鑄金錢矣」句，又「而御史大夫張湯」至「顏異誅」，又「自是之後」至「緡錢縱矣」。俱藍圈。「是歲也」至「民不思」。丹圈。「卜式相齊」至「偏天下」。藍圈。「於是商賈」至「產業」。丹點。「而縣官有鹽鐵緡錢之故，用益饒矣」句，又「郎選衰矣」句。俱藍圈。「二十餘萬人」，又「數萬人」，又「又數萬人」，又「六十萬人戍田之」句。俱丹點。「布告天下，天下莫應」八字。丹點。「上由是不悅卜式」句。丹點。「然兵所過」至「擅賦法矣」。藍圈。「名曰平準」至

「許之」，又「用帛百餘」至「取足大農」。丹點。「民不益賦而天下用饒」句，又「卜式言曰」至「天乃雨」。丹圈。「太史公曰」下「事變多故而亦反是」句。丹圈。「是以物盛」四句。丹坐圈。「古者嘗竭天下」至「曷足怪焉」。丹圈。

方望溪平點史記卷二

吴太伯世家

於吴世家詳載季札觀樂，體製微覺重㾜。藍筆。「猶有先王之遺民」句，遺民懷文武之德，故不貳不言，舊解誤也。丹筆。

「是時晉獻」至「伐虢也」，又「壽夢立而吴始大，稱王」句，又「自太伯作吴」至「蠻夷之吴興」，又「大凡從太伯」至「壽夢十九世」句。藍圈。「將死」至「滅吴也」。藍點。

齊太公世家

「連稱有從妹在公宫」段。觀史公所增易，益知左傳叙事神施鬼設之奇。藍筆。桓公「二年，伐滅郯」句。春秋經傳「齊師滅譚」，而其後郯别見，此滅郯以聲同而誤也。「成請老於崔杼」，「杼」字衍。或曰當作「請老於崔氏」也。「慶舍發甲圍慶封宫」，圍繞以爲衛也。「萊人歌之」

段。「胡黨之」句。國策「歸於何黨矣」，蓋齊人語也。師，國衆也。之，適也。言四公子皆出，國衆將適何黨也。丹筆。

「言吕尚」至「文武師」，又「故後世之言」至「爲本謀」，又「太公之謀計居多」句，又「師尚父謀居多」句，「於是武王」至「齊營丘」藍圈。「而當」二字。藍領圈。「桓公之中鈎」至「先入，立」。丹點。「而桓公於是始霸焉」句，又「田成子常之祖」句，又「是時周室微」至「諸侯賓會」，又「初，齊桓公之夫人」至「六人」，又「桓公十有餘子」二句，又「昭公，桓公子」至「曰葛嬴」，又「懿公，桓公子」至「密姬」，又「惠公，桓公子」至「少衛姬」，又「景公母」至「宣伯女也」，又「康公卒」至「彊於天下」。藍圈。

魯周公世家

「發書視之，信吉」，六字衍文。丹筆。

「旦常輔翼武王」句，「周公佐武王」句，「周公把大鉞」句，「留佐武王」句，又「其後武王」至「當國」，又「毋逸稱」字、「多士稱」字，又「自是後諸侯多畔王命」句，又「魯由此公室卑，三桓彊」句，又「悼公之時」至「三桓之家」，又「魯起周公」至「三十四世」。藍圈。

燕召公世家

「周武王之滅紂」至「爲三公」，又「自召公以下」至「共和之時」，又「而魯隱公元年也」句。藍圈。「子之南面」至「決於子之」。丹點。

管蔡世家

管蔡世家於陳司徒招弑哀公，及平侯、悼侯事，俱與春秋經傳不合，豈書記所傳各異，遷以春秋但據魯史，於異聞不敢廢歟？或謂左傳後出，遷未之見，非也。列國世家據左傳十八九矣。紂烹伯邑考，雖不見經傳，但其後無封，必早死無後也。檀弓「文王舍伯邑考而立武王」，子服伯子附會之言，蓋不足據。「太史公曰」下獨舉成叔、冉季，以其别無所見故也。丹筆。

「武王同母」至「母曰太姒」，又「同母兄弟十人」至「輔文王」，又「餘五叔」至「吏者」，又「楚平王初立」至「立陳、蔡後」又「後陳滅三十三年」句，又「太史公曰」下「管、蔡作亂」至「世家言」。藍圈。

陳杞世家

「惠公立」至「五歲矣」，又「杞後陳亡」至「不足稱述」，又「右十一人」至「著於傳上」。藍圈。

衛康叔世家

康，謚也。周本紀「康叔封布兹」，蓋追稱之。此史文成法，索隱以爲畿内國名，誤矣。丹筆。

「其次尚有冉季」二句，又「惠公立」至「十三年矣」，又「懿公之立也」至「是爲戴公」，「初，翟殺懿公」至「爲文公」，又「獻公亡在外十二年而入」句，又「初，出公立」至「復入」，又「是時三晉彊，衛如小侯，屬之」句。藍圈。

宋微子世家

尚書微子篇「太師、少師」，注家謂即箕子、比干，而太史公以太師、少師别爲二人，故序微子與太師、少師問答後，特起文曰「箕子者，紂親戚也」，「王子比干者，亦紂之親戚也」，而比干死後，復曰「太師、少師乃勸微子去」，舊注未達其意。「微子開卒」段。微子、微仲雖受周封，猶稱殷號，周家之忠厚也。洪範「王曰『嗚呼箕子』」，編書者又以微子之命名篇，則知武王不忍革其故號，故微仲之子始稱宋公。丹筆。

「箕子者」二句，又「王子比干者」二句，「微子曰」句。藍圈。「欲哭則不可」二句。丹圈。「麥秀漸漸」至「不與我好兮」。藍點。「所謂狡童」至「爲流涕」。丹點。

晉世家

此篇通以世數年紀爲章。「桓叔是時」段。桓叔受封紀年。藍筆。「曲沃益彊」段。曲沃彊而晉弱，本支之盛衰也。丹筆。「曲沃武公已即位」段。武公得國紀年，卒又紀年。藍筆。「魏，大名也」句。魏乃建國之名，故謂之大。「當此時，晉彊」段。晉彊而壤接秦、翟，霸業之始基也。丹筆。「惠公之立倍秦地」段。與桓叔好德，晉國之衆皆附焉相應。「晉文公重耳」段。武公即位，追叙其父、大父，悼公即位亦然，故文公之立覆舉獻公之子以爲章法。藍筆。「且言何以易之」句。謂重耳言不可忽也。丹筆。「重耳出亡凡十九歲」段。文公少而得士紀年，其出也紀年，入而得位紀年，因以爲章法。晉人多附，與惠公之立，國人不附相應。藍筆。「是時楚莊王彊」二句。楚彊而晉挫，裔夏之盛衰也。「六卿彊，宫室卑」句。六卿彊而宫室卑，君臣之盛衰也。「晉之宗家祁傒」段。晉之亡實由於此，與齊田盤使其兄弟宗人盡爲齊都邑大夫同，而左傳乃歸美於魏獻子，其識不逮史公遠矣。「當是時，晉國政皆決知伯」段。范、中行併於四卿，知伯最彊而三卿共滅之，六卿之始末也。「是歲齊威王元年也」句。標齊威王元年，見亂臣不謀而同惡，乃天道人事之極變也。丹筆。

「靖侯以來」至「無其年數」，又「桓叔是時」至「在曲沃矣」，又「曲沃武公已即位」至「三十九年而卒」，又「晉國以此」至「遠此三子」，又「當此時，晉彊」至「至河内」，又「惠公之立」至「國人不附」。藍圈。「惠公用虢射」至「且伐秦」。丹圈。「晉文公重耳」至「五人」，又「自獻公爲太子」至「年二十一」，又「是時重耳」至「數十人」，又「重耳至齊二歲而桓公卒」句，又「留齊凡五歲」句，又「晉國大夫」至「重耳入也」，又「重耳出亡」至「人多附焉」。藍圈。「晉文公欲救」至「患之」，又「楚已服鄭」至「爲名而去」。丹點。「是時楚莊王」至「河上也」，又「晉由此威」二句，又「悼公周者」至「年十四矣」，「六卿彊，公室卑」句，「晉益弱，六卿皆大」句，又「當是時，晉國政皆決知伯」句。藍圈。

楚世家

「載祀六百」句。載，如「厚德載物」之「載」。商之德能載鼎，其祀六百也。「此國冠之上」句。言令尹居國，如冠之在上，不可復加也。「小臣之好射」段。此真戰國之文而不見楚策中。「稱楚之大」句。稱，去聲，衡量楚之强大也。丹筆。「其長一曰昆吾」至「楚其後也」。藍坐圈。「昆吾氏」至「爲侯伯」，又「彭祖氏」至「爲侯伯」，又「其後中微」至「曰鬻熊」，又「熊繹當周」至「於楚蠻」，又「當周夷王」至「江漢閒民和」，又「楚彊，陵江漢」至「皆畏之」，又「齊桓公始霸」二句，「於是楚地千里」句。藍圈。「子比果不終」至「叔向言也」。丹點。「楚衆不説」至「兵數侵楚」，又「是時越」至「至泗上」。藍圈。「秦、楚絶」三字。藍點。「小臣之好射」至「而夜射也」。藍坐圈。

越王句踐世家

句踐先世無所考，子孫事亦甚略，實傳體也。范蠡謀吴霸越具見句踐語中，其浮海以後事又不足別立傳，而史公惜其奇，故用合傳體附載於後，非常法也。藍筆。「范蠡乃鼓進兵」段，「不者且得罪」句。國語作「子往矣，無使執事之人得罪於子」。「夏路以左」句。楚詞哀郢「過夏首而西浮」，夏路以左，即夏首以西也。自商於至夏首，皆近秦地。丹筆。

「當是時」至「稱霸王」，又「而越以此」至「服朝於楚」，又「於是自謂陶朱公」句，「天下稱陶朱公」句。藍圈。「莊生雖居」至「以爲信耳」，又「而朱公長男」至「無短長也」，又「朱公長男」至「無所爲也」。丹圈。「故范蠡三徙」至「曰陶朱公」。藍圈。

鄭世家

「公怒，溉逐群公子」句。溉，當作「概」，屬下句。蓋怒己子以罪死，而群被逐也。蔣西谷曰：「五帝紀『帝嚳溉執中而徧天下』，徐廣曰『古「既」字作水旁』。既，盡也，與日有食之既同義』。」「簡公如晉，請衛君還」句。「請衛君還」四字於上下文無著，疑衍。丹筆。

「所謂三公子」至「子亹也」，又「是爲子亹也，無謚號」句，又「厲公初立」至「二十八年」，又「初，往年」至「於汪」。藍圈。「晉聞楚之伐鄭」至「卒渡河」。丹點。

趙世家

秦燒天下詩書，諸侯傳記尤甚，爲有所刺譏也，故五國之事迹，春秋傳、國語、國策外，見者甚稀。獨趙先世事迹特詳，豈與秦爲同祖，簡、襄以前之史記無所刺譏者，皆存而不廢歟？「帝告我晉國日益衰」段。「嬴姓將大」，秦將興也。雖敗周而不能有，謂二世而亡也。「吾有所見子晰也」句。所，處也。思夢中而言吾有處見子甚晰也。「使廚人操銅枓以食代王及從者」段。「及從者」爲句，「行斟」爲句。行斟謂羹汁，張儀傳所謂進熟啜者是也。「左衽界乘」句。界，一本作「介」，甲也。此指武靈王變服習騎射事。左衽，變服也。介乘，謂介而乘馬習射。「吴廣聞之，因夫人而内其女娃嬴」。孟姚也」句。既曰娃嬴，又曰孟姚者，廣因王夢中歌曰「曾無我嬴」，故特名其女曰嬴，而實非嬴姓，故仍著其實曰孟姚也。「北至無窮」句。無窮，門名，趙襄子所建也。「北地方從，代道大通」句。方，始也。從，屬也。先是，襄子已取代，而隔於中山，道不通，故十九年，主父北略地中山，至於房子，遂之代。今滅中山，起靈壽，則北地始屬於代，而道大通矣。「天下屬行以謀王也」句。屬行，相屬而起兵也。齊策「使犀首屬行而攻趙」。「且夫秦以牛田，水通糧，蠶食上乘」段。牛田則地利盡，水通糧則輸挽便，能蠶食鄰國者乘上乘，戰有兼人之勇者裂國中上地以予之，則士皆用命，故曰其政行，不可與爲難也。丹筆

「乃賜趙父」至「爲趙氏」，又「當魯閔公之元年也」句，又「趙衰從重耳」至「多趙衰計策」，「晉由此」至「平公立」，又「而趙武爲正卿」句，又「晉公室由此益弱」句。藍圈。「孔子聞」至「以晉陽畔」。丹圈。「趙竟有邯鄲、柏人」句，又「趙名晉卿」，至「侔於諸侯」，又「伯魯者」至「故封其子」，又「於是趙北」至「彊於韓、魏」，又「孟姚也」至「是爲惠后」，又「於是始出胡服令也」句，又「遂胡服，招騎射」句，又「復攻中山」至「雲中、九原」，又「惠文王，惠后吴娃子也」句。藍圈。「主父欲令子」至「南襲秦」。丹點。「主父初以」至「豈不痛乎」。藍圈。

魏世家

「魏武子以魏諸子事晉公子重耳」句。周官諸子掌國子之倅，宗伯掌三族之别，其正室皆謂之門子，大胥掌學士之版，以待致諸子，則公卿大夫之適子皆可稱諸子。下云「令武子襲魏後」，則此諸子之稱言非適也。「王之使者出」句。「過而惡安陵氏於秦」句。言過計而惡安陵氏於秦也。「隨安陵氏而亡之」者，隨以兵也。丹筆。

「畢萬封十一年」至「畢萬之世彌大」，又「魏武子以魏諸子」至「治於魏」，又「昭公卒」至「並爲晉卿」，又「魏文侯元年」至「威王同時」，又「秦用商君」至「徙大梁」。藍圈。

韓世家

「地益大，大於諸侯」句。藍圈。

田敬仲世家

「淳于髡曰」段。此節當入滑稽傳。丹筆。

「完之犇齊」至「十四年矣」，又「行陰德於民」至「民思田氏」，又「而田乞不説」至「陽生犇魯」，又「封邑大於平公之所食」句，又「康公之十九年」至「紀元年」，又「於是齊最彊」至「以令天下」，又「齊南割楚」至「諸侯恐懼」，又「遂滅齊」至「號爲皇帝」。藍圈。

孔子世家

「季氏分地」段。季氏饗士卒，欲用之。古者既葬，金革之事弗避，孔子所居在季氏分地，故要絰而往，庶人召之役則往役也。故陽虎曰「季氏饗士，非敢饗子」，而正義謂饗文學之士，誤矣。「是時也，晉平公淫」段。首舉天下大勢，傷天下之不能用孔子也。「孔子年三十五」段。次舉魯國禍亂，傷魯不能用孔子也。「禹致群臣於會稽山」段。舜巡狩四岳，望秩於山川，春秋傳晉主齊盟，載書之辭亦曰「群神群祀」，蓋禹致群神而秩祀於會稽也。韋昭以文連「防風氏後至」，遂謂群神爲主山川之君，誤矣。致，與周官「致禽」同義，蓋屬聚之謂也。又其守爲神者，言山川之神足以紀綱天下，而爲神者多即其守土之君也。蓋上世守土者有明德，或神明之胄，則死即爲神，以主其山川，如春秋傳所謂臺駘爲汾神之類。「定公以孔子爲中都宰」段。魯三卿皆三桓爲之，孔子所爲司寇則小司寇，在侯國則司馬之屬也，故臧紇嘗爲之。此云大司寇，誤也。孔子所爲司空，亦如鞌之戰所稱齊辟司徒、晉司馬、司空之類，皆諸卿之屬。傳稱羽父求太宰者，侯國無冢宰，亦以司徒攝其事也。「分異姓以遠方職，使無忘服」句。職，職貢也。服，所服事也，書曰：「纘乃舊服。」「故所居堂弟子內」句。當作「故弟子所居堂內」，傳寫誤倒也。蓋後世因故弟子所居堂內地爲廟，以藏孔子衣冠琴車者也。丹筆。

「已而去」至「反魯」，又「是時也」至「三十矣」，「孔子年三十五」至「魯亂」，又「魯自大夫以下」至「孔子不仕」，又「是時孔子年五十」句，「孔子年五十六」句。藍圈。「是歲，魯哀公三年」二句。藍點。「孔子遷於蔡三歲」句，「孔子年六十三」二句，「孔子之去魯」至「反乎魯」，又「然魯終不能」至「亦不求仕」，又「孔子之時」四字，又「孔子以詩書」至「七十有二人」。藍圈。

「孔子年七十三」至「己丑卒」。藍點。

陳涉世家

「發閭左適戍漁陽」句。秦發適戍，入閭取其左，蓋家取一人也。「鄱盜當陽君黥布之兵相收」句。相收者，彼此合爲一也。鄱盜當陽君云云者，勢不相下，故特起此文也。丹筆。「當此時」至「不可勝數」，又「當此之時」至「不可勝數」，又「復以陳爲楚」句，又「復以陳爲楚」句，「陳勝王凡六月」句。藍圈。「夥頤」至「陳涉始」。丹點。「陳勝雖已死」至「首事也」。藍圈。

外戚世家

外戚專紀漢代，不宜稱秦以前。孝惠皇后傳後不宜及迎代王事。蓋「漢興」至「居北宮」，史記之舊，「秦以前尚略矣，其詳靡得而紀焉」，及末迎立代王語，則褚少孫補也。少孫於漢王侯多增入元成以後事，則此其妄增無疑也。藍筆。竇太后下「乃厚賜田宅金錢，封公昆弟，家於長安」

句。「封公」二字疑衍文。或曰田宅金錢皆封公家所有以予之，賜修成君亦曰公田百頃是也。「褚先生曰」下「娙何秩比中二千石」二句。郡守、諸侯王相，外二千石也。娙娥秩比九卿，故曰中二千石。崔浩云「漢制：九卿以上秩一歲，滿二千斛」，又漢官儀云「中二千石俸，月百八十斛」，則爲中外之中明矣。而浩又謂中猶滿也，師古因謂實得二千石，恐未安。諸侯王相亦實得二千石，以不若九卿之貴，故以中别之。丹筆。

「於是竇后」至「皇后悲哀」，「生微矣」至「曰衛氏」，又「及衛皇后所謂姊衛少兒」句。丹點。

荊燕世家

「諸劉遠屬也」句。索隱據班固言從祖兄弟，不宜稱遠屬。按禮，小功爲遠兄弟，記曰「絶族無移服，親者屬也」。族未絶，故曰屬，古書無一字氾設。「弗與矣」句。與，音預，言田生得金以歸，不復與我之事矣，諷之也。故田生感其言而如長安。丹筆。

「當是時也」至「以鎮天下」。藍圈。

齊悼惠王世家

「自是之後」至「爲益彊」。丹圈。「始大臣誅」至「失職奪功」。藍圈。

蕭相國世家

首舉收秦律令圖書，進韓信鎮撫關中，而功在萬世可知矣。末記與曹參素不相能，而舉以自代，則公忠體國具見矣。中間但著其虚己受言，以免猜忌，雖定律受遺，概不著於篇，觀此可識立言之體要矣。藍筆。何之所以自免，皆他人發之，非智不足也，使自覺之，則於公忠體國之道爲有傷矣。丹筆

「高祖爲布衣」至「護高祖」，又「及高祖起」至「爲丞相」。藍圈。「漢王所以具知」至「得秦圖書也」。丹圈。「漢王引兵」至「守關中」。藍圈。「以帝嘗繇」至「錢二也」，又「召平者」至「爲名也」。丹點。

曹相國世家

條次戰功，不及方略，所以能簡。治齊相漢，祇虚言清静，不填實一事。藍筆。「載其清浄」句。載，成也。蕭曹相載成此清浄之治也。「太史公曰」下「清静極言合道」，言參之清静，時人極言其合道，即下「天下皆稱其美」是也。然繼秦之後，時當休息，故見美於人耳，非治道當一於清静，不可以有爲也。丹筆。

「高祖爲沛公」至「中涓從」，又「秦將章邯破殺項梁也」句，又「從攻東郡尉軍，破之」句，又「從攻陽武」，「從攻」字，「從南攻犨與南陽」，「從南攻」字，「從西攻武關」，「從西攻」字，「從至漢中」句，「從還定三秦」句，又「參以將軍引兵圍章邯」，「參以將軍」字，「以中尉從漢王出臨晉」，「以中尉從」字，又「參以中尉圍取雍丘」，「以中尉」字，又「參自漢中」至「凡二歲」，又「以假左丞相别與韓信」句，「因從韓信」四字，「而令參還」四字，「參以右丞相屬韓信」句，「已而從韓信」句，「而參留平齊未服者」句，「以齊相國」四字，「以齊相國從」五字，又「參功凡下二國」至「御史各一人」，又「參爲漢相國，出入三年」句。藍圈。

留侯世家

「良乃固要項伯」段。與高祖問答語不載本傳，恐與立六國後八不可議辭氣相類也。「所與上從容言天下事」三句。著爲留侯立傳之大指，紀事之文義法盡於是矣。藍筆。

「漢王亦已還定三秦矣」句。又「即欲捐之」至「時從漢王」，又「張良説漢王」句，「良説漢王」句，又「運籌策」至「子房功也」，又「竟不易太子者」至「故不著」。藍圈。

陳丞相世家

「始陳平曰『我多陰謀』」段。六出奇計，陰謀也。其後避讒僞聽吕后，亦陰謀也。故用此爲通篇總結。藍筆。

「用其奇計策，卒滅楚」句，「高帝用陳平奇計」句，「其計秘，世莫得聞」句，又「凡六出」至「莫得聞也」，「陳平本謀也」句。藍圈。「始陳平曰」至「多陰禍也」。丹坐圈。

絳侯世家

絳侯安劉氏之功具吕后孝文本紀，故首叙戰功，承以可屬大事，其後獨載懼禍遭誣二事。條侯亦首叙將略，後獨載争栗太子之廢，抑王信、徐盧等之侯，其父子久任將相，豈他無可言者乎？蓋所記之事必與其人之規模相稱，乃得體要。子厚以潔稱太史，非獨辭無蕪累也，明於義法而所載之事不雜，故其氣體爲最潔也。此意唯退之得之，歐王以下，不能與於斯矣。絳侯則高祖預識其可任大事，條侯則許負前知其爲將相。絳侯氣質之偏，則東鄉責諸生，條侯則顧命尚席取櫡，微小處亦閒出相映，其法蓋取之左氏也。藍筆。

「自初起」至「二月」，又「以令從」句，「以將軍從」句，又「所將卒」字，「以將軍從」句，「所將卒」字，又「所將卒」字，「以相國代」句，又「最從高帝」至「大將各一人」，又「以列侯事孝惠帝」句。藍圈。「於是諸將」至「有却」，又「條侯果餓死」至「爲蓋侯」。丹圈。

梁孝王世家

「梁王之初王」至「十一年矣」。藍圈。「王辭謝」至「太后亦然」。丹圈。「其後梁最親」至「不可勝道」。藍圈。

五宗世家

序「孝景皇帝子凡十三人」段。明其異於古之宗法。常山惠王下「吏求捕勃太急」段。吏求捕諸證佐於勃甚急，使人擊掠勃左右，勃恐語泄，遂擅出漢所疑囚，使遁匿也。漢所疑囚，即與姦諸證佐。丹筆。

三王世家

前序「使諸侯王封君得推私恩」段。曰尊建百有餘國者，王子侯者雖同爲諸侯，而有土有民爲尊，皇子以列侯家居長安爲卑，故曰尊卑相逾也。「陛下讓文武，躬自切，及皇子未教」句。讓文武，以制詞「周封八百」及「康叔親屬有十」諸語而言也。躬自切，以制詞「朕之不德」而言也。及皇子未教，以制詞「以未教成者彊君連城」而言也。「群臣之議，儒者稱其術，或誖其心」句。儒者稱其術，即李斯所謂令下各以其學議之也。或誖其心，即李斯所謂入則心非也。蓋帝恐群臣于封諸子之議，儒者或稱其術以議之，或口不言而心非之，必當日口語及此而未筆於制詞，故略舉以覆也。丹筆。策文雖雜用經語，而質奥跌宕，自爲盛漢之文。藍筆。

「且天非爲君生民也」句。藍圈。策文「恭朕之詔」至「害于爾躬」，又「於戲葷粥氏」至「非教士不得從徵」，又「大江之南」至「維法維則」。藍點。

方望溪平點史記卷三

伯夷列傳

本紀、世家、列傳後皆有論，惟伯夷、孟荀合傳與論爲一，故無後論。「堯將遜位」段。著首傳伯夷之義，言卞隨、務光雖見於他説，而六經、孔子所不道，無從考信也。藍筆。「余悲伯夷之意」二句。言孔子謂夷齊無怨，而觀軼詩之意，似亦不能無怨也。「或曰天道無親」段。因伯夷餓死而歎爲善者有時而得禍，爲惡者有時而蒙福，天道無知，人情所以不能無惑也。「子曰『道不同』」段。言聖賢所重者在行成名立，不以一時之豐悴榮辱而亂其德也。「豈以其重若彼」二句。疊引孔子、老子之言而繼以此語，言自聖賢言之，豈以若彼之富貴逸樂爲重，若此之困窮禍灾爲輕？蓋君子之所謂重輕與俗異，故曰「道不同，不相爲謀」。「衆庶馮生」句。馮者，任也。任其生之所之而貿貿焉，所謂誘然以生而不知其所以生也。「伯夷、叔齊雖賢」段。言人事無常，天道難知，即没世之名亦有不可知者，或有所附而彰顯，或無所附而湮滅，其窮於當時而又無稱於後世者，尤足悲也。丹筆。

「而説者曰」四字，「其文辭不少概見，何哉」句，「余悲伯夷之意，睹軼詩可異焉」句。藍圈。

管晏列傳

管晏事迹見於其書及他載籍者，不可勝紀，故獨論其軼事。「管仲曰『吾始困時』」段。管仲之功焜耀史籍，於本傳叙列則贅矣。其微時事則以稱鮑叔者見之，此虚實詳略之法也。「故其稱曰」段。其書不可多載，故揭其指要。藍筆。「上服度，則六親固」句。服，如「自服於土中」之「服」，謂行政也。上所服行有制度，則民親睦。丹筆。「其爲政也」段。其事人所共知，故著其權略。晏平仲下，晏子之事亦人所共知，故本傳不復叙列，與管仲同，而總論其爲人，即於序次其顯名諸侯見之，與管仲異，此章法之變化也。「越石父賢」段。於管仲傳叙鮑叔能知其賢，於晏子傳舉其能知越石父及御者，三歸反坫正與食不重肉，衣不重帛反對，觀此可知文之義法無微而不具也。藍筆。

「天下不多管仲之賢，而多鮑叔能知人也」句。丹點。「管仲既任政相齊」句，「管仲因而伐楚」句，「管仲因而令燕修召公之政」句，「管仲因而信之」句，「以節儉力行重於齊」句，「其在朝」句，「太史公曰」下「既見其著書」至「論其軼事」。藍圈。

老子韓非列傳

老子列傳始詳其國邑鄉里、姓氏名字、謚爵職守，終及其子孫雲礽封爵時代居國，蓋以世傳老子爲神仙幻怪之流，故詳之以見其不然也。又老子傳「莫知其所終」句。老子本以周衰隱身遠去，莫知所終，故世人遂以爲神仙者流。「或曰老萊子」段。前言老萊子與孔子同時，後言太史儋後孔子百二十九年，而中閒入老子年數，蓋謂老子隱去，其年壽所極，世人亦莫知其真，故與老萊子、太史儋相混也。又老萊子與老子同時同國，而著書言道家之用，周太史儋與老子同官同嫌名，而號前知，故其傳與老子相混，而太史公正言老子爲隱君子，所以破衆説之荒怪，且見老萊子與儋別爲二人也。「李耳無爲」二句。言著書者乃李耳，而老萊子、太史儋非其人也。藍筆。莊子傳「然善屬書離辭」句。屬，連屬也。書，文字也。莊子之文以己意連合二字，而不見他書者甚多，所謂善屬書也。離，麗也，使辭與事相附麗也。韓非傳「非吾知之」二句。非吾知其事之成敗利鈍，而有術以處之之難也。「非必其身泄之也」三句。不必有心泄其事，而偶語及其所匿，亦不免於危也。「周澤未渥也而語極知」句。極知，盡知其事與心之隱也。「迺自以爲也故」句。也，當作「他」，如晉欲伐陸渾之戎，而假於祭雒是也。「慮事廣肆」句。慮事周徧而悉陳之也。「大忠無所拂辭」二句。大忠、悟言，皆謂所説之人也。彼自以爲甚忠信，則應之如響，而辭無所拂。彼自以爲獨悟，則無攻其瑕隙。「直指是非以飾其身」句。飾，當作「飭」，謂直指是非以匡飭君身也。丹筆。

「老子修道德」二句，「或曰老萊子亦楚人也」句，「與孔子同時」句，又「世莫知」至「隱君子也」，又「李耳無爲」二句，又莊子下「與梁惠王」至「率寓言也」。藍圈。「其言洸洋」至「不能器之」。丹圈。申子下「本於黄老而主刑名」句，韓非下「而其歸本於黄老」句。藍圈。「然韓非知説之難」至「不能自脱」。丹圈。「所説實爲厚利」至「顯棄其身」，又「夫貴人得計」至「則身危」，又「彼自知」至「無傷也」。藍圈。「其家甚知其子而疑鄰人之父」句。藍點。「申子、韓子皆著書」至「不能自脱耳」。藍圈。「太史公曰」下「虚無因應」至「微妙難識」，又「皆原於道德」至「深遠矣」。丹圈。

司馬穰苴列傳

「以爲將己」至「不甚急」。丹點。「齊威王使大夫」至「穰苴兵法」，又「世既多司馬兵法，以故不論」句。藍圈。

孫子吳起列傳

楚之戰功，吳起實專之，吳則申胥、華登之謀居多，故傳中曰「孫子與有力焉」，古人不苟於言如此。孫武、吳起論兵具有書。闔閭破楚入郢，北威齊晉，武與有力，楚悼王南平百越，北并陳蔡，却三晉，西伐秦，以相起故，則武與起之戰功不必言矣。故以虛語總括，而所載皆别事也。孫臏在齊，田忌客耳，其再破魏兵，皆田忌將，故詳著其兵謀，此虛實之義也。藍筆。武與起之書世多有，於傳論見之，臏之書則無傳焉，故於傳曰「世傳其兵法」。丹筆。

「於是闔廬知孫子能用兵，卒以爲將」，又「孫武既死」至「後世子孫也」。藍圈。「夫解雜亂」至「自爲解耳」。藍點。「孫臏以此」至「傳其兵法」，又「明法審令」至「西伐秦」，「太史公曰」下「世多有」至「施設者」。藍圈。

伍子胥列傳

「鄖公恐其弟殺王」句。鄖，小國，楚滅而邑之，封曼成然。楚邑長皆僭稱公，春秋傳「諸侯縣公皆賀寡人」是也。「當是時吳以伍子胥、孫武之謀」段。荆蠻、吳、越更彊，齊、晉伯統並絶，惜魯用孔子而不終也。丹筆。

「無忌既以」至「備邊兵」，又「楚平王以」至「舉兵相伐」，又「五年而楚」至「是爲昭王」。藍圈。「會吴王久留」至「爲堂谿氏」。藍點。「當是時」至「南服越人」，又「白公歸楚三年而吴誅伍子胥」句。藍圈。

仲尼弟子列傳

「於是吴王乃遂發九郡兵伐齊」句。春秋時，郡小於縣，定二年傳「上大夫受縣，下大夫受郡」是也。此曰發九郡兵，則秦漢以後人之所設辭明矣。「秦商，字子丕」。家語「字丕兹」，左傳：秦厪父生丕兹，事仲尼。丹筆。

「孔子之所嚴事」句，「孔子皆後之，不竝世」句，「故子貢一出」至「各有變」。藍圈。

商君列傳

管子治齊，蕭何定律，皆略不具，而獨詳記商君之法者，著王道所由以滅熄也。藍筆。「令民爲什伍，相收司連坐」句。相收者，彼此相拘管，猶周官司圜「收教罷民」之「收」。相司者，相督察以告姦也。「教之化民也」二句。泛論教化之理。命出於口，而教型於身，故化民也深，而民之效之也捷。丹筆。

「卒定變法之令」句，「令行於民朞年」句，又「行之十年，秦民大説」句，「居三年」句，「行之四年」句，「居五年」句，「其明年」句，又「其明年」句，「魏惠王兵」至「徙都大梁」，「商君相秦」至「多怨望者」。藍圈。「反聽之謂聰」三句。丹坐圈。「商君其天資刻薄人也」句。丹圈

蘇秦列傳

「秦，四塞之國」段。蘇秦主約從，故於説秦之語略焉。藍筆。「常苦出辭，斷絶人之交也」句。苦出辭，猶出苦辭也，或傳寫誤倒。凡斷絶人之交，必出苦言，蘇代云「何不以苦言説秦王」是也。「西河之外」四句。西河、上雒、三川，皆秦所并三晉之地。言晉之被秦禍，幾失亡三晉之半也。丹筆。

「兄弟嫂妹妻妾竊皆笑之」句，「是時」至「東兵」。藍圈。「夫事秦必割地」二句，「夫不深料秦」三句，「臣聞治之其未亂也」二句。藍坐圈。「心摇摇然如懸旌而無所終薄」句。丹點。「周顯

王聞之」至「不敢仰視」，又「蘇秦去趙而從約皆解」句。藍圈。「妾欲言酒」至「無罪也」。丹點。「此其君欲得」二句，「夫驕君必好利」二句。丹圈。「齊紫敗素也，而賈十倍」句。丹點。「楚得枳」至「秦之深讎也」句。藍坐圈。「或從或不」二句。丹圈。

張儀列傳

「始嘗與蘇秦俱事鬼谷先生學術」句，「蘇君之時，儀何敢言」句，「儀相秦四歲」句，「居一歲」句，「其後二年」句，「還而免相，相魏以爲秦」二句。藍圈。「積羽沈舟」四句。丹點。「願陳子」至「得地」，又「軫可發口」至「以賂秦」。藍點。「張儀既出，未去，聞蘇秦死」句，「諸侯聞張儀」至「復合從」。藍圈。「雖然亦厚矣」二句，「是乃王之託儀也」句，「廣鄰敵以內自臨」二句。藍點。「張儀相魏一歲」二句。藍坐圈。「非獨儀知之也」二句，「今軫不忠」至「何歸乎」，「無事也」至「可乎」。丹點。

樗里子甘茂列傳

「周以仇猶」至「而實囚之」，又「今臣之賢」至「投杼也」。丹點。「王之愛習公」至「有以失之也」句。丹坐圈。「是與公孫奭、甘茂同道也」句，又「人皆言楚」至「自爲責也」。丹點。

穰侯列傳

「芈八子」至「冉最賢」。藍圈。

白起王翦列傳

白起傳「善用兵，事秦昭王」句，又「斬首二十四萬」句，「拔五城」句，「攻魏，拔之，取城小大六十一」句，「拔光狼城」句，「拔鄢鄧五城」句，又「拔郢」句，「拔華陽」句，「斬首十三萬」句，「沈其卒二萬人於河中」句，「拔五城，斬首五萬」句，「絶之」句，「拔之」句，「前後斬首虜四十五萬人」句，王翦下「少而好兵，事秦始皇」句，又「遂定魏地」至「數破荆師」，又「而王翦子」至「施於後世」。藍圈。

孟子荀卿列傳

「當是之時」至「所如者不合」，又「其後有騶子」至「其前騶忌」，又「先孟子」至「後孟子」，又「其術皆此類」至「濫耳」，又「是以騶子重於齊」句。藍圈。「其游諸侯」至「同乎哉」。丹圈。

「騶衍其言雖不軌」二句。丹點。「自騶衍」至「可勝道哉」，又淳于髡下「博聞强記」二句，又慎到下「皆學黄老」至「發明序其指意」，騶奭下「亦頗采騶衍之術以紀文」句，又「而荀卿最」至「三爲祭酒焉」，又「於是推儒墨」至「而卒」，又「而趙亦有」至「在其後」。藍圈。

孟嘗君列傳

「田嬰者」段。田嬰事多見田齊世家而復詳之，著受封之始也，然終傷於繁矣。「初，馮驩聞孟嘗君客」段。馮驩事見國策，而語則異，蓋秦漢閒論戰國權變者非一家，史公所録與今傳國策異耳。藍筆。

「以故傾天下之士」句。丹點。「君獨不見」至「物忘其中」。藍點。

平原君虞卿列傳

「平原君厚待公孫龍」段。平原君所重，策士也，而終以著書談道之士，因與虞卿著書相映。藍筆。

「是時齊有孟嘗」至「以待士」。藍圈。「先生不能，先生留」句，又「臣乃今日」至「而已」，又「十九人相與目笑之而未發也」句。丹點。「毛遂左手」至「成事者也」，又「亦會楚、魏」至「邯鄲復存」。藍圈。「是親戚受城而國人計功也」句。丹圈。「平原君厚待」至「絀公孫龍」。藍圈。「而制媾者」至「不邪」。丹點。「秦之攻王也」至「而弗攻乎」，又「秦以其力」至「自攻也」。藍圈。「請聽子」至「攻我乎」。藍點。「今媾」二句，「秦倦而歸」四句。藍坐圈。「是使王」至「而城盡」。藍圈。「來年秦復求割地」六句，「且王之地」五句。藍坐圈。「故從母言之」至「人心變矣」。丹點。「是愈疑天下而何慰秦之心哉」句。藍圈。「今魏以小國」至「辭其福」。藍點。「不得意，乃著書」句。藍圈。「上採春秋」至「國家得失」句。藍坐圈。「世傳之曰虞氏春秋」句。藍圈。

魏公子列傳

毛遂定從，雖不見國策，而辭頗近信陵君傳，則全然太史公意趣矣。豈遊大梁，得諸故老所傳，而自爲叙次者歟？藍筆。

「是時范雎」至「公子患之」。藍圈。「當是時」至「竊罵侯生」。丹圈。「公子與侯生」至「與客留趙」，又「平原君門下」至「傾平原君客」，又「當是時公子」至「魏公子兵法」。藍圈。

春申君列傳

篇終書「秦始皇帝立九年矣」，與晉世家終書「是歲，齊威王元年也」同義。藍筆。

「游學博聞，事楚頃襄王」句，「當是之時」句。藍圈。「物至則反」四句。丹圈。「没利於前」二句。丹坐圈。「一年之後」三句，「王之地」至「而服矣」。藍坐圈。「春申君既相」至「爲楚相四年」，又「春申君相十四年」句，「春申君相二十二年」句，「春申君相二十五年」句，「是歲也」至「吕不韋廢」。藍圈。

范雎蔡澤列傳

「當是時」至「廣其陶封」。藍圈。「然左右多竊聽者」至「王之俯仰」。丹圈。「且欲發使」至

「數年矣」，又「當是時，秦昭王四十一年也」句。藍圈。「以爲范雎已死久矣」句。丹點。「范雎相秦二年」二句。藍圈。「人固未易知」二句。丹點。「蔡澤聞之，往入秦也」句。藍圈。「使人宣言以感怒應侯」句，又「應侯知蔡澤」至「何爲不可」，又「於是應侯稱善，蔡澤少得閒」句。藍點。「物盛則衰」五句，「成功之下」二句。丹坐圈。「居秦十餘年」至「入質於秦」。藍圈。

樂毅列傳

樂氏多賢，故詳其前後世繫，因以爲章法。「於是使樂毅約趙惠文王」段。結趙破齊具毅報燕惠王書，故敘次不得過詳。藍筆。「中山復國」至「有樂毅」。藍圈。「當是時」至「弗堪」句。藍坐圈。「善作者」二句，「吴王不寤」四句。丹坐圈。「夫免身立功」至「不絜其名」。丹圈。「其後十六年」二句，又「號曰華城君」二句。藍圈。

廉頗藺相如列傳

趙奢、李牧將略，及趙括之敗具詳始末，假而牧再破秦，頗破齊、燕，復一一敘列，則語蕪而氣漫矣。變化無方，各有義法，此史之所以能潔也。「其明年，趙乃以李牧爲將而攻燕」段。李牧顯功趙邊久矣，至此始書，以相如病，廉頗棄，趙奢死，所恃唯牧也。書趙奢破秦後，即具奢始末，書李牧攻燕後，乃詳頗居楚、魏事者，牧誅而趙滅矣，更綴頗事於其後，則文氣懈惰。故頗事既終，而後著牧之始迹焉。「趙悼襄王元年，廉頗既亡入魏」段。頗亡牧將事已見前，而覆舉之者，以爲前後之關鍵，兼著頗既亡而牧又不能自安，趙之所以速亡而無救也。藍筆。「李牧、司馬尚欲反」段。按國策，李牧臂短，用木接之，郭開誣以懷刃，賜死，文甚明白。其曰欲反曰捕斬者，趙史之誣詞也。六國唯趙史尚存，史公據之。丹筆。

廉頗傳「趙之良將也」句，「以勇氣聞於諸侯」句，「秦亦不以城予趙」二句，又「秦王竟酒」至「秦不敢動」，又「其明年」至「破秦軍閼與下」，又趙奢下「趙之田部吏也」句，又「趙奢於是與廉頗、藺相如同位」句，又「時趙奢已死」至「頗將攻秦」，又「自邯鄲圍解五年」句，「其明年，趙乃以李牧爲將而攻燕」句，李牧下「趙之北邊良將也」句。藍圈。

魯仲連鄒陽列傳

「好奇偉」至「好持高節」。藍圈。「趙孝成王」至「蕩陰不進」句。藍坐圈。「此時魯仲連適遊趙」句。藍圈。「梁王安得晏然」二句。藍點。「秦將聞之」至「遂引而去」。藍圈。「所謂貴於」至「連不忍爲也」句。藍坐圈。「其後二十餘年」句。藍圈。「吾與富貴而詘於人」二句。丹坐圈。「有白頭如新」至「不知也」。丹點。「夫王奢」四句,「故偏聽生奸」二句。丹坐圈。「無因而至前也」句,「以左右先爲之容也」句。藍點。「今欲使天下」至「趨闕下者哉」句。丹坐圈。

屈原賈生列傳

屈原傳「屈原既死之後」段。惜諸人不能直諫,而繫以楚之削與滅,通篇脉絡皆相灌輸。「懷沙之賦」段。於原賦獨存懷沙,著其處死之審也。賈生傳服鳥賦段。於誼文弔屈原外獨存服賦,閔其志之哀而死期將至也。藍筆。

「屈原疾王聽」至「人之本也」。丹坐圈。「人窮則反本」至「呼父母也」。丹圈。「屈平正道」至「能無怨乎」句。丹坐圈。「屈平之作離騷」至「謂兼之矣」,又「推此志也」二句,「屈平既嫉之」至「三致志意焉」。丹圈。「然終無可柰何」至「舉賢以自佐」句。丹坐圈。「然亡國破家」至「不賢也」。丹圈。「新沐者」至「温蠖乎」。丹點。「誹駿疑桀兮」二句。丹圈。「重華不可悟兮」至「豈知其故也」。丹點。「知死不可讓」至「以爲類兮」。丹圈。「屈原既死」句至「以弔屈原」,又「於是天子議」至「公卿之位」。藍圈。「使騏驥可得係羈兮」二句。丹點。「般紛紛」至「懷此都也」句。丹坐圈。「彼尋常之汙瀆」二句。丹點。「禍兮福所倚」至「吉凶同域」。丹圈。「水激則旱」至「坱軋無垠」句。丹坐圈。「且夫天地」至「萬物爲銅」，又「忽然爲人」至「又何足患」。丹圈。「乘流則逝」至「不私與己」。丹坐圈。「其生若浮」至「養空而游」。丹圈。

吕不韋列傳

夏太后、華陽太后薨葬，本不應載不韋傳，以夏太后有「後百年旁當有萬家邑」語，史公好奇，欲傳之，而以入秦本紀，則無關體要，故因莊襄王之葬牽連書之。而莊襄王之葬所以見不韋傳，又以後與莊襄合葬芷陽者乃不韋姬也。但此等只爲文章波瀾，據史法則不宜書也。藍筆。「念業已破」至「以釣奇」。丹點。

刺客列傳

「政姊嫈」段。觀史公所增易，乃知國策之疏。荆軻傳乃史公所自作，編國策者取焉，而删其首尾，蓋以軻居閭巷間事不可入國策，高漸離撲秦皇在秦并六國後故也。後論自言得之公孫季功、董生所口道，則非戰國舊聞明矣。且先秦人叙事皆廉陗，其紆徐曲暢，自史公作乃有，此好學深思者必能辨之。「荆軻見太子，言田光已死」段。田光之死，不載太子往哭，恐與樊於期事複也。藍筆。

豫讓下「故常事范」至「尊寵之」。藍圈。「且智伯亡」三句。丹坐圈。「其妻不識」至「其友識之」。丹點。聶政下「軹深井里人也」句，「與母姊如齊」句。藍圈。「臣所以降志」至「以許人也」，又「臣之所以」至「嘿然而已乎」。丹點。「聞人有刺韓相者」句，又「乃於邑曰」至「果政也」。丹圈。「伏尸哭」至「聶政者也」。丹點。「士固爲知己者死」至「終滅賢弟之名」句。丹坐圈。「大驚韓市人」句。丹點。「乃大呼天者」至「死政之旁」。丹圈。「晉、楚、齊、衛」至「亦烈女也」。藍點。「鄉使政」至「能得士矣」句。丹坐圈。荆軻下「衛人謂之慶卿」二句。丹點。「酒酣以往」至「若無人者」。丹圈。「荆軻雖遊」至「長者相結」，又「會燕太子丹質秦亡歸燕」句。藍圈。「是謂委肉當餓虎」二句。丹點。「太子曰『太傅之計』」至「命卒之時也」。丹圈。「今太子聞光」至「已消亡矣」，又「長者爲行」至「疑光也」，又「願足下」至「不言也」，又「太子再拜」至「而后言」，又「秦兵旦暮」至「豈可得哉」。丹點。「樊於期偏袒」至「今得聞教」。丹圈。「既已不可柰何」句，「日已盡矣」二句，「太子及賓客」至「以送之」。丹點。「至易水之上」至「終已不顧」。丹圈。「荆軻顧笑」至「畢使於前」。丹點。「圖窮而匕首」至「環柱而走」。丹圈。「群臣皆愕」至「盡失其度」，又「以故荆軻」至「提荆軻也」。丹點。「秦王方環柱」至「負劍，負劍」，又「軻被八創」至「箕踞以罵」。丹圈。「事所以不成」至「以報太子也」，又「秦王不怡者良久」句，「無且愛我」二句。丹點。「久之，作苦」至「不能去」，又「而高漸離」至「而去者」，又「魯句踐已聞」至「非人也」。丹圈。

李斯傳

趙高謀亂入李斯傳，以高之惡斯成之，秦之亡，斯主之也。其始迹入蒙恬傳，以蒙毅曾治高，當其罪死，而高因此有賊心也。丹筆。

「乃拜斯」至「隨其後」。藍圈。「是以太山」至「能明其德」。丹坐圈。「復李斯官」至「無戰攻之患」。藍圈。「收去詩書」至「無以古非今」。丹圈。「始皇三十七年」至「餘子莫從」，又「書已封」至「皆莫知也」，又「法令誅罰」至「鴻門而郤」，又「李斯子由」至「不知所出」。藍圈。「非庸人之心」至「庸人不釋」句，又「夫樓季也」至「陗塹之勢異也」句。丹坐圈。「二世悦」至「能督責矣」。丹圈。「斯所以不死」至「瘖而赦之」。丹點。

蒙恬列傳

「使者以蒙恬屬吏，更置胡亥」。「胡亥」字衍。「以是籍於諸侯」句。劉氏曰：「謂諸侯皆記其惡於史籍也。」春秋傳曰「非禮也，勿籍」是也。如索隱説，非也。丹筆。

張耳陳餘列傳

「亡其夫」句。去其夫也。不曰去者，不告而去，猶逃亡也。「又不如立其兄弟」句。如，疑當作「知」。丹筆。

「當是時燕、齊、楚」至「得出鉅鹿」，又「由此陳餘、張耳遂有郤」句，又「方圍章邯」至「復收趙地」。藍圈。「貫高獨怒駡曰『誰令公爲之』」句，「貫高喜曰『吾王審出乎』」句。丹點。

黥布列傳

「楚兵常勝」至「以少敗衆也」，又「使布」三字，又「使布」字，又「布常爲軍鋒」五字。藍圈。

淮陰侯列傳

「信乃使萬人先行」句。信使萬人先行出井陘口，背水爲陣，然後信乃鼓行以出也。丹筆。「始爲布衣時」二句。藍坐圈。「不得推擇」至「多厭之者」，又「遂聽信計」二句。藍圈。「韓信猶豫」至「不奪我齊」。丹圈。

田儋列傳

「儋從弟田榮」至「能得人」。藍圈。

樊酈滕灌列傳

「是日微樊噲」至「事幾殆」。丹圈。「項籍既死，漢王爲帝」句，「從斬首百七十六級」至「三百石十一人」，又「項羽既已死，漢王爲地」句，「凡别破軍」至「六百石十九人」。藍圈。「天下稱酈況賣交也」句。丹點。「嬰自上初起沛」至「事孝惠」，又「凡從得」至「及吕太后」。藍圈。

方望溪平點史記卷四

張丞相列傳

漢初文臣御史大夫與丞相並重，張蒼、申屠嘉兼兩職，故合爲一傳。其餘爲御史大夫者四人，具有聲績，故列敘之。爲丞相者六人，皆無所發明，故總記姓名以爲娖娖備員者戒焉。「漢立皇子長爲淮南王，而張蒼相之」段。漢興，爲御史大夫者五人，皆在張蒼之前，張蒼既相，而申屠嘉代之，故於蒼相淮南預書「十四年，遷爲御史大夫」，然後五人之爲御史大夫可牽連以書，然後蒼自淮南相入爲御史大夫，蒼爲丞相，嘉遷御史大夫，脉絡相貫，而主客之分判然。蒼以前爲丞相者，名迹顯箸，故不復言。嘉以後爲丞相者六人，最其名氏而以娖娖備員蔽之，别有見者不列，皆義法之不得不然。藍筆。「吹律調樂人之聲音，及以比定律令，若百工天下作程品」句。比，刑罰之比例也。尚書吕刑「上下比罪」，禮記「必察大小之比以成之」。蓋漢初約法省刑，蕭何造律尚簡，律所未詳，蒼更以上下大小之比例定之，猶後世律外有例也。此刑罰之律，故曰律令，與樂音之律異。蒼吹律調樂器與人聲，又以比例定刑律，又爲百工立程品，故以「及」與

「若」之文相承屬，所以别其爲三事也。蔣西谷曰：「以舊律相比定新律，即文帝三年張蒼、馮敬議請定律事，詳見漢書刑法志。」丹筆。

「遷爲御史大夫」句，「於是乃拜周昌爲御史大夫」句。藍圈。「昌爲人」至「下之」，又「然尤憚周昌」句，又「是後戚姬子」至「不全也」。丹圈。「高祖持御史大夫印」至「無以易堯」。丹點。「遂拜趙堯爲御史大夫」句，又「以廣阿侯任敖爲御史大夫」句，「高后時爲御史大夫」句，「以平陽侯曹窋爲御史大夫」句，「以淮南相張蒼爲御史大夫」句，申屠嘉下「張蒼以爲丞相」二句。藍圈。

酈生陸賈列傳

陸賈傳賈與尉他語入南越傳則傷國體，且紀其五君九十餘年事，而漫及此，枝且贅矣。再使南越語不復詳者，恐涉複也。藍筆。

酈生傳「項羽擊漢」至「以拒楚」，又陸賈傳「名爲有口辯」至「常使諸侯」，又「陸生乃粗述」至「未嘗不稱善」，又「及誅諸呂」至「頗有力焉」。藍圈。「辟陽侯之囚」至「迺大驚」，又「辟陽侯於諸呂」至「深至之力也」。丹點。

傅靳蒯成列傳

靳歙傳「凡斬首九十」至「三十九人」。藍圈。

劉敬叔孫通列傳

叔孫通傳，史公於禮書痛漢用秦儀法，三代聖制由是湮沈，而成之者實通。然時王之所用也，不敢斥言其非，故於後論隱約其詞，若褒若諷，而希世之汙則假魯兩生以發之。首載秦二世之善其對，以爲面諛之徵也。末載原廟之立，果獻之興，著其憑臆無稽，以示所定漢諸儀法皆此類耳。藍筆。

「當是時」至「上患之」。藍圈。「於是高帝曰」至「皇帝之貴也」，又「諸生乃皆喜」至「世之要務」。丹圈。「徙爲太常」至「所論著也」。藍圈。「原廟起，以復道故」句，「諸果獻由此興」句。丹點。

季布欒布列傳

季布傳「當是時」至「聞當世」。丹圈。「季布名」至「揚之也」。丹點。「長事袁絲」至「不敢不加禮」，又「當是時」至「聞關中」。丹圈。

袁盎鼂錯列傳

盎忌疾，錯刻深，而鄧公持議平，故得善終，因以爲章法。其子修黄老言，亦與錯學申韓相映。藍筆。

「然袁盎亦以數直諫，不得久居中」句。丹圈。「且緩急」至「劇孟耳」。丹點。鼂錯傳「學申商」至「劉禮同師」又「陗直刻深」四字，「當是時，太子善錯計策」句。藍圈。

張釋之馮唐列傳

「後文帝崩」至「不過也」，又「張廷尉事」至「以前過也」。丹圈。

萬石張叔列傳

「萬石君家」至「不及也」，又「是時，漢方」至「醇謹而已」。○藍圈。

扁鵲倉公列傳

「爲醫或在齊」至「名扁鵲」。○藍圈。

吴王濞列傳

此篇側入逆叙處酷似左傳，蓋以吴及六國之敗亡必牽連以書。設篇終更舉周丘之師及漢制詔，則如附贅懸疣。故因叙吴兵之起而凡周丘之别出，因周丘之勝而側入吴王之敗走，因吴王敗走而及天子之制詔，然後追叙吴楚之攻梁，及亞夫之守戰，吴王之走死，六國之滅亡，而弓高侯出詔書以示膠西王，亦自然合節矣。凡此皆義法所當然，非有意如是以爲奇也。○藍筆。

「遂發使約齊」至「吴王先起兵」，又「初，吴王首反」至「獨趙後下」。○藍圈。

魏其武安侯列傳

魏其、灌夫生平事蹟並正叙於前，故武安事蹟皆與魏其夾叙。其初起也，著魏其方盛而卑事之。其益貴用事而下賓客，進名士也，以欲傾魏其諸將相。其讓魏其爲丞相也，以天下士素歸之而用以釣讓賢之名。其好儒術，興禮度也，與魏其俱。其益横益驕也，以言事多效，天下吏士皆去魏其而歸之。吏士去魏其歸武安，則魏其與灌夫相懽相倚之由也。武安益横益驕，則怒魏其，激灌夫之由也。中間魏其夫婦治具旦及日中，與武安往來侍酒，跪起如子姪相對。灌夫尤敬諸士貧賤者，與武安折詘諸侯王，坐其兄南鄉對。好陵貴戚有勢在己之右者，爲後罵坐張本，而魏其初致名譽，及後鋭救灌夫，則以沾沾自喜多易蔽之。章法蔽遏，使覽者心怡目眩，不知其所以然，所謂工倕旋而蓋規矩也。藍筆。「引繩批根」句。引繩以正其邪，批根以循其本，皆所以暴先慕後棄者之過也。「今日廷論，局趣效轅下駒」句。轅下駒進局於扼，退束於絆，故曰局趣也。丹筆。

「孝景時每朝」至「莫敢與亢禮」，又「武安侯新欲」至「諸將相」，又「魏其、武安俱好儒術」句。藍圈。連下至「滋不説魏其等」句。藍坐圈。「武安侯雖不任職」至「日益横」，又「天下士郡國諸侯愈益附武安」句。藍圈。「武安者」至「天下不肅」。丹圈。「魏其失竇太后」至「厚遇灌將軍」，又「灌夫家居」至「至相知晚也」。藍圈。「魏其侯曰」至「嬰獨生」。丹圈。「竊出上書」至「東朝廷辯之」，又「武安曰」至「魏其等所爲」。丹點。「上自魏其時」至「在者族矣」。丹圈。

韓長孺列傳

安國爲人，「多大略」三語括盡平生。管子、韓非文有置樞紐於中間，以要綰前後者，後來唯太史公、韓退之能爲之。藍筆。

「吴、楚已破，安國、張羽名由此顯」句，又「漢使還報」至「益重安國」，又「王恢等兵」至「皆無功」，又「安國爲人」至「賢於己者也」。藍圈。「安國始爲御史」至「歐血死」。藍坐圈。

李將軍列傳

「嘗爲隴西」至「以力戰爲名」。藍圈。「而廣行」至「亦嘗遇害」。丹點。「是時漢邊郡」至「苦程不識」。藍圈。「廣廉得」至「亦天性也」。丹圈。「廣之將兵」至「應弦而倒」句。丹坐圈。「用此其將兵」至「亦爲所傷云」。丹圈，藍同。「而敢有女」至「衰微矣」。藍圈。

匈奴列傳

「於是周遂作甫刑之辟」句。忽插此語，與漢武窮兵，入穀贖罪相射。藍筆。「齊釐公與戰於齊郊」句。據春秋傳，釐公，禄父也。索隱謂釐音僖，名諸兒，誤也。「凡二十四長，立號曰『萬騎』」句。二十四長中，雖數千騎者，亦號曰「萬騎」也。「太史公曰」下「以便偏指」，以便人主之偏指也。「不參彼己」，不參酌彼己之勢也。丹筆。

「以侵伐其天性也」句，「夏道衰」句，「其後三百有餘歲」句，「其後百有餘歲」句，「後十有餘年」句，「其後二百有餘年，周道衰」句，「穆王之後二百有餘年」句，「當是之時」句，「是後六十有五年」句，「其後四十四年」句，「其後二十有餘年」句，「當是之時」句，又「故自隴以西」至「自是之後百有餘年」，又「後百有餘年」句，又「當是之時」至「邊於匈奴」，又「當是之時」至「界於故塞」。藍圈。「及冒頓以兵」至「至侵燕、代」句。藍坐圈。「悉復收秦」至「可得而記云」。藍圈。「諸大臣」至「其貴種也」，又「而左右賢王」至「骨都侯輔政。」藍點。「其法」句，「其送死」句，「其攻戰」句。藍圈。「故其見敵」至「雲散矣」。丹點。「於是匈奴」至「單于爲賢」。丹圈。「是時漢初定中國」句，又「高祖崩」至「匈奴以驕」，又「孝文皇帝前六年」句。藍圈。「必我行也，爲漢患者」句。丹圈。「其得漢繒絮」至「之便美也」。丹點。「嗟土室之人」至「冠固何當」。丹圈。

「漢使無多言」至「而稼穡耳」。丹點。「漢孝文皇帝十四年」句，又「匈奴日以驕」至「萬餘人」，又「孝文帝後二年」句，「後四歲」句，「自是之後」句。藍圈。「漢以恢本造兵謀而不進斬恢」句。丹點。「自是之後」至「不可勝數」，又「自馬邑軍後」至「五年之秋」句，又「於是漢遂取河南」至「元朔二年也」，又「其後冬」句，「其夏」句，「其秋」句，「其明年」句，又「匈奴右賢王」至「其明年春」句，「其秋」句，又「其明年春」句，「其明年」句，「其明年春」句，「其夏」句，「其秋」句，又「於是漢已得」至「其明年」，又「其明年春」句，又「是後匈奴」至「匈奴以北」。藍圈。「初，漢兩將軍」至「無以復往」。丹圈。「是歲漢元鼎三年也」句，又「其後漢」至「不侵入邊」，又「是時漢東」至「不敢以爲言」。藍圈。「匈奴俗」至「乃肯止」，又「漢爲單于築邸于長安」句。丹點。「是歲元封六年」至「敦煌郡」，又「其冬」句，「其明年春」句，「其明年」句，「是歲太初三年也」句，「其秋」句，「其冬」句。藍圈。「漢既誅大宛」至「欲遂困胡」。丹圈。「是歲太初四年也」句。藍圈。「乃自謂我」至「丈人行也」，又「單于益驕」，至「所望也」。丹點。「其明年」句，又「其明年」句，又「是歲漢兵」至「功不得御」。藍圈。

衛將軍驃騎列傳

「校尉句王高不識」句。不識在匈奴爲句王，降漢爲校尉也。「常與壯騎先其大將軍軍」

句。蔣西谷曰：「大將軍青於去病爲親，故曰『其大將軍』。」汪武曹曰：「『將』字衍，常先其大軍也。」丹筆。

「青同母兄」至「得幸天子」，又「公孫敖由此益貴」句，又「天子曰」句，又「天子使使者」至「青爲大將軍」，又「天子曰」句，又「天子曰」句，「是歲也，大將軍姊子霍去病年十八，幸，爲天子侍中」句，又「天子曰」句，又「是歲失兩將軍」至「不益封」，又「冠軍侯去病既侯三歲」句，「天子曰」句，又「天子曰」句，「由此驃騎日以親貴，比大將軍」句，「於是天子嘉驃騎之功」句，「是歲元狩四年也」句，「天子曰」句，又「軍吏卒」至「不得益封」，又「自是之後」至「任安不肯」，又「最大將軍青」至「十四人」，又公孫賀下「賀七爲將軍」至「而再侯」，又李息下「凡三爲將軍」句，公孫敖下「凡四爲將軍，出擊匈奴，一侯」句，又「最驃騎將軍去病」至「二人」，又「自衛氏興」至「無爲侯者」。藍圈。

平津侯主父列傳

以恢奇多詐蔽弘之爲人。唯恢奇，故多詐，而天子以爲敦厚也。唯天子以爲敦厚，故不唯汲黯之詰不能動，即左右佞幸之毁亦不能入也。其稱人主病不廣大，及陽屈於買臣之議，陰禍主父，徙董相，詐也；而使匈奴還報，不合上意，數諫通西南夷，築朔方，置滄海郡，汲黯廷詰，反稱其忠，使天子察其行而以爲敦厚，所謂恢奇也。黯之詰以倍約不忠，則曰「知臣者以臣爲忠，不知臣者以臣爲不忠」，詰其儉以飾詐，則曰「管仲侈擬於君而桓以霸，晏嬰下比於民而齊亦治」，所謂辯論有餘也。淮南、衡山之反，泛引傳記，使覽者莫識其意向，而究其隱私，則自引咎以釋人主之慚，所謂習文法而又緣飾以儒術也。凡此類皆以恢奇行其詐也。藍筆。天子報書，一則曰「君宜知之」，再則曰「君宜知之」，而其曲學逢君，飾詐不忠之實不可掩矣。藍筆。「恐竊病死」句。「竊恐」偶倒也。丹筆。

「弘爲人」三字，又「弘爲人」三字，又主父偃傳「所言九事」至「諫伐匈奴」，又「是時趙人」至「各一事」。藍圈。「天子詔見」至「見之晚也」。丹圈。「於是上乃拜主父偃、徐樂、嚴安爲郎中」句。藍圈。

南越尉佗列傳

「蒼梧王趙光者，越王同姓，聞漢兵至，及越揭陽令定自定屬漢」。蓋光與揭陽皆自輯吏民以屬於漢，故曰自定。丹筆。

「及孝文帝」至「喻盛德焉」，又「然南越」至「如諸侯」，又「太后有淫行」至「不足以興兵」，又「自尉佗」至「而國亡焉」。藍圈。

西南夷列傳

「西南夷君長」至「邛都最大」，又「其外西」至「巂、昆明」，又「自巂以東」至「冉、駹最大」，又「自冉、駹以東」至「蠻夷也」，又「西南夷君長」至「最寵焉」。藍圈。

司馬相如列傳

史記所載賦頌書疏甚略，恐氣體爲所滯壅也。長卿事迹無可稱，故獨編其文以爲傳，而各標著文之由，兼發明其指意以爲脉絡，匪是則散漫而無統記矣。藍筆。

「是時卓王孫」至「以琴心挑之」。丹圈。「相如以子虚，虚言」至「因以諷諫」。藍圈。「賦奏，天子以爲郎」二句。藍坐圈。「無是公言」至「而論之」。藍圈。「皆非陛下之意也」句。藍點。「彼豈樂死惡生」至「人臣之道也」句。丹坐圈。「自以得使女尚司馬長卿晚」句，又「除邊關」至「以通邛都」。丹點。「相如口吃」至「長楊獵」，又「相如上疏諫之，其辭曰」句，又「相如奏賦以哀二世行失也，其辭曰」句，又「相如以爲列僊之傳」至「其辭曰」，又「長卿未死」至「言封禪事」，又「天子異之，其書曰」句，又「司馬相如既卒」至「相如他所著」，又「不采，采其尤著公卿者云」句。藍圈。

淮南衡山列傳

備著淮南、衡山二王逆節，見漢法非過也。厲王反迹皆於獄辭具之，故安之事既畢叙，乃曰伍被自詣吏，告與淮南王謀反蹤迹如此，而獄辭則甚略。觀此傳益信淮陰之枉，始則詐而禽之，而告反者無聞也。既則詐而斬之宮中，而上變者無徵也。使果有蹤迹，何難具獄而明徵其辭哉？著以傳著，疑以傳疑，俾百世下可以尋迹推理而得其情，此之謂實録也。藍筆。

「淮南王安爲人」至「未有因也」，又「然淮南」至「益甚」，又「王日夜求」至「望如是」。藍圈。

循吏列傳

循吏獨舉五人，傷漢事也。孫叔順民所欲，不教而從化，以視猾賊任威，使吏民重足一迹而益輕犯法者何如哉？子產既死而有遺愛，以視張湯死而民不思，王温舒同時五族，而衆以爲宜者何如？公儀子使食禄者不得與民争利，以視置平準，籠鹽鐵，縱告緡以巧奪於民者何如？石奢、李離以死守法，以視用愛憎橈法，視上意爲輕重者何如？史公蓋欲傳酷吏，而先列古循吏以爲標準，故序曰：「奉職循理，亦足爲治，何必威嚴哉？」然酷吏恣睢，實由武帝侈心不能自克，而倚以集事，故曰：「身修者，未嘗亂也。」藍筆。子產事具左傳，故略舉其成功。「市不豫賈」句。言索價一定，無猶豫之虚辭也。丹筆。

汲鄭列傳

汲黯治東海，爲九卿，徙内史，居淮陽，不填實一事，止虚言其性情氣象，略舉其語言，及君臣上下之嚴憚，遂使千載下聞風而興起，必如此乃與黯之爲人相稱。又此傳傷武帝有社稷臣先知灼見而終不能用也。篇首稱黯以數切諫不得久留内，則其進言多矣，爲右内史，守東海、淮陽，列於九卿，事迹衆矣，而見於傳者止此，蓋非關社稷之計則不著也。其直攻武帝之多欲，社稷臣之所以格君也。矯節發粟以振貧民，奉使東越，不至而返，諫征匈奴，迎渾邪，罪民匿馬，及賈人與市者，社稷臣所以安民也。面詰弘、湯，責李息，社稷臣所以體國也。始仕爲太子洗馬，即以莊見憚，及列九卿，與丞相、大將軍抗禮，致天子敬禮，不冠不見，社稷臣所以持身也。史於蕭相國非萬世之功不著，於留侯非天下所以存亡不著，於黯非關社稷之計者不著，所謂辭尚體要也。黯之爲社稷臣，不獨莊助知之，淮南謀逆者憚之，武帝實自發之，而終不能用，則内多欲之故也。黯之爲人，不獨衛人憚之，大將軍賢之，即武安侯亦不聞含怒，而弘、湯獨深心疾之，欲擠之死，則弘、湯爲人又出武安下哉。「黯學黄老之言」段。正與武帝及諸臣好興事病民相反。「治務在無爲而已」二句。此語近複，然前郡守之治，後九卿之治也，其體各異，故分言之，且與張湯文深小苛，武帝分別文法反對。「黯爲人性倨」段。亦與公孫弘懷詐飾智，阿諛取容反對。藍筆。「非若就行」二句。非苦就行，謂明知所行之非，而故爲艱苦以成之，如湯爲三公，而家産不過五百金，及造請諸公不避寒暑是也。放析就功，謂析言破律以就其功，如湯興皮幣，造白金，籠鹽鐵，出告緡令皆是也。「上曰『人果不可以無學』」句。篇首稱黯好學，正與此語反對。以黯爲無學，故以儒術尊公孫弘也。丹筆。

「黯學黄老之言」至「不苛小」，又「治務在無爲」至「容人之過」，又「然好學游俠」至「盎之爲人也」，又「上曰『吾欲至唐虞之治乎』」。丹圈。「大將軍青」至「不見也」，又「上不冠」至「使人可其奏」。丹點。「是時漢方征匈奴，招懷四夷」句，又「上方向儒術」至「以勝爲功」。藍圈。「唯天子亦不説也」句。藍點。「天子既數征」至「尊用過之」，又「黯居郡」至「湯果敗」，又「然衛人」至「出其下」。藍圈。「然其游」至「之士也」，又「每朝候」至「言之也」。丹圈。「常引以爲」至「稱鄭莊」。丹點。「鄭莊、汲黯」至「内行修絜」。藍圈。

儒林列傳

序曰「廢書而歎」，歎儒術自是而衰也。自孔子修六經，明正道，困而不悔，諸弟子守其道不變。至於戰國，儒術既絀，孟子、荀卿猶遵夫子之業。遭秦滅學，齊魯諸儒講論不絶。漢興七十餘年，自天子公卿皆不悦儒術，而諸老師尚守遺學，不肯曲以阿世。故武帝一鄉之，而遺經並出。凡此皆聖人之遺化也。自叔孫通以禮儀爲太常，諸弟子共定者爲選首，始喟然歎興於學，則已稍鶩於功利矣。至公孫弘以春秋至三公，而天下靡然嚮風，弘既曲學阿世以至富貴，不能興禮彰教，乃置博士弟子，使試太常，補卒史，誘以利禄，自是天下多文學之士，而儒者之道熄焉。自孔孟以來，群儒相承之統，經戰國、秦、漢絀滅擯棄而未嘗絶者，弘以一言敗之，而其名則曰厲賢才，悼道之鬱滯，吁可歎哉！「故子路居衛」段。獨言五子，皆世所隆也，外此則隱而不見者。「其令禮官勸學講議」段。制所下二事，令禮官勸學，講議所聞，使皆協洽興禮以爲天下先，如改制度，易服色是也。弘議古者政教未洽，不備其禮對此。蓋言禮之未易興也。太常議，與博士弟子，興鄉里之化，以廣賢才，欲士興於學也。弘議爲博士置弟子，郡國縣道上秀民對此。「請因舊官而興焉」句。舊官，太常舊禮官也。言禮不易興，請因舊禮官，廣其路以興賢才，如下文所云也。「能通一藝以上補文學掌故缺」句。周官列禮樂於六藝，以執其器，習其儀，可以藝名也。詩書則列於學官而不名爲藝矣。以經爲藝始於弘，侮聖人之言，莫甚於此。太史公云「中國言六藝折衷於夫子」，又曰「學者載籍極博，猶考信於六藝」，蓋徇時人所稱而未之察耳。「請選擇其秩比二百石以上」段。凡吏百石能通一藝者，得與太常高第秩比二百石者，並補左右內史、大行卒史也。大行亦禮官。「先用誦多者」段。誦多者，誦諸經多也。通一藝以上補掌故缺，故先用誦多者。不足，乃取掌故也。上云通一藝以上補文學掌故缺，是舊有是官，而弘請以博士弟子補其缺也。此獨稱掌故者，博士弟子新補者也。稱文學掌故者，舊爲掌故者也。誦多者，高第秩比二百石者也。中二千石屬，即左右內史、大行卒史。郡屬，即太守卒史。先用誦多者補中二千石屬，不足，乃擇通一藝者足之，而舊掌故補郡屬也。傳「孔氏有古文尚書，而安國以今文讀之，因以起其家」。所謂古文，科斗文也。時科斗書廢已久，人不能識，安國用伏生所傳今文中字畫比較讀之，復得二十五篇。往時言書者惟伏生，而安國復自名家，所謂起其家也。漢時傳經者各守一家之説，故下文曰要言易者本於楊何之家。董仲舒傳「故漢興」段。謂諸老師能傳經而已，唯董子則能明於其義，故表而出之。丹筆。

「於是喟然歎興於學」句。丹圈。「自是之後，言詩於魯」句，又「於齊」二字，「於燕」二字，「言尚書」三字，「言禮」二字，「言易」二字，「言春秋於齊魯」六字，「於趙」二字。藍圈。「天子之學士」至「悼道之鬱滯」，又「以文學禮儀爲官」句，又「自此以來」至「文學之士矣」。丹圈。「言詩雖殊，多本於申公」二句。又「齊言詩皆本轅固生也」句，「而燕趙閒言詩者由韓生」句，伏生下「獨得二十九篇」至「以教矣」，又「孔氏有古文尚書」至「多於是矣」，又「本禮固自孔子時，而其經不具」句，又「是後能言禮爲容者，由徐氏焉」句，又「自魯商瞿受易孔子」句，又「要言易者本於楊何之家」句，又董仲舒下「故漢興至于五世」至「公羊氏也」。藍圈。

酷吏列傳

寧成、周陽由之前，不過吏之治酷而已，趙禹、張湯而後，則朝廷之用法益刻，由上以爲能，而丞相弘數稱其美也。丹筆。張湯傳「與趙禹共定律令」段。因湯與趙禹共定律令而及其交驩，因交驩而及其爲人，以其後湯敗，天子使禹責之，因以爲章法也，故不與禹事連書，而入湯傳。藍筆。「見文法輒取」句。言見獄辭與文法應，輒取之，而不覆按其事，以求官屬陰罪也。「上所是，受而著讞決法」，謂承上意著讞詞決其法，因載其事於廷尉律令中，使後疑事得比例絜度，所以揚上之明。丹筆。「湯爲御史大夫七歲，敗」句。湯所以敗，事緒多端，非用此爲關鍵，則散漫而無紀。「丞相患之，三長史皆害湯，欲陷之」句。法與先揭「湯爲御史大夫七歲，敗」同。「天子果以湯懷詐面欺」，與狄山言湯詐忠相應。「湯母曰」段。與篇首湯父大驚，使書獄相映。「趙禹中廢」段。禹與湯並起而死在湯後，故牽連以書。又覆舉禹事，與寧成以湯爲無害，武安侯薦之，丞相弘數稱其美相映。義縱下「寧成家居」段。義縱守南陽，寧成奔亡而其迹終焉，故叙列於此。「後一歲，張湯亦死」句。湯誅在縱前，以天下事皆決於湯，故連書其敗露誅死，不得與縱相次，而至是始補記其歲月也。藍筆。王溫舒下「爲方略，吏苛察盜賊」句。吏，當作「使」。丹筆。「尹齊亦以淮陽都尉病死」句。齊與溫舒相代爲中尉，而死又相次，故牽連以書。減宣傳，宣之出最早，而繫於篇終，其死後也。「杜周初徵爲廷史」段。禹、湯尚能廉，而周則家貲累巨萬矣，郅都尚能死節官下，不顧妻子，而周且爲子孫營窟矣，故以是終篇。藍筆。

「都爲人」至「無所聽」，寧成周陽由傳「爲人小吏」至「如束濕薪」，又「其治效郅都」至「人人惴恐」又「自寧成、周陽由」至「成、由等矣」。藍圈。「上以爲能」句，「於是上以爲能」句。丹圈。

「禹爲人」三字，「務在絶知友」至「一意而已」，又「湯爲人」三字，又「其欲薦吏」至「如此」。藍圈。「所治即上意」至「法上財察」。丹點。「是以湯雖文」至「數稱其美」。丹圈。「其治獄所排」至「爲御史大夫」，又「天下事」至「咸指湯」，又「湯爲御史大夫七歲，敗」句，又「宣嘗與湯」至「未奏也」，又「丞相患之」至「會稽人也」，又「賈臣楚士」至「常欲死之」，又「王朝，齊人也」句，「邊通，學長短，剛暴彊人也」句，又「故皆居湯右」至「合謀曰」，又「減宣亦奏謁居等事」句，又「趙禹中廢」至「卒於家」。藍圈。「上以爲能」句。丹圈。「是時趙禹」至「毛摯爲治」，又「然取爲小治」至「以惡用矣」。藍圈。「後一歲，張湯亦死」句。丹圈。王温舒傳「以其故」至「不拾遺」。藍圈。「天子聞之，以爲能」句，又「上以爲能」句，「天子以爲能」句。丹圈。「自温舒等」至「盜賊滋起」，又「大群至數千」至「不可勝數也」，又「其後小吏」至「避法焉」。藍圈。「奏事中上意」句。丹圈。「任用與減宣相編」句，「其治與宣相放」句，「其治大放張湯」句，又「至周爲廷尉，詔獄亦益多矣」句。藍圈。「天子以爲盡力無私」句。丹圈。「其治暴酷」至「數巨萬矣」。藍圈。

大宛列傳

「大宛之迹見自張騫」句。漢伐大宛在張騫死後，而此篇前幅乃通西北諸國事，非此二語總提，首尾不能相攝。藍筆。「騫爲人彊力」段。著其所以崎嶇而卒能歸漢也。丹筆。「大宛在匈奴西南」段。諸國地勢道里皆以大宛四面言之，列序諸國皆牽連大宛，以爲大宛立傳也。「其南則河源出焉」句。爲漢使窮河源張本也。「是後天子數問騫大夏之屬」句。書此以爲騫求使語張本也。「騫因分遣副使」段。大宛之迹見自騫使月氏，其兵端起於使西北國者稱宛多善馬，故用此爲關鍵。「自博望侯騫死後」句。此篇前半記通使西北國，後半記以通使起兵端，而終於伐宛。故因烏孫獻馬預入，後得宛馬以爲中間之樞紐，而通烏孫乃騫本謀，故特書自博望侯死後，與篇首相映，然後首尾脉絡一綫。藍筆。「烏孫多馬，其富人至有四五千匹馬」二句。此見烏孫馬不重，富人至有四五千匹，而其王以馬千匹聘漢女，未爲重幣，乃漢君臣廷議要以必先納聘而後遣女，大辱國矣。丹筆。「漢使還而後發使，隨漢使來」段。使端無窮，每遣齎金幣直數千萬，而所得不過大鳥卵、黎軒善眩人，及蘇薤之屬耳。此與後天下騷動，傳相奉伐宛而僅得善馬數十匹，中馬以下三千餘匹相應。「天子大悦，而漢使窮河源」段。見武帝侈心與前重九譯致殊俗相應。「宛以西皆自以遠」段。爲貳師伐宛，當道小國不肯給食張本。藍筆

「大宛之迹見自張騫」句，「漢方欲事滅胡」二句，又「騫從月氏至大夏」二句，又「騫身所至」至「爲天子言之」，又大夏下「以騫度之」至「去蜀不遠矣」，又「且誠得」至「徧於四海」。藍圈。「天子欣然以騫言爲然」句。丹圈。「於是漢」至「通滇國」句，又「及張騫言」至「復事西南

夷」，又「是歲元朔六年也」句，「是歲漢遣驃騎」句，又「其明年渾邪」至「到而希矣」，又「是後天子」至「失侯因言」。藍圈。「天子以爲然」句。丹圈。「烏孫國分王」至「不得其要領」，又「騫因分遣副」至「及諸旁國」，又「其後歲餘」至「通於漢矣」，又「自博望侯騫死後」句。藍圈。「及得大宛」至「曰天馬云」。丹圈。「而漢始築」至「相望於道」，又「是時漢既滅越」至「通大夏」。藍圈。「天子爲其絶遠」句，「天子爲其習之」句。丹圈。「而樓蘭姑師」至「恢等尤甚」，又「於是酒泉」至「玉門矣」句，又「初，漢使」至「安息」句，又「西北外國」至「而使也」。藍圈。「天子既好宛馬，聞之甘心」句，又「而欲侯寵姬李氏」句。丹圈。「是歲太初元年也」句。藍圈。「天子已業」至「苦漢使矣」。丹圈。「天下騷動，傳相奉伐宛」句，「初，貳師後行」句，「貳師之伐宛也」句，「伐宛再反，凡四歲而得罷焉」句，又「而敦煌置酒泉」至「給使外國者」。藍圈。

游俠列傳

序「二者皆譏，而學士多稱於世」句。謂二者實皆可譏，而學士則多見稱於世，蓋有感於游俠之獨爲儒墨所排擯也。「至如以術取宰相卿大夫」句。此謂公孫弘、張湯輩，其行事具在國史，鄙瑣齷齪不足道也。「竊鉤者誅」四句。竊鉤者誅，喻俠客之捍文網也。竊國者侯，喻弘、湯誣上殘民以竊高位也。諸侯之門必有稱誦其仁義者，譏世人不知弘、湯之醜而稱羡之也。「今拘學或抱咫尺之義」段。此譏拘學始或抱義，及不爲世所取，則變其初志，以爲不若與世浮沈而取榮名也。所謂榮名，即以術取宰相卿大夫，非君子所謂榮名也。曲學阿世，爲卑鄙之論，以儕於流俗，乃與世浮沈以取榮名之術。丹筆。

朱家下「陰脱季布」至「不見也」。丹圈。「楚田仲以俠聞」句，又「田仲已死而洛陽有劇孟」。藍圈。「天下騷動」至「一敵國云」。丹圈。「亦以俠稱江淮之閒」句。藍圈。郭解下「適有天幸」至「若遇赦」。丹圈。「然其自喜爲俠益甚」句。藍圈。「其陰賊」至「如故云」。丹圈。

佞幸列傳

「仁寵最過，庸乃不甚篤」句。庸，用也，謂雖寵愛，而任用亦不甚篤也，春秋傳「士伯庸中行，君信之，亦庸士伯」。「弦次初詩」句。謂能以新聲弦音比次新造樂章也。丹筆。「自是之後」至「然不足數也」。藍圈。

龜策列傳

此篇文氣類班孟堅，非褚少孫所作。「余至江南」以下義支詞淺，或少孫所爲耳。丹筆。

貨殖列傳

「輓近世塗民耳目」句。以心計取之，乃謂不加賦而國用足者是也。丹筆。「故善者因之」段。嗜欲既開，勢不能閉民欲利之心而返於郅治之極，故善者不過因之利道之而已。其次教誨整齊，猶能導利而上下布之也。「夫山西饒材、竹」段。古者國有分土，民安其居，無遠商大賈，故略舉土之所出，此善者之所因也。「周書曰『農不出則乏其食』」段。此因之利道之事，虞夏以來之政術也。「於是太公勸其女功」段。此教誨整齊之事，王道之始變也。藍筆。「計然曰」段。太公、管仲，富國之巧者也。計然以富家之術施於國則少貶矣。「務完物」三句。謂務取完善之物，令可久藏，且易售。其腐敗者則自食而不以市人也。「范蠡既雪會稽之恥」段。陶朱公、子貢、白圭，富家之巧者也，故並以能試所長許之。猗頓而下，則商賈之誠壹者耳。「夫使孔子名布揚于天下者」段。漢時富商大賈得與王者同樂，而封君低首仰給，所謂得勢益彰也。不敢顯言，而轉以子貢當之，謂子貢之所以顯聞，乃不以其學而以其財也。「漢興」段。漢興，海内爲一，舟車無所不通，故詳載行賈之地道里疆界所凑，并及其民性質習俗。「地重，重爲邪。及秦孝文、繆居雍，隙隴、蜀之貨物」段。地重者，其土厚而人性敦重也。「居雍」句。「隙」字屬下讀，與後文東綰濊貉、朝鮮之利，文正相類。蓋居其隙而并受之也。「由此觀之，賢人深謀於廊廟」段。豈真能守信死節？特深謀議論時云然耳。蓋謂趙綰、王臧之屬隱居巖穴，設爲名高，謂公孫弘、兒寬之屬以士大夫而陰懷欲富之心，則與攻剽椎埋，趙女鄭姬無以别耳。丹筆。「故曰陸地牧馬二百蹄」段。此以山澤畜牧殖貨者。「通邑大都，酤一歲千釀」段。此以商賈殖貨者。藍筆。「節駔儈」句。駔儈，所以成賈，按節出物，不失其時也。「有游閑公子之賜與名」句。言既得游閑公子之賜，復得獲交諸公之名。丹筆。「夫千乘之王」至「編户之民乎」。丹圈。「計然之策七」至「吾欲用之家」，又「乃治産」至「不責於人」，又「而白圭樂觀時變」句。藍圈。「夫倮鄙人」至「非以富邪」。丹圈。「關中自汧、雍以東至河、華」句，又「隙隴、蜀之貨物而多賈」句，又「櫟邑北」至「通三晉」，又「南則巴蜀」句，「唯褒斜綰轂其口」句，又「天水、隴西、北地、上郡」句，「唯京師要其道」句，又「夫三河」至「所更居也」，又「楊、平陽陳」至「石北也」，又「故楊、平」至「趙、中山」，又「然邯鄲」至「一都會也」句，「夫燕」至「一都會也」句，又「洛陽」至「梁、楚」，又「臨菑」至「一都會也」句，又「夫鴻溝」至「亦一都會也」，又「夫自淮北」至「西楚也」，又「彭城以東」至「東楚也」，「夫吳」二字，又「亦江東一都會也」句，連下至「南楚也」，又「郢之後」至「一都會也」，又「番禺亦其一都會也」句，又「南陽」二字，又「宛亦一都會也」句，又「楚越之地」四字，又「秦夏梁魯」四字，「三河宛陳」四字，「齊趙」二字，「燕代」二字。藍圈。「此有知盡能索耳」二句，又「無嚴處奇士」至「亦足羞也」。丹圈。「請略道」至「觀擇焉」。藍圈。

太史公自序

「是歲，天子始建漢家之封，而太史公留滯周南」段。封禪書載諸方士以封禪爲合不死之名，致怪物，接仙人蓬萊士之術，而特書諸儒不能辨明封禪事，故於此著其父之發憤以死。蓋憤己不得與從事，而辨明方士之妄誣也。「先人有言」段。著其父雖兼論六家要指，而自處與教子則一於儒也。紹明世者，繼孔子而明世教也。丹筆。「而太史公遭李陵之禍」句。「太史公」三字，少孫所妄增也。篇首曰談爲太史公，則不復以自謂明矣。藍筆。韓世家序「嘉厥輔晉匡周天子之賦」句。韓厥事於傳無考。孟荀列傳序，傳稱天下方從横戰伐，而孟子乃述唐虞三代之德，荀卿序列儒墨道德之行事，則獵儒墨之遺文者，謂荀卿也；明禮義之統紀者，謂孟子也；絶惠王利端，謂孟子；列往世興衰，謂荀卿也。史記序所稱先後多錯綜，陳杞世家序「爰周陳杞，楚實滅之。田齊既起，舜何人哉」，管晏傳序「晏子儉矣，夷吾則奢。齊桓以霸，景公以治」，正與此類。儒林傳序，傷武帝不能依古庠序以興教化，而儒術變爲文辭之學也。史序多微文，不敢指斥，如酷吏天下所共惡也，而序乃曰「民奸究弄法，善人不能化，唯一切嚴削爲能齊之」，皆辭若褒而義存譏刺也。日者傳序「各有俗所用」爲句。言日者因其國俗，各有所用卜筮之法，欲循觀其大指，故作此傳也。天官書「國殊窟穴，家占物怪」，即各有俗所用之謂也。丹筆。「太史公曰：余述歷黃帝以來至太初而訖，百三十篇」句。序既終而復出此十六字，蓋舉其凡計綴於篇終，猶衛霍列傳特標左方兩大將軍及諸裨將名耳。藍筆。

「其在周」三字，「當周宣王時」句，「惠襄之閒」句，又「而司馬氏」至「其在衛者」，又「在趙者」句，又「在秦者名錯」句，「錯孫靳」句，「靳孫昌」句，又「當始皇之時」至「蒯聵元孫卬」，又「昌生無澤」句，「無澤生喜」句，「喜生談，談爲太史公」句，「太史公仕於建元、元封之間」句，又「太史公既掌天官」至「有子曰遷」，又「是歲天子至河、洛之間」。藍圈。「卒三歲而遷」至「諸神受紀」。藍圈，丹同。「七年而太史公遭李陵之禍」句，又「於是卒述」至「自黃帝始」。藍圈。

删定荀子管子

金菊園　整理

整理説明

删定荀子不分卷、删定管子不分卷，係方苞對先秦諸子中較有影響的兩部典籍荀子和管子所做的選本。

荀子是先秦儒家的最後一位大師，在戰國至秦漢的儒家學説和典籍的承傳上，荀子起到了至爲關鍵的作用。然而隨着唐中期韓愈評價荀子學説爲「大醇小疵」，至宋代理學興起以及孟子地位的逐漸提高，荀子就被作爲孟子的對立面，地位逐漸下降，其書也由之前與孟子並列降格爲子部儒家類著作。而管子一書則記録了春秋時期政治家、思想家管仲的生平言行，雖一般將其列爲法家類著作，然其書内容駁雜，包含道家、儒家、陰陽家、名家等思想。

方苞認爲，荀子和管子雖然無法與純粹的儒家經典相比，但「荀氏之書略述先王之禮教，管氏之書掇拾近古之政法，雖不偏不該，以視諸子之背道而馳者，則有間矣」。故而對二書進行删定。其中，荀子一書中的成相、致仕、强國、賦篇等四篇全部删除，管子則摒棄了幼官圖、五輔、地圖、四稱、正世、封禪、乘馬數、事語、山國軌、山權數、山至數、國准、輕重甲至丙、戊至庚等近二十篇。其保留的篇目，也進行了不同程度的删減，並在部分句下附以簡注及按語。這些都能體現方苞對先秦諸子著作的態度。

據望溪先生年譜，删定荀子管子成書於乾隆元年秋七月，現存版本有乾隆寫刻本、清康熙至嘉慶間抗希堂十六種本。本次整理，以清乾隆寫刻本爲底本，此本卷端題「桐城方苞望溪氏删定　混同顧琮用方氏參校」，或即顧氏所刻。卷首有方苞乾隆元年序，交待了删定二書始末。需要説明的是，本書篇目次第與通行本荀子、管子不盡相同，如删訂荀子中將天論置於君子後，並將非十二子與性惡二篇置於全書末尾；删定管子中將輕重丁第八十三置於臣乘馬第六十八和海王第七十二之間。今亦不做更動，以存原貌。整理過程中的不當之處，懇請方家不吝指正。

整理者

二〇一八年六月

目録

管子……（四四三）

删定荀子管子序

自周以前，上明其道，而下守之以爲學，舍故府之禮籍，史臣之記載，太師所陳之風謡，無家自爲書者。周衰道散，然後諸子各以其學鳴。唯荀氏之書略述先王之禮教，管氏之書掇拾近古之政法，雖不偏不該，以視諸子之背而馳者，則有間矣。而其義之駁，辭之蔓，學者病焉。切而究之，荀氏之疵累，乃其書所自具，而管氏則衆法家所附綴而成，且雜以道家之説，齊東野人之語，此則就其辭氣可識别者也。余少時嘗妄爲删定，兹復審詳，凡辭之繁而塞、詭而俚者，悉去之，而義之大駁者，則存而不削。蓋使學者知二子之智，乃以此自瑕，而爲知道者所深擯，亦所以正其趨向也。管氏之書，其本真蓋無幾，以其學既離道而趨于術，則凡近似而有所開闡者，皆得以類相從，而無暇深辨焉耳。

乾隆元年秋九月，桐城方苞譔。

荀子

勸學

君子曰：學不可以已。青，出之于藍而青于藍；冰，水爲之而寒于水。木直中繩，輮以爲輪，其曲中規，雖有槁暴，不復挺者，輮使之然也。故木受繩則直，金就礪則利，君子博學而日參省乎己，苞按：以所學于古者參驗省察于己之所行也。則知明而行無過矣。故不登高山，不知天之高也；不臨深谿，不知地之厚也；不聞先王之遺言，不知學問之大也。於越夷貊之子，生而同聲，長而異俗，教使之然也。吾嘗終日而思矣，不如須臾之所學也。吾嘗跂而望矣，不如登高之博見也。登高而招，臂非加長也，而見者遠；順風而呼，聲非加疾也，而聞者彰。假輿馬者，非利足也，而致千里；假舟檝者，非能水也，而絶江河。君子生非異也，善假于物也。南方有鳥焉，名曰蒙鳩，以羽爲巢，而編之以髮，繫之葦苕。蒙鳩，鷦鷯也。苕，葦之秀也。今巧婦鳥之巢至精密，多繫于葦竹之上。風至苕折，卵破子死。巢非不完也，所繫者然也。西方有木焉，名曰射干，莖長四寸，生于高山之上，而臨百仞之淵，木莖非能長也，所立者然也。蓬生麻中，不扶而直。蘭槐之根是爲芷，其漸之滫，君子不近，庶人不服，其質非不美也，所漸者然也。蘭槐，苗名蘭茝，根名芷。漸，漬也，染也。滫，溺也。言雖香草，浸漬于溺中，則可惡也。故君子居必擇鄉，遊必就士，所以防邪僻而近中正也。物類之起，必有所始；榮辱之來，必象其德。彊自取柱，柔自取束。邪穢在身，怨之所構。積土成山，風雨興焉；積水成淵，蛟龍生焉；積善成德，而神明自得，聖心備焉。故不積蹞步，無以至千里；不積小流，無以成江河。騏驥一躍，不能十步；駑馬十駕，功在不舍。鍥而舍之，朽木不折；鍥而不舍，金石可鏤。是故無冥冥之志者無昭昭之明，無惛惛之事者無赫赫之功。行衢道者不至，爾雅云：「四達謂之衢。」或曰兩道也。事兩君者不容。目不兩視而明，耳不兩聽而聰。螣蛇無足而飛，梧鼠五技而窮。梧鼠，當爲「鼫鼠」，蓋本誤爲「鼯」字，傳寫誤爲「梧」耳。五技，謂能飛不能上屋，能緣不能窮木，能游不能渡谷，能穴不能掩身，能走不能先人。詩曰：「鳲鳩在桑，其子七兮。詩曹風鳲鳩之篇。毛萇云：「鳲鳩，鴶鞠也。鳲鳩之養七子，旦從上而下，夕從下而上，平均如一。」淑人君子，其儀一兮。其儀一兮，心如結兮。」故君子結于一也。昔者瓠巴鼓瑟而流魚出聽，伯牙鼓琴而六馬仰秣。故聲無小而不聞，行無隱而不形。玉在山而草木潤，淵生珠而崖不枯。爲善不積邪，安有不聞者乎？學惡乎始？惡乎終？曰：其數則始乎誦經，終乎讀禮；其義則始乎爲士，終乎爲聖人。真積力久則入，學至乎没而後止也。故學數有終，若其義則不可須臾舍也。爲之，人也；舍之，禽獸也。故書者，政事之紀也；詩者，中聲之所止也；禮者，法之大分、群類之綱紀也。故學至乎禮而止矣。夫是之謂道德之極。禮之敬文也，樂之中和也，詩書之博也，春秋之微也，在天地之間者畢矣。古之學者爲己，今之學者爲人。君子之學也，以美其身，小人之學也，以爲禽犢。禽犢，饋獻之物也。故不問而告謂之傲，問一而告二謂之囋。傲，非也；囋，非也。君子如嚮矣。學莫便乎近其人。禮樂法而不説，詩書故而不切，春秋約而不速。方其人之習君子之説，則尊以徧矣，周于世矣。故曰學莫便乎近其人。苞按：言學者自求之于經，未能速化。若近君子而習其説，則知聖人之道之尊，而諸經之義可徧矣，于世事無不周矣。所謂學莫便乎近其人者以此。學之經莫速乎好其人，隆禮次之。學之大經莫速于好近賢人。若無其人，則隆禮爲次之。上不能好其人，下不能隆禮，安特將學雜識，志順詩書而已耳，則末世窮年，不免爲陋儒而已。安，語助，或作「案」，荀子多用此字。特，猶言抑也。雜識志，謂雜志記書百家之説。苞按：「將學雜識」句。志，心所之也。順，循習也。特欲學雜記志于循習詩書而已，終不免爲陋儒也。將原先王，本仁義，則禮正其經緯蹊徑也。若挈裘領，詘五指而頓之，順者不可勝數也。不道禮憲，苞按：道，由也。以詩書爲之，譬之猶以指測河也，以戈舂黍也，以錐飡壺也，不可以得之矣。故隆禮，雖未明法，士也；不隆禮，雖察辨，散儒也。問楛者勿告也，楛，與苦同，惡也。問楛，謂所問非禮義也。告楛者勿問也，説楛者勿聽也，有争氣者勿與辨也。故禮恭而後可與言道之方，辭順而後可與言道之理，色從而後可與言道之致。詩曰：「匪交匪紓，天子所予。」此之謂也。百發一失，不足謂善射；千里蹞步不至，不足謂善御；倫類不通，仁義不一，不足謂善學。學也者，固學一之也。一出焉，一入焉，塗巷之人也。其善者少，不善者多，桀、紂、盜跖也。全之盡之，然後學者也。君子知夫不全不粹之不足以爲美也，故誦數以貫之，苞按：數，所誦之多也。所誦者多，然後彼此相貫。思索以通之，爲其人以處之，爲擇賢人與之處也。除其害者以持養之，使目非是無欲見也，使耳非是無欲聞也，使口非是無欲言也，使心非是無欲慮也。及至其致好之也，目好之五色，耳好之五聲，口好之五味，心利之有天下。是故權利不能傾也，群衆不能移也，天下不能蕩也。生乎由是，死乎由是，夫是之謂德操。德操然後能定，能定然後能應。能定能應，夫是之謂成人。天見其明，地見其光，君子貴其全也。

脩身

見善脩然，必以自存也。見不善愀然，必以自省也。善在身，介然必以自好也。不善在身，菑然必以自惡也。菑，讀爲災。災然，災害在身之貌。故非我而當者，吾師也；是我而當者，吾友也；諂諛我者，吾賊也。故君子隆師而親友，以致惡其賊。好善無厭，受諫而能誡，雖欲無進，得乎哉？小人反是。致亂而惡人之非己也，致不肖而欲人之賢己也，心如虎狼，行如禽獸，而又怨人之賊己也。諂諛者親，諫諍者疏，修正爲笑，至忠爲賊，雖欲無滅亡，得乎哉？詩曰：「噏噏呰呰，亦孔之哀。謀之其臧，則具是違。謀之不臧，則具是依。」此之謂也。凡用血氣、志意、知慮，由禮則治通，不由禮則勃亂提僈。食飲、衣服、居處、動靜，由禮則和節，不由禮則觸陷生疾。容貌、態度、進退、趨行，由禮則雅，不由禮則夷固辟違，庸衆而野。故人無禮則不生，事無禮則不成，國家無禮則不寧。詩曰：「禮儀卒度，笑語卒獲。」此之謂也。治氣養心之術：血氣剛强，則柔之以調和；知慮漸深，苞按：謂漸染于機詐者深也。莊子「知詐漸毒」。則一之以易良；勇膽猛戾，則輔之以道順；齊給便利，則節之以動止；狹隘褊小，則廓之以廣大；卑濕、重遲、貪利，則抗之以高志；庸衆駑散，則刦之以師友；怠慢僄棄，僄，輕也。謂自輕其身也。則炤之以禍災；愚欵端愨，則合之以禮樂，通之以思索。凡治氣養心之術莫徑由禮，莫要得師，莫神一好，夫是之謂治氣養心之術也。身勞而心安，爲之；利少而義多，爲之。事亂君而通，不如事窮君而順焉。故良農不爲水旱不耕，良賈不爲折閱不市，折，損也。閱，賣也。謂損所閱賣之物價也。士君子不爲貧窮怠乎道。體恭敬而心忠信，術禮義而情愛人，横行天下，雖困四夷，人莫不貴。勞苦之事則争先，饒樂之事則能讓，端愨誠信，拘守而詳，横行天下，雖困四夷，人莫不任。體倨固而心執詐，術順墨而精雜汙，順，當爲「慎」，齊宣王時處士慎到也。其術本黄老，歸刑名。横行天下，雖達四方，人莫不賤。勞苦之事則偷儒轉脱，饒樂之事則佞兑而不曲，不曲，謂直取之也。辟違而不愨，程役而不録，録，檢束也。于功程及勞役之事，怠惰而不檢束，言不能拘守而詳也。横行天下，雖達四方，人莫不棄。行而供冀，非漬淖也。供，恭也。冀，當爲「翼」。凡行自當恭敬，非爲漬于泥淖也。人在泥淖中則兢兢然。行而俯項，非擊戾也。苞按：俯項，猶俯首，君子卑躬循禮，自當俯首，非遇攻擊暴戾之人而自屈也。偶視而先俯，非恐懼也。然夫士欲獨修其身，不以得罪于比俗之人也。夫驥一日而千里，駑馬十駕，則亦及之矣。將以窮無窮，逐無極與？其折骨絶筋，終身不可以相及也。將有所止之，則千里雖遠，亦或遲或速，或先或後，胡爲乎其不可以相及也？不識步道者將以窮無窮逐無極與？意亦有所止之與？夫堅白同異有厚無厚之察，非不察也，然而君子不辨，止之也。此言公孫龍、惠施之曲説異理，不可爲法也。倚魁之行，非不難也，然而君子不行，止之也。苞按：君子辨不貴苟察，以知有所止也。行不貴苟難，以行有所止也。故學曰：遲彼止而待我，我行而就之，則亦或遲或速，或先或後，胡爲乎其不可以同至也？故蹞步不休，跛鼈千里；累土不輟，丘山崇成；厭其源，開其瀆，江河可竭；一進一退，一左一右，六驥不致。彼人之才性之相懸也，豈若跛鼈之與六驥足哉？然而跛鼈致之，六驥不致，是無他故焉，或爲之，或不爲之耳。道雖邇，不行不至；事雖小，不爲不成。其爲人也多暇日者，其出入不遠矣。好法而行，士也；篤志而體，君子也；齊明而不竭，聖人也。人無法，則倀倀然；有法而無志其義，則渠渠然；渠讀爲遽，古字渠、遽通用。渠渠，不寬泰之貌。志，識也。不識其義，謂但拘守文字。依乎法而又深其類，然後温温然。禮者，所以正身也；師者，所以正禮也。無禮，何以正身？無師，吾安知禮之爲是也？禮然而然，則是情安禮也；師云而云，則是知若師也。不是師法而好自用，譬之是猶以盲辨色，以聾辨聲也，舍亂妄無爲也。老老而壯者歸焉，不窮窮而通者積焉，行乎冥冥，施乎無報，而賢不肖一焉。人有此三行，雖有大過，天其不遂乎？君子之求利也略，其遠患也早，其避辱也懼，其行道理也勇。君子貧窮而志廣，富貴而體恭，安燕而血氣不惰，勞勧而容貌不枯。怒不過奪，喜不過予。君子貧窮而志廣，隆仁也；富貴而體恭，殺勢也；安燕而血氣不惰，柬理也。苞按：柬，與檢同，謂檢柬于義理也。勞勧而容貌不枯，好交也。以和好交接于物，志意常泰也。怒不過奪，喜不過予，法勝私也。書曰：「無有作好，遵王之道；無有作惡，遵王之路。」此言君子之能以公義勝私欲也。

不苟

君子行不貴苟難，說不貴苟察，名不貴苟傳，唯其當之爲貴。

君子易知而難狎，易懼而難脅，畏患而不避義死，欲利而不爲所非，交親而不比，言辯而不辭，蕩蕩乎其有以殊于世也。

君子養心莫善于誠，致誠則無他事矣。誠心守仁則形，形則神，神則能化矣。誠心行義則理，理則明，明則能變矣。天地爲大矣，不誠則不能化萬物；聖人爲知矣，不誠則不能化萬民。

千人萬人之情，一人之情是也。天地始者，今日是也。百王之道，後王是也。君子審後王之道而論于百王之前，若端拜而議，推禮義之統，分是非之分，總天下之要，治海内之衆若使一人。故操彌約而事彌大，五寸之矩盡天下之方也。故君子不下室堂，而海内之情舉積此者，則操術然也。

公生明，偏生闇，端慤生通，詐僞生塞，誠信生神，夸誕生惑。此六生者，君子慎之，而禹、桀所以分也。欲惡，取舍之權。見其可欲也，則必前後慮其可惡也者，見其可利也，則必前後慮其可害也者，而兼權之，熟計之，然後定其欲惡取舍，如是則常不失陷矣。凡人之患，偏傷之也。見其可欲也，則不慮其可惡也者，見其可利也，則不顧其可害也者，是以動則必陷，爲則必辱，是偏傷之患也。人之所惡者，吾亦惡之。夫富貴者則類傲之，夫貧賤者則求柔之，是非仁人之情也，是姦人將以盜名于晻世者也，險莫大焉。故曰：盜名不如盜貨，田仲、史鰌不如盜也。

榮辱

博而窮者，訾也。辯而不説者，争也。直立而不見知者，勝也。廉而不見貴者，劌也。勇而不見憚者，貪也。信而不見敬者，好剸行也。此小人之所務，而君子之所不爲也。

鯈䱁者，浮陽之魚也。鯈䱁，魚名。浮陽，謂此魚好浮于水上以就陽也。或曰勃海縣名也。胠于沙而思水，則無逮矣；挂于患而欲謹，則無益矣。自知者不怨人，知命者不怨天。怨人者窮，怨天者無志。

材性知能，君子小人一也。好榮惡辱，好利惡害，是君子小人之所同也。若其所以求之之道則異矣。君子窮則不隱，通則大明，身死而名彌白。小人莫不延頸舉踵而願曰：「知慮材性固有似賢人也夫。」賢人，賢過于人也。不知其與己無以異也，則君子注錯之當，而小人注錯之過也。故熟察小人之知能，足以知其有餘，可以爲君子之所爲也。譬之越人安越，楚人安楚，君子安雅，是非知能材性然也，是注錯習俗之節異也。

仁義德行，常安之術也，然而未必不危也；汙僈突盜，常危之術也，然而未必不安也。故曰：君子道其常，而小人道其怪。

短綆不可以汲深井之泉，不知幾者不可與及聖人之言。

非相

欲觀千歲，則審今日；欲知億萬，則審一二；欲知上世，則審周道。故曰：以近知遠，以一知萬，以微知明，此之謂也。

五帝之外無傳人，非無賢人也，久故也。禹、湯有傳政而不若周之察也，非無善政也，久故也。

凡説之難，以至高遇至卑，以至治接至亂，未可直至也。遠舉則病繆，近世則病傭。善者于是間也，亦必遠舉而不繆，近世而不傭，與時遷徙，與世偃仰，緩急嬴絀，府然若渠堰隱括之于己也，府，與俯同，就物之貌。渠堰所以制水，隱括所以制木，君子制人亦猶此也。曲得所謂焉，然而不折傷。故君子之度己則以繩，接人則用抴。抴，牽引也。君子正己則以繩墨，接人則牽引而致之。韓侍郎云：「抴者，檠抴，匡弓弩之器也。」苞按：度己以繩，直而引之，無毫髮之不正也。接人用抴，曲而就之，俾積久而相安也。度己以繩，故足以爲天下法則矣。接人用抴，故能寬容，因求以成天下之大事矣。故君子賢而能容罷，知而能容愚，博而能容淺，粹而能容雜，夫是之謂兼術。

仲尼

仲尼之門人，五尺之豎子，言羞稱乎五伯，是何也？曰：彼以讓飾争，依乎仁而蹈利者也，小人之傑也。彼固曷足稱乎大君子之門哉？

儒效

聞之而不見，雖博必繆；見之而不知，雖識必妄；知之而不行，雖敦必困。不聞不見，則雖當，非仁也，其道百舉而百陷也。

王制

法而不議，則法之所不至者必廢。職而不通，則職之所不及者必隊。故有良法而亂者有之矣，有君子而亂者，自古及今未嘗聞也。

分均則不偏，勢齊則不一，衆齊則不使。夫兩貴之不能相事，兩賤之不能相使，是天數也。勢位齊而欲惡同，物不能贍則必争，争則亂，亂則窮矣。先王惡其亂也，故制禮義以分之，使有貧富貴賤之等，足以相兼臨者，是養天下之本也。書曰「維齊非齊」，此之謂也。

馬駭輿則君子不安輿，庶人駭政則君子不安位。傳曰：「君者，舟也。庶人者，水也。水則載舟，水則覆舟。」此之謂也。

富國

墨子之言，昭昭然爲天下憂不足。夫不足，非天下之公患也，特墨子之私憂過計也。今是土之生五穀也，人善治之，則畝數盆，一歲而再獲之，獲，當作「穫」。然後瓜桃棗李一本數以盆鼓，然後葷菜百疏以澤量，然後六畜禽獸一切而剸車，黿鼉魚鱉鰌鱣以時別一而成群，然後飛鳥鳧鴈若煙海，然後昆蟲萬物生其間，可以相食養者，不可勝數也。夫天地之生萬物也固有餘，足以食人矣；麻葛繭絲鳥獸之羽毛齒革也固有餘，足以衣人矣。夫有餘不足，非天下之公患也，特墨子之私憂過計也。天下之公患，亂傷之也。胡不嘗試相與求亂之者誰也？我以墨子之非樂也，則使天下亂；墨子之節用也，則使天下貧。非將隳之也，説不免焉。墨子大有天下，小有一國，將蹙然衣麤食惡，憂戚而非樂，若是則瘠，瘠則不足欲，不足欲則賞不行。墨子大有天下，小有一國，將少人徒，省官職，與百姓均事業，齊功勞，若是則不威，不威則賞罰不行，賞不行則賢者不可得而進也，罰不行則不肖者不可得而退也，賢者不可得而進也，不肖者不可得而退也，則能不能不可得而官也。若是則萬物失宜，事變失應，上失天時，下失地利，中失人和，天下敖然若燒若焦。墨子雖爲之衣褐帶索，嚽菽飲水，惡能足之乎？既以伐其本，竭其原，而焦天下矣。故先王聖人爲之不然，知爲人主上者，不美不飾之不足以一民也，不富不厚之不足以管下也，不威不彊之不足以禁暴勝悍也。故必將撞大鐘，擊鳴鼓，吹笙竽，彈琴瑟，以塞其耳；必將錭琢刻鏤，黼黻文章，以塞其目；必將芻豢稻粱，五味芬芳，以塞其口。然後衆人徒，備官職，漸慶賞，嚴刑罰，以戒其心，使天下生民之屬，皆知己之所願欲之舉在于是也，故其賞行；皆知己之所畏恐之舉在于是也，故其罰威。賞行罰威，則賢者可得而進也，不肖者可得而退也，能不能可得而官也。若是，則萬物得宜，事變得應，上得天時，下得地利，中得人和，天地何患乎不足也？

不教而誅，則刑繁而邪不勝。教而不誅，則姦民不懲。誅而不賞，則勤屬之民不勸。誅賞而不類，則下疑俗險而百姓不一。故曰：上一則下一矣，上二則下二矣，辟之若草木枝葉必類本，此之謂也。

不利而利之，不如利而後利之之利也；不愛而用之，不如愛而後用之之功也。利而後利之，不如利而不利者之利也；愛而後用之，不如愛而不用者之功也。

王霸

孔子曰：「知者之知，固以多矣。有以守少，能無察乎？[苞按：有，又也。]愚者之知，固以少矣。有以守多，能無狂乎？」

治國者，分已定，則主相臣下百吏各謹其所聞，不務聽其所不聞；各謹其所見，不務視其所不見。所聞所見誠以齊矣，則雖幽閒隱辟，百姓莫敢不敬分安制。以禮化其上，是治國之徵也。

主道治近不治遠，治明不治幽，治一不治二。主能治近，則遠者理；主能治明，則幽者化；主能當一，則百事正。夫兼聽天下，日有餘而治不足者如此也。苞按：治不足，謂天下之事不足治也。是治之極也。既能治近，又務治遠，既能治明，又務治幽，既能當一，又務正百，是過者也，猶不及也，辟之是猶立直木而求其影之枉也。不能治近，又務治遠；不能察明，又務見幽；不能當一，又務正百，是悖者也，辟之是猶立枉木而求其影之直也。故明主好要，而闇主好詳。主好要則百事詳，主好詳則百事荒。

使愚詔知，使不肖臨賢，生民則致貧隘，使民則綦勞苦。是故百姓賤之如偃，惡之如鬼，日欲司閒而相與投籍之，去逐之。司閒，伺其閒隙。投，擲也。籍，踐也。一作「投錯之」。卒有寇難之事，又望百姓之爲己死，不可得也，説無以取之焉。苞按：平時爲民所賤惡，而臨難望其爲己死，則其道無以取之。取之，謂得之于民也。理之所無，故求其説而不得也。孔子曰：「審吾所以適人，適人之所以來我也。」苞按：審，察也，詳也。人心皆同，我所以適人，必懷其人之德也。審是則人之所以來我者可知矣。此之謂也。

君道

有亂君，無亂國；有治人，無治法。羿之法非亡也，而羿不世中；禹之法猶存，而夏不世王。

合符節，別契券者，所以爲信也。上好權謀，則臣下百吏誕詐之人乘是而後欺。探籌投鈎者，所以爲公也。上好曲私，則臣下百吏乘是而後偏。衡石稱縣者，所以爲平也。上好傾覆，則臣下百吏乘是而後險。斗斛敦概者，所以爲嘖也。上好貪利，則臣下百吏乘是而後鄙。豐取刻與，以無度取于民，故械數者，治之流也，非治之源也。

今人主有六患：使賢者爲之，則與不肖者規之；使知者慮之，則與愚者論之；使修士行之，則與汙邪之人疑之。雖欲成立，得乎哉？辟之是猶立直木而恐其景之枉也，惑莫大焉。語曰：「好女之色，惡者之孽也。公正之士，衆人之痤也。循乎道之人，汙邪之賊也。」今使汙邪之人論其怨賊而求其無偏，得乎哉？

臣道

賢者則貴而敬之，不肖者則畏而敬之。賢者則親而敬之，不肖者則疏而敬之。

議兵

臨武君與孫卿子議兵于趙孝成王前。王曰：「請問兵要。」臨武君對曰：「上得天時，下得地利，觀敵之變動，後之發，先之至，此用兵之要術也。」孫卿子曰：「不然。凡用兵攻戰之本在乎一民。弓矢不調，則羿不能以中微；六馬不和，則造父不能以致遠；士民不親附，則湯、武不能以必勝也。故善附民者，是乃善用兵者也。」臨武君曰：「不然。兵之所貴者勢利也，所行者變詐也。善用兵者，感忽悠闇，莫知其所從出。孫、吴用之，無敵于天下，豈必待附民哉？」孫卿子曰：「不然。仁人之兵不可詐也。彼可詐者，君臣上下之間，滑然有離德也。故以桀詐桀，猶巧拙有幸焉。以桀詐堯，若赴水火，入焉焦没耳。故仁人上下，百將一心，三軍同力。臣之于君也，下之于上也，若子之事父，弟之事兄，若手臂之捍頭目而覆胸腹也。且仁人之用十里之國，則將有百里之聽；用百里之國，則將有千里之聽；用千里之國，則將有四海之聽。必將聰明警戒和傳而一，何可詐也？」孝成王、臨武君曰：「善。請問王者之兵設何道何行而可？」孫卿子曰：「凡在大王，將率，末事也。君賢者其國治，君不能者其國亂；隆禮貴義者其國治，簡禮賤義者其國亂。治者彊，亂者弱，是彊弱之本也。上足卬，卬，古「仰」字。則下可用也；上不足卬，則下不可用也。下可用則彊，下不可用則弱，是彊弱之常也。隆禮效功，上也。重禄貴節，次也。上功賤節，下也。是彊弱之凡也。好士者彊，不好士者弱。愛民者彊，不愛民者弱。政令信者彊，政令不信者弱。民齊者彊，不齊者弱。賞重者彊，賞輕者弱。刑威者彊，刑侮者弱。械用兵革攻完便利者彊，械用兵革窳楛不便利者弱。重用兵者彊，輕用兵者弱。權出一者彊，權出二者弱。是彊弱之常也。齊人隆技擊，其技也，得一首者賜贖錙金，無本賞矣。是事小敵毳則偷可用也，技，技力也。齊人以勇力擊斬敵者，號爲技擊。八兩曰錙。本賞，謂有功同受賞也。其技擊之術，斬得一首，則官賜錙金贖之。斬首雖戰敗亦賞，不斬首雖勝亦不賞，是無本賞也。毳，讀爲脆。事大敵堅則渙焉離耳若飛鳥然，傾側反覆無日，是亡國之兵也。兵莫弱是矣。是其去賃市傭而戰之幾矣。魏氏之武卒，以度取之，衣三屬之甲，如淳曰：「上身一，髀褌一，脛繳一，凡三屬也。」操十二石之弩，負服矢五十箇，置戈其上，冠軸帶劍，軸，與胄同。贏三日之糧，日中而趨百里，贏，負擔也。日中，一日之中。中試則復其户，利其田宅，是數年而衰而未可奪也，改造則不易周也。是故地雖大，其稅必寡，是危國之兵也。秦人，其生民也狹隘，其使民也酷烈，劫之以勢，隱之以阨，苞按：隱，痛也。阨，困也。如五甲首而隸五家，無功者則屬役于人，亦以困阨痛之使畏也。其將敗卒先奔者罰尤重可知矣。狃之以慶賞，鰌之以刑罰，使天下之民所以要利于上者，非鬬無由也。阨而用之，得而後功之，功賞相長也。五甲首而隸五家，是最爲衆彊長久，多地以正，故四世有勝，非幸也，數也。故齊之技擊不可以遇魏氏之武卒，魏氏之武卒不可以遇秦之銳士，秦之銳士不可以當桓、文之節制，桓、文之節制不可以敵湯、武之仁義。

有遇之者，若以焦熬投石焉。故招近募選，近，當爲「延」，傳寫悮耳。隆勢詐，尚功利，是漸之也。仁義教化，是齊之也。兵大齊則制天下，小齊則制鄰敵。若夫招近募選，隆勢詐，尚功利之兵，則勝不勝無常，代翕代張，代存代亡，相爲雌雄耳矣。夫是之謂盗兵，君子不由也。故齊之田單，楚之莊蹻，秦之衛鞅，燕之繆蟣，是皆世俗之所謂善用兵者，掎契司詐，契，讀爲挈，持也。掎契，猶言掎摭也。司，讀爲伺。權謀傾覆，未免盗兵也。齊桓、晋文、楚莊、吴闔閭、越勾踐是皆和齊之兵也，可謂入其域矣，然而未有本統也，故可以霸而不可以王。」孝成王、臨武君曰：「善。請問爲將。」孫卿子曰：「知莫大乎棄疑，行莫大乎無過，事莫大乎無悔。至無悔而止矣，成不可必也。故制號政令欲嚴以威，慶賞刑罰欲必以信，處舍收藏欲周以固，徙舉進退欲安以重，欲疾以速，窺敵觀變欲潛以深，欲伍以參，遇敵決戰必道吾所明，無道吾所疑，苞按：道，由也。夫是之謂六術。無欲將而惡廢，無急勝而亡敗，苞按：亡，當作「忘」。無威内而輕外，無見其利而不顧其害，凡慮事欲熟而用財欲泰，夫是之謂五權。所以不受命于主有三：可殺而不可使處不完，可殺而不可使擊不勝，可殺而不可使欺百姓，夫是之謂三至。凡受命于主而行三軍，三軍既定，百官得序，群物皆正，則主不能喜，敵不能怒，夫是之謂至臣。凡百事之成也，必在敬之；其敗也，必在慢之。故敬勝怠則吉，怠勝敬則滅；計勝欲則從，欲勝計則凶。戰如守，行如戰，有功如幸。敬謀無壙，無壙，言不敢須臾不敬也。壙，與曠同。敬事無壙，敬吏無壙，敬衆無壙，敬敵無壙，夫是之謂五無壙。

慎行此六術、五權、三至，而處之以恭敬無壙，夫是之謂天下之將，則通于神明矣。」臨武君曰：「善。請問王者之軍制。」孫卿子曰：「將死鼓，馭死轡，百吏死職，士大夫死行列。聞鼓聲而進，聞金聲而退，順命爲上，有功次之。令不進而進，猶令不退而退也，其罪惟灼。苞按：灼，當作「均」。不殺老弱，不獵禾稼，服者不禽，格者不赦，犇命者不獲。凡誅，非誅其百姓也，誅其亂百姓者也。」臨武君曰：「善。」陳囂問孫卿子曰：「先生議兵，常以仁義爲本。仁者愛人，義者循理，然則又何以兵爲？」孫卿子曰：「非汝所知也。彼仁者愛人，故惡人之害之也；義者循理，故惡人之亂之也。彼兵者，所以禁暴除害也，非爭奪也。」李斯問孫卿子曰：「秦四世有勝，兵彊海內，威行諸侯，非以仁義爲之也，以便從事而已。」孫卿子曰：「非女所知也。彼仁義者，所以修政者也。政修則民親其上，樂其君，而輕爲之死。秦四世有勝，諰諰然常恐天下之一合而軋己也，此所謂末世之兵，未有本統者也。故堅甲利兵不足以爲勝，高城深池不足以爲固，嚴令繁刑不足以爲威。由其道則行，不由其道則廢。楚人鮫革犀兕以爲甲，鞈如金石，鞈，堅貌。宛鉅鐵鉇，宛，地名，屬南陽。徐廣曰：「大鋼曰鉅。鉇，與鍦同，矛也。言宛地出此剛鐵爲矛。」慘如蠭蠆，輕利僄遬，卒如飄風，然而兵殆于垂沙，唐篾死，莊蹻起，楚分而爲三四。是豈無堅甲利兵也哉？其所以統之者非其道故也。汝、潁以爲險，江、漢以爲池，限之以鄧林，緣之以方城，然而秦師至而鄢、郢舉若振槁然，是豈無固塞隘阻也哉？其所以統之者非其道故也。是故兼併易能也，唯兼凝之難焉。齊能并宋而不能凝也，故魏奪之；燕能并齊而不能凝也，故田單奪之；韓之上地方數百里，完全富具，而趨趙，趙不能凝也，故秦奪之。故能并之而不能凝，則必奪；不能并之，又不能凝其有，則必亡。古者湯以薄，武王以滈，皆百里之地，天下爲一，諸侯爲臣，無他故焉，能凝之也。故凝士以禮，凝民以政，禮修而士服，政平而民安，以守則固，以征則彊，令行禁止，王者之事畢矣。

正論

世俗之爲説者曰：「治古無肉刑而有象刑：墨黥；慅嬰；共，艾畢；菲，對屨；殺，赭衣而不純。世俗以爲古之重罪以墨涅其面而已，更無劓刖之刑也。或曰墨黥當爲「墨幪」，以黑巾幪其面也。慅嬰當爲「澡嬰」，謂澡濯其布以爲纓。共，未詳，或衍字。艾，蒼白色。畢，同韠，蔽也。君朱，大夫素，士爵韋，罪人則蒼白色。菲，草屨也。對，當爲「紺」，枲也。慎子作「紺」。言罪人或菲或枲爲屨，故曰菲紺屨。以赤土染衣，故曰赭衣。純，緣也。慎子曰：「有虞氏之誅，以畫跪當黥，以草纓當劓，以復紺當刖，以艾畢當宮。」又尚書大傳曰：「唐虞之象刑，上刑赭衣不純，中刑雜屨，下刑墨幪。」幪，巾也。治古如是。」是不然。以爲治邪？則人固莫觸罪，非獨不用肉刑，亦不用象刑矣。以爲人或觸罪矣，而直輕其刑，然則是殺人者不死，傷人者不刑也。罪至重而刑至輕，庸人不知惡也，亂莫大焉。凡刑人之本，禁暴惡惡，且徵其未也。殺人者不死，而傷人者不刑，是謂惠暴而寬賊也，非惡惡也。故象刑殆非生于治古，並起于亂今也。

子宋子曰：「明見侮之不辱，使人不鬬。」應之曰：「然則以人之情爲不惡侮乎？」曰：「惡而不辱也。」曰：「若是則必不得所求焉。今俳優侏儒狎徒詈侮而不鬬者，是豈鉅知見侮之爲不辱哉？然而不鬬者，不惡故也。今人或入其央瀆，央瀆，中瀆也。如今人家出水溝也。竊其猪彘，則援劍戟而逐之，不避死傷，是豈以喪猪爲辱也哉？然而不憚鬬者，惡之故也。然則鬬與不鬬邪，亡于辱之與不辱也，乃在于惡之與不惡也。夫今子宋子不能解人之惡侮，而務説人以勿辱也，豈不過甚矣哉？」

禮論

禮起于何也？曰：人生而有欲，欲而不得，則不能無求，求而無度量分界，則不能不争，争則亂，亂則窮。先王惡其亂也，故制禮義以分之，以養人之欲，給人之求，使欲必不窮乎物，物必不屈于欲，兩者相持而長，是禮之所起也。故禮者，養也。芻豢稻粱，五味調香，所以養口也；椒蘭芬苾，所以養鼻也；雕琢刻鏤，黼黻文章，所以養目也；鐘鼓管磬，琴瑟竽笙，所以養耳也；

疏房檖貇越席牀第几筵，疏，通也。疏房，通明之房也。貇，古「貌」字。檖貇，未詳。或曰：檖，讀爲邃，貇，讀爲邈，言屋宇深邃綿邈也。第，牀棧也。越席，剪蒲席也。所以養體也。故禮者，養也。君子既得其養，又好其别。曷謂别？曰：貴賤有等，長幼有差，貧富輕重，皆有稱者也。孰知夫出死要節之所以養生也，孰知夫出費用之所以養財也，孰知夫恭敬辭讓之所以養安也，孰知夫禮義文理之所以養情也。故人苟生之爲見，若者必死；苟利之爲見，若者必害；苟怠惰偷儒之爲安，若者必危；苟情説之爲樂，若者必滅。故人一之于禮義，則兩得之矣；一之于情性，則兩喪之矣。故儒者將使人兩得之者也，墨者將使人兩喪之者也。是儒墨之分也。禮有三本：天地者，生之本也；先祖者，類之本也；君師者，治之本也。故王者天太祖，謂以太祖配天也。諸侯不敢壞，謂不祧其廟，若魯周公。史記作「不敢懷」，司馬貞云：「思也。」蓋誤耳。大夫士有常宗，所以别貴始。貴始，得之本也。得，當爲「德」，言德之本在貴始。穀梁傳有此語。郊止乎天子，而社至于諸侯，道及士大夫，道，通也。言社自諸侯通及士大夫也。所以别尊者事尊，卑者事卑，宜大者巨，宜小者小。故有天下者事十世，有一國者事五世，有五乘之地者事三世，有三乘之地者事二世，持手而食者不得立宗廟，所以表積厚者流澤廣，積薄者流澤狹也。大饗尚玄尊，俎生魚，先太羹，貴食飲之本也。饗尚玄尊而用酒醴，先黍稷而飯稻粱，祭齊太羹而飽庶羞，齊，讀爲嚌，舉至齒也。貴本而親用也。貴本謂之文，親用謂之理，兩者合而成文以歸大一，夫是之謂大隆。故尊之尚玄酒也，俎之尚生魚也，豆之先太羹也，一也。利爵之不醮也，成事之俎不嘗也，三臭之不食也，一也。醮，盡也。謂祭禮告利成之時，其爵不卒奠于筵前也。史記作「不卒」。成事，謂尸既飽禮成，不嘗其俎。臭，謂歆其氣，不食畢也。史記作「三侑之不食」，司馬貞曰：「禮祭必立侑以勸尸，食至三飯而止，每飯有侑一人，故曰三侑。既是勸尸，故不自食也。」大昏之未發齊也，太廟之未入尸也，始卒之未小斂也，一也。此三者皆禮之初也。始質而未僞，故云一也。大路之素未集也，郊之麻絻也，喪服之先散麻也，一也。未集，不集丹漆也。禮記曰「大路素而越席」。麻絻，緝麻爲冕，所謂大喪而冕，不用衮龍之屬也。士喪禮「始死，主人散帶垂長三尺」，史記作「大路之素幬」，司馬貞曰：「幬，同稠，謂車蓋素帷，亦質者也。」一也。三年之喪，哭之不文也；清廟之歌，一倡而三歎也；縣一鍾尚拊之膈，朱絃而通越也，縣一鍾，比于編鍾爲簡略也。尚拊之膈，未詳。朱絃，練朱絃也。練則聲濁。越，瑟底孔，所以發越其聲，故謂之越。疏通則聲遲。史記作「洞越」。一也。凡禮始乎梲，成乎文，終乎悅校。史記作「始乎脫，成乎文，終乎稅」。言禮始于脫略，成于文飾，終于稅減。校，未詳。大戴禮作「終于隆盛也」。故至備，情文俱盡；其次，情文代勝；其下，復情以歸大一也。立隆以爲極，而天下莫之能損益也。本末相順，終始相應，至文以有別，至察以有說，小人不能測也。禮之理誠深矣，堅白同異之察，入焉而溺。其理誠大矣，擅作典制辟陋之說，入焉而喪。其理誠高矣，暴慢恣睢輕俗之屬，入焉而隊。故繩墨誠陳矣，則不可欺以曲直；衡誠懸矣，則不可欺以輕重；規矩誠施矣，則不可欺以方圓；君子審于禮，則不可欺以詐僞。不法禮，不足禮，謂之無方之民。法禮足禮，謂之有方之士。足，謂無闕失。方，猶道也。禮之中焉能思索，謂之能慮。禮之中焉能勿易，謂之能固。能慮能固，加好者焉，斯聖人矣。禮者，以財物爲用，以貴賤爲文，以多少爲異，以隆殺爲要。文理繁，情用省，是禮之隆也。文理省，情用繁，是禮之殺也。文理情用相爲内外表裏，並行而雜，是禮之中流也。中流，言如水清濁相混。苞按：如大喪、天地宗廟之事，禮文繁重，而主人則一于哀敬，所謂情用省也。冠昏禮文簡易，而情意必周浹于親賓，所謂情用繁也。賓客燕饗，情文相稱，所謂並行而雜也。故君子上致其隆，下盡其殺，而中處其中，言君子于大禮則極其隆厚，小禮則盡其降殺，中用得其中，皆不失禮也。步驟馳騁厲騖，不外是矣。是君子之壇宇宫庭也。人有是，士君子也；外是，民也；于是其中焉，方皇周挾，方皇，讀爲仿偟。挾，讀爲浹。曲得其次序，是聖人也。故厚者，禮之積也；大者，禮之廣也；高者，禮之隆也；明者，禮之盡也。詩曰：「禮儀卒度，笑語卒獲。」此之謂也。

禮者，謹于治生死者也。生，人之始也。死，人之終也。厚其生而薄其死，是敬其有知而慢其無知也。故死之爲道也，一而不可得再復也。臣之所以致重其君，子之所以致重其親，于是盡矣。故事生不忠厚不敬文謂之野，送死不忠厚不敬文謂之瘠，君子賤野而羞瘠。禮者，謹于吉凶，不相厭者也。紸纊聽息之時，則夫忠臣孝子亦知其閔已，然而殯斂之具未有求也。垂涕恐懼，然而幸生之心未已，持生之事未輟也。卒矣，然後作具之，喪禮之。凡變而飾，動而遠，久而平。故死之爲道也，不飾則惡，惡則不哀，尒則翫，翫則厭，厭則忘，忘則不敬。故變而飾，所以滅惡也；動而遠，所以遂敬也；久而平，所以優生也。禮者，斷長續短，損有餘益不足，達愛敬之文，而滋成行義之美者也。故文飾粗惡，聲樂哭泣，恬愉憂戚，是反也，然而禮兼而用之，時舉而代御。故文飾、聲樂、恬愉，所以持平奉吉也；粗衰、哀泣、憂戚，所以持險奉凶也。故其立文飾也，不至于窕冶；其立粗衰也，不至于瘠棄；其立聲樂恬愉也，不至于流淫惰慢；其立哭泣哀戚也，不至于隘懾傷生：是禮之中流也。故情貌之變，足以別吉凶，明貴賤親疏之節，斯止矣，外是，姦也，雖難，君子賤之。故量食而食之，量要而帶之。相高以毀瘠，是姦人之道也，非禮義之文，非孝子之情也，將以有爲者也。故説豫娩澤，憂戚萃惡，是吉凶憂愉之情發于顔色者也；歌謡謸笑，哭泣啼號，是吉凶憂愉之情發于聲音者也；芻豢稻粱，酒醴餰鬻，魚肉菽藿酒漿，是吉凶憂愉之情發于食飲者也；卑絻黼黻文織，資麤衰絰，菲繐菅屨，卑絻，與裨冕同。資，與齊同，即齊衰也。麤，麤布也。菲，草衣，蓋如蓑然，或當時喪者有服此也。是吉凶憂愉之情發于衣服者也。疏房檖貇，越席牀第几筵，屬茨茨，蓋屋草也。屬茨，令茨相連屬而已。倚廬，席薪枕塊，是吉凶憂愉之情發于居處者也。兩情者，人生固有端焉。若夫斷之繼之，博之淺之，益之損之，類之盡之，盛之美之，使本末終始，莫不順比，足以爲萬世則，是禮也。非順敦脩爲之君子，莫之能知也。

三年之喪，何也？曰：稱情而立文，因以飾群，別親疏貴賤之節而不可益損也，故曰無適不易之術也。創巨者其日久，痛甚者其愈遲，三年之喪，稱情而立文，所以爲至痛極也。齊衰苴杖，居廬食粥，席薪枕塊，所以爲至痛飾也。三年之喪，二十五月而畢，哀痛未盡，思慕未忘，然而禮以是斷之者，豈不以送死有已，復生有節也哉？夫生乎天地之間者，有血氣之屬莫不有知，有知之屬莫不愛其類。今夫大鳥獸則失亡其群匹，越月逾時則必反鉛過故鄉，鉛，與沿同，循也。禮記作「反巡過故鄉」。則必徘徊焉，鳴號焉，躑躅焉，踟躕焉，然後能去之也。小者是燕爵，猶有啁噍之頃焉，然後能去之也。故有血氣之屬莫知于人，故人之于其親也，至死無窮。將由夫愚陋淫邪之人與？則彼朝死而夕忘之，然而縱之，則是曾鳥獸之不若也。彼安能相與群居而無亂乎？將由夫修飾之君子與？則三年之喪，二十五月而畢，若駟之過隙，然而遂之，則是無窮也。故先王聖人安爲之立中制節，一使足以成文理，則舍之矣。然則何以分之？曰：至親以期斷。是何也？曰：天地則以易矣，四時則以偏矣，其在宇中者，莫不更始也，故先王按以此象之也。然則三年何也？曰：加隆焉，按使倍之，故載期也。由九月以下何也？曰：按使不及也。故三年以爲隆，緦麻、小功以爲殺，期九月以爲閒，上取象于天，下取象于地，中取則于人，人所以群居和一之。據戴禮，脱「理盡矣」三字。故三年之喪，人道之至文者也。夫是之謂至隆，是百王之所同，古今之所一也。

祭者，志意思慕之情也。愅詭唈僾，愅，變也。詭，異也。皆變異感動之貌。唈僾，氣不舒、憤鬱之貌。而不能無時至焉。故人之歡欣和合之時，則夫忠臣孝子亦愅詭而有所至矣。歡欣之時，忠臣孝子則感動而思君親之不得同樂也。彼其所至者甚大動也。按屈然已，則其于志意之情者惆然不嗛，其于禮節者闕然不具。屈，竭也。屈然，空然也。惆然，悵然也。嗛，足也。言若無祭祀之禮，空然而已，則忠臣孝子之情悵然不足，禮節又闕然不具也。故先王按爲之立文，文，謂祭祀節文。尊尊親親之義至矣。

樂論

夫樂者，樂也，人情之所必不免也，故人不能無樂。樂則必發于聲音，形于動静，聲音動静，性術之變盡是矣。故人不能不樂，樂則不能無形，形而不爲道，則不能無亂。先王惡其亂也，故制雅頌之聲以道之，使其聲足以樂而不流，使其文足以辨而不諰，使其曲直繁省、廉肉節奏足以感動人之善心，使夫邪汙之氣無由得接焉，是先王立樂之方也。故樂在宗廟之中，君臣上下同聽之，則莫不和敬；閨門之内，父子兄弟同聽之，則莫不和親；鄉里族長之中，長少同聽之，則莫不和順。故樂者，審一以定和者也，比物以飾節者也，合奏以成文者也。足以率一道，足以治萬變，是先王立樂之術也。

故聽其雅頌之聲，而志意得廣焉。執其干戚，習其俯仰屈伸，而容貌得莊焉。行其綴兆，要其節奏，而行列得正焉，進退得齊焉。故樂者，天下之大齊也，中和之紀也，人情之所必不免也。

樂者，先王之所以飾喜也；軍旅鈇鉞者，先王之所以飾怒也。先王喜怒，皆得其齊焉。是故喜而天下和之，怒而暴亂者畏之。先王之道，禮樂正其盛者也。

故齊衰之服，哭泣之聲，使人之心悲；帶甲嬰冑，歌于行伍，使人之心傷；姚冶之容，鄭衛之音，使人之心淫；納端章甫，舞韶歌武，使人之心莊。故君子耳不聽淫聲，目不視女色，口不出惡言，此三者君子慎之。

凡姦聲感人而逆氣應之，逆氣成象而亂生焉；正聲感人而順氣應之，順氣成象而治生焉。唱和有應，善惡相象，故君子慎其所去就也。君子以鐘鼓導志，以琴瑟樂心，動以干戚，飾以羽旄，從以磬管，故其清明象天，其廣大象地，其俯仰周旋有似于四時。故樂行而志清，禮脩而行成。耳目聰明，血氣和平，移風易俗，天下皆寧。故曰樂者，樂也。君子樂得其道，小人樂得其欲。以道制欲，則樂而不亂；以欲忘道，則惑而不樂。故樂者，所以導樂也；金石絲竹者，所以導樂也。樂行而民鄉方矣。故樂者，治人之盛者也。

樂也者，和之不可變者也。禮也者，理之不可易者也。樂合同，禮別異，禮樂之統，管乎人心矣。

窮本極變，樂之情也。著誠去僞，禮之經也。

曷以知舞之意？曰：目不自見，耳不自聞也。然而治俯仰詘信進退遲速莫不廉制，盡筋骨之力，以要鐘鼓俯會之節，而靡有悖逆者，衆積譯譯乎。

吾觀于鄉，而知王道之易易也。主人親速賓及介，而衆賓皆從之，至于門外，主人拜賓及介，而衆賓皆入，貴賤之義別矣。三揖至于階，三讓以賓升，拜至獻酬辭讓之節繁，及介省矣。至于衆賓，升受坐祭，立飲不酢，而隆殺之義辨矣。工入，升歌三終，主人獻之；笙入三終，主人獻之；閒歌三終，合樂三終，工告樂備，遂出。二人揚觶，乃立司正焉。知其能和樂而不流也。賓酬主人，主人酬介，介酬衆賓，少長以齒，終于沃者焉。知其能弟長而無遺也。降，説屨，升坐，脩爵無數。飲酒之節，朝不廢朝，莫不廢夕。賓出，主人拜送，節文終遂焉。知其能安燕而不亂也。貴賤明，隆殺辨，和樂而不流，弟長而無遺，安燕而不亂，此五行者，足以正身安國矣。彼國安而天下安。故曰：吾觀于鄉而知王道之易易也。

亂世之徵，其服組，其容婦，其俗淫，其志利，其行雜，其聲樂險，其文章匿而采，其養生無度，其送死瘠墨，賤禮義而貴勇力，貧則爲盜，富則爲賊，治世反是也。

解蔽

凡人之患，蔽于一曲而闇于大理。治則復經，言治世用禮義，則自復經常之正道。兩疑則惑矣。天下無二道，聖人無兩心，今諸侯異政，百家異説，則必或是或非，或理或亂。亂國之君，亂家之人，此其誠心莫不求正而以自爲也。妒繆于道，而人誘其所迨也。迨，近也。謂所好也。私其所積，唯恐聞其惡也。倚其所私以觀異術，唯恐聞其美也。是以與治離走而是已不輟也。數爲蔽，欲爲蔽，惡爲蔽，始爲蔽，終爲蔽，遠爲蔽，近爲蔽，博爲蔽，淺爲蔽，古爲蔽，今爲蔽。凡萬物異則莫不相爲蔽，此心術之公患也。墨子蔽于用而不知文，欲使上下勤力，股無胈，脛無毛，而不知貴賤等級之文飾也。宋子蔽于欲而不知得，苞按：宋子但知欲之爲累，而不知人生亦有應得之欲。正名篇「心之所可中理，則欲雖多，奚傷于治」，即此意也。慎子蔽于法而不知賢，慎子本黄老，歸刑名，多明不尚賢，不使能之道。申子蔽于勢而不知知，申子，名不害，韓昭侯相也。其説但賢得權勢，以刑法馭下，而不知權勢待才知然後治。惠子蔽于辭而不知實，莊子蔽于天而不知人。苞按：莊子但知天道之自然，故必欲爲太古之無事，而不知人事之以漸而起者，不可廢也。此數具者，皆道之一隅也。夫道者，體常而盡變，一隅不足以舉之。聖人知心術之患，見蔽塞之禍，故無欲無惡，無始無終，無近無遠，無博無淺，無古無今，兼陳萬物而中懸衡焉。是故衆異不得相蔽以亂其倫也。何謂衡？曰：道。故心不可以不知道，心不知道，則不可道而可非道。以其不可道之心取人，則必合于不道人，而不知合于道人。以其不可道之心，與不可道之人論道人，亂之本也。人何以知道？曰：心。心何以知？曰：虚一而静。心未嘗不臧也，古「臧」與「藏」通。然而有所謂虚。心未嘗不兩也，然而有所謂一。心未嘗不動也，然而有所謂静。人生而有知，知而有志。志也者，臧也。然而有所謂虚。不以所已臧害所將受，謂之虚心。生而有知，知而有異。異也者，同時兼知之。同時兼知之，兩也。然而有所謂一。不以夫一害此一，謂之一。

心臥則夢，偷則自行，使之則謀，故心未嘗不動也。然而有所謂靜。不以夢劇亂知，謂之靜。心者，形之君也，而神明之主也，出令而無所受令。自禁也，自使也，自奪也，自取也，自行也，自止也。故口可劫而使墨云，形可劫而使詘申，心不可劫而使易意，是之則受，非之則辭。故曰心容，其擇也無禁，必自見其物也，雜博，其情之至也不貳。苞按：心主容受，其所擇取無禁之者，而善惡必自見，以其物博雜，故用情之至者，必專一而不貳。曰情者，以心之發用而言也。詩云：「采采卷耳，不盈頃筐。嗟我懷人，寘彼周行。」頃筐易滿也，卷耳易得也，然而不可以貳周行。故曰：心枝則無知，枝，旁引如樹枝也。傾則不精，貳則疑惑。以贊稽之，萬物可兼知也。贊，助也。稽，考也。以一端不二之道助考之，則可兼知萬物，若博雜則愈不知也。農精于田，而不可以爲田師；賈精于市，而不可以爲賈師；工精于器，而不可以爲器師。有人也，不能此三技而可使治三官，曰精于道者也。故人心譬如槃水，正錯而勿動，則湛濁在下，而清明在上，足以見鬚眉而察理矣。微風過之，湛濁動乎下，清明亂于上，則不可以得大形之正也。心亦如是矣。導之以理，養之以清，物莫之傾，則足以定是非，決嫌疑矣。小物引之，其正外易，其心內傾，則不足以決麤理也。故好書者衆矣，而倉頡獨傳者，一也；好稼者衆矣，而后稷獨傳者，一也；好樂者衆矣，而夔獨傳者，一也；好義者衆矣，而舜獨傳者，一也。倕作弓，浮游作矢，而羿精于射；奚仲作車，乘杜作乘馬，而造父精于御。自古及今，未嘗有兩而能精者也。曾子曰：「是其庭可以搏鼠，惡能與我歌矣。」

凡觀物有疑，中心不定，則外物不清。吾慮不清，則未可定然否也。冥冥而行者，見寢石，以爲伏虎也，見植林，以爲後人也，冥冥蔽其明也。醉者越百步之溝，以爲蹞步之澮也，俯而出城門，以爲小之閨也，酒亂其神也。厭目而視者，厭，指按也。視一以爲兩，掩耳而聽者，聽漠漠以爲哅哅，勢亂其官也。夏首之南有人焉，曰涓蜀梁，其爲人也，愚而善畏。明月而宵行，俯見其影，以爲伏鬼也，卬視其髮，以爲立魅也，背而走，比至其家，失氣而死，豈不哀哉？凡人之有鬼也，必以其感忽之間、疑玄之時正之。此人之所以無有而有無之時也，而已以正事。已以正事，謂人以此定事也。故傷于濕而擊鼓，鼓痺則必有弊鼓喪豚之費矣，而未有俞疾之福也。苞按：俗言鼓聲能健脾，故傷于濕而有痺疾者，欲以擊鼓愈之。然究之何能愈疾乎？冒鼓宜豕皮，故鼓弊則有喪豚之費也。故雖不在夏首之南，則無以異矣。

正名

以仁心說，以學心聽，以公心辯。

詩曰：「長夜漫兮，永思騫兮。大古之不慢兮，禮義之不愆兮，何恤人之言兮！」

君子之言，涉然而精，俛然而類，差差然而齊。涉然，深入貌。俛然，俯就貌，謂俯近于人，皆有統類，不虛誕也。差差，不齊貌，謂論列是非，似若不齊，然終歸于齊一也。彼正其名，當其辭，以務白其志義者也。故名足以指實，辭足以見極，則舍之矣。外是者謂之訒，訒，難也。是君子之所棄，而愚者拾以爲己寶。故愚者之言，芴然而粗，嘖然而不類，誻誻然而沸。彼誘其名，眩其辭，而無深于其志義者也。人之所欲，生甚矣。人之所惡，死甚矣。然而人有從生成死者，非不欲生而欲死也，不可以生而可以死也。故欲過之而動不及，心止之也。心之所可中理，則欲雖多，奚傷于治？苞按：如嗜欲之類，心之所欲無窮，是過之也，而不敢滿其欲，所謂動不及也。若是者，由于心能止之，是謂心之所可中理也。欲不及而動過之，心使之也。心之所可失理，則欲雖寡，奚止于亂？如驕暴險詐，本非嗜欲所及也，而動輒犯此者，心使之也。是謂心之所可失理也。故治亂在于心之所可，亡于情之所欲，不求之其所在，而求之其所亡，雖曰我得之，失之矣。

衡不正，則重懸于仰，而人以爲輕，輕懸于俛，而人以爲重，此人所以惑于輕重也。權不正，則禍託于欲，而人以爲福，福託于惡，而人以爲禍。道者，古今之正權。離道而內自擇，則不知禍福之所託。累百年之欲，易一時之嫌，苞按：嫌，當作「慊」。然且爲之，不明其數也。志輕理而不重物者，無之有也；外重物而不內憂者，無之有也；行離理而不外危者，無之有也；外危而不內恐者，無之有也。心憂恐，則口銜芻豢而不知其味，耳聽鐘鼓而不知其聲，目視黼黻而不知其狀，輕煖平簟而體不知其安，故嚮萬物之美而不能嗛也。嚮，讀爲享，受其獻也。嚮萬物之美而盛憂，兼萬物之利而盛害，夫是之謂以己爲物役矣。心平愉，則色不及傭而可以養目，所視之物不及傭作之人，亦可以養目。聲不及傭而可以養耳，蔬食菜羹而可以養口，麤布之衣、麤紃之履而可以養體，屋室廬庾、葭藁蓐、尚机筵而可以養形。故無萬物之美而可以養樂，無勢列之位而可以養名。如是而加天下焉，其爲天下多，其和樂少矣，夫是之謂重己役物。

君子

刑當罪則威，不當罪則侮；爵當賢則貴，不當賢則賤。亂世則不然，刑罰怒罪，爵賞逾德，以族論罪，以世舉賢。故一人有罪而三族皆夷，德雖如舜，不免刑均，是以族論罪也。先祖當賢，後子孫必顯，行雖如桀、紂，列從必尊，此以世舉賢也。

天論

天不爲人之惡寒也而輟冬，地不爲人之惡遼遠也而輟廣，君子不爲小人之匈匈也而輟行。

星墜木鳴，國人皆恐，曰：是何也？曰：無何也。是天地之變，陰陽之化，物之罕至者也。

怪之可也，畏之非也。夫日月之有蝕，風雨之不時，怪星之黨見，黨見，頻見也。言如朋黨之多。是無世而不常有之。上明而政平，則是雖並世起，無傷也；上闇而政險，則是雖無一至者，無益也。

大天而思之，孰與物畜而制之？尊大天而思慕之，欲其豐富，孰與使物畜積，而我裁制之？從天而頌之，孰與制天命而用之？望時而待之，孰與應時而使之？因物而多之，孰與騁能而化之？因物之自多，不如騁其智能而化之使多也，若后稷之播種然也。

水行者表深，表不明則陷；治民者表道，表不明則亂。慎子有見于後，無見于先。慎到本黃老之術，明不尚賢，不使能之道，故莊子論慎到曰：「塊不失道，以其無爭先之意。」老子有見于詘，無見于信。老子著書，其意多以屈爲伸。墨子有見于齊，無見于畸。畸，不齊也。墨子上同兼愛，是見齊而不見畸也。宋子有見于少，無見于多。苞按：宋子有見于情欲之宜少，而不知心能中理，不患情欲之多也。義見正名篇。有後而無先，則群衆無門；有詘而無信，則貴賤不分；有齊而無畸，則政令不施；有少而無多，則群衆不化。夫欲多乃可以勸誘爲善，若皆欲少，則何能化之？

大略

迷者不問路，溺者不問遂，亡人好獨。遂，謂徑隧，水中可涉之徑也。獨，謂自用其計也。詩曰：「我言維服，勿以爲笑。先民有言，詢于芻蕘。」言博問也。

孟子三見宣王不言事。門人曰：「曷爲三遇齊王不言事？」孟子曰：「我先攻其邪心。」

公行子之之燕，遇曾元于塗，曰：「燕君何如？」曾元曰：「志卑。志卑者輕物，輕物者不求助。苟不求助，何能舉？既無輔助，必不勝任矣。氐羌之虜也，不憂其係壘也，而憂其不焚也。壘，讀爲累。氐羌之俗，死則焚其屍，今不憂虜獲而憂不焚，是愚也。利夫秋毫，害靡國家，然且爲之，幾爲知計哉？」

義與利者，人之所兩有也。雖堯、舜，不能去民之欲利，然而能使其欲利不克其好義也。雖桀、紂，亦不能去民之好義，然而能使其好義不勝其欲利也。

民語曰：「欲富乎？忍恥矣，傾絶矣，絶故舊矣，與義分背矣。」

盡小者大，積微者著。

善爲詩者不説，善爲易者不占，善爲禮者不相，其心同也。

人有快則法度壞。

流丸止于甌臾，流言止于智者。

曾子食魚有餘，曰：「泔之。」門人曰：「泔之傷人，不若奥之。」曾子泣涕曰：「有異心乎哉。」傷其聞之晚也。

誥誓不及五帝，盟詛不及三王，交質子不及五伯。

宥坐

孔子觀于魯桓公之廟，有欹器焉。孔子問于守廟者曰：「此爲何器？」曰：「此蓋爲宥坐之器。」宥，與右同，言人君可置于坐右以爲戒也。説苑作「坐右」。或曰：宥，與侑同，勸也。文子曰：「三皇五帝有勸戒之器，名侑卮。」注云：「欹器也。」孔子曰：「吾聞宥坐之器者，虚則欹，中則正，滿則覆。」顧謂弟子曰：「注水焉。」弟子挹水而注之，中而正，滿而覆，虚而欹。孔子喟然而嘆曰：「吁，惡有滿而不覆者哉！」子路曰：「敢問持滿有道乎？」孔子曰：「聰明聖知，守之以愚；功被天下，守之以讓；勇力撫世，守之以怯；富有四海，守之以謙。此所謂挹而損之之道也。」

三尺之岸而虚車不能登也，百仞之山任負車登焉，何則？陵遲故也。數仞之牆而民不逾也，百仞之山而豎子馮而游焉。陵遲故也。今夫世之陵遲亦久矣，而能使民勿逾乎？

孔子觀于東流之水。子貢問曰：「君子之所以見大水必觀焉者，是何？」孔子曰：「夫水大，徧與諸生而無爲也，似德；其流也埤下裾拘，埤，讀爲卑。裾，與倨同，方也。拘，讀爲鈎，曲也。必循其理，似義；其洸洸乎不淈盡，似道。若有決行之，其應佚若聲響，其赴百仞之谷不懼，似勇；主量必平，似法；苞按：莊子謂大匠取則于水，即匠人水地以縣之法也。量，平聲。盈不求概，似正；概，平斗斛之木也。淖約微達，似察；以出以入，以就鮮絜，似善化；其萬折也必東，似志。是故君子見大水必觀焉。」

芷蘭生于深林，非以無人而不芳。君子之學，非爲通也。

子道

子路問于孔子曰：「魯大夫練而牀，禮邪？」孔子曰：「吾不知也。」子貢問曰：「練而牀，禮邪？」孔子曰：「非禮也。」子貢出，謂子路曰：「汝謂夫子爲有所不知乎？汝問非也。禮：居是邑，不非其大夫。」

法行

子貢問于孔子曰：「君子之所以貴玉而賤珉者，何也？爲夫玉之少而珉之多邪？」孔子曰：「惡！賜，是何言也！夫君子豈多而賤之，少而貴之哉？夫玉者，君子比德焉。温潤而澤，仁也；縝栗而理，知也；堅剛而不屈，義也；廉而不劌，行也；折而不撓，勇也；瑕適並見，情也；瑕，玉之病也。適，美澤調適也。扣之，其聲清揚而遠聞，其止輟然，辭也。故雖有珉之彫彫，不若玉之章章。詩曰：「言念君子，温其如玉。」此之謂也。

哀公

魯哀公問于孔子曰：「寡人生于深宫之中，長于婦人之手。寡人未嘗知哀也，未嘗知憂也，未嘗知勞也，未嘗知懼也，未嘗知危也。」孔子曰：「君之所問，聖君之問也。丘，小人也，何足以知之？」曰：「非吾子無所聞之也？」孔子曰：「君入廟門而右，登自胙階，仰視榱棟，俛視几筵，其器存，其人亡，君以此思哀，則哀將焉不至矣。君昧爽而櫛冠，平明而聽朝，一物不應，亂之端也，君以此思憂，則憂將焉不至矣。君平明而聽朝，日昃而退，諸侯之子孫必有在君之末庭者，君以此思勞，則勞將焉不至矣。君出魯之四門以望魯四郊，亡國之虚，則必有數蓋焉，君以此思懼，則懼將焉不至矣。且丘聞之：君也者，舟也；庶人者，水也。水則載舟，水則覆舟，君以此思危，則危將焉不至矣。」

魯哀公問于孔子曰：「紳委章甫，有益于仁乎？」孔子蹴然曰：「君號然也？號，讀爲胡，以聲近而誤也。家語作「君胡然」。資衰苴杖者不聽樂，非耳不能聞也，服使然也。黼衣黻裳者不茹葷，黼衣黻裳，祭服也。非口不能味也，服使然也。且丘聞之：好肆不守折，長者不爲市竊。苞按：市肆之美好者，則不守折閲之貨。人之年長者，則以竊物于市爲恥。以喻紳委章甫有益于仁也。其有益與其無益，君其知之矣。」弓調而後求勁焉，馬服而後求良焉，士信慤而後求知能焉。士不信慤而有多知能，譬之其豺狼也，不可以身尒也。

定公問于顏淵曰：「東野子之馭善乎？」顏淵對曰：「善則善矣。雖然，其馬將失。」定公不悦，入謂左右曰：「君子固讒人乎？」三日而校來謁之曰：「東野畢之馬失，兩驂列，兩服入廐。」列，與裂同，謂外馬擘裂，中馬牽引而入廐。定公越席而起曰：「趣駕召顏淵。」趣，讀爲促，速也。顏淵至，定公曰：「前日吾子曰：『東野畢之馭，善則善矣。雖然，馬將失。』何以知之？」顏淵對曰：「臣以政知之。昔舜巧于使民，而造父巧于使馬。舜不窮其民，造父不窮其馬，是以舜無失民，造父無失馬也。今東野畢之馭，上車執轡，銜體正矣；銜體，銜與馬體也。步驟馳騁，朝禮畢矣；歷險致遠，馬力盡矣，然猶求馬不已，是以知之也。」定公曰：「善。可得少進乎？」顏淵對曰：「臣聞之：鳥窮則啄，獸窮則攫，人窮則詐。自古及今，未有窮其下而能無危者也。」

堯問

魏武侯謀事而當，群臣莫能逮，退朝而有喜色。吴起進曰：「亦常有以楚莊王之語聞于左右者乎?」武侯曰:「何如?」吴起對曰:「楚莊王謀事而當,群臣莫逮,退朝而有憂色。申公巫臣進問曰:『王朝而有憂色,何也?』莊王曰:『不穀謀事而當,群臣莫能逮,是以憂也。其在中蘬之言也,曰:「諸侯自爲得師者王,得友者霸,得疑者存,自爲謀而莫己若者亡。」今以不穀之不肖,而群臣莫吾逮,吾國幾于亡乎?』」武侯逡巡再拜曰:「天使夫子振寡人之過也。」

非十二子

假今之世,飾邪説,文姦言,以梟亂天下,欺惑愚衆,矞宇嵬瑣,使天下混然不知是非治亂之所存者有人矣。縱情性,安恣睢,禽獸之行,不足以合文通治,然而其持之有故,其言之成理,足以欺惑愚衆,是它囂、魏牟也。它囂,未詳何代人。世本:楚平王孫有田公它成。牟,魏公子。漢書藝文志道家有公子牟四篇。

忍情性,綦谿利跂,苟以分異人爲高,不足以合大衆,明大分,然而其持之有故,其言之成理,足以欺惑愚衆,是陳仲、史鰌也。不知壹天下,建國家之權稱,上功用,大儉約,而僈差等,曾不足以容辨異,縣君臣,然而其持之有故,其言之成理,足以欺惑愚衆,是墨翟、宋鈃也。宋鈃,宋人,孟子作「宋牼」。尚法而無法,下脩而好作,上則取聽于上,下則取從于俗,終日言成文典,及紃察之，則倜然無所歸宿，不可以經國定分，然而其持之有故，其言之成理，足以欺惑愚衆，是慎到、田駢也。田駢，齊人也。遊稷下，著書十五篇，其學本黄老，歸名法。不法先王，不是禮義，而好治怪説，玩琦辯，甚察而不惠，辨而無用，多事而寡功，不可以爲治綱紀，然而其持之有故，其言之成理，足以欺惑愚衆，是惠施、鄧析也。惠施，魏人，與莊周同時。春秋傳「鄭駟歂殺鄧析而用其竹刑。」略法先王而不知其統，猶然而材劇志大，聞見雜博，猶然，舒遲貌。禮記曰：「君子蓋猶猶爾」。案往舊造説，謂之五行，按前古之事而自造其説，謂之五行。五行，五常，仁、義、禮、知、信也。甚僻違而無類，幽隱而無説，閉約而無解，按飾其辭而祗敬之，曰：此真先君子之言也。先君子，孔子也。子思唱之，孟軻和之，世俗之溝猶瞀儒嚾嚾然不知其所非也，溝，讀爲拘。拘，愚也。猶，猶豫不定之貌。瞀，暗也。漢書五行志作「區瞀」，與此義同。嚾嚾，喧囂之貌，謂争辯也。遂受而傳之，以爲仲尼、子游爲兹厚于後世，苞按：厚，重也。言世儒傳子思、孟子之説，以爲仲尼、子游之道，爲此將益重于後世也。是則子思、孟軻之罪也。若夫總方略，齊言行，壹統類，群天下之英傑而告之以太古，教之以至順，奥窔之閒，簟席之上，斂然聖王之文章具焉，佛然平世之俗起焉。西南隅謂之奥，東南隅謂之窔，言不出堂室之内也。斂然，聚集之貌。佛，讀爲勃，勃然，興起貌。六説者不能入也，十二子者不能親也，是聖人之不得勢者也，仲尼、子弓是也。一天下，財萬物，養長生民，兼利天下，通達之屬，莫不服從，六説者立息，十二子者遷化，則聖人之得勢者，舜、禹是也。今夫仁人也，將何務哉？上則法舜、禹之制，下則法仲尼、子弓之義，以務息十二子之説。如是則天下之害除，仁人之事畢，聖王之迹著矣。

信信，信也；疑疑，亦信也。貴賢，仁也；賤不肖，亦仁也。言而當，知也；默而當，亦知也。故知默猶知言也。

故多言而類，聖人也；少言而法，君子也；多少無法而流湎然，雖辯，小人也。故勞力而不當民務，謂之姦事；勞知而不律先王，謂之姦心；辯說譬喻，齊給便利，而不順禮義，謂之姦說。此三姦者，聖王之所禁也。

君子能爲可貴，而不能使人必貴己；能爲可信，不能使人必信己；能爲可用，不能使人必用己。故君子恥不脩，不恥見汙；恥不信，不恥不見信；恥不能，不恥不見用。

酒食聲色之中則瞞瞞然，瞑瞑然；瞞瞞，閉目貌。瞑瞑，視不審貌。謂好悅之甚也。禮節之中則疾疾然，訾訾然；勞苦事業之中則儢儢然，離離然。儢儢，不勉强之貌。離離，不親事之貌。陸法言云：「儢，心不力也。音吕。」偷儒而罔，苞按：儒，當作「懦」。無廉恥而忍謑詢，是學者之嵬也。

第作其冠，神禫其辭，禹行而舜趨，是子張氏之賤儒也。正其衣冠，齊其顔色，嗛然而終日不言，是子夏氏之賤儒也。偷儒憚事，無廉恥而耆飲食，必曰君子固不用力，是子游氏之賤儒也。彼君子則不然，佚而不惰，勞而不僈，宗原應變，曲得其宜，如是然後聖人也。

性惡

人之性惡，其善者僞也。今人之性，生而有好利焉，順是，故争奪生而辭讓亡焉；生而有疾惡焉，順是，故殘賊生而忠信亡焉；生而有耳目之欲焉，順是，故淫亂生而禮義文理亡焉。故必將有師法之化，禮義之道，道，同導。然後出于辭讓，合于文理，而歸于治。用此觀之，然則人之性惡明矣，其善者僞也。故枸木必將待檃括烝矯然後直，鈍金必將待礱厲然後利。古者聖王以人之性偏險而不正，悖亂而不治，是以爲之起禮義，制法度，以矯飾人之情性而正之，以擾化人之情性而道之也。飢而欲飽，寒而欲煖，勞而欲休，此人之情性也。今人飢，見長而不敢先食者，將有所讓也；勞而不敢求息者，將有所代也。故順情性則不辭讓矣，辭讓則悖于情性矣。用此觀之，然則人之性惡明矣，其善者僞也。問者曰：人之性惡，則禮義惡生？應之曰：凡禮義者，生于聖人之僞，非故生于人之性也。陶人埏埴而爲器，器生于工人之僞也；工人斲木而成器，器生于工人之僞也。故聖人化性而起僞，僞起于性而生禮義，禮義生而制法度。夫好利而欲得者，此人之情性也。假之有弟兄資財而分者，且順情性，好利而欲得，則兄弟相拂奪矣。且化禮義之文理，則讓乎國人矣。凡人之欲爲善者，爲性惡也。夫薄願厚，惡願美，狹願廣，貧願富，賤願貴，苟無之中者，必求于外。故富而不願財，貴而不願勢，苟有之中者，必不及于外，今人之性，固無禮義，故彊學而求有之也。性不知禮義，故思慮而求知之也。用此觀之，人之性惡明矣，其善者僞也。孟子曰：「人之性善。」曰：是不然。凡天下之所謂善者，正理平治也，所謂惡者，偏險悖亂也。今誠以人之性，固正理平治邪？則有惡用聖王，惡用禮義矣哉？有，與又通。雖有聖王禮義，將曷加于正理平治也哉？今不然，故立君上之勢以臨之，明禮義以化之，起法正以治之，重刑罰以禁之，使天下皆出于治，合于善也。今當試去君上之勢，當，宜作「嘗」。無禮義之化，去法正之治，無刑罰之禁，倚而觀天下民人之相與也，倚，任也。或曰：倚，偏倚，猶傍觀也。則夫彊者害弱而奪之，衆者暴寡而譁之，天下之悖亂而相亡，不待頃矣。故檃括之生，爲枸木也；繩墨之起，爲不直也；立君上，明禮義，爲性惡也。用此觀之，然則人之性惡明矣，其善者僞也。

塗之人可以爲禹，曷謂也？曰：凡禹之所以爲禹者，以其爲仁義法正也。然則仁義法正有可知可能之理，而塗之人皆有可以知仁義法正之質，皆有可以能仁義法正之具，然則其可以爲禹明矣。今以仁義法正爲固無可知可能之理邪？則雖禹不知仁義法正，不能仁義法正也。將使塗之人固無可以知仁義法正之質，能仁義法正之具邪？然則塗之人也，且內不可以知父子之義，外不可以知君臣之正。今塗之人皆內可以知父子之義，外可以知君臣之正，然則其可以知之質，可以能之具，其在塗之人明矣。故聖人者，人之所積而致也。然而皆不可積，何也？曰：可以而不可使也。故小人可以爲君子，而不肯爲君子；君子可以爲小人，而不肯爲小人。小人君子者，未嘗不可以相爲也。然而不相爲者，可以而不可使也。故塗之人可以爲禹則然，塗之人能爲禹，未必然也。雖不能爲禹，無害可以爲禹。足可以偏行天下，然而未嘗有能偏行天下者也。夫工匠農賈，未嘗不可以相爲事也，然而未嘗能相爲事也。用此觀之，則可以爲，未必能也；雖不能，無害可以爲。然則能不能之與可不可，其不同遠矣，其不可以相爲明矣。

管子

牧民第一 國頌　四維　四順　士經　六親　五法

凡有地牧民者，務在四時，守在倉廩。國多財則遠者來，地辟舉則民留處，舉，盡也。言地盡闢則人留而處之也。倉廩實則知禮節，衣食足則知榮辱。上服度則六親固，服，行也。上行禮度，則六親各得其所，故恩義固結。六親，謂父母兄弟妻子。四維張則君令行。故省刑之要，在禁文巧；守國之度，在飾四維；順民之經，在明鬼神，祇山川，敬宗廟，恭祖舊。謂恭承先祖之舊法。不務天時，則財不生；不務地利，則倉廩不盈。野蕪曠，則民乃菅；菅，當爲姦。春通：民飢而草食也。上無量，則民乃妄；文巧不禁，則民乃淫；不璋兩原，則刑乃繁；璋，當爲章，明也。兩原，謂妄之原上無量也，淫之原不禁文巧也。不明鬼神，則陋民不悟；不祇山川，則威令不聞；不敬宗廟，則民乃上校；春通：上校者，争而犯上。不恭祖舊，則孝悌不備，四維不張，國乃滅亡。

右國頌 頌，容也。謂陳爲國之形容。

國有四維：一曰禮，二曰義，三曰廉，四曰恥。禮不逾節，義不自進，自進，謂不由薦舉也。廉不蔽惡，隱蔽其惡，非貞廉也。恥不從枉。詭隨邪枉，無羞之人。

右四維

政之所興，在順民心；政之所廢，在逆民心。民惡憂勞，我佚樂之；民惡貧賤，我富貴之；民惡危墜，我安存之；民惡滅絶，我生育之。能佚樂之，則民爲之憂勞；能富貴之，則民爲之貧賤；能安存之，則民爲之危墜；能生育之，則民爲之滅絶。故刑罰不足以畏其意，殺戮不足以服其心。從其四欲則遠者自親，行其四惡則近者叛之。故知予之爲取者，政之寶也。

右四順

錯國于不傾之地，積于不涸之倉，藏于不竭之府，下令于流水之原，使民于不争之官。明必死之路，開必得之門。不爲不可成，不求不可得，不處不可久，不行不可復。錯國于不傾之地者，授有德也；積于不涸之倉者，務五穀也；藏于不竭之府者，養桑麻，育六畜也；下令于流水之原者，令順民心也；使民于不争之官者，使各爲其所長也；明必死之路者，嚴刑罰也；開必得之門者，信慶賞也；不爲不可成者，量民力也；不求不可得者，不彊民以其所惡也；不處不可久者，不偷取一世也；不行不可復者，不欺其民也。

右士經 士，事也。經，常也。謂陳事之可以常行者也。

以家爲鄉，鄉不可爲也；以鄉爲國，國不可爲也；以國爲天下，天下不可爲也。苞按：家國天下，理一而情勢殊，故政法亦異。王安石行青苗法于鄞，民皆便之，而卒以病天下，不明于此義也。以家爲家，以鄉爲鄉，以國爲國，以天下爲天下。毋曰不同生，遠者不聽；毋曰不同鄉，遠者不行；毋曰不同國，遠者不從。苞按：家人亦有遠近，使恩義篤于同生，而遺疏屬，則遠者不復聽其教令矣。古者五族爲黨，使之相救，五黨爲州，使之相賙。稼穡則移用其民以救其時事，凶饑則均萬民之食而賙其急。使于不同鄉者，莫肯賙救，卒有荒札盜寇，而望遠者之相賙救，勢不行矣。于不同國者，不能救患分災，則遠者不能歡以承命矣。管子用齊，致勤于魯、鄭、邢、衛，而後得志于天下，用此道也。如地如天，何私何親？如月如日，唯君之節。御民之轡，在上之所貴；道民之門，在上之所先；召民之路，在上之所好惡。故君求之，則臣得之；君嗜之，則臣食之；君好之，則臣服之；君惡之，則臣匿之。毋蔽汝惡，毋異汝度，賢者將不汝助。言室滿室，言堂滿堂，是謂聖王。續按：室在内，堂在外，人君在内言于室，在外言于堂，皆非私曲隱匿。充滿堂室，使人人皆知之，無所蔽異也。苞按：滿者，盡其事之理，而足乎人之心也。天下不患無臣，患無君以使之；天下不患無財，患無人以分之。故知時者可立以爲長，無私者可置以爲政，審于時而察于用而能備官者，可奉以爲君也。緩者後于事，恡于財者失所親，信小人者失士。

右六親五法

形勢第二

山高而不崩，則祈羊至矣；淵深而不涸，則沈玉極矣。極，至也。山不崩，淵不涸，興雨之祥，故人以羊玉祈祭。蛟龍得水而神可立也，虎豹得幽而威可載也。載，行也。風雨無鄉，而怨怒不及也。鄉，方也。既無方所，故無從而怨怒也。銜命者，君之尊也；受辭者，名之運也。續按：受辭，謂君出言順理，而民受之無異也。名運，謂名聲彰于四方也。上無事則民自試，抱蜀不言而廟堂既脩。抱，持也。蜀，祠器也。君人者但抱祠器，以身率道，雖復静默不言，廟堂之政既以脩理矣。苞按：上不侵其事，則人臣得自試其才。蜀，當作「獨」，猶老子所謂抱一也。抱獨不言而廟堂既脩，猶言篤恭而天下平。羿之道非射也，造父之術非馭也，奚仲之巧非斲削也。

績按：三子技名世，必有所以致之，非在弓矢、操轡、斲削之末。召遠者使無爲焉，親近者言無事焉。唯夜行者獨有也。遠使無爲，所以優遠方也。親于近者，貴于恩厚，不在于虚言。夜行，謂陰行其德，則人不與之争，故獨有之也。平原之隰，奚有于高？言平隰之澤，雖有小封，不成于高，喻人有大失，小善不成其美。大山之限，奚有于深？限，山曲也。言山既大矣，雖有小限，不成爲深，喻人有高行，雖有小過，非不肖也。訾讆之人，勿與任大。訾，毁賢。讆，譽惡。譕臣者可與遠舉。言行莫先，謂之譕臣。有大言行者，可與舉國之遠也。顧憂者可與致道。績按：顧憂，謂慮後患也。其計也連，而憂在近者，往而勿召也。必得之事，不足賴也；必諾之言，不足信也。績按：釋皆非，觀解自明。小謹者不大立，訾食者不肥體。有無棄之言者，必參于天地也。墜岸三仞，人之所大難也，而猿猱飲焉。代矜好專，舉事之禍也。績按：解作「蝯蝚」，古字同。喻使人器之不求備也。伐矜好專，舉事之禍，謂自用則小之弊。不行其野，不違其馬，能予而無取者，天地之配也。績按：言以一人養天下，不以天下養一人也。春通：猿連臂而下飲于三仞之岸如夷也。知連引之無難，則知矜專之禍。老馬識道，不行野者資其智。故予人而任之，功可配天地。自取而伐矜，禍幾及一身。怠倦者不及，無廣者疑神。神者在内，不及者在門。在内者將假，在門者將待。績按：言人懈惰者不能及時成事，故曰不及。操要者忽然成事，故曰疑神。若能審内外，立操要之神，則懈惰不及者亦從而能矣。假，至也。曙戒勿怠，後稺逢殃，朝忘其事，夕失其功。持滿者與天，安危者與人。失天之度，雖滿必涸。上下不和，雖安必危。能持滿者，則與天合。能安危者，則與人合。不合于天，雖滿必涸。不合于人，雖安必危。疑今者察之古，不知來者視之往。萬事之生也，異趣而同歸，古今一也。生棟覆屋，怨怒不及。弱子下瓦，慈母操箠。天道之極，遠者自親。人事之起，近親造怨。績按：出于理曰天道，出于欲曰人事。萬物之于人也，無私近也，無私遠也，巧者有餘，而拙者不足。萬物既無私于人，故巧者用之有餘，拙者用之不足。烏鳥之狡，雖善不親。績按：當依解作「烏集之交」。不重之結，雖固必解。毋與不可，毋彊不能，毋告不知。與不可，彊不能，告不知，謂之勞而無功。見與之交，幾于不親。見，謂不忘而恃之也。與，親與也。見哀之役，幾于不結。績按：當依解作「見愛之交」。見施之德，幾于不報。四方所歸，心行者也。獨王之國，勞而多禍；績按：當依解作「獨任之國」。獨國之君，卑而不威。自媒之女，醜而不信。未之見而親焉，可以往矣；未見而親，親必有終，故可往。久而不忘焉，可以來矣。言而不可復者，君不言也。行而不可再者，君不行也。績按：注非，觀解自明。凡言而不可復，行而不可再者，有國者之大禁也。

權脩第三

權者，所以知輕重也。君人者必知事之輕重，然後國可爲，故須脩權。

欲爲天下者，必重用其國。欲爲國者，必重用其民。欲爲其民者，必重盡其力。重，矜惜之也。無以畜之，則往而不可止也。往，謂亡去也。無以牧之，則處而不可使也。見其可也，喜之有徵；見其不可也，惡之有刑。賞罰信于其所見，雖其所不見，其敢爲之乎？見其可也，喜之無徵；見其不可也，惡之無刑。賞罰不信于其所見，而求其所不見之爲之化，不可得也。

地之生財有時，民之用力有倦，而人君之欲無窮。以有時與有倦養無窮之君，而度量不生于其間，則上下相疾也。野與市争民，家與府争貨，金與粟争貴，鄉與朝争治。故野不積草，農事先也；府不積貨，藏于民也；市不成肆，家用足也；朝不合衆，鄉分治也。

一年之計，莫如樹穀；十年之計，莫如樹木；終身之計，莫如樹人。凡牧民者，欲民之正，則微邪不可不禁也。微邪者，大邪之所生也。微邪不禁，而求大邪之無傷國，不可得也。

立政第四

三本　四固　五事　首憲　首事　省官　服制　九敗　七觀

君之所審者三：一曰德不當其位，二曰功不當其禄，三曰能不當其官。是故國有德義未明于朝而處尊位者，則良臣不進；有功力未見于國而有重禄者，則勞臣不勸；有臨事不信于民而任大官者，則材臣不用。

右三本

分國以爲五鄉，鄉爲之師。分鄉以爲五州，州爲之長。分州以爲十里，里爲之尉。分里以爲十游，游爲之宗。十家爲什，五家爲伍，什伍皆有長焉。築障塞匿，匿，隱。一道路，博出入，審閭閈，慎筦鍵。筦藏于里尉，置閭有司，以時開閉。閭有司觀出入者，以復于里尉。復，白。凡出入不時，衣服不中，圈屬羊豕之類也。群徒，衆作役也。不順于常者，閭有司見之，復無時。若在長家子弟、臣妾、屬役、賓客，則里尉以譙于游宗，譙，責讓也。游宗以譙于什伍，什伍以譙于長家。譙敬而勿復。既譙，能敬而從命，無事可白，則是敬令行。一再則宥，三則不赦。凡孝悌忠信、賢良儁材，若在長家子弟、臣妾、役屬、賓客，則什伍以復于游宗，游宗以復于里尉，里尉以復于州長，州長以計于鄉師，計，上計也。鄉師以著于士師。著，標著也。凡過黨其在家屬，及于長家。及，坐及也。其在長家，及于什伍之長。其在什伍之長，及于游宗。其在游宗，及于里尉。其在里尉，及于州長。其在州長，及于鄉師。其在鄉師，及于士師。三月一復，六月一計，十二月一著。凡上賢不過等，謂上賢雖才用絶倫，無得過其勞級。使能不兼官。罰有罪，不獨及。罪必有首從及黨與也。賞有功，不專與。孟春之朝，君自聽朝，論爵賞校官，終五日。季冬之夕，君自聽朝，論罰罪刑殺，亦終五日。正月之朔，百吏在朝，君乃出令布憲于國。憲，法也。五鄉之師，五屬大夫，皆受憲于太史。大朝之日，五鄉之師，五屬大夫，皆身習憲于君前。太史既布憲，入籍于大府。入籍者，入取籍于大府也。憲籍分于君前。五鄉之師出朝，遂于鄉官，致于鄉屬，及于游宗，皆受憲。憲所以察時令，籍所以視功過。憲既布，乃反致令焉，致令于君。然後敢就舍。憲未布，令未致，不敢就舍。就舍謂之留令，死罪不赦。五屬大夫，皆以行車朝，出朝不敢就舍，遂行。至都之日，五屬之都。遂于廟致屬吏，皆受憲。憲既布，乃發使者致令，以布憲之日，蚤晏之時。憲既布，使者以發，然後敢就舍。憲未布，使者未發，不敢就舍，就舍謂之留令，罪死不赦。憲既布，有不行憲者，謂之不從令，罪死不赦。考憲而有不合于太府之籍者，侈曰專制，績按：謂增之。不足曰虧令，績按：謂損之。罪死不赦。首憲歲朝之憲。既布，然後可以布憲。月朝之憲。

右首憲

朱長春曰：「即五鄉內政之功令，詳志齊語。此首憲特其頒令甲之科條罰格耳。意當時與伯大政紀之國册，而私書止載其典要邪？」

凡將舉事，令必先出，曰：事將爲，其賞罰之數必先明之。立事者謹守令以行賞罰，計事致令。復賞罰之所加，有不合于令之所謂者，雖有功利，則謂之專制，罪死不赦。首事既布，然後可以舉事。

右首事

脩火憲，敬山澤，林藪積草。續按：敬，同儆，戒也。夫財之所出，以時禁發焉。使民于宮室之用，薪蒸之所積，虞師之事也。決水潦，通溝瀆，脩障防，安水藏，使時水雖過度，無害于五穀，歲雖凶旱，有所秎穫，司空之事也。續按：秎，扶問切，亦穫也。相高下，視肥磽，觀地宜，明詔期前後，農夫以時均脩焉，使五穀桑麻皆安其處，由田春通：由田，田畯之類。之事也。行鄉里，視宮室，觀樹藝，簡六畜，以時均脩焉，勸勉百姓，使力作毋偷，懷樂家室，重去鄉里，鄉師之事也。論百工，審時事，辨功苦，上完利，監壹五鄉，以時均脩焉，使刻鏤文采，毋敢造于鄉，工師之事也。

右省官

度爵而制服，量禄而用財。飲食有量，衣服有制，宮室有度，六畜人徒有數，舟車陳器有禁脩，春通：器物式有等級，則有限禁。用有敝壞，則有歲脩。「脩」字連上爲句。生則有軒冕、服位、穀禄、田宅之分，死則有棺槨、絞衾、壙壟之度。雖有賢身貴體，毋其爵，不敢服其服。雖有富家多資，毋其禄，不敢用其財。天子服文有章，而夫人不敢以燕，以饗廟。將軍大夫以朝，官吏以命，士止于帶緣。苞按：天子所服文采，有九章、七章、五章之别。夫人不敢服文采以燕居，惟以饗賓客，祭宗廟。將軍大夫，卿與貳也。其朝得服章服。官吏，衆士及鄉遂，屬吏也。惟受命時服其命服，平時治事以常服。學校之士，止于以文采爲帶及緣。散民不敢服雜采。百工商賈不得服長鬈貂。續按：鬈，音權。記云「燕則鬈首」，注「分髮爲鬌紒」。刑餘戮民不敢服絻，一本作「絲」。不敢畜連乘車。

右服制

朱長春曰：「以上數條，管子受任布憲之大者，一國之政也，故事簡于周禮而法嚴焉。」

乘馬第五

立國　大數　陰陽　爵位　務市　士農工商　聖人　失時　地里

凡立國都，非于大山之下，必于廣川之上，高毋近旱而水用足，下毋近水而溝坊省。因天材，就地利，故城郭不必中規矩，道路不必中準繩。

右立國

朱長春曰：「乘馬只一篇文字，首有冒，中分段落，末極論民分地制，總爲建國之制。以國有萬乘、千乘、幾百乘，是曰國賦，故標曰乘馬。意立國、大數等，後人分立之，如河上八十一章，非著書之故。」

地之不可食者，山之無木者，百而當一。涸澤，百而當一。地之無草木者，百而當一。樊棘雜處，民不得入焉，百而當一。藪鎌纏得入焉，九而當一。績按：鎌，刈割器。纏，捆縛索。蔓山，其木可以爲材，可以爲軸，斤斧得入焉，九而當一。汎山，其木可以爲棺，可以爲車，斤斧得入焉，十而當一。流水，網罟得入焉，五而當一。林，其木可以爲棺，可以爲車，斤斧得入焉，五而當一。澤，網罟得入焉，五而當一。命之曰地均，以實數。方六里，命之曰暴，五暴命之曰部，五部命之曰聚。聚者有市，無市則民乏。五聚命之曰某鄉，四鄉命之曰方，官制也。官成而立邑。五家而伍，十家而連，五連而暴，五暴而長，命之曰某鄉，四鄉命之曰都，邑制也。邑成而制事。四聚爲一離，五離爲一制，五制爲一田，二田爲一夫，三夫爲一家，事制也。事成而制器。方六里，爲一乘之地也。一乘者，四馬也。一馬，其甲七，其蔽五。蔽，所以捍車馬。四乘，其甲二十有八，其蔽二十，白徒三十人，奉車輛，器制也。春通：此政詳用之量，器之制，以黄金一鎰，百乘一宿爲準。以方六里一乘地起量，以市貨政分合制相錯論叙，此古文之妙。末因以信士立朝連入義之理。通論即四民已具，故曰士農工商，要以經制總。因地均立分起則，故曰地者政之本也。方六里，一乘之地也。方一里，九夫之田也。黃金一鎰，百乘一宿之盡也。無金則用其絹。季絹三十三，三等，其下者曰季。季絹，細絹也。制當一鎰。無絹則用其布，經暴布百兩，暴布，白布也。當一鎰。一鎰之金，食百乘之一宿，則所市之地，六步一㪷，一本作「一升」。命之曰中歲。有市無市，則民不乏矣。方六里，名之曰社。有邑焉，名之曰央，亦關市之賦。命出關市之賦。黃金百鎰爲一篋，其貨一穀籠爲十篋。其商苟在市者三十人，其正月、十二月，黃金一鎰，命之曰正分。春曰書比，立夏曰月程，秋曰大稽，與民數得亡。三歲脩封，五歲脩界，十歲更制，經正也。績按：此節曰既立制而遂定賦也。十仞見水不大潦，五尺見水不大旱，十一仞見水輕征，征，稅也。十分去二三，二則去三四，四則去四，五則去半，比之于山。五尺見水，十分去一，四則去三，三則去二，二則去一。三尺而見水，比之于澤。績按：言地高則水潦，故曰十仞見水不大潦，地低則難旱，故曰五尺見水不大旱。當澇之時，若高亢地十一仞見水，則常征十分中免二三分。十二仞見水，則免三四分。十四仞見水，則免四分。十五仞見水，則免五分。以其極高難灌溉，可以比于山也。當旱之時，若汙下地五尺見水，則常征十分免四分。四尺見水，則免三分。三尺見水，則免二分。二尺見水，則免一分。以其極低易灌溉，可以比于澤也。十分去一，當作「十分去四」。距國門以外，窮四境之內，丈夫二犁，童五尺一犁，春通：二犁、一犁，應服牛。以爲三日之功。正月令農始作，服于公田，農耕。及雪釋，耕始焉，芸卒焉。士聞見博學意察，而不爲君臣者，與功春通：公田之功。而不與分焉。賈知賈之貴賤，日至于市，而不爲官賈者，與功而不與分焉。工治容貌功能，日至于市，而不爲官工者，與功而不與分焉。春通：儒者虚聲而不進仕，工賈占業而逃官役，此皆傲士游民，令與三日之功，而不受一夫之分，所以罰之也。不可使而爲工，則視貨離之實而出夫粟。是故智者知之，愚者不知，不可以教民。巧者能之，拙者不能，不可以教民。非一令而民服之也，不可以爲大善。非夫人能之也，不可以爲大功。是故非誠賈不得食于賈，非誠工不得食于工，非誠農不得食于農，非信士不得立于朝。是故官虚而莫敢爲之請，君有珍車珍甲而莫之敢有。君舉事，臣不敢誣其所不能。君知臣，臣亦知君知己也，故臣莫敢不竭力，俱操其誠以來。

右士農工商　續按：此篇言均地立制定賦之法，率民盡地力，終之以人君出令之事，末又言均地分力，使民知時，爲下三節之綱，謂之士農工商，不知何説。

唯聖人爲善托業于民。謂托人以成功業也。民之生也，辟則愚，縱其淫辟則昏愚。閉則類。類，善也。閉其淫辟則自善。上爲一，下爲二。下之效上必倍之也。

右聖人

時之處事精矣，不可藏而舍也。時至則爲之，不可藏而捨息也。故曰：今日不爲，明日忘貨，昔之日已往而不來矣。

七法第六 謂則、象、法、化、決塞、心術、計數。

言是而不能立，言非而不能廢，謂之是，不能立其人而用之。謂之非，不能廢其人而退之。有功而不能賞，有罪而不能誅，若是而能治民者，未之有也。是必立，非必廢，有功必賞，有罪必誅，若是安治矣，未也。形勢器械未具，猶之不治也。形勢器械具，四者備，治矣。四者備，謂立是、廢非、賞功、誅罪。不能治其民，而能彊其兵者，未之有也。能治其民矣，而不明于爲兵之數，猶之不可。不能彊其兵，而能必勝敵國者，未之有也。能彊其兵，而不明于勝敵國之理，猶之不勝也。兵不必勝敵國，而能正天下者，未之有也。兵必勝敵國矣，而不明正天下之分，猶之不可。故曰：治民有器，爲兵有數，勝敵國有理，正天下有分。則、象、法、化、決塞、心術、計數，根天地之氣，寒暑之和，水土之性。人民鳥獸草木之生，物雖不甚多，皆均有焉，而未嘗變也，謂之則。義也，名也，時也，似也，類也，比也，狀也，謂之象。似、類、比、狀，謂立法者必有所仿傚，不徒然也。尺寸也，繩墨也，規矩也，衡石也，斗斛也，角量也，謂之法。角，亦器量之名。漸也，順也，靡也，久也，服也，習也，謂之

化。漸，謂革物當以漸也。順也，靡也，謂物順教而風靡也。久也，服也，習也，謂人習服教命之久。予奪也，險易也，利害也，難易也，開閉也，殺生也，謂之決塞。|春通：決，通也。十二事相反，或通之，或塞之。實也，誠也，厚也，施也，度也，恕也，謂之心術。剛柔也，輕重也，大小也，實虛也，遠近也，多少也，謂之計數。不明于則，而欲出號令，猶立朝夕于運均之上，擔竿而欲定其末。均，陶者之輪也。立朝夕，所以正東西。今均既運，則東西不可準也。擔，舉也。欲定末者，必先静其本。今既舉竿之本，其末不定也。不明于象，而欲論材審用，猶絶長以爲短，續短以爲長。不明于法，而欲治民一衆，猶左書而右息之。人右手能書，而左手不能書也，今反用左手書，而右手息而不動，倒行逆施之譬。不明于化，而欲變俗易教，猶朝揉輪而夕欲乘車。不明于決塞，而欲毆衆移民，猶使水逆流。不明于心術，而欲行令于人，猶倍招而必拘之。物有背叛而招之者，必有以慰悦之，今反拘留之，則彼愈叛矣。不明于計數，而欲舉大事，猶無舟檝而欲經于水險也。

右七法

百匿傷上威，言百官皆匿情爲私，則上威傷。姦吏傷官法，姦民傷俗教，賊盜傷國衆。威傷則重在下，君威傷，則臣反得尊重。法傷則貨上流，教傷則從令者不輯，衆傷則百姓不安其居。重在下則令不行，貨上流則官徒毁。|春通：官徒，猶言官屬。從令者不輯，則百事無功。百姓不安其居，則輕民

處而重民散。故曰：常令不審則百匿勝，官爵不審則姦吏勝，符籍不審則姦民勝，刑法不審則盜賊勝。國亡四經敗，春通：四經敗，結上「人君泄見危」，另揭起下「君不密則失臣」也。人君泄，見危。人君泄，則言實之士不進。言實之士不進，則國之情僞不竭于上。

右四傷百匿

版法第七

選擇政要，載之于版，以爲常法。績按：此注多非，當依後版法解自明。

凡將立事，正彼天植。風雨無違，遠近高下各得其嗣。三經既飭，君乃有國。喜無以賞，怒無以殺。舉所美必觀其所終，廢所惡必計其所窮。故用財不可以嗇，用力不可以苦。用財嗇則費，用力苦則勞。民不足，令乃辱；民苦殃，令不行。施報不得，禍乃始昌；禍昌不寤，民乃自圖。植固不動，倚邪乃恐。績按：倚，解作「奇」。苞按：即周官比長職所謂奇衺，蓋邪惡之人也。倚革邪化，令往民移。悦衆在愛施，有衆在廢私，召遠在脩近，閉禍在除怨，脩長在乎任賢，任賢則國祚長。高安在乎同利。與下同利，則高位安。

幼官第八　幼，始也。陳從始輔官齊政之法。

聽于鈔，故能聞未極。春通：「聽于鈔」以下，皆言將心兵機，微乎神矣。「此在師律」之上，以無律用律也。視于新，故能見未形；思于濬，故能知未始；發于驚，故能至無量。計緩急之事，則危危而無難。明于器械之利，則涉難而不變；察于先後之理，則兵出而不困；通于出入之度，則深入而不危；審于動靜之務，則功得而無害；著于取與之分，則得地而不執；謂不悋執。慎于號令之官，則舉事而有功。

宙合第十一　古往今來曰宙，所陳之道，既通往古，又合來今，無不包羅也。

左操五音，右執五味，懷繩與準鉤，多備規軸，減溜大成，是唯時德之節。春采生，秋采蓏，夏處陰，冬處陽，大賢之德長。房注「第三舉目」終于「冬處陽」，非也。按後解「春采生，秋采蓏，夏處陰，冬處陽」，引微子不與紂之難，後世不絶。下接「故曰大賢之德長」，則此句屬上文無疑矣。明乃哲，哲乃明，奮乃苓，明哲乃大行。不用其區區，鳥飛準繩。毋邇其求，而遠其憂。高爲其居，危顛莫之救。可淺可深，可浮可沈。可曲可直，可言可默。天不一時，地不一利，人不一事。夫天地一險一易，若鼓之有桴，宅耕反。擿丁歷反。擋丁用反。則擊。天地萬物之橐，宙合有橐天地。左操五音，右執五味，此言君臣之分也。君出令佚，故立于左；臣任力勞，故立于右。夫五音不同聲而能調，此言君之所出令無妄也，而無所不順，順而令行政成。五味不同物而能和，此言臣之所任力無妄也，而無所不得，得而力務財多。君臣各能其分，則國寧矣。故名之曰不德。懷繩與準鉤，多備規軸，減溜大成，是唯時德之節。夫繩，扶撥以爲正；準，壞險以爲平；鉤，入枉而出直。此言聖君賢佐之制舉也，博而不失，因以備能而無遺。多備規軸者，成軸也。春通：成軸，猶成憲。備成法以善理，如備成器以裕用。夫成軸之多也，其處大也不究，其入小也不塞。究，窮也。大軸用大處，小用小處，因物施宜，故不究不塞。猶迹，求履之憲也。迹者，履之所出。憲，法也。擬迹而求履法，履法可得。故諭教者取辟焉。天淯陽，無計量；地化生，無法崖。淯，古「育」字。天以陽氣育生萬物，物生不可計量。地以陰氣化萬物，物之生化無有崖畔。君之恩法天地之廣厚也。故聖人博聞多見，畜道以待物。減，盡也。溜，發也。言徧環畢，莫不備得。故曰：減溜大成。成功之術，必有巨獲，巨獲，宜作「矩矱」。必周于德，審于時。時德之遇，事之會也，若合符然。故曰：是唯時德之節。德既周，時又審，二者遇會，若合符契，則何功不成？春采生，秋采蓏，夏處陰，冬處陽，此言聖人之動靜、開闔，詘信浧弋浧反。濡，浧濡，猶言滑滯。取與之必因于時也。時則動，不時則靜。是以古之士有意而未可陽也。賢人之處亂世也，知道之不可行，則沈抑以辟罰，靜默以侔免。侔，取也。辟之猶夏之就清，七性反。冬之就温焉，可以無及于寒暑之菑矣。故微子不與于紂之難，而封于宋，以爲殷主，先祖不滅，後世不絕。故曰：大賢之德長。明乃哲，哲乃明，奮乃苓，明哲乃大行，此言擅美主盛，自奮也。以琅湯琅，音浪。湯，音瑒。凌轢人，人之敗也常自此。是故聖人著之簡筴，傳以告後進曰：奮盛苓落也，盛而不落者，未之有也。故有道者不平其稱，不滿其量，不依其概，苞按：量實滿則與概相依，即不滿其量之意。不致其度。爵尊則肅士，禄豐則務施。功大而不伐，業明而不矜。夫名實之相怨久矣，是故絕而無交。惠者知其不可兩守，乃取一焉，故安而無憂。苞按：此承上文而言，功成業就者，實也。自伐自矜者，名也。務于名者必喪其實，務于實者不取其名。名實之不兩立，如人之相怨，絕而無交。故有道者知其不可兩守，而獨取其實也。鳥飛準繩，此言大人之義也。夫鳥之飛也，必還山集谷。不還山則困，不集谷則死。山與谷之處也，不必正直，而還山集谷，曲則曲矣，而名繩焉。以爲鳥起于北，意南而至于南，起于南，意北而至于北。苟大意得，不以小缺爲傷。高爲其居，顛危莫之救，此言尊高滿大而好矜人以麗，主盛處賢而自予雄也。予，許也。故盛必失而雄必敗。可淺可深，可沈可浮，可曲可直，可言可默，此言指意要功之謂也。淺深、沈浮、曲直、言默，應物之迹，不主一方，而意之所指，必要于功之可成也。天不一時，地不一利，人不一事，是以著業不得不多，人之名位不得不殊方。苞按：是以「著業不得不多」句，「人之名位不得不殊方」句。天不一時，地不一利，人不一事，故分四民，任九職，著業不得不多也。列十等，辨九儀，人之名位不得不殊方也。明者察于事，故不官于物而旁通于道。道也者，通乎無上，詳乎無窮，運乎諸生。諸物由道而生。是故辯于一言，察于一治，攻于一事者，可以曲説，而不可以廣舉。聖人由此知言之不可兼也，故博爲之治而計其意；知事之不可兼也，故多爲之説而況其功。苞按：言不可以偏及，博治其理，而計其意，則言之所不盡，其理可意會矣。事不可以徧陳，多爲之説而比其功，則事之所未經，其説可類推矣。夫天地一險一易，若鼓之有𢷎，擿擋則擊，險易，猶否泰。夫天地否泰，應德而至，猶鼓之含響，應擊而鳴者也。𢷎，鼓枹也。擿擋，鼓聲，猶鏜鞳也。言鼓之有擿擋之聲，由枹有以擊之也。言苟有唱之，必有和之。景不爲曲物直，響不爲惡聲美，是以聖人明乎物之性者，必以其類來也。惡聲往則惡響來，猶積善餘慶，積惡餘殃。故君子繩繩乎慎其所先。天地，萬物之橐也。宙合有橐天地，有，又也。天地苴子餘反。萬物，故曰：萬物之橐。苴裹萬物在天地之中，故爲橐也。宙合之意，上通于天之上，下泉于地之下，外出于四海之外。合絡天地以爲一裹，大之無外，小之無内，故曰：有橐天地。

樞言第十二

樞者，居中以運外，動而不窮者也。言則慮心而發口，變而無主者也。其用若樞，故曰樞言。

道之在天者，日也。其在人者，心也。

王主積于民，霸主積于將戰士，衰主積于貴人，亡主積于婦女珠玉，故先王慎其所積。

先王貴當貴周。周者不出于口，不見于色。一龍一蛇，一日五化之謂周。

先王不約束，不結紐。約束則解，有束故可得而解。結紐則絶。有紐故可得而絶。凡國之亡也，以其長者也。人之自失也，以其所長者也。故善游者死于梁池，善射者死于中野。日益之而患少者惟忠，日損之而患多者惟欲。衆人之用其心也，愛者，憎之始也，德者，怨之本也。其事親也，妻子具，則孝衰矣。其事君也，有好業，家室富足，則行衰矣。爵禄滿，則忠衰矣。惟賢者不然。

釜鼓滿則人概之，人滿則天概之，故先王不滿也。先王之書，心之敬執也，而衆人不知也。故有事，事也；毋事，亦事也。吾畏事，不欲爲事，吾畏言，不欲爲言，故行年六十而老吃也。

八觀第十三

大城不可以不完，郭周不可以外通，里域不可以横通，閭閈不可以毋闔，闔，扉也。宫垣關閉不可以不脩。故大城不完，則亂賊之人謀；郭周外通，則姦遁踰越者作；里域横通，則攘奪竊盜者不止。閭閈無闔，外内交通，則男女無别；宫垣不備，關閉不固，雖有良貨不能守也。故形勢不得爲非，則姦邪之人慤愿；禁罰威嚴，則簡慢之人整齊；教訓習俗者衆，則君民化變而不自知也。是故明君在上位，刑省罰寡，非可刑而不刑，可罪而不罪也。明君者，閉其門，塞其途，弇其迹，使民無由接于淫非之地。是以民之道正行善也若性然，故罪罰寡而民以治矣。行其田野，視其耕芸，計其農事，而飢飽之國可以知也。其耕之不深，芸之不謹，地宜不任，草田多穢，耕者不必肥，荒者不必墝，以人猥計其野，猥，衆也。以人衆之多少，計其野之廣狹也。草田多而辟田少者，雖不水旱，饑國之野也。若是而民寡，則不足以守其地。若是而民衆，則國貧民飢。以此遇水旱，則衆散而不收。故曰：有地君國，而不務耕芸，寄生之君也。故曰：行其田野，視其耕芸，計其農事，而飢飽之國可知也。行其山澤，觀其桑麻，計其六畜之產，而貧富之國可知也。夫山澤廣大，則草木易多也；壤地肥饒，則桑麻易植也；薦子見反。草多衍，則六畜易繁也。薦，茂草也。莊周曰：「麋鹿食薦。」山澤雖廣，草木毋禁；壤地雖肥，桑麻毋數；薦草雖多，六畜有征，征賦閉貨之門也。故曰：時貨不遂，金玉雖多，謂之貧國也。故曰：行其山澤，觀其桑麻，計其六畜之產，而貧富之國可知也。入國邑，視宮室，觀車馬衣服，而侈儉之國可知也。夫國城大而田野淺狹者，其野不足以養其民；城域大而人民寡者，其民不足以守其城；宮營大而室屋寡者，其室不足以實其宮；室屋衆而人徒寡者，其人不足以處其室；囷倉寡而臺榭繁者，其藏不足以共其費。故曰：主上無積而宮室美，氓家無積而衣服脩。乘車者飾觀望，步行者雜文采，本資少而末用多者，侈國之俗也。國侈則用費，用費則民貧，民貧則姦智生，姦智生則邪巧作。故姦邪之所生，生于匱不足；匱不足之所生，生于侈；侈之所生，生于無度。故曰：審度量，節衣服，儉財用，禁侈泰，爲國之急也。不通于若計者，若計，謂「審度量」以下。不可使用國。故曰：入國邑，視宮室，觀車馬衣服，而侈儉之國可知也。課凶饑，計師役，視臺榭，量國費，而虛實之國可知也。凡田野萬家之衆，可食之地方五十里，可以爲足矣。萬家以下，則就山澤可矣。萬家以上，則去山澤可矣。苞按：周官有山澤之農，蓋山澤亦有耕地，但不若原隰之美。不及萬家，則食地五十里，并就山澤之田計之。過萬家，則除去山澤之田不計以附益之。彼野悉辟而民無積者，國地小而食地淺也；田半墾而粟米多者，國地大而食地博也；田地大而野不辟者，君好貨而臣好利者也；辟地廣而民不足者，上賦重，流其藏者也。故曰：粟行于三百里，賦重則粟賤，故人遠行而糴之，或遠人來糴也。則國無一年之積。粟行于四百里，則國無二年之積；粟行于五百里，則衆有飢色。其稼亡三之一者，命曰小凶，小凶三年而大凶，比三年不熟，故曰大凶也。大凶則衆有大遺苞矣。時既大凶，無復畜積，雖相振濟，但包裹升斗以相遺也。什一之師，什三毋事，則稼亡三之一。績按：謂興師役一分，則相逮者衆，而爲三分，是十分中有三分無事農之人，而亡稼三之一矣。稼亡三之一而非有故蓋積也，則道有損瘠矣。什一之師，三年不解，非有餘食也，則民有鬻子矣。故曰：山林雖近，草木雖美，宮室必有度，禁發必有時。是何也？曰：大木不可獨伐也，大木不可獨舉也，大木不可獨運也，大木不可加之薄牆之上。故曰：山林雖廣，草木雖美，禁發必有時。國雖充盈，金玉雖多，宮室必有度。江海雖廣，池澤雖博，魚鼈雖多，罔罟必有正。船網不可一財而成也，非私草木，愛魚鼈也，惡廢民于生穀也。故曰：先王之禁山澤之作者，博民于生穀也。民非作力，毋以致財，是故主上用財毋已，是民用力毋休也。故曰：臺榭相望者，其上下相怨也；民無餘積者，其禁不必止；衆有遺苞者，其戰不必勝；戰士飢，故不勝。道有損瘠者，其守不必固。故曰：課凶饑，計師役，觀臺榭，量國費，實虛之國可知也。入州里，觀習俗，聽民之所以化其上，而治亂之國可知也。州里不鬲，無限鬲也。閭閈不設，出入毋時，早晏不禁，則攘奪竊盜攻擊殘賊之民毋自勝矣。食谷水，巷鑿井，谷水巷井，則出汲者生其婬放。場圃接，鄰家子女，易得交通。樹木茂，宮牆毁壞，門户不閉，外内交通，則男女之别毋自正矣。鄉毋長游，什長、游宗也。里無士舍，士謂里尉。每里當置舍，使尉居焉。時無會同，鄉里每時當有會同，所以結恩好也。喪蒸不聚，蒸，冬祭名。禁罰不嚴，則齒長輯睦毋自生矣。故昏禮不謹，則民不修廉；論賢不鄉舉，則士不及行；貨財行于國，則法令毁于官；請謁得于上，則黨與成于下；鄉官無法制，百姓群徒不從。此亡國弑君之所自生也。故曰：入州里，觀習俗，聽民之所以化其上者，而治亂之國可知也。入朝廷，觀左右，本求朝之臣，論上下之所貴賤者，而彊弱之國可知也。功多爲上，禄賞爲下，則積勞之臣不務盡力。戰功曰多。治行爲上，爵列爲下，則豪傑材臣不務竭能。便辟左右，不論功能而有爵禄，則百姓疾怨非上，賤爵輕禄。金玉貨財商賈之人不論志行而有爵禄也，則上令輕，法制毁。權重之人不論才能而得尊位，則民倍本行而求外勢，國之情僞，竭在敵國矣。故曰：入朝廷，觀左右，本求朝之臣，論上下之所貴賤者，而彊弱之國可知也。置法出令，臨衆用民，計其威嚴寬惠，行于其民與不行于其民可知也。法虛立而害疏遠，法不行于親近，故曰虚立。令一布而不聽者存，不聽者存，是令不行。賤爵禄而無功者富，然則衆必輕令而上位危。故曰：置法出令，臨衆用民，計威嚴寬惠，而行于其民，不行于其民可知也。計敵與，量上意，察國本，觀民産之所有餘不足，而存亡之國可知也。敵國彊而與國弱，諫臣死而諛臣尊，私情行而公法毁，然則與國不恃其親，而敵國不畏其彊；豪傑不安其位，而積勞之人不懷其禄；悦商販而不務本貨，則民偷處而不事積聚。豪傑不安其位，則良臣出；積勞之人不懷其禄，則兵士不用。民偷處而不事積聚，則囷倉空虚。如是而君不爲變，則國居而自毁矣。故曰：計敵與，量上意，察國本，觀民産之所有餘不足，而存亡之國可知也。故以此八者觀人主之國，而人主無所匿其情矣。

法禁第十四

法制不議，則民不相私；刑殺毋赦，則民不偷于爲善；爵禄毋假，則下不亂其上。三者藏于官則爲法，施于國則成俗，其餘不彊而治矣。君壹置其儀，則百官守其法。上明陳其制，則下皆會其度矣。君之置其儀也不一，則下之倍法而立私理者必多矣。是以人用其私，廢上之制，而道其所聞，故下與官列法，而上與君分威。國家之危，必自此始矣。績按：言此用私之人，自立一法，是下與守法之官並陳法，上與制法之君並操權也。君人而不能知立君之道以爲國本，則大臣之贅下而射人心者必多矣。越職行恩曰贅。苞按：贅，如爲下國「綴旒」之「綴」，蓋爲下之所繫屬也。君不能審立其法以爲下制，則百姓之立私理而徑于利者必衆矣。徑，謂邪行以趨疾也。故擅國權以深索于民者，聖王之禁也。其身無任于上者，聖王之禁也。交人則以爲己賜，舉人則以爲己勞，仕人則與分其禄者，聖王之禁也。拂世以爲行，非上以爲名，常反上之法制，以成群于國者，聖王之禁也。身無職事，家無常姓，列上下之間，議言爲民者，聖王之禁也。姓，生也。身既無職事，家又無常生。審飾小節以示民，時言大事以動上，遠交以逾群，假爵以臨朝者，聖王之禁也。卑身雜處，隱行辟倚，績按：隱，即索隱也。辟倚，皆邪不正。遁上而遁民者，聖王之禁也。詭俗異禮，大言法行，難其所爲而高自錯者，錯，置也。聖王之禁也。行辟而堅，言詭而辯，術非而博，順惡而澤者，聖王之禁也。以朋黨爲友，以蔽惡爲仁，以數變爲智，以重斂爲忠，以遂忿爲勇者，聖王之禁也。聖王之身，治世之時，德行必有所是，道義必有所明。故士莫敢詭俗異禮，以自見于國；莫敢布惠緩行，脩上下之交；以和親于民，莫敢超等逾官；漁利蘇功，以取順其君。飾詐以釣利，謂之漁利。因少構多，謂之蘇功。聖王之治民也，進則使無由得其所利，退則使無由避其所害。故逾其官而離其群者，必使有害；不能其事而失其職者，必使有恥。故曰：絶而定，静而治，安而尊，舉錯而不變者，聖王之道也。

朱長春曰：「議論似韓非，文勢亦涉呂覽，衰世之象，往往龐雜煩碎，音氣下殺。」

重令第十五

凡君國之重器，莫重于令。令重則君尊，君尊則國安。爲上者不明，令出雖自上，而論可與不可者在下，是威下繫于民也。令出而留者無罪，是教民不敬也。令出而不行者無罪，行之者有罪，是教民不聽也。令出而論可與不可者在官，是威下分也。益損者無罪，則是教民邪途也。如此則巧佞之人將以此成私爲交，比周之人將以此阿黨取與，貪利之人將以此收貨聚財，懦弱之人將以此阿貴事富，便辟伐矜之人將以此買譽成名。故令一出，示民邪途五衢，而求上之毋危，下之毋亂，不可得也。菽粟不足，末生不禁，民必有飢餓之色，而工以雕文刻鏤相稺也，謂之逆。稺，驕也。布帛不足，衣服毋度，民必有凍寒之傷，而女以美衣錦繡綦組相稺也，謂之逆。萬乘藏兵之國，卒不能野戰應敵，社稷必有危亡之患，而士以毋分役相稺也，謂之逆。爵人不論能，禄人不論功，而以富貴爲榮華以相稺也，謂之逆。朝有經臣，國有經俗，民有經産。何謂朝之經臣？察身能而受官，不誣于上，謹于法令以治，不阿黨，竭能盡力而不尚得，犯難離患而不辭死，受禄不過其功，服位不侈其能，不以毋實虚受者，朝之經臣也。何謂國之經俗？所好惡不違于上，所貴賤不逆于令，毋上拂之事，毋下比之説，毋侈泰之養，毋逾等之服，謹于鄉里之行，而不逆于本朝之事者，國之經俗也。何謂民之經産？：畜長樹蓺，務時殖穀，力農墾草，禁止末事者，民之經産也。故曰：朝不貴經臣，則便辟得進，毋功虚取，奸邪得行，毋能上通。國不服經俗，則臣下不順，而上令難行。民不務經産，則倉廩空虚，財用不足。三者見一焉，則敵國制之矣。故國不虚重，兵不虚勝，民不虚用，令不虚行。凡國之重也，必待兵之勝也，而國乃重；凡兵之勝也，必待民之用也，而兵乃勝；凡民之用也，必待令之行也，而民乃用；凡令之行也，必待近者之勝也，而令乃行。先勝服近習，令乃得行。故禁不勝于親貴，罰不行于便辟，法禁不誅于嚴重，而害于疏遠，慶賞不施于卑賤，二三而求令之必行，不可得也。能不通于官，受禄賞不當于功，號令逆于民心，動静詭于時變，而求民之必用，不可得也。將帥不嚴威，民心不專一，陳士不死制，卒士不輕敵，而求兵之必勝，不可得也。内守不能完，外攻不能服，野戰不能制敵，侵伐不能威四鄰，而求國之重，不可得也。德不加于弱小，威不信于彊大，征伐不能服天下，而求霸諸侯，不可得也。威有與兩立，兵有與分争，德不能懷遠國，令不能一諸侯，而求王天下，不可得也。地大國富，人衆兵彊，此霸王之本也。然而與危亡爲鄰矣。天道之數，人心之變。天道之數，至則反，盛則衰。人心之變，有餘則驕，驕則緩怠。此危亡之時也。凡先王治國之器三，攻而毁之者六。明王能勝其攻，故不益于三者，而自有國正天下。亂王不能勝其攻，故亦不損于三者，而自有天下而亡。三器者何也？曰：號令也，斧鉞也，禄賞也。六攻者何也？曰：親也，貴也，貨也，色也，巧佞也，玩好也。三器之用何也？曰：非號令無以使下，非斧鉞無以威衆，非禄賞無以勸民。六攻之敗何也？曰：雖不聽而可以得存者，謂親貴也。雖犯禁而可以得免者，謂貨色也。雖無功而可以得富者。謂巧佞玩好也。凡國有不聽而可以得存者，則號令不足以使下；有犯禁而可以得免者，則斧鉞不足以威衆；有無功而可以得富者，則禄賞不足以勸民。若此則民毋爲自用。民毋爲自用，則敵國制之矣。然則先王將若之何？曰：不爲六者變更于號令，不爲六者疑錯于賞罰，不爲六者益損于禄賞。若此則遠近一心，衆寡同力，戰可以必勝，而守可以必固，非以并兼攘奪也，以爲天下政治也。此正天下之道也。

法法第十六

不法法則事毋常，不設法以法下，故事毋常。法不法則令不行。雖復設法，不得法之宜，故令不行。令而不行，則令不法也；法而不行，則脩令者不審也；審而不行，則賞罰輕也；重而不行，則賞罰不信也；信而不行，則不以身先之也。故曰：禁勝于身，則令行于民矣。聞賢而不舉，殆。聞善而不索，殆。見能而不使，殆。親人而不固，殆。同謀而離，殆。可而不爲，殆。足而不施，殆。

幾而不密，殆。人主不周密，則正言直行之士危；正言直行之士危，則人主孤而毋內，人臣黨而成群。使人主孤而毋內，人臣黨而成群者，此非人臣之罪也，人主之過也。民毋重罪，過不大也。民毋大過，上毋赦也。上赦小過，則民多重罪，積之所生也。故曰：赦出則民不敬，惠行則過日益。惠赦加于民，而囹圄雖實，殺戮雖繁，姦不勝矣。君有三欲于民，三欲不節，則上位危。三欲者何也？一曰求，二曰禁，三曰令。求必欲得，禁必欲止，令必欲行。求多者，其得寡。禁多者，其止寡；令多者，其行寡。求而不得，則威日損；禁而不止，則刑罰侮；令而不行，則下凌上。故未有能多求而多得者也，未有能多禁而多止者也，未有能多令而多行者也。號令已出又易之，禮義已行又止之，度量已制又遷之，刑法已措又移之。如是則慶賞雖重，民不勸也；殺戮雖繁，民不畏也。故曰：上無固植，下有疑心，國無常經，民力必竭，數也。數，理也。春通：必然之數也，如景與響。凡赦者，小利而大害者也，故久而不勝其禍；毋赦者，小害而大利者也，故久而不勝其福。故赦者，奔馬之委轡；毋赦者，痤徂禾切，癤也。睢之礦石也。績按：睢，恐「疽」或「癰」字。

爵不尊，祿不重者，不與圖難犯危，以其道爲未可以求之也。

民不可與慮始，而可與樂成功。

堂上遠于百里，堂下遠于千里，門廷遠于萬里。今步者一日，百里之情通矣。堂上有事，十日而君不聞，此所謂遠于百里也。步者十日，千里之情通矣。堂下有事，一月而君不聞，此所謂遠于千里也。步者百日，萬里之情通矣。門廷有事，期年而君不聞，此所謂遠于萬里也。故請入而不出謂之滅，臣有請告，既入而不出，此則左右不爲通于下，其事遂消滅也。出而不入謂之絶，其事既出而不入，此則左右不爲通于上，其事遂斷絶也。入而不至謂之侵，其事既入，不得至于君，此則左右侵君事故也。出而道止謂之壅。其事既出，中道而止，此則左右壅君事故也。滅絶侵壅之君者，非杜其門而守其户也，爲政之有所不行也。

言有辨而非務者，行有難而非善者。故言必中務，不苟爲辨；行必思善，不苟爲難。

凡民從上也，不從口之所言，從情之所好者也。是故明君知民之必以上爲心也，故置法以自治，立儀以自正也。

釣名之人，無賢士焉；釣利之君，無王主焉。賢人之行其身也，忘其有名也；王主之行其道也，忘其成功也。賢人之行，王主之道，其所不能已也。

世無公國之君，則無直進之士；無論能之主，則無成功之臣。

明君不爲親戚危其社稷，社稷戚于親；不爲君欲變其令，令尊于君；不爲重寶分其威，威貴于寶；不爲愛民虧其法，法愛于民。

兵法第十七

明一者皇，察道者帝，通德者王，謀得兵勝者霸。故夫兵雖非備道至德也，然而所以輔王成霸。治衆有數，勝敵有理。三官不謬，五教不亂，九章著明，則危危而無害，窮窮而無難。危危、窮窮，皆重有其事。故能致遠以數，縱强以制。苞按：遠者不可力征，故致之以數。强者不能驟服，雖姑縱之，而終不能出我之範圍，所謂縱之以制也。三官：一曰鼓。鼓，所以任也，春通：大將主旗鼓，戰則親鼓。所以任，任將也。所以起也，所以進也。二曰金。金，所以坐也，所以退也，所以免也。三曰旗。旗，所以立兵也，所以利兵也，所以偃兵也。此之謂三官。有三令而兵法治也。五教：一曰教其目以形色之旗，二曰教其身以號令之數，三曰教其足以進退之度，四曰教其手以長短之利，五曰教其心以賞罰之誠。五教各習，而士負以勇矣。負，恃也。恃其便習而勇也。九章：一曰舉日章則晝行，二曰舉月章則夜行，三曰舉龍章則水行，四曰舉虎章則行林，五曰舉鳥章則行陂，六曰舉蛇章則行澤，七曰舉鵲章則行陸，八曰舉狼章則行山，九曰舉韓章則載食而駕。韓，韜也。謂韜其章而舉之，則載其所食而駕行矣。九章既定，而動静不過。三官、五教、九章，始乎無端，卒乎無窮。始乎無端者，道也；卒乎無窮者，德也。道不可量，德不可數也。故不可量則衆强不能圖，不可數則僞詐不敢嚮。兩者備施，則動静有功。徑乎不知，徑，謂卒然直指，故敵不知。發乎不意。徑乎不知，故莫之能禦也；發乎不意，故莫之能應也。故全勝而無害。因便而教，准利而行。教無常，行無常，兩者備施，動乃有功。器成教施，追亡逐遁若飄風，擊刺若雷電。絶地不守，恃固不拔。拔恃固之守，必多費而無功也。中處而無敵，令行而不留。績按：中處無敵，謂身居中，四方皆避之，不敢與敵。令行不留，謂法行，彼四方皆遵之，不敢留難。器成教施，散之無方，聚之不可計。教器備利，進退若雷電，而無所疑匱。一氣專定，則旁通而不疑。厲士利械，則涉難而不匱。進無所疑，退無所匱，敵乃爲用。凌山阬不待鈎梯，歷水谷不須舟檝。徑于絶地，攻于恃固，獨出獨入，而莫之能止。畜之以道則民和，養之以德則民合。和合故能諧，諧故能輯。諧輯以悉，莫之能傷。定一至，行二要，縱三權，施四教，發五機，設六行，論七數，守八應，審九器，章十號，故能全勝大勝。無守也，故能守勝。數戰則士罷，數勝則君驕。夫以驕君使罷民，則國安得無危？故至善不戰，其次一之，破大勝强，一之至也。苞按：一，謂一戰而定功也。破大勝强，則弱小不待痛而服，所謂一之。亂之不以變，乘之不以詭，勝之不以詐，一之實也。近則用實，遠則施號。苞按：近國則用德力之實以鎮撫之，遠則用風聲之號以招懷之。力不可量，彊不可度，氣不可極，德不可測，一之原也。衆若時雨，寡若飄風，一之終也。利適，器之至也；苞按：上士、中士、下士所服兵器，長短輕重異制，所謂適也。用敵，教之盡也。不能致器者，不能利適；不能盡教者，不能用敵；不能用敵者窮，不能致器者困。遠用兵則可以必勝。兵遠用，所以絶其反顧之心，故必勝。出入異塗，則傷其敵。深入危之，則士自脩。深入敵國，其處又危，所謂置之死地，故士自脩以求生也。士自脩，則同心同力。善者之爲兵也，使敵若據虛，若搏景。春通：不測我之實則據虛，不見我之形則搏景。無設無形焉，無不可以成也；無形無爲焉，無不可以化也。春通：無不可以成化，無不成化也。有則有礙，無則無方。此之謂道矣。無形迹可尋詰者，道之謂。春通：無設、無形、無爲，結上無名之至盡神乃謂道。若亡而存，若後而先，威不足以命之。

大匡第十八

齊僖公生公子諸兒、公子糾、公子小白。使鮑叔傅小白，鮑叔辭，稱疾不出。管仲與召忽往見之，曰：「何故不出？」鮑叔曰：「先人有言曰：『知子莫若父，知臣莫若君。』今君知臣不肖也，是以使賤臣傅小白也。鮑叔以小白年幼而賤，故難爲之傅也。賤臣知棄矣。」召忽曰：「子固辭無出，吾權任子以死亡，必免子。」任，保也。績按：言子固辭傅，稱疾不出，君不信，我權保子以死亡，則君不疑，必免子之傅矣。鮑叔曰：「子如是，何不免之有乎？」管仲曰：「不可。持社稷宗廟者，不讓事，不廣閒。社稷宗廟至重，故不可讓難事，而廣求閒安。將有國者，未可知也。子其出乎！」召忽曰：「不可。吾三人者之于齊國也，譬之猶鼎之有足也，去一焉，則必不立矣。吾觀小白必不爲後矣。」管仲曰：「不然也。夫國人憎惡糾之母，以及糾之身，而憐小白之無母也。諸兒長而賤，事未可知也。

夫所以定齊國者，非此二公子者，將無已也。績按：「已」、「以」同。小白之爲人，無小智，惕而有大慮。非夷吾莫容小白。天不幸降禍加殃于齊，糾雖得立，事將不濟，非子定社稷，其將誰也？」糾既不濟，次在小白，輔小白而定社稷者，非子而誰？子，謂召忽。召忽曰：「百歲之後，吾君卜世，犯吾君命而廢吾所立，奪吾糾也，雖得天下，吾不生也。兄與我齊國之政也？」績按：兄，古「況」字，後仿此。管仲曰：「夷吾之爲君臣也，言己立君臣之義與召忽異。將承君命，奉社稷以持宗廟，豈死一糾哉？夷吾之所死者，社稷破，宗廟滅，祭祀絶，則夷吾死之。非此三者，則夷吾生。夷吾生則齊國利，夷吾死則齊國不利。春通：管、召二人語，應是小白既立，請魯殺糾之時。忽于此言奪糾死，糾何居？又與鮑叔辭傅不相當。紀者代爲辭，又錯爲序也。鮑叔曰：「然則奈何？」管子曰：「子出奉令則可。」子出奉令，則小白有所依，故曰可。鮑叔許諾，乃出奉令，遂傅小白。僖公之母弟夷仲年，生公孫無知，有寵于僖公，衣服禮秩如適。僖公卒，以諸兒長，得爲君，是爲襄公。襄公立，後黜無知，無知怒。公令連稱、管至父戍葵丘，曰：「瓜時而往，及瓜時而來。」期戍，公問不至，請代不許，故二人因公孫無知以作亂，遂殺公而立公孫無知。鮑叔牙奉公子小白奔莒，管夷吾、召忽奉公子糾奔魯。九年，公孫無知虐于雍廩，雍廩殺無知。桓公自莒先入。魯人伐齊，納公子糾，戰于乾時。管仲射桓公中鈎，魯師敗績。桓公踐位，于是劫魯使殺公子糾。桓公問于鮑叔曰：「將何以定社稷？」鮑叔曰：「得管仲與召忽，則社稷定矣。」公曰：「夷吾與召忽，吾賊也。」鮑叔乃告公其故圖。故圖，謂管仲本使鮑叔傅小白，將立之。公曰：「然則可得乎？」鮑叔曰：「若亟召，則可得也。不亟，不可得也。夫魯施伯知夷吾爲人之有慧也，其謀必將令魯致政于夷吾。夷吾受之，則彼知能弱齊矣。夷吾不受，彼知其將反于齊也，必將殺之。」公曰：「然則夷吾將受魯之政乎？其否也？」鮑叔對曰：「不受。夫夷吾之不死糾也，爲欲定齊國之社稷也。今受魯之政，是弱齊也。夷吾之事君無二心，雖知死，必不受也。」公曰：「其于我也，曾若是乎？」鮑叔對曰：「非爲君也，爲先君也。其于君不如親糾也，糾之不死，而況君乎？君若欲定齊之社稷，則亟迎之。」公曰：「恐不及，奈何？」鮑叔曰：「夫施伯之爲人也，敏而多畏。公若先反，恐注怨焉，必不殺也。」公曰：「諾。」施伯進對魯君曰：「管仲有急，其事不濟。今在魯，君其致魯之政焉。若受之，則齊可弱也。若不受，則殺之。殺之以説于齊也。與同怒，尚賢于已。」君曰：「諾。」魯未及致政，而齊之使至，曰：「夷吾與召忽也，寡人之賊也。今在魯，寡人願生得之。若不得也，是君與寡人賊比也。」魯君問施伯，施伯曰：「君與之。臣聞齊君惕而亟驕，雖得賢，庸必能用之乎？及齊君之能用之也，管子之事濟也。夫管仲，天下之大聖也。今彼反齊，天下皆鄉之，豈獨魯乎？今若殺之，此鮑叔之友也，鮑叔因此以作難，君必不能待也。」魯君乃遂束縛管仲與召忽。管仲謂召忽曰：「子懼乎？」召忽曰：「何懼乎？吾不蚤死，將胥有所定也。今既定矣，令子相齊之左，必令忽相齊之右。雖然，殺君而用吾身，是再辱我也。子爲生臣，忽爲死臣。忽也知得萬乘之政而死，公子糾可謂有死臣矣。子生而霸諸侯，公子糾可謂有生臣矣。死者成行，生者成名。名不兩立，行不虛至，子其勉之。死生有分矣。」乃行，入齊境，自刎而死。管仲遂入。君子聞之曰：「召忽之死也，賢其生也。管仲之生也，賢其死也。」

桓公以勇受禄，朝之争禄相刺，裚領而刎頸者不絕。鮑叔曰：「毋乃害乎？」管仲曰：「安得已然。此皆其貪民也。夷吾之所患者，諸侯之爲義者莫肯入齊，齊之爲義者莫肯仕。」

中匡第十九

管仲會國用，三分二在賓客，其一在國，管仲懼而復之。復，白也。公曰：「吾子猶如是乎？壤可以爲粟，木可以爲貨。君人者，名之爲貴，財安可有？」管仲曰：「此君之明也。」公曰：「吾欲誅大國之不道者，可乎？」對曰：「愛四封之内，而後可以惡竟外之不善者。賜小國地，而後可以誅大國之不道者。」公又問曰：「古之亡國其何失？」對曰：「計得地與寶，而不計失諸侯；計得財委，而不計失百姓；計見親而不計見棄。三者之屬，一足以削，徧而有者亡矣。古之隳國家，隕社稷者，非故且爲之也，必少有樂焉，不知其陷于惡也。」桓公致仲父于管仲，仲父者，尊老有德之稱。桓公欲尊事管仲，故以仲父之號致之。而將飮之，掘新井而柴焉。新井而又柴蓋之，欲以潔清示敬也。十日齋戒，公執爵，夫人執尊，觴三行，管仲趨出，公怒。鮑叔、隰朋趨而出，及管仲于途。管仲反入，倍屏而立，公不與言。少進中庭，公不與言。少進傅堂，公曰：「寡人齋戒十日而飲仲父，自以爲脱于罪矣。仲父不告寡人而出，未知其故也。」對曰：「臣聞之，沈于樂者洽于憂，厚于味者薄于行，慢于朝者緩于政，臣是以敢出也。」公遽下堂曰：「寡人非敢自爲脩也，仲父年長，雖寡人亦衰矣，吾願一朝安仲父也。」對曰：「臣聞壯者無怠，老者無偷，順天之道，必以善終者也。三王失之也，非一朝之萃，君奈何其偷乎？」

小匡第二十

桓公自莒反于齊，使鮑叔牙爲宰。鮑叔辭曰：「臣，君之庸臣也。君加惠于臣，使臣不凍飢，則是君之賜也。若必治國家，其唯管夷吾乎？」公曰：「管夷吾親射寡人中鈎，殆于死，今乃用之，可乎？」鮑叔曰：「彼爲其君動也。君若宥而反之，其爲君亦猶是也。」公曰：「然則爲之奈何？」鮑叔曰：「君使人請之魯。」公曰：「施伯，魯之謀臣也。彼知吾將用之，必不吾予也。」鮑叔曰：「君詔使者曰：『寡君有不令之臣在君之國，願請之以戮群臣。』」戮以狥群臣。公乃使鮑叔行成，曰：「公子糾，親也，請君討之。」魯人爲殺公子糾。又曰：「管仲，讎也，請受而甘心焉。」魯君許諾。施伯謂魯侯曰：「勿予。非戮之也，將用其政也。管仲者，天下之賢人也，大器也。今齊求而得之，則必長爲魯國憂，君何不殺而授之其屍？」魯君曰：「諾。」將殺管仲。鮑叔進曰：「弊邑寡君願生得之以狥于國，爲群臣戮。若不生得，是君與寡君賊比也。」遂生束縛而柙以予齊。鮑叔受而哭之，三舉，施伯從而笑之。至于堂阜之上，鮑叔祓而浴之三，桓公親迎之郊。管仲詘纓插衽，使人操斧而立其後。公辭斧三，然後退之。公曰：「垂纓下衽，寡人將見。」管仲再拜稽首曰：「應公之賜，殺之黄泉，死且不朽。」公遂與歸，禮之于廟，三酌而問爲政焉，曰：「昔先君襄公，高臺廣池，湛樂飲酒，田獵罼弋，不聽國政，卑聖侮士，唯女是崇，九妃六嬪，陳妾數千，食必粱肉，衣必文繡，而戎士凍飢。戎馬待游車之弊，戎士待陳妾之餘，倡優侏儒在前，而賢大夫在後。是以國家不日益，不月長，吾恐宗廟之不掃除，社稷之不血食，敢問爲之奈何？」管子對曰：「昔吾先王昭王、穆王，世法文武之遠迹，以成其名。合群國，比校民之有道者，設象以爲民紀，校試其人有道者，與之設法象而爲人紀。式美以相應，比綴以書，原本窮末，其所用美事，必令始終相應，然後次比緝綴書之簡策，故能原其本，窮其末。勸之以慶賞，糾之以刑罰，糞除其顛旄，春通：糞除顛旄，掃除而養老，重禮也。國語作「班序顛毛」。賜予以鎮，撫之以爲民終始。」公曰：「爲之奈何？」管子對曰：「昔者聖王之治其民也，參其國而伍其鄙，定民之居，成民之事，以爲民紀，謹用其六秉，如是而民情可得，而百姓可御。」桓公曰：「六秉者，何也？」管子曰：「殺、生、貴、賤、貧、富，此六秉也。」桓公曰：「參國奈何？」管子對曰：「制國以爲二十一鄉，商工之鄉六，士農之鄉十五。公帥十一鄉，高子帥五鄉，國子帥五鄉。參國，故爲三軍，公立三官之臣，謂三軍之官也。市立三鄉，工立三族，澤立三虞，山立三衡。制五家爲軌，軌有長。十軌爲里，里有司。四里爲連，連有長。十連爲鄉，鄉有良人。三鄉一帥。」桓公曰：「五鄙奈何？」管子對曰：「制五家爲軌，軌有長。六軌爲邑，邑有司。十邑爲率，率有長。十率爲鄉，鄉有良人。三鄉爲屬，屬有帥。五屬一大夫。武政聽屬，文政聽鄉。苞按：屬在四鄙，四鄙之師所以守，故武政聽于屬大夫。歲時教試簡稽，各就其地爲便也。其文政，如徵賦、興賢、弊獄之類，則君卿大夫聽之。鄉近國中，其師用以攻戰，將與吏士必熟習而後相得，故君與二卿分主之。有中軍之鼓，有高子之鼓，有國子之鼓是也。曰君有此三萬人以方行于天下，則戰攻所用，惟鄉衆可知矣。其文政，則聽于鄉有司。各保而聽，鄉屬之聽，各自保之。毋有淫佚者。」桓公曰：「定民之居，成民之事，奈何？」管子對曰：「士農工商四民者，國之石民也，不可使雜處。雜處則其言哤，其事亂。哤，亂也。是故聖王之處士必于閒燕，處農必就田埜，處工必就官府，處商必就市井。今夫士，群萃而州處，閒燕，每州之士，群萃共處。則父與父言義，子與子言孝，其事君者言敬，長者言愛，幼者言弟。旦昔從事于此，以教其子弟。少而習焉，其心安焉，不見異物而遷焉。是故其父兄之教，不肅而成；其子弟之學，不勞而能。夫是故士之子常爲士。今夫農，群萃而州處，審其四時權節，于四時中，又權量其節之早晚。具備其械器用，比耒耜穀茇。比耦其耒耜穀茇。穀茇，小于耒耜，一人執之，以隨耒耜之後，重治其鬬遺。芨，音捶。及寒，擊槀除田，以待時乃耕。冬寒之月，即擊去其草之槀者，脩除其田，以待春之耕也。深耕均種疾耰，耰，謂復種。既已均種，當疾耰之。先雨芸耨，以待時雨。時雨既至，挾其槍刈耨鎛。在掖曰挾。槍，椿也。刈，鎌也。耨，鎡錤也。鎛，鉏也。以旦暮從事于田埜，稅衣就功，脱其常衣，以就功役，便事而省費。別苗莠，列疏遫，遫，密也。謂苗之疏密，當均列之。首戴苧蒲，苧，蔣也。編苧與蒲以爲笠。身服襏襫，襏襫，謂麤堅之衣可以任苦著者也。沾體塗足，暴其髮膚，盡其四支之力，以疾從事于田野。少而習焉，其心安焉，不見異物而遷焉。是故其父兄之教，不肅而成；其子弟之學，不勞而能。是故農之子常爲農。樸野而不慝，農人之子樸質而野，不爲姦慝。其秀才之能爲士者，則足賴也。故以耕則多粟，以仕則多賢，是以聖王敬畏戚農。今夫工，群萃而州處，相良材，審其四時，辨其功苦，功謂堅美，苦謂濫惡。權節其用，論比計制，績按：齊語作「論比協材」。斷器尚完利，相語以事，相示以功，相陳以巧，相高以知事，旦昔從事于此，以教其子弟。少而習焉，其心安焉，不見異物而遷焉。是故其父兄之教，不肅而成；其子弟之學，不勞而能。夫是故工之子常爲工。今夫商，群萃而州處，觀凶饑，審國變，察其四時，而監其鄉之貨，監，視也。以知其市之賈，負任擔荷，服牛輅馬，輅，一作「軺」。以周四方，料多少，計貴賤，以其所有，易其所無，買賤鬻貴，是以羽毛不求而至，竹箭有餘于國，績按：羽毛、竹箭，齊所無也，必買而後至。奇怪時來，珍異物聚。旦昔從事于此，以教其子弟，相語以利，相示以時，時，齊語作「賴」。相陳以知賈。賈，知物價，相與陳說。少而習焉，其心安焉，不見異物而遷焉。是故其父兄之教，不肅而成，其子弟之學，不勞而能。夫是故商之子常爲商。相地而衰其政，則民不移矣。」春通：沃土宜農，塉土宜末，閒燕宜士，相地而差政，四民不移，父子常爲矣。

桓公又問曰：「寡人欲脩政以干時于天下，其可乎？」干，求也。管子對曰：「可。」公曰：「安始而可？」管子對曰：「始于愛民。」公曰：「愛民之道奈何？」管子對曰：「公脩公族，家脩家族，使相連以事，相及以禄，則民相親矣。相連以事，則人慣狎。相及以禄，則恩情生。故有親也。放舊罪，脩舊宗，立無後，則民殖矣。省刑罪，薄賦斂，則民富矣。鄉建賢士，使教于國，則民有禮矣。出令不改，則民正矣。」桓公曰：「民居定矣，事已成矣，吾欲從事于天下諸侯，其可乎？」管子對曰：「未可。民心未吾安。」公曰：「安之奈何？」管子對曰：「脩舊法，擇其善者，舉而嚴用之，嚴，齊語作「業」，皆敬也。慈于民，予無財，寬政役，敬百姓，則國富而民安矣。」公曰：「民安矣，其可乎？」管子對曰：「未可。君若欲正卒伍，脩甲兵，則大國亦將正卒伍，脩甲兵。君有征戰之事，則小國諸侯之臣，有守圉之備矣。然則難以速得意于天下。公欲速得意于天下諸侯，則事有所隱，而政有所寓。」不顯習其兵事，故曰事有所隱。軍政寓之田獵，故曰政有所寓。公曰：「爲之奈何？」管子對曰：「作内政而寓軍令焉。爲高子之里，爲國子之里，爲公里，三分齊國，以爲三軍。擇其賢民，使爲里君。每里皆使賢者爲君。鄉有行伍卒長，則其制令，且以田獵，因以賞罰，則百姓通于軍事矣。」桓公曰：「善。」于是乎管子乃制五家以爲軌，軌爲之長。十軌爲里，里有司。四里爲連，連爲之長。十里爲鄉，鄉有良人，以爲軍令。是故五家爲軌，五人爲伍，軌長率之。十軌爲里，故五十人爲小戎，里有司率之。四里爲連，故二百人爲卒，連長率之。十連爲鄉，故二千人爲旅，鄉良人率之。五鄉一師，故萬人一軍，五鄉之師率之。三軍，故有中軍之鼓，中軍，則公之里卒也。有高子之鼓，有國子之鼓。春以田曰蒐振旅，秋以田曰獮。治兵，是故卒伍政定于里，軍旅政定于郊。續按：齊語「政」作「正」。内教既成，令不得遷徙。故卒伍之人，人與人相保，家與家相愛，少相居，長相游，祭祀相福，死喪相恤，禍福相憂，居處相樂，行作相和，哭泣相哀。是故夜戰其聲相聞，足以無亂；晝戰其目相見，足以相識；驩欣足以相死。是故以守則固，以戰則勝。君有此教士三萬人，以横行于天下，誅無道以定周室。天下大國之君，莫之能圉也。正月之朝，鄉長復事，復，白也。公親問焉，曰：「于子之鄉，有居處爲義好學，聰明質仁，慈孝于父母，長弟聞于鄉里者，有則以告，有而不以告，謂之蔽賢，其罪五。」謂其罪當入于五刑，而定其罰。有司已于事而竣，既畢于上事，而竣退。公又問焉，曰：「于子之鄉，有拳勇股肱之力，筋骨秀出于衆者，有則以告，有而不以告，謂之蔽才，其罪五。」有司已于事而竣，公又問焉，曰：「于子之鄉，有不慈孝于父母，不長弟于鄉里，驕躁淫暴，不用上令者，有則以告，有而不以告，謂之下比，下與有罪者比，而掩蓋之。其罪五。」有司已于事而竣，于是乎鄉長退而脩德進賢，桓公親見之，遂使役于官。公令官長期而書伐以告，伐，功也。且令選官之賢者而復之曰：「有人居我官，有功休德維順，一作「慎」。

端慤以待時使，使民恭敬以勸，其稱秉言，則足以補官之不善政。」公宣問其鄉里，而有考驗，宣，遍也。遍問其鄉里之人，以考其所行，皆有事驗。乃召而與之坐，省相其質，以參其成功。成事，可立而時設問國家之患而不肉。國語作「設之以國家之患而不疚」。注云「疚，病也。不病，不罷也。」春通：肉，如月，朓肭之肭，謂之側匿，猶縮懦也。苞按：肉，當作「内」，與戴記「内而不出」之「内」同義。蓋卑濕恇怯之人，問以國家之患，多閉内而不言也。退而察問其鄉里，以觀其所能，而無大過，登以爲上卿之佐，名之曰三選。高子、國子退而脩鄉，朝事既畢，二大夫又如前退脩于鄉，鮑叔在朝，故不言。鄉退而脩連，連退而脩里，里退而脩軌，軌退而脩家。是故匹夫有善，可得而舉也；匹夫有不善，可得而誅也。政既成，鄉不越長，朝不越爵，罷士無伍，罷，謂乏于德義者。周禮所謂罷人，衆恥以爲伍也。罷女無家。士出三妻，逐于境外；女三嫁，入于春穀。是故民皆勉爲善士。與其爲善于鄉，不如爲善于里；與其爲善于里，不如爲善于家。是故士莫敢言一朝之便，皆有終歲之計；莫敢以終歲爲議，皆有終身之功。正月之朝，五屬大夫復事于公，擇其寡功者而譙之曰：「列地分民者若一，何故獨寡功？何以不及人？教訓不善，政事其不治，一再則宥，三則不赦。」公又問焉，曰：「于子之屬，有居處爲義好學，聰明質仁，慈孝于父母，長弟聞于鄉里者，有則以告，有而不以告，謂之蔽賢，其罪五。」有司已事而竣，公又問焉，曰：「于子之屬，有拳勇股肱之力，秀出于衆者，有則以告，有而不以告，謂之蔽才，其罪五。」有司已事而竣，公又問焉，曰：「于子之屬，有不慈孝于父母，不長弟于鄉里，驕躁淫暴，不用上令者，有則以告，有而不以告，謂之下比，其罪五。」有司已事而竣。于是乎五屬大夫退而脩屬，屬退而脩連，連退而脩鄉，鄉退而脩卒，卒退而脩邑，邑退而脩家。是故匹夫有善，可得而舉；匹夫有不善，可得而誅。政成國安，封内治，百姓親。桓公曰：「卒伍定矣，事已成矣，吾欲從事于諸侯，其可乎？」管子對曰：「未可。若軍令則吾既寄諸内政矣。夫齊國寡甲兵，吾欲輕重罪而移之于甲兵。」公曰：「爲之奈何？」管子對曰：「制：重罪入以甲兵犀脅二戟，輕罪入蘭盾鞈革二戟。蘭，即所謂蘭錡，兵架也。鞈革，重革，當心著之，可以禦矢。績按：齊語作「制：重罪贖以犀甲一戟，輕罪贖以鞼盾一戟」也。小罪入以金鈞，三十斤曰鈞。分宥薄罪入以半鈞，分宥，謂從坐者，分其首犯而寬宥之。無坐抑而訟獄者，正三禁之而不直，則入一束矢以罰之。謂其人自無所坐，而被抑屈爲訟者，正當禁之三日，得其不直者，則令入束矢也。美金以鑄戈劍矛戟，試諸狗馬；惡金以鑄斤斧鉏夷鋸欘，試諸木土。」夷，鋤類也。鋸欘，钁類也。桓公曰：「甲兵大足矣，吾欲從事于諸侯，可乎？」管子對曰：「未可。治内者未具也，爲外者未備也。」故使鮑叔牙爲大諫，王子城父爲將，弦子旗爲理，甯戚爲田，隰朋爲行，謂行人。曹宿孫處楚，商容處宋，季勞處魯，徐開封處衛，匽尚處燕，審友處晉。又游士八千人，奉之以車馬衣裘，多其資糧，財幣足之，使出周游于四方，以號召收求天下之賢士。飾玩好，鬻之諸侯，以觀其上下之所貴好。擇其沈亂者而先政之。以政正也。公曰：「外内定矣，可乎？」管子對曰：「未可。鄰國未吾親也。」公曰：「親之奈何？」管子對曰：「審吾疆埸，反其侵地，正其封界，毋受其貨財，而美爲皮幣，以極聘頫于諸侯，頫，見也。以安四鄰，則鄰國親我矣。」桓公曰：「甲兵大足矣，吾欲南伐，何主？」管子對曰：「以魯爲主。反其侵地常、潛，使海于有弊，渠彌于有陼，綱山于有牢。」苞按：凡屯兵必依山阻海，然後敵不能測，而有險可憑。齊地環山負海，魯、衛、燕則不能皆有山海也。使于有蔽之地遮列之，即以是爲海，于有渚之地疏闢之，即以是爲渠彌，于可牢牧之地環禁之，即以是爲山，以待齊師之至而屯牧焉。有蔽者，或地勢阻隩，或林木叢深也。曰海于有蔽，周人之文，簡奧而意無不達如此。綱山，謂引繩而遮列之也。桓公曰：「吾欲西伐，何主？」管子對曰：「以衛爲主。反其侵地吉臺、原、姑與戚里，使海于有弊，渠彌于有陼，綱山于有牢。」桓公曰：「吾欲北伐，何主？」管子對曰：「以燕爲主。反其侵地柴夫、吠狗，使海于有弊，渠彌于有陼，綱山于有牢。」四鄰大親，既反其侵地，正其封疆，地南至于岱陰，西至于濟，北至于海，東至于紀隨，地方三百六十里。三歲治定，四歲教成，五歲兵出，有教士三萬人，革車八百乘。諸侯有沈亂，不服于天子，于是乎桓公東救徐州，分吴半，分吴地之半。存魯蔡陵，割越地。南據宋、鄭，征伐楚，濟汝水，逾方地，謂方城之地。望文山，楚山也。苞按：文，當作「汶」。使貢絲于周室，成周反胙于隆嶽，齊，太嶽之後，故言隆嶽。荆州諸侯莫不來服。中救晉公，禽狄王，敗胡貉，破屠何，屠何，東胡之先也。而騎寇始服。北狄以騎爲寇。北伐山戎，制泠支，斬孤竹，而九夷始聽。海濱諸侯莫不來服。西征，攘白狄之地，遂至于西河。謂龍門之西河。方舟投柎，乘桴濟河，至于石沈，縣車束馬，逾太行，與卑耳之貉拘秦夏。與卑耳之貉共拘秦夏之不服者。西服流沙、西虞，西虞，國名。而秦、戎始從。故兵一出而大功十二。自救徐州以下，有十二也。故東夷、西戎、南蠻、北狄，中諸侯國，莫不賓服。與諸侯飾牲，爲載書，以誓要于上下，薦神，然後率天下，定周室，大朝諸侯于陽穀。故兵車之會六，乘車之會三，九合諸侯，一匡天下。甲不解壘，兵不解翳，翳，所以蔽兵，謂脅盾之屬。不解甲于壘，不解于翳，言不用也。弢無弓，服無矢，寢武事，行文道，以朝天子。葵丘之會，天子使大夫宰孔致胙于桓公，曰：「余一人之命，有事于文武，使宰孔致胙。」且有後命曰：「以爾自卑勞，實謂爾伯舅，毋下拜。」桓公召管仲而謀。管仲對曰：「爲君不君，君命臣毋下拜，是不君也。爲臣不臣，臣承命而不讓，是不臣也。亂之本也。」桓公懼，出見客，曰：「天威不違顏咫尺，小白承天子之命而毋下拜，恐顛蹶于下以爲天子羞。」遂下拜，登，受賞。天子、諸侯稱順焉。魯有夫人慶父之亂，而二君弒死，國絶無後。桓公聞之，使高子存之。狄人攻邢，桓公築夷儀以封之，男女不淫，馬牛選具。狄人攻衛，衛人出旅于曹。桓公城楚丘封之。其畜以散亡，桓公予之繫馬三百匹。天下諸侯稱仁焉。于是天下之諸侯知桓公之爲己勤也，是以諸侯之歸之也，譬若市人。桓公知諸侯之歸己也，故使輕其幣而重其禮。使天下諸侯以疲馬犬羊爲幣，齊以良馬報；諸侯以縷帛布鹿皮四分以爲幣，謂四分其鹿皮。齊以文錦虎豹皮報。諸侯之使，垂橐而入，攟丘粉反。載而歸。攟，收拾也。故鈞之以愛，致之以利，結之以信，示之以武。是故天下小國諸侯，莫之敢倍而歸之，喜其愛而貪其利，信其仁而畏其武。桓公知天下小國諸侯之多與己也，于是又大施忠焉。可爲憂者爲之憂，可爲謀者爲之謀，可爲動者爲之動，伐譚、萊而不有也，諸侯稱仁焉。通齊國之魚鹽東萊，自東萊通魚鹽于諸侯。使關市幾而不正，壥而不税，以爲諸侯之利，諸侯稱寬焉。築蔡、鄢陵、培夏、靈父丘，皆邑名。以衛戎狄之地，所以禁暴于諸侯也。築五鹿、中牟、鄴蓋與牡丘，以衛諸夏之地，所以示勸于中國也。教大成。定三革，車、馬、人皆有革甲，曰三革。偃五兵，朝服以濟河，而無怵惕焉，文事勝也。是故大國之君慚愧，小國諸侯附比，不稱動甲兵之事，以遂文武之迹于天下。桓公能假其群臣之謀，以益其智也。其相曰夷吾，大夫曰甯戚、隰朋、賓胥無、鮑叔牙。用此五子者，名聲廣裕，不可掩也，則唯有明君在上，察相在下也。

霸形第二十二

桓公在位，管仲、隰朋見，立有間，有貳鴻飛而過之。桓公嘆曰：「仲父，今彼鴻鵠有時而南，有時而北，有時而往，有時而來，四方無遠，所欲至而至焉。非唯有羽翼之故，是以能通其意于天下乎？」管仲、隰朋不對。桓公曰：「二子何故不對？」管子對曰：「君有霸王之心，而夷吾非霸王之臣也，是以不敢對。」桓公曰：「仲父胡爲然？盍不當言？寡人其有鄉乎？寡人之有仲父也，猶飛鴻之有羽翼也。若濟大水，有舟檝也。仲父不一言教寡人，寡人之有耳，將安聞道而得度哉？」管子對曰：「君若將欲霸王舉大事乎？則必從其本事矣。」桓公變躬遷席，拱手而問曰：「敢問何謂其本？」管子對曰：「齊國百姓，公之本也。人甚憂飢而稅斂重，人甚懼死而刑政險，人甚傷勞而上舉事不時。」桓公曰：「此三者，聞命矣，不敢擅也。將薦之先君。」于是命百官有司削方墨筆，方，謂版牘也。凡此欲書其所定令也。明日皆朝于太廟之門，朝定令于百吏，使稅者百一鍾，孤幼不刑，澤梁時縱，關譏而不征，市書而不賦，近者示之以忠信，遠者示之以德義，行此數年而民歸之如流水。此其後，宋伐杞，狄伐邢、衛。桓公不救，裸體紉胸稱疾，紉，猶摩也。自摩其胸，若有所痛患也。召管仲曰：「寡人有千歲之食，而無百歲之壽。今有疾病，姑樂乎？」管子曰：「諾。」于是令之縣鐘磬之榬，于元反。榬，所以嚴飾之。陳歌舞竽瑟之樂，日殺數十牛者數旬。群臣進見曰：「宋伐杞，狄伐邢、衛，君不可不救。」桓公曰：「寡人有千歲之食，而無百歲之壽。今又疾病，姑樂乎！」宋已取杞，狄已拔邢、衛矣。桓公起行筍簴之閒，管子從至大鐘之西。桓公南面而立，管子北鄉對之。大鐘鳴，桓公視管仲曰：「樂夫？仲父。」管子對曰：「此臣之所謂哀，非樂也。臣聞之：古者之言樂于鐘磬之閒者不如此，言脫于口，而令行乎天下，游鐘磬之閒，而無四面兵革之憂。」桓公曰：「善。」于是伐鐘磬之縣，伐，謂斫斷也。併歌舞之樂，併，除也。宮中虛無人。桓公曰：「寡人以伐鐘磬之縣，併歌舞之樂矣。請問所始于國，將爲何行？」管子對曰：「宋伐杞，狄伐邢、衛，而君之不救也，臣請以慶。臣聞之：諸侯争于彊者，勿與分于彊。今君何不定三君之處哉？」于是桓公曰：「諾。」因命以車百乘，卒千人，以緣陵封杞，車百乘，卒千人，以夷儀封邢；車五百乘，卒五千人，以楚丘封衛。桓公曰：「寡人已定三君之居處矣。今又將何行？」管子對曰：「臣聞諸侯貪于利，勿與分于利。君何不發虎豹之皮、文錦以使諸侯，令諸侯以縵帛、鹿皮報？」桓公曰：「諾。」于是以虎豹皮、文錦使諸侯，諸侯以縵帛、鹿皮報，則令固始行于天下矣。此其後，楚人攻宋、鄭。燒焫熯焚鄭地，使城壞者不得復築也，屋之燒者不得復葺也，令其人有喪雌雄，居室如鳥鼠同穴。要宋田夾塞兩川，使水不得東流，兩川，蓋睢、汴也。東山之西，水深滅垝，垝，敗牆。四百里而後可田也。楚欲吞宋、鄭而畏齊，號令于國中曰：「寡人之所明于人君者，莫如桓公，所賢于人臣者，莫如管仲。明其君而賢其臣，寡人願事之。誰能爲我交齊者，寡人不愛封侯之君焉。」于是楚國之賢士皆抱其重寶幣帛以事齊，桓公之左右無不受重寶幣帛者。于是桓公召管仲曰：「寡人聞之：善人者，人亦善之。今楚王之善寡人一甚矣，寡人不善，將拂于道，仲父何不遂交楚哉？」管子對曰：「不可。楚欲吞宋、鄭，思人衆兵彊而能害己者必齊也。是欲以文克齊，而以武取宋、鄭也。請興兵而南存宋、鄭而令曰：『無攻楚！』言與楚王遇，至于遇上，而以鄭城與宋水爲請。楚若許，則是我以文令也。楚若不許，則遂以武令焉。」桓公曰：「善。」于是興兵而南存宋、鄭，與楚王遇于召陵之上，而令于遇上曰：「毋貯粟，毋曲隄，毋擅廢適子，毋置妾以爲妻。」因以鄭城與宋水爲請于楚，楚人不許，遂退七十里而舍，使軍人城鄭南之地，立不代城焉，曰：「自此而北，至于河者，鄭自城之。」而楚不敢隳也。東發宋田夾兩川，使水復東流，而楚不敢塞也。遂南伐，及逾方城，濟于汝水，望汶山，汶，音岷。岷山，江水所從出。南致楚、越之君，而西伐秦，北伐狄，東存晉公于南，北伐孤竹，還，存燕公。兵車之會六，乘車之會三，九合諸侯，反位已霸，脩鐘磬而復樂。管子曰：「此臣之所謂樂也。」

霸言第二十三

權者，神聖之所資也；獨明者，天下之利器也；獨斷者，微密之營壘也。此三者，聖人之所則也。聖人畏微，而愚人畏明。聖人之憎惡也內，愚人之憎惡也外。聖人將動必知，愚人至危易辭。趙用賢曰：「聖人將動，先知其安危。若愚人則至危之時方改易其平素之言。」聖人能輔時，不能違時。智者善謀，不如當時。精時者日少而功多。

地大而不爲，命曰土滿；人衆而不理，命曰人滿；兵威而不止，命曰武滿。三滿而不止，國非其國也。

無土而欲富者憂，無德而欲王者危，施薄而求厚者孤。

問第二十四

凡立朝廷，問有本紀。爵授有德，則大臣興義；祿予有功，則士輕死節。上帥士以人之所戴，則上下和；授事以能，則人上功；審刑當罪，則人不易訟；舉知人急，則衆不亂。春通：知小人之依衆無急，安得亂？行此道也，國有常經，人知終始，此霸王之術也。然後問事。事先大功，政自小始。苞按：特舉一事，則必先其成功之大者。若政有常經，必自小者始，然後全體無遺。荀子所謂「盡小者大」，即此義也。問死事之孤，其未有田宅者有乎？問少壯而未勝甲兵者幾何人？問死事之寡，其餼廩何如？問國之有功大者，何官之吏也？問州之大夫也，何里之士也？今吏亦何以明之矣？苞按：問今爲州大夫者，其始何里之士也。今選擇爲吏，何以明其能任職乎？問刑論有常以行，不可改也，今其事之久留也何若？問五官有度制，官都其有常斷，今事之稽也何待？官都，謂總攝諸司者也。苞按：官都，都邑之長也。內則五官，外則都邑之吏，皆承國事者，故詰以事之稽。下文問執官都者，其位事幾何年矣，所闢草萊有益于家邑者幾何矣。家謂私家，邑謂公邑，以是知其爲都邑之吏也。舊注總攝諸司者，未安。問獨夫寡婦、孤寡疾病者幾何人也？問國之棄人，何族之子弟也？問鄉之良家，其所牧養者幾何人矣？問邑之貧人債而食者幾何家？問理園圃而食者幾何家？人之開田而耕者幾何家？士之身耕者幾何家？問鄉之貧人，何族之別也？問宗子之收昆弟者，以貧從昆弟者幾何家？餘子仕而有田邑今入者幾何人？苞按：

謂宗子富而牧族之昆弟，或貧反從兄弟求養者。人，謂餘子仕有田邑而入其財于適子也。古者大功以上不異財，餘子有禄，必歸于適子。子弟以孝聞于鄉里者幾何人？餘子父母存，不養而出離者幾何人？出離，謂父母在分居者。士之有田而不使者幾何人？苞按：謂庠序所升之士，不及以政役者。王制：「升于司徒者不征于鄉，升于學者不征于司徒。」吏惡何事？士之有田而不耕者幾何人？苞按：此學無成而不升于司徒之士也。或執醫卜雜業，故問以身何事。身何事？既不耕，此人身爲何事。群臣有位而未有田者幾何人？外人之來從而未有田宅者幾何家？國子弟之游于外者幾何人？貧士之受責春通：古「債」字。于大夫者幾何人？官賤行書，身士以家臣自代者幾何人？其人居官，乃賤其行文書，身在士職，輒以家臣自代，亦須知其數也。苞按：身士而有家臣，蓋貴游子弟也。官承吏，無田餼而徒理事者幾何人？承吏，謂攝官無餼而空理事。苞按：承五官而爲鄉里之吏者，如此長閭師之類，即農夫之敬敏者，别無田餼。群臣有位事，官大夫者幾何人？苞按：記曰「論定然後官之，任官然後爵之，位定然後禄之」，則士始任事，有無位者矣。官大夫，謂宦于大夫也。記曰「大夫備官」，則仕于家者亦可稱官。外人來往在大夫之家者幾何人？鄉子弟力田爲人率者幾何人？國子弟之無上事，衣食不節，率子弟不田，弋獵者幾何人？既無上事，乃率子弟不田農，但弋獵。男女不整齊，亂鄉子弟者有乎？問人之貸粟米有别券者，幾何家？别券，謂分契也。問國之伏利，其可應人之急者幾何所也？伏利，謂貨利隱蔽不見，若銅銀山，及溝瀆可決而灌溉者。人之所害于鄉里者，何物也？績按：物，事也。問士之有田宅，身任陳列者幾何人？餘子之勝甲兵，有行伍者，幾何人？問男女有巧伎，能利備用者幾何人？

處女操工事者幾何人？冗國所開口而食者幾何人？問一民有幾年之食也？問兵車之計幾何乘也？牽家馬，輓家車者幾何乘？處士脩行，足以教人，何使帥衆莅百姓者幾何人？士之急難可使者幾何人？工之巧出足以利軍伍，處可以脩城郭，補守備者幾何人？城粟軍糧，其可以行幾何年也？吏之急難可使者幾何人？大夫疏器，疏，謂飾畫也。|苞按：命大夫各疏記其家器，即下甲兵車旗之類也。疏藏器，謂不駕被而藏以待乏者。上牽家馬，輓家車者，總計其車馬也。此則並稽其甲兵旗物。舊注以疏爲畫，義無所取。甲兵兵車、旌旗鼓鐃、帷幕帥車之載幾何乘？載，謂其車蓋。疏藏器，疏畫而可以藏者。弓弩之張，衣夾鋏，鋏，兩刀鈹也。衣夾，謂其衣也。鉤弦之造，鉤弦，所以挽强。戈戟之緊，緊，謂其堅强者。其厲何若？其淬厲可用何如。其宜脩而不脩者，故何視？視，比也。其器物宜脩者，于故物何比。而造脩之官，出器處器之具，宜起而未起者，何待？鄉師車輜造脩之具，其繕何若？輜，謂車之有防蔽，可以重載者。工尹伐材，用毋于三時，群材乃植，而造器定冬完良，備用必足。三時，謂春、夏、秋。此時木方生植，不堅，故不可伐材。人有餘兵，詭陳之行，以慎國常。方戰，有餘兵不用。且詭而陳之，以爲行伍，當慎而聽命，遵國之常令也。時簡稽帥馬牛之肥膌，其老而死者，皆舉之。|苞按：帥，當作「師」，時簡稽師衆，以及馬牛，即周官所謂「簡稽衆寡六畜兵器」也。上「帥車之載」，亦當爲「師」。其就山藪林澤食薦者幾何？薦，草之美者。出入死生之會幾何？若夫城郭之厚薄，溝壑之淺深，門閭之尊卑，宜脩而不脩者，上必幾之。幾，察也。守備之伍，器物不失其具，淫雨而各有處藏。問兵官之吏，國之豪士，其急難是以先後者幾何人？夫兵事

者，危物也，不時而勝，不義而得，未爲福也。失謀而敗，國之危也。慎謀乃保國。問所以教選人者何事？問執官都者，其位事幾何年矣？所辟草萊，有益于家邑者幾何矣？所封表以益人之生利者，何物也？謂其事業最可以益人者，遂封表以示之，問知是何物也。所築城郭，脩墻閉，絶通道阨闕，深防溝以益人之地守者，何所也？墻閉，謂築墻有所遮閉，雖通路而爲防礙者，絶塞之。阨闕空之處，亦當絶之。凡此守地者所以省其功費，故曰益地守。所捕盜賊，除人害者幾何矣？

戒第二十六

管仲復于桓公曰：「無翼而飛者，聲也；無根而固者，情也；無方而富者，生也。公亦固情謹聲以嚴尊生，此謂道之榮。」桓公退，再拜，請若此言。若，順也。管仲復于桓公曰：「任之重者莫如身，塗之畏者莫如口，期而遠者莫如年。以重任行畏途，至遠期，唯君子乃能矣。」桓公退，再拜之曰：「夫子數以此言者教寡人。」管仲對曰：「滋味動靜，生之養也；好惡喜怒哀樂，生之變也；聰明當物，生之德也。非禮勿視聽，故曰當物。是故聖人齊滋味而時動靜，御正六氣之變，所以循其變也。六氣，即好惡喜怒哀樂。春通：六氣，天之正氣，人之六氣必以正順天。禁止聲色之淫，邪行亡乎體，違言不存口。靜然定生，聖也。仁從中出，義從外作。仁，故不以天下爲利；義，故不以天下爲名。故天不動，四時云下而萬物化。云，運動貌也。苞按：云，當作「示」。君不動，政令陳下而萬功成。心不動，使四肢耳目而萬物情。寡交多親，謂之知人；寡事成功，謂之知用；聞一言以貫萬物，謂之知道。多言而不當，不如其寡也。博學而不自反，必有邪。孝弟者，仁之祖也。忠信者，交之慶也。內不考孝弟，外不正忠信，澤其四經而誦學者，是亡其身者也。」四經，謂詩、書、禮、樂。既無孝弟忠信，空使四經流澤，徒爲誦學者，即四經可以亡身也。苞按：誦，言也，稱也。聖人之經，乃教人以孝弟忠信，美其身者也。徒以四經自潤澤，而號爲學者，是不知己之有身也。

桓公外舍而不鼎饋。外舍，謂出宿于外，不以鼎饋食，言其饌不盛也。中婦諸子謂宮人：中婦諸子，內官之號。苞按：中婦，婦人執事于宮中者，蓋女奚之屬。謂之諸子者，非一人也。女子亦可稱子。「盍不出從乎？君將有行。」宮人皆出從，公怒曰：「孰謂我有行者？」宮人曰：「賤妾聞之中婦諸子。」公召中婦諸子曰：「女焉聞吾有行也？」對曰：「妾人聞之：君外舍而不鼎饋，非有內憂，必有外患。今君非有內憂也，妾是以知君之將有行也。」公曰：「善。此非吾所與女及也，而言乃至焉，吾是以語女。吾欲致諸侯而不至，爲之奈何？」中婦諸子曰：「自妾之身之不爲人持接也，未嘗得人之布織也。」意者更容不審邪？趙用賢曰：「此言己不事人，未嘗得人布織，猶君不下小國，故諸侯不至也。意者或有不審致諸侯之道邪？」明日，管仲朝，公告之。管仲曰：「此聖人之言也，君必行也。」

管仲寢疾，桓公往問之，曰：「仲父之疾甚矣，若不可諱也，彼政我將安移之？」管仲未對。

桓公曰：「鮑叔之爲人何如？」管仲對曰：「鮑叔，君子也。千乘之國，不以其道予之，不受也。雖然，不可以爲政。其爲人也，好善而惡惡已甚，見一惡，終身不忘。」桓公曰：「然則孰可？」管仲對曰：「隰朋可。朋之爲人，好上識而下問，于國有所不知政，于家有所不知事，必則朋乎。」公又問曰：「不幸而失仲父也，二三大夫者，其猶能以國寧乎？」管仲對曰：「鮑叔牙之爲人也好直，賓胥無之爲人也好善，甯戚之爲人也能事，孫在之爲人也善言。」公曰：「此四子者，其孰能一人之上也？寡人并而臣之，則其不以國寧，何也？」對曰：「鮑叔之爲人，好直而不能以國詘；賓胥無之爲人也，好善而不能以國詘；甯戚之爲人，能事而不能以足息；孫在之爲人，善言而不能以信默。臣聞之：消息盈虚，與百姓詘信，然後能以國寧。勿已者，朋其可乎？朋之爲人也，動必量力，舉必量技。」言終，喟然而嘆曰：「天之生朋，以爲夷吾舌也。其身死，舌焉得生哉！」管仲曰：「夫江、黄之國近于楚，爲臣死乎，績按：臣，管仲自謂也。君必歸之楚而寄之。君不歸，楚必私之。私之而不救也，則不可，救之則亂自此始矣。」桓公曰：「諾。」管仲又言曰：「東郭有狗嘊嘊，旦暮欲齧我猳而不使也。猳，牡豕也。今夫易牙，子之不能愛，將安能愛君？君必去之。」公曰：「諾。」管子又言曰：「北郭有狗嘊嘊，旦暮欲齧我猳而不使也。今夫豎刁，其身之不愛，焉能愛君？君必去之。」公曰：「諾。」管子又言曰：「西郭有狗嘊嘊，旦暮欲齧我猳而不使也。今夫衛公子開方，去其千乘之太子而臣事君，是所願得于君者，是將欲過其千乘也，君必去之。」桓公曰：「諾。」管子遂卒。卒十月，隰朋亦卒。桓公去易牙、豎刁、衛公子開方。五味不至，于是乎復反易牙。宮中亂，復反豎刁。利言卑辭不在側，復反衛公子開方。桓公内不量力，外不量交，而力伐四鄰。公薨，六子皆求立，易牙與衛公子，内與豎刁，因共殺群吏，而立公子無虧。故公死七日不斂，九月不葬。孝公犇宋，宋襄公率諸侯以伐齊，戰于甗，大敗齊師，殺公子無虧，立孝公而還。

參患第二十八

凡人主者，猛毅則伐，懦弱則殺。輕誅殺人之謂猛毅，重誅殺人之謂懦弱。凡輕誅者殺不辜，而重誅者失有罪。故上殺不辜，則道正者不安；上失有罪，則行邪者不變。道正者不安，則才能之人去亡；行邪者不變，則群臣朋黨。才能之人去亡，則宜有外難；群臣朋黨，則宜有内亂。故曰：猛毅者伐，懦弱者殺也。

凡用兵之計，三驚當一至，驚，謂耀威示武，能驚敵使懼。如此者三，可當師之一至敵國。三至當一軍，師之三至，可當一軍之用。三軍當一戰。苞按：驚，警備也。警備者三，則勞費與一至會盟之地等。至會盟者三，勞費與一興軍旅等。軍興者三，耗敗與一戰等。故一期之師，十年之蓄積殫；一戰之費，累代之功盡。今交刃接兵而後利之，則戰之自勝者也。交刃接兵，必卒喪刃折，貨財空耗，雖未被敵勝，先已自勝。攻城圍邑，主人易子而食之，析骸而爨之，則攻之自拔者也。春通：善勝者不戰，善攻者不困。兵交而後利，敵雖敗，我已傷矣。守困而後下，城雖拔，我先自敝矣。故計必先定。計未定而兵出于竟，則戰之自敗，攻之自毁者也。得衆而不得其心，則與獨行者同實；兵不完利，與無操者同實；甲不堅密，與俴者同實；俴，謂無甲單衣者。弩不可以及遠，與短兵同實；射而不能中，與無矢者同實；中而不能入，與無鏃者同實。將徒人，與俴者同實；徒人，謂無兵甲者。俴，單也。人雖衆，無兵甲，則與單人同也。短兵待遠矢，與坐而待死者同實。故凡兵有大論，必先論其器，論其士，論其將，論其主。故曰：器濫惡不利者，以其士予人也；士不可用者，以其將予人也；將不知兵者，以其主予人也；主不積務于兵者，以其國予人也。

制分第二十九

伯夷、叔齊非于死之日而後有名也，其前行多脩矣；武王非于甲子之朝而後有勝也，其前政多善矣。凡用兵者，攻堅則軔，軔，牢固之名也。乘瑕則神。瑕，謂虚脆也。攻堅則瑕者堅，乘瑕則堅者瑕。故堅其堅者，瑕其瑕者，屠牛坦朝解九牛，而刀可以莫鐵，莫，猶削也。則刀游閒也。刀游理間，則刀不虧。

君臣上第三十

有道之君，正其德以莅民，而不言智能聰明。智能聰明者，下之職也。所以用智能聰明者，上之道也。上之人明其道，下之人守其職，上下之分不同任，而復合爲一體。是故知善，人君也；身善，人役也。身善，則材能可任，故爲人役也。君身善則不公矣。治國無法，則民朋黨而下比，飾巧以成其私。法制有常，則民不散而上合，竭情以納其忠。是以爲人君者，坐萬物之原，而官諸生之職者也。苞按：坐觀萬物之原，則理達而事順。主辨諸生之職，則材盡而業脩。諸生猶蒼生、嘉生，謂萬民也。周官「以九職任萬民」。是以上及下之事謂之矯，及，猶預也。下及上之事謂之勝。爲上而矯，悖也；爲下而勝，逆也。

別交正分謂之理，別上下之交，正君臣之分。順理而不失之謂道，道德定而民有軌矣。有道之君者，善明設法而不以私防者也，而無道之君，既已設法，則舍法而行私者也。爲人上者釋法而行私，則爲人臣者援私以爲公。公道不違，則是私道不違者也。行公道而托其私焉，寖久而不知，姦心得無積乎？姦心之積也，由主德不立，而國無常法也。主德不立，則婦人能食其意；國無常法，則大臣敢侵其勢。大臣假于女之能以窺主情，婦人嬖寵假于男之知以援外權，此危君之徵也。是故天子有善，讓德于天；諸侯有善，慶之于天子；大夫有善，納之于君；民有善，本于父，慶之于長老，此道法之所從來，是治本也。

有善者不留其賞，故民不私其利；有過者不宿其罰，故民不疾其威。威罰之制，無逾于民，則人歸親于上矣。如天雨然，澤下尺，生上尺。澤從上降，潤有一尺，則苗從下生，上引一尺。夫民別而聽之則愚，合而聽之則聖。雖有湯武之德，復合于市人之言。是以明君順人心，安情性，而發于衆心之所聚。是以令出而不稽，刑設而不用。先王善與民爲一體，以百姓之心爲心，故曰一體。與民爲一體，則是以國守國，以民守民也。然則民不便爲非矣。

君臣下第三十一

國之所以爲國者，民體以爲國；貴賤成禮，方乃爲國。君之所以爲君者，賞罰以爲君。夫水波而上盡，其搖而復下，其勢固然者也。言水波湧而上，既盡其勢，還復搖動歸下而止，此自然之勢，喻人懷德而來，畏威不去者也。故德之以懷也，威之以畏也，則天下歸之矣。有道之國布法出憲，而賢人列士盡功能于上。千里之內，束布之罰，一畝之賦，盡可知也。治斧鉞者不敢讓刑，治軒冕者不敢讓賞，墳然若一父之子，若一家之實，義禮明也。墳，順貌。故曰：德侵則君危，論侵則有功者危，令侵則官危，令侵，則法不行，故官危也。刑侵則百姓危，苞按：侵者，勢偏勝也。與「陰陽之道侵」同義。而明君者，審禁淫侵者也。上無淫侵之論，則下無冀幸之心矣。古者有二言：「墻有耳，伏寇在側。」墻有耳者，微謀外泄之謂也；伏寇在側者，沈疑得民之道也。微情之泄也，狡婦襲主之請，苞按：請，當作「情」。而資游慝也；沈疑之得民也者，前貴而後賤者爲之驅也。明君在上，便僻不能食其意，大臣不能侵其勢，制群臣百姓，通中央之人和。中央之人，謂君之左右也。左右與君和之也。是以中央之人，臣主之參。制令之布于民也，必由中央之人。中央之人以緩爲急，急可以取威；以急爲緩，緩可以惠民。威惠遷于下，則爲人上者危矣。賢不肖之知于上，必由中央之人，財力之貢于上必由中央之人。能易賢不肖而可威黨于下，苞按：以賢爲不肖，則可以示威；以不肖爲賢，則可以植黨。有能以民之財力上陷其主，而可以爲勞于下，兼上下以環其私，爵制而不可加，則爲人上者危矣。續按：爵，謂前賢不肖之知而加爵位也。制，謂前財力之貢而有定制也。中人既皆罔上誣下以全其私，是人主之爵制不加于人，君失柄而危矣。先其君以善者，侵其賞而奪之實者也；先君行善，則是侵君之賞，奪君之富實也。先其君以惡者，侵其刑而奪之威者也；苞按：君有所善，而先以示恩于外，則賞雖出于君，而德歸于中央之人，是侵賞而奪之實也。君有所惡，而先以要重于外，則刑雖出于君，而權歸于中央之人，是侵刑而奪之威也。訛言于外者，脅其君者也；鬱令而不出者，幽其君者也。四者一作，而上下不知也，則國之危可坐而待也。

小稱第三十二

身不善之患，毋患人莫己知。丹青在山，民知而取之；美珠在淵，民知而取之。是以我有過爲，而民毋過命。民之觀也察矣，不可遁逃以爲不善。故我有善，則立譽我；我有過，則立毀我。當民之毀譽也，則莫歸問于家矣。故先王畏民。

在于身者孰爲利，氣與目爲利。氣也者，所以生全其形。目也者，所以獨見其運。爲功用莫大焉，故最爲利也。

聖人得利而託焉，故民重而名遂。我亦託焉。聖人託可好，我託可惡，以來美名，又可得乎？續按：別本注「聖人託之而行善，故可好。我託之所行皆可惡，又安能美名招徠乎？」苞按：氣與目能感人，故于身爲利，猶位與勢能動人，于治人爲利也。聖人得位勢之利，而託之以爲善。世主託焉，則以爲惡。不敢斥言世主，故曰我也。

善罪身者，民不得罪也；不能罪身者，民罪之。故稱身之過者，彊也。明主有過則反之于身，有善則歸之于民。有過而反之身，則身懼；有善而歸之民，則民喜。

大哉！恭遜敬愛之道。澤之身則榮，去之身則辱。審行之身毋怠，雖夷貉之民，可化而使之愛。審去之身，雖兄弟父母，可化而使之惡。

侈靡第三十五

問曰：「古之時與今之時同乎？」曰：「同。」「其人同乎？不同乎？」曰：「不同。佶、堯之時，山不童而用贍，澤不弊而養足，牛馬之牧不相及，人民之俗不相知，其獄一踦，腓一踦，屨而當死。犯罪者令著一隻屨以恥之，可以當死刑。今斷指滿稽，斷首滿稽，斷足滿稽，而民死不服，非人性也，敝也。」稽，考也。罪滿而斷，則從而考之。

政與教孰急？管子曰：「夫政教相似而殊方。夫教者，摽然若秋雲之遠，動人心之悲，摽，高舉貌。藹然若夏之靜雲，乃及人之體，鷊然若謞之靜，藹，油潤貌。鷊然，和順貌。及人之體，去除熱疾而和順。動人意以怨，蕩蕩若流水，使人思之。」

甚富不可使，甚貧不可恥。水平而不流，無源則遬竭。雲平而雨不甚，無委雲，雨則遬已。政平而無威則不行，愛而無親則流。但行汎愛，無所偏親，則其愛流漫，賢智不盡力。

功成而不信者殆，兵强而無義者殘，不謹于附近而欲來遠者，兵不信。

實取而言讓，行陰而言陽。利人之有禍，言人之無患，人雖實禍于言，乃爲無患。吾欲獨有是，若何？

萬世之國，必有萬世之實。

如以予人財者，不如無奪其時；如以予人食者，不如毋奪其事。賢不可威，威賢則邦國殄瘁。能不可留，材能當引用之，不可留之于彼身。杜事之于前，易也。

天地不可留，故動化，故從新。天地施化，日夜不息，故能生成不已。是故得天者，高而不崩。謂得天變化日新之理，故能常保其尊高而不崩壞者也。得人者，卑而不可勝。得人則衆歸之，故雖卑不可勝。是故聖人重之。

魚鼈之不食咡者，不出其淵；樹木之勝霜雪者，不聽于天；士能自治者，不從聖人。

心術上第三十六

心之在體，君之位也；九竅之有職，官之分也。心處其道，九竅循理，嗜欲充益，目不見色，耳不聞聲。故曰：上離其道，下失其事。毋代馬走，使盡其力；毋代鳥飛，使弊其羽翼；毋先物動，以觀其則。道不遠而難極也，與人並處而難得也。虛其欲，神將入舍；但能空虛心之嗜欲，神則入而舍之。掃除不潔，神乃留處；去私無言，神明若存。紛乎其若亂，静之而自治。强不能偏立，智不能盡謀。殊形異埶，不與萬物異理，故可以爲天下始。不怵乎好，不迫乎惡。恬愉無爲，去智與故。其應也，非所設也；其動也，非所取也。是故有道之君，其處也若無知，其應物也若偶之。靜因之道也。凡此皆虛靜循理之道也。

其應非所設也，其動非所取也，此言因也。因也者，舍己而以物爲法者也。感而後應，非所設也；緣理而動，非所取也，故道貴因。君子之處也若無知，言至虛也；其應物也若偶之，言時適也。若影之像形，響之應聲也。故物至則應，過則舍矣。舍矣者，言復所于虛也。

心術下第三十七

凡民之生也，必以正平？所以失之者，必以喜樂哀怒。節怒莫若樂，節樂莫若禮，守禮莫若敬。外敬而内靜者，必反其性。豈無利事哉？我無利心。豈無安處哉？我無安心。

白心第三十八

苞物衆者，莫大于天地；化物多者，莫多于日月；民之所急，莫急于水火。天不爲一物枉其時，明君聖人亦不爲一人枉其法。天行其所行，而萬物被其利；聖人亦行其所行，而百姓被其利。

天莫之維，則天以墜矣；地莫之載，則地以沈矣。又況于人？人有治之，辟之若夫霝鼓之動也。

滿盛之國，不可以仕任；滿盛之家，不可以嫁子。

欲愛吾身，先知吾情。君親六合，以考内身。執儀服象，敬迎來者。和以反中，形性相葆。一以無貳，是謂知道。

水地第三十九

地者，萬物之本原，諸生之根菀也，菀，囿域也。美惡賢不肖愚俊之所生也。水者，地之血氣，如筋脉之流通者也。故曰：水，具材也。言水材美具備。何以知其然也？夫水淖弱以清，而好灑人之惡，仁也。視之黑而白，精也。量之不可使概，至滿而止，正也。唯無不流，至平而止，義也。人皆赴高，己獨赴下，卑也。準也者，五量之宗也。素也者，五色之質也。淡也者，五味之中也。是以水者，萬物之準也，諸生之淡也，違非得失之質也。是以無不滿，無不居也。集于天地，而藏于萬物，動植之物，皆含液也。産于金石，鍊金于水，山石之穴，或有溜泉焉。集于諸生。諸含生類，皆得水而長之。故曰：水神。集于草木，根得其度，華得其數，實得其量。鳥獸得之，形體肥大，羽毛

豐茂，文理明著。萬物莫不盡其幾，反其常者，水之內度適也。內度，謂潛潤之度也。夫玉之所貴者，九德出焉。夫玉温潤以澤，仁也。鄰以理者，智也。鄰，近也。玉文相適近，理各自通，如此知也。堅而不蹙，義也。蹙，屈聚也。廉而不劌，行也。鮮而不垢，潔也。折而不撓，勇也。瑕適皆見，精也。茂華光澤，並通而不相陵，容也。叩之，其音清搏徹遠，純而不殺，辭也。象古君子之辭。是以人主貴之，藏以爲寶，剖以爲符瑞，九德出焉。人，水也。男女精氣合而水流形，三月如咀。咀，咀口和嚼之謂。三月之胚渾初凝，類口所嚼食也。咀者何？曰五味。五味者何？曰五藏。|春通：未有五藏之形，而咀中五味，已具五藏之精。酸主脾，鹹主肺，辛主腎，苦主肝，甘主心。五藏已具，而後生肉。脾生膈，膈，在脾上也。肺生骨，腎生腦，肝生革，革，皮膚也。心生肉。|春通：五藏所生，與內經及他書都不同，鬲、腦二藏是創言。五肉已具，而後發爲九竅。脾發爲鼻，肝發爲目，腎發爲耳，肺發爲竅。五月而成，十月而生。生而目視，耳聽，心慮。是以水集于玉而九德出焉。凝蹇而爲人，蹇，停也。言精液凝停，則爲人也。而九竅、五慮出焉。五慮，謂耳、目、鼻、口、心也。此乃其精也。精麤濁蹇，能存而不能亡者也。伏闇能存而能亡者，蓍龜與龍是也。龜生于水，發之于火，于是爲萬物先，爲禍福正。龍生于水，欲小則化如蠶蠋，蠋，藿中蟲。欲大則藏于天下，言能隱覆天下。欲尚則凌于雲氣，欲下則入于深泉，變化無日，上下無時，謂之神龜與龍，伏闇能存而能亡者也。或世見，或世不見者，生蟡與慶忌。|苞按：蓍龜與龍，無世無之。若蟡與慶忌，則不常生。故有出見之世，有不出見之世也。慶忌者，其狀若人，

其長四寸，衣黃衣，冠黃冠，戴黃蓋，乘小馬，好疾馳，以其名呼之，可使千里外一日反報，此涸澤之精也。涸川之精者，生于蟡。蟡者，一頭而兩身，其形若蛇，其長八尺，以其名呼之，可以取魚鼈。是以水之精麤濁蹇，能存而不能亡者，生人與玉。伏闇能存而能亡者，蓍龜與龍。或世見，或世不見者，蟡與慶忌。故水者，萬物之本原也，諸生之宗室也，美惡賢不肖愚俊之所産也。何以知其然也？夫齊之水道躁而復，故其民貪麤而好勇。以水道迴復，故令人貪；以其躁速，故令人麤勇也。楚之水淖弱而清，故其民輕果而賊。以其淖弱，故輕佚。清則明察，故人果賊也。越之水濁重而洎，故其民愚疾而垢。洎，浸也。濁重故愚，浸則多所漸入，故疾垢也。秦之水泔最而稽，淤滯而雜，最，絶也。稽，停留也。謂秦水絶甘而味停留，又泥淤沈滯，與水相雜也。故其民貪戾罔而好事。以其泔而稽，故貪戾。以其滯雜，故誣而好事。齊晉之水，枯旱而運，淤滯而雜，齊晉謂齊之西，晉之東。枯旱，謂其水慘澁而無光也。故其民諂諛葆詐，巧佞而好利。以其運，故諂諛。以其枯旱，故葆詐。以其淤雜，故巧佞而好利。燕之水萃下而弱，沈滯而雜，故其民愚戇而好貞，輕疾而易死。沈，故愚戇而好貞。萃雜，故輕疾而易死也。宋之水輕勁而清，故其民閒易而好正。輕故易，清勁故好正也。是以聖人之化世也，其解在水。春通：其解，即其說也。故水一則人心正，水清則民心易。一則欲不污，民心易則行無邪。是以聖人之治于世也，不人告也，不户說也，其樞在水。樞，主運動者也。言欲轉化于人，但則水之理，故曰其樞在水也。

四時第四十

陰陽者，天地之大理也；四時者，陰陽之大經也；刑德者，四時之合也。刑德合于時則生福，詭則生禍。然則春夏秋冬將何行？東方曰星，東方，陰陽之氣和雜之時，故爲星，星亦不定于陰陽也。其時曰春，其氣曰風，陽動而陰寒爲風也。風生木與骨，木爲風而發暢，骨亦木之類也。其德喜嬴，而發出節時。苞按：「其德喜嬴」句。「而發出節時」句。其德，謂人之體天時而爲德者。春德雖喜嬴，而發出必以其節與時也。其事號令：脩除神位，苞按：其事號令，總貫下文。「脩除神位」爲句。謹禱弊梗，梗，塞也。時方開通而有弊梗梗塞者，則禱神以通道之。績按：淮南子「仲春祭不用犧牲，用圭璧，更皮幣」，疑此乃「幣更」誤。宗正陽，春陽事，故以正陽爲宗。治隄防，耕芸樹藝，正津梁，脩溝瀆，甃屋行水，解怨赦罪，通四方。然則柔風甘雨乃至，百姓乃壽，百蟲乃蕃，此謂星德。星以和爲德也。星者，掌發爲風。是故春行冬政則雕，行秋政則霜，行夏政則欲。績按：疑「燠」字誤。月令：「行夏令，煖氣早來。」是故春三月，以甲乙之日發五政：甲乙，統春之三時也。一政曰論幼孤，舍有罪；二政曰賦爵列，授禄位；三政曰凍解脩溝瀆，復亡人；四政曰端險阻，路有險阻，理之使端平也。脩封疆，正千伯；千伯，古「阡陌」字。五政曰毋殺麑夭，毋蹇華絶芋。蹇，拔也。芋之屬，其根經冬不死，不絶之也。春通：芋，作「芊」，草生貌。五政苟時，春雨乃來。南方曰日，南方大陽，故爲日也。其時曰夏，其氣曰陽，陽生火與氣，其德施舍脩樂。其事號令：賞賜賦爵，受

禄順鄉，謹脩神祀，量功賞賢，以動陽氣。九暑乃至，九暑謂九夏之暑也。時雨乃降，五穀百果乃登，此謂日德。中央曰土，土位在中央，而寄王于六月，承火之後，以土火之子故也。而統于夏，所以與火同章也。土德實輔四時，入出以風雨。節土益力，土生皮肌膚，|績按：此言土氣之生也。其德和平用均，中正無私，實輔四時。春贏育，夏養長，秋聚收，冬閉藏。大寒乃極，國家乃昌，四方乃服。此謂歲德。言土能成歲之德也。日掌賞，賞爲暑；歲掌和，和爲雨。夏行春政則風，行秋政則水，行冬政則落。是故夏三月以丙丁之日發五政：一政曰求有功，發勞力者而舉之；二政曰開九壙，發故屋，辟故窌以假貸；辟，開也。三政曰令禁扇，去笠，毋扱免，禁扱袥免袒者，亦不欲人惡盛陽之氣也。除急漏田廬；|春通：禁扇笠毋扱免，止中時，非通二月行之。蓋處必掩身候與？方時雨壯，居惡其漏而濕田，惡其漏而傷稼。四政曰求有德，賜布施于民者而賞之；五政曰令禁罝設禽獸，毋殺飛鳥。五政苟時，夏雨乃至也。西方曰辰，辰，星月交會也。秋陰陽適中，故爲辰。其時曰秋，其氣曰陰，陰生金與甲，陰氣凝結堅實，故生金與爪甲也。其德憂哀静正嚴順，居不敢淫佚。其事號令：毋使民淫暴，順旅聚收，|苞按：旅，衆也。使衆順時氣而聚收也。量民資以畜聚，賞彼群幹，衆有武幹人，當賞之。聚彼群材百物乃收，使民毋怠。所惡必察，所欲必得，我信則克，此謂辰德。辰掌收，收爲陰。秋行春政則榮，行夏政則水，行冬政則耗。冬肅殺損耗也。是故秋三月以庚辛之日發五政：一政曰禁博塞，圉小辯鬬譯跽；小辯則利口覆國，及譯傳言語相疾忌，爲鬬訟者，皆當禁圉之也。二政曰毋見五兵之刃；三政曰慎旅農，趣聚收；四政曰

補缺塞坼；五政曰脩墻垣，周門閭。五政苟時，五穀皆入。北方曰月，北方太陰，故爲月也。其時曰冬，其氣曰寒，寒生水與血，其德淳越溫怒周密。其事號令：脩禁徙民，令靜止，地乃不泄，斷刑致罰，無赦有罪，以符陰氣。大寒乃至，甲兵乃強，五穀乃熟，國家乃昌，四方乃備，此謂月德。月掌罰，罰爲寒。冬行春政則泄，行夏政則雷，行秋政則旱。是故冬三月以壬發之日發五政：一政曰論孤獨，恤長老；二政曰善順陰，脩神祀，賦爵祿，授備位；三政曰效會計，毋發山川之藏；銅銀之屬，藏在山者。珠玉之屬，藏在川者。四政曰捕姦遁，得盜賊者有賞；五政曰禁遷徙，止流民，圉分異。分異，謂離居者。五政苟時，冬事不遇，所求必得，所惡必伏。是故春凋秋榮，冬雷夏有霜雪，此皆氣之賊也。刑德易節失次，則賊氣遫至。賊氣遫至，則國多菑殃。是故聖王務時而寄政焉，作教而寄武，作祀而寄德焉。此三者，聖王所以合于天地之行也。日掌陽，月掌陰，星掌和。陽爲德，陰爲刑，和爲事。是故日食則失德之國惡之，月食則失刑之國惡之，彗星見則失和之國惡之，風與日爭明，則失生之國惡之。是故聖王日食則脩德，月食則脩刑，彗星見則脩和，風與日爭明則脩生。此四者，聖王所以免于天地之誅也。

五行第四十一

通乎陽氣，所以事天也。經緯日月，用之于民。通乎陰氣，所以事地也。經緯星曆，以視其離。苞按：日月周天以成歲，故授民時主之。星有分野，必以曆法推步，視其宿離之地，然後可以知其地之祲象。通若道，然後有行。

勢第四十二

天因人，聖人因天。天時不作勿爲客，人事不起勿爲始。慕和其衆，以脩天地之從。人先生之，天地刑之，聖人成之，則與天同極。將建大事，必慕和其衆。天地既已從，但當脩天之意。人先生是心，天地又見其脩意，有從順之形，聖人則發動而成，如此者可謂與天同極也。善周者，明不能見也；善明者，周不能蔽也。大明勝大周，則民無大周也；大周勝大明，則民無大明也。欲大周大明，獨在君也。

正第四十三

過之以絶其志意，毋使民幸；養之以化其惡，必自身始；明之以察其生，必脩其理。苞按：察刑之所從生，非蔽于不知，則迫于不得已。脩其理者，明其政教，紀其衣食也。

九變第四十四

凡民之所以守戰至死而不德其上者，有數以至焉。或守或戰，雖復至死，不敢恃之以德于上，則有數存焉于其閒，故能至死也。曰：大者親戚墳墓之所在也，田宅富厚足居也。不然，則州縣鄉黨與宗族足懷樂也。不然，則上之教訓習俗慈愛之于民也。厚無所往而得之。春通：樂土惠君，他邦無所往而得，寧死不往。不然，則山林澤谷之利足生也。不然，則地形險阻易守而難攻也。不然，則法嚴而可畏也。不然，則賞明而足勸也。不然，則有深怨于敵人也。不然，則有厚功于上也。此民之所以守戰至死而不德其上者也。今恃不信之人而求以智，用不守之民而欲以固，將不戰之卒而幸以勝，此兵之三闇也。

任法第四十五

聖君任法而不任智，任數而不任說，任公而不任私，任大道而不任小物。昔者堯之治天下也，猶埴之在埏也，埏，和也，音羶。唯陶之所以爲；猶金之在爐，恣冶之所以鑄。故曰：法者，不可恒也，存亡治亂之所從出，聖君所以爲天下大儀也。君臣上下貴賤皆發焉，故曰法。聖君置儀設法而固守之，萬物百事非在法之中者，不能動也。故爲人主者，不重愛人，不重惡人。重愛曰失德，重惡曰失威。威德皆失，則主危矣。故明王之所操者六：生之，殺之，富之，貧之，貴之，賤之。此六柄者，主之所操也。主之所處者四：一曰文，二曰武，三曰威，四曰德。此四位者，主之所處也。藉人以其所操，命曰奪柄；藉人以其所處，命曰失位。奪柄失位，而求令之行，不可得也。

明法第四十六

先王之治國也，不淫意于法之外，不爲惠于法之内。威不兩錯，政不二門。是故有法度之制者，不可巧以詐僞；有權衡之稱者，不可欺以輕重；有尋丈之數者，不可差以長短。今主釋法，以譽進能，則臣離上而下比周矣。以黨舉官，則民務交而不求用矣。十至私人之門，不一至于庭；百慮其家，不一圖國。大臣務相貴而不任國，小臣持禄養交，不以官爲事，故官失其能。是故先王之治國也，使法擇人，不自舉也；使法量功，不自度也。故能匿而不可蔽，苟有材能，則法自舉之，不可隱蔽也。敗而不可飾也。無功而敗，法自量之，故不可虚飾也。

治國第四十八

凡治國之道，必先富民，民富則易治也。先王知衆民强兵，廣地富國之必生于粟也，故禁末作，止奇巧，而利農事。今爲末作奇巧者，一日作而五日食，農夫終歲之作，不足以自食也。然則民舍本事而事末作。舍本事而事末作，則田荒而國貧矣。凡農者，月不足而歲有餘者也，而上徵暴急無時，則民倍貸以給上之徵矣。倍貸，謂貸一還二也。耕耨者有時，而澤不必足，苞按：而，當作「雨」。則民倍貸以取庸矣。秋糴以五，春糶以束，是又倍貸也。謂富者秋時以五糴之，至春出糶，便收其束矣。此亦倍貸之類也。束，十尺也。故以上之徵而倍取于民者四：關市之租，府庫之徵，粟什一，廝輿之事。此四時亦當一倍貸矣。言人供關市府庫之徵，亦用粟之什一，計四時常有所用，故亦當一倍貸之。苞按：關市有租，則物價貴。農以粟易貨，必加十之一。府庫之徵，謂材物也。據周官，山澤之農雖各以其物當賦，而采取賫送之費，于粟亦耗什一。廝輿之事，謂簡稽蒐狩，民供馬牛車輦及廝養之役也。此費最大。總四時而計之，合上二者，亦當一倍貸。夫以一民養四主，四主，即上四倍貸也。故逃徙者刑，而上不能止者，粟少而民無積也。常山之東，河、汝之閒，蚤生而晚殺，五穀之所蓄熟也，四種而五穫，四種，謂四時皆種。五穫，謂五穀皆宜而有所穫。中年畝二石，一夫爲粟二百石。今也倉廩虚而民無積，農夫以粥子者，上無術以均之也。故先王使農、士、工、商四民交能易作，終歲之利無道相過也。是以民作一而得均。四人交能易作，故曰一也。

民作一則田墾，田墾則粟多，粟多則國富，國富則安鄉重家，安鄉重家則雖變俗易習，毆衆移民，至于殺之，而民不惡也。

内業第四十九

凡物之精，此則爲生。精，謂神之至靈者也，得此則爲生。下生五穀，上爲列星。流于天地之閒，謂之鬼神。藏于胸中，謂之聖人。

我心治，官乃治；我心安，官乃安。治之者，心也。安之者，心也。心以藏心，心之中又有心焉。精存自生，其外安榮。精存于中，則自然長生。至于外形，静而榮茂也。内藏以爲泉原，内藏于精，則無窮竭，若水之泉。浩然和平以爲氣淵。言精既浩然和平，則能生氣，故曰氣淵。淵之不涸，四體乃固。生氣之淵，不有竭涸，故四體固也。泉之不竭，九竅遂通。藏精之泉不竭，故九竅通。

善氣迎人，親于弟兄。惡氣迎人，害于戎兵。不言之聲，疾于雷鼓。心氣之形，明于日月，察于父母。苞按：心術篇作「金心之形」，本「余心」之譌也，而解者又從而爲之辭，誤矣。

思之思之，又重思之。思之而不通，鬼神將通之。非鬼神之力也，精氣之極也。

小問第五十一

桓公放春，三月觀于野。春物放發，故曰放春。桓公曰：「何物可比于君子之德乎？」隰朋對曰：「夫粟，内甲以處，中有卷城，外有兵刃，種粟者，甲在内而處，葉居外而卷，若城，苗之纖芒在外，有兵刃。未敢自恃，自命曰粟，粟則謹促之名也。此其可比于君子之德乎？」管仲曰：「苗始其少也，眴眴胡絹切，目搖也。乎，何其孺子也。眴眴，柔順貌。至其壯也，莊莊乎，何其士也。至其成也，由由乎茲免，何其君子也。茲免，與滋勉同。天下得之則安，不得則危，故命之曰禾。此其可比于君子之德矣。」桓公曰：「善。」

桓公使管仲求甯戚。甯戚應之曰：「浩浩乎！」管仲不知，至中食而慮之。婢子曰：「公何慮？」管子曰：「非婢子之所知也。」婢子曰：「公其毋少少，毋賤賤。昔者吴干戰，干，江邊地也。未齔不得入軍門，齔，毁齒也。國子擿其齒，遂入，爲干國多。戰功曰多，言于干戰，國子功多也。百里徯，秦國之飯牛者也。穆公舉而相之，遂霸諸侯。由此觀之，賤豈可賤，少豈可少哉？」管子曰：「然。公使我求甯戚，甯戚應我曰：『浩浩乎！』吾不識。」婢子曰：「詩有之：『浩浩者水，育育者魚。未有室家，而安召我居？』言誰當召我，授之配匹，與之居也。甯戚其欲室乎？」

桓公與管仲闔門而謀伐莒。未發也，而已聞于國矣。桓公怒，謂管仲曰：「寡人與仲父闔門而謀伐莒，未發也，而已聞于國，其故何也？」管仲曰：「國必有聖人。」桓公曰：「然。夫日之役者，有執席食以視上者，必彼是邪？」桓公與管仲謀時，役人于前，乃有執席而食，私目視上，所以察君也。于是乃令之復役，毋復相代。苞按：役者日番代，故令前執席者復執是役，毋復使他人相代，以俟其至而與之言也。

少焉，東郭郵至。桓公令儐者延而上，儐，謂贊引賓客者。與之分級而上，使就賓堦也。問焉，曰：「子言伐莒者乎？」東郭郵曰：「然。臣也。」桓公曰：「寡人不言伐莒，而子言伐莒，其故何也？」東郭郵對曰：「臣聞之：君子善謀，而小人善意。臣意之也。」桓公曰：「子奚以意之？」東郭郵曰：「夫欣然喜樂者，鐘鼓之色也。夫淵然清静者，縗絰之色也。漻然豐滿，心在兵武，形氣盛，故其貌豐滿。而手足拇動者，中勇，外形必應，故手足拇動也。兵甲之色也。日者，臣視二君之在臺上也，口開而不闔，是言莒也。舉手而指，勢當莒也。且臣觀小國諸侯之不服者唯莒，故曰伐莒。」桓公曰：「善哉。以微射明，此之謂乎？子其坐，寡人與子同之。」

七臣七主第五十二

或以平虛，請論七主之過。謂平易虛心也。七主，據下唯有六者，皆過主。能無此六者過，則爲一是主也。過主六，是主一，故曰七主也。得六過一是，以還自鏡，以知得失。以繩七臣，得六過一是。嗚呼，美哉！

成事疾。中主任勢守數以爲常，申，謂陳用法令。周聽近遠以續明。惠主豐賞厚賜以竭藏，赦姦縱過以傷法。藏竭則主權衰，法傷則姦門闓，故曰：泰則反敗矣。侵主好惡反法以自傷，越法行事謂之侵。喜決難知以塞明，決難知，則理不當，故明塞也。從狙而好小察。狙，同也。不訏，春通：訏，與寤同。則國失勢。芒主目伸五色，耳常五聲，芒，謂芒然不曉識之貌。四鄰不計，國權大傾。不訏，則所惡及身。勞主不明分職，上下相干，臣主同則，刑振以豐，豐振以刻。振主喜怒無度，嚴誅無赦，臣下振恐，不知所錯。不訏，則法數日衰而國失固。芒主通人情以質疑，故臣下無信，既不自曉，故下通人情以問所疑，則臣下無所取信。緩急俱植。不訏，則見所不善，餘力自失而罰。故一人之治亂在其心，一國之存亡在其主。罪決于吏則治，權斷于主則威，民信其法則親。明王知其然，故見必然之政，立必勝之罰。故民知所必就而知所必去。故君法則主位安，臣法則貨賂止，而民無姦。嗚呼，美哉！名斷言澤。依名而斷，則其言順而澤。飾臣克親貴以爲名，恬爵禄以爲高。好名則無實，爲高則不御。侵臣事小察以折法令，好佼反而行私請。佼，謂狠詐也。悖理爲反。亂臣多造鐘鼓，衆飾婦女以惛上，是以諂臣貴而法臣賤，此之謂微孤。愚臣深罪厚罰以爲行，重賦斂，多兑道以爲上，兑，悦也。謂多賦斂以悦道于君。使身見憎而主受其謗，故記稱之曰：「愚忠讒賊。」此之謂也。愚臣雖有忠于主，乃比之讒賊。姦臣痛言人情以驚主，開罪黨以爲讎，故善言可惡以自信，而主失親。好言可惡之事以告于君，此求君之信己也。君果信之，則失其所親也。苞按：姦臣善言他人可惡之狀，使人主見爲忠直，所以自信也。人主猜疑，則群下離心，而失其所親矣。亂臣自爲辭功禄，明爲下請厚賞，以非買名，以是傷上，春通：以非買名，訐主以沽直也。以是傷上，居善而歸過也。而衆人不知之，謂微攻。

禁藏第五十三

禁藏于胸脅之内，而禍避于萬里之外。能以此制彼者，唯能以己知人者也。以有刑至無刑者，其法易而民全。刑茲無赦，人不敢犯，故曰以有刑至無刑。若此者，其法簡易而民完全。以無刑至有刑者，其刑煩而姦多。緩誅宥死，人則輕而犯之，故曰無刑至有刑。若此者，其刑繁漫而姦人多。公之所加，罪雖重，下無怨氣；私之所加，賞雖多，士不爲歡。適身行義，儉約恭敬，其唯無福，禍亦不來矣；驕傲侈泰，離度絶理，其唯無禍，福亦不至矣。

夫爲國之本，得天之時而爲經，得人之心而爲紀。法令爲維綱，吏爲網罟，什伍以爲行列，賞誅爲文武，繕農具，當器械，耕農當攻戰，耕農之不怠，若攻戰之不退也。推引銚耨以當劍戟，用銚耨者必推引之，若劍戟擊刺。被蓑以當鎧鑐，菹笠以當盾櫓。故耕器具則戰器備，農事習則攻戰巧矣。不失其時然後富，不失其法然後治，故國不虚富，民不虚治。不治而昌，不亂而亡者，自古至今未嘗有也。故國多私勇者，其兵弱；吏多私智者，其法亂；民多私利者，其國貧。夫善牧民者，非以城郭也，輔之以什，司之以伍。謂什伍之長。伍無非其人，雖伍長亦選能者爲之也。人無非其里，謂無客寄。里無非其家。言不離居他人家。苞按：古者聚族而居，故可以聯兄弟，可以族墳墓。里無非其家，謂里中大略皆同姓也。故奔亡者無所匿，遷徙者無所容。夫法之制民也，猶陶之于埴，冶之于金也。故審利害之所在，民之去就，如火之于燥濕，水之于高下。夫民之所生，衣與食也。食之所生，水與土也。所以富民有要，食民有率。率三十畝而足于卒歲。歲兼美惡，畝取一石，則人有三十石。果蓏素食當十石，果蓏不以火化而食，故曰素食。糠粃六畜當十石，則人有五十石。布帛麻絲、旁入奇利未在其中也。奇，餘。言不在五十石之中也。故國有餘藏，民有餘食。夫叙鈞者，所以多寡也。權衡者，所以視重輕也。户籍田結者，所以知貧富之不訾也。謂每户置籍，每田結其多少，則貧富不依訾限者可知也。故善者必先知其田，乃知其人。田備，然後民可足也。

入國第五十四

謂始有國，入而行化。

入國四旬，五行九惠之教。旬，即巡也。謂四面五方行而施九惠之教。一曰老老，二曰慈幼，三曰恤孤，四曰養疾，五曰合獨，六曰問疾，七曰通窮，八曰振困，九曰接絶。所謂老老者，凡國都皆有掌老。謂置掌老之官。年七十已上，一子無征，三月有饋肉；謂官饋之肉。八十已上，二子無征，月有饋肉；九十已上，盡家無征，日有酒肉。死，上共棺槨。勸子弟精膳食。問所欲，求所嗜。此之謂老老。所謂慈幼者，凡國都皆有掌幼。士民有子，子有幼弱不勝養爲累者；勝，堪也。謂不堪自養故爲累。有三幼者，無婦征；四幼者，盡家無征；五幼，又予之葆，葆，今之教母。受二人之食，官給二人之食。能事而後止。幼者漸長，能自管事，然後止其養。此之謂慈幼。所謂恤孤者，凡國都皆有掌孤。士人死，子孤幼，無父母所養，既無父母，又無所養之親也。不能自生者，屬之其鄉黨知識故人。養一孤者，一子無征；養二孤者，二子無征；養三孤者，盡家無征。掌孤數行問之，必知其食飲飢寒，身之膌胜而哀憐之。膌，瘦也。胜，肥也。此之謂恤孤。所謂養疾者，凡國都皆有掌養疾。聾盲喑啞跛躄偏枯握遞，遞，著也。謂兩手相拱著而不申者，謂之握遞。不耐自生者，上收而養之疾官，春通：「疾官」爲句，唐有病坊，主坊即疾官也。而衣食之，殊身而後止。殊，猶離也。疾離身而後止其養。此之謂養疾。所謂合獨者，凡國都皆有掌媒。丈夫無妻曰鰥，婦人無夫曰寡，取鰥寡而合和之，予田宅而家室之，苞按：此即周官媒氏之職，管子擇而用之，可知此育民息争之要務。三年然後事之。事，謂供國之職役也。此之謂合獨。所謂問疾者，凡國都皆有掌病。士人有病者，掌病以上令問之。九十以上，日一問；八十以上，二日一問；七十以上，三日一問；衆庶，五日一問。病甚者以告，上身問之。掌病行于國中，以問病爲事。此之謂問病。所謂通窮者，凡國都皆有通窮。若有窮夫婦無居處，窮賓客絶糧食，居其鄉黨，以聞者有賞，不以聞者有罰。此之謂通窮。所謂振困者，歲凶庸人訾厲，訾，疾也。厲，病也。多死喪，弛刑罰，赦有罪，散倉廩以食之。此之謂振困。所謂接絶者，士民死上事，死戰事，使其知識故人受資于上而祠之。此之謂接絶也。

九守第五十五

目貴明，耳貴聰，心貴智。以天下之目視，則無不見也；以天下之耳聽，則無不聞也；以天下之心慮，則無不知也。輻輳並進，則明不塞矣。

右主明

聽之術，曰勿望而距，勿望而許。聽言之術，必須審察，不可望風，則有所距，有所許也。許之則失守，距之則閉塞。高山仰之，不可極也；深淵度之，不可測也。神明之德，正静其極也。

右主聽

用賞者貴誠，用刑者貴必。刑賞信必于耳目之所見，則其所不見，莫不闇化矣。

右主賞

心不爲九竅，九竅治。心任九竅，九竅自治。君不爲五官，五官治。君任五官，故五官自治。爲善者君予之賞，爲非者君予之罰。君因其所以來因而予之，則不勞矣。

右主因

人主不可不周。周，謂謹密也。人主不周，則群臣下亂。寂乎其無端也，外内不通，安知所怨？關閈不開，善否無原。

右主周

桓公問第五十六

齊桓公問管子曰：「吾念有而勿失，得而勿忘，爲之有道乎？」對曰：「毋以私好惡害公正。察民所惡，以自爲戒。黄帝立明臺之議者，上觀于賢也。堯有衢室之問者，下聽于人也。舜有告善之旌，而主不蔽也。禹立諫鼓于朝，而備訊唉。訊，問也。唉，驚問也。湯有總街之庭，以觀人誹也。武王有靈臺之復，而賢者進也。復，謂白也。此古聖帝明王所以有而勿失，得而勿忘者也。」桓公曰：「吾欲效而爲之，其名云何？」對曰：「名曰嘖室之議。謂議論者言語讙嘖。人有非上之所過，謂之正士，内于嘖室之議，請以東郭牙爲之。此人能以正事争于君前者也。」桓公曰：「善。」

度地第五十七

昔者桓公問管仲曰：「寡人請問度地形而爲國者，其何如而可？」管仲對曰：「聖人之處國者，必于不傾之地而擇地形之肥饒者。鄉山左右，經水若澤。内爲落渠之寫，因大川而注焉。謂于都内更爲落水之渠，以注于大川。内爲之城，城外爲之郭，郭外爲之土閬。閬，謂隍。地高則溝之，下則隄之。樹以荆棘，上相穡著者，所以爲固也。穡，鈎也。謂荆棘刺條相鈎連也。歲脩增而無已，時脩增而無已，福及孫子，此謂人命萬世無窮之利，人君之葆守也。善爲國者，必先除其五害。」桓公曰：「願聞五害之説。」管仲對曰：「水，一害也；旱，一害也；風霧雹霜，一害也；厲，一害也；蟲，一害也。厲，疾病也。五害之屬，水最爲大。」桓公曰：「願聞水害。」管仲曰：「水有大小，又有遠近。水之出于山而流入于海者，命曰經水。言爲衆水之經。水别于他水，謂從他水分流，若江别爲沱。入于大水及海者，命曰支水。山之溝，一有水，一無水者，命曰谷水。水之出于他水，溝流于大水及海者，命曰川水。出地而不流者，命曰淵水。苞按：大川有源之水，始江出于岷，漢出于嶓，故名曰經水。谷水則有源而小，時竭時通，故曰一有水，一無水。枝水與川水，文同而實則異。枝水者，自經水别出，合于他水，故曰别于他水，而名爲枝。川水則霖雨所積，自溝洫澮以達于川者，故曰出于他水，溝流于大水。此五水者，因其利而往之可也，因而阨之可也，而不久常有危殆矣。」謂卒有暴溢，或能漂没居人，故危殆也。桓公曰：「水可扼而使東西南北及高乎？」管仲對曰：「可。夫水之性，以高走下，則疾至于漂石，謂能漂浮于石。而下向高，即留而不行。故高其上，領瓶之，尺有十分之三，里滿四十九者，水可走也。乃迂其道而遠之，以勢行之。迂，曲也。謂下曲水道遠張其勢，而以行水。苞按：嘗見吴越山谿間行水者，以巨竹承泉，斜而下注，數節之後，自相推激，盤山逾嶺，逆而上行，即此法也。「高其上」句。「領瓶之」句。高其上者，就地勢使水由上注也。領瓶之者，盤曲通水，或用竹木，而領項受水處，則用瓦器，取其多容也。尺有十分之三者，斜置通水之器，每尺有十分之三，減于斜勢也。里滿四十九可走者，過此亦難扼而行之也。迂其道而遠之，以勢行之者，近水未必有自高注下之地，故必迂而遠之，乃得就地勢之可行者。以上言扼水之法，以下言水性易衝激爲敗，任其自行，而無備之之法，必至妄行傷人。前所云因其利而往之，因而阨之，正所以制其妄行也。水之性，行至曲，必留退，滿則後推前，地下則平行，地高則控，控，謂頓也。言水頓挫而却也。杜曲則擣毀，杜，猶衝也。擣，觸也。言水行至曲，則衝而擣，有所毀傷。杜曲激則躍，躍則倚，倚，排也。謂前後相排也。倚則環，環則中，前後相排，則圓流生空，若環之中，所謂齊。中則涵，涵則塞，塞則移，移則控，控則水妄行，水妄行則傷人。」桓公曰：「請問備五害之道。」管仲對曰：「請除五害之説，以水爲始。請爲置水官，令習水者爲吏大夫、大夫佐各一人，率部校。長官佐各財足。財，謂其禄廩。乃取水左右各一人，使爲都匠水工，令之行水。道城郭，隄川溝，池官府寺舍，及州中當繕治者，給卒財足。令曰：常以秋歲末之時，閱其民，案家人，比地定什伍口數，按人比地，有十口五口之數，當受地若干。別男女大小。其不爲用者輒免之，謂其幼小不任役者，則免之。有錮病不可作者疾之，著其名于疾者之數，有以賙恤之也。可省作者半事之。謂疾者雖不任役，可以省視作者，取其半功。并行以定甲士當被兵之數，上其都。因力役之際，并行視之，强壯者預定之以爲甲士，而上其名籍于國都也。苞按：古者土功即屬役于師旅，故先定甲士當被兵之數。四丘出甲有常制，而水官復按閱以定之者，謂水所經之地也。工役有劇易，必知其地甲數多少，然後有餘不足，得就近地移用以相補。都以臨下，視有餘不足之處，輒下水官。水官亦以甲士當被兵之數，都既臨下，視其兵不足之處，即甲士下之于水官。水官既得甲士，還以備兵數也。苞按：或隄防固，無事脩築，而居人多，則有餘。或水道險，而隄邊居人少，則不足。與三老、里有司、伍長行里，閱其備水之器。以冬無事之時，籠函板築各什六，謂什人共貯六具，下準此。土車什一，雨輂什二，車輂所以禦雨，故曰雨輂。食器兩具，每人兩具。人有之。錮藏里中，以給喪器。謂人既有貯器，當錮藏于里中，兼得給凶喪之用。後常令水官吏與都匠，因三老、里有司、伍長案行之。常以朔日始出具閱之，取完堅，補弊久，去苦惡。常以冬少事之時，令甲士以更次益薪，積之水旁，州大夫將之，唯毋後時。其積薪也，以事之已。農事既畢，然後益薪。其作土也，以事未起。水常可制而使毋敗。此謂素有備而豫具者也。」桓公曰：「當何時作之？」管子曰：「春三月，天地乾燥，水糾列之時也。故事已，新事未起，草木荑生可食。寒暑調，日夜分，分之後，夜日益短，晝日益長，利以作土功之事。令甲士作隄大水之旁，大其下，小其上，隨水而行。地有不生草者，必爲之囊，大者爲之堤，小者爲之防。夾水四道，禾稼不傷。歲埤增之，樹以荊棘，以固其地。雜之以柏楊，以備決水。民得其饒，是謂流膏。使下貧守之，往往而爲界，苞按：使下貧守之，因使衆貲給之也。往往而爲界，所守各有分界也。可以毋敗。當夏三月，天地氣壯，大暑至，萬物榮華，利以疾薅殺草薉，不利作土功之事，放農焉。苞按：放，當作「妨」。利皆耗十分之五。當秋三月，山川百泉踊，降雨下，山水出，海路距，地湊汐，利以疾作，收斂毋留。一日把，百日餔，民毋男女，皆行于野。不利作土功之事，濡濕日生，土弱難成，利耗十分之六。當冬三月，天地閉藏，暑雨止，大寒起，萬物實熟，利以填塞空郄，繕邊城，塗郭術，不利作土功之事，利耗十分之七。四時以得，四害皆服。」桓公曰：「寡人悖，不知四害之服，奈何？」管仲對曰：「冬作土功，發地藏，則夏多暴雨，秋霖不止。春不收枯骨朽脊，伐枯木而去之，則夏旱至矣。夏有大露，原煙噎下百草，人采食之，傷人。苞按：原煙，原隰閒毒霧如煙也。毒被于草，如人之噎。君令五官之吏與三老、里有司、伍長行里，順之。令之家起火，爲温其田。及宮中皆蓋井，毋令毒下及食器，將飲傷人。有下，蟲傷禾稼。苞按：凡毒霧降則起火于田畔，以勝霧氣，所謂温其田也。宮中則蓋井及食器，以霧氣下于井，則飲之傷人，下于田，則生蟲傷禾稼。凡天菑害之下也，君子謹避之，故不八九死也。大寒大暑，大風大雨，其至不時者，此謂四刑。或遇以死，或遇以生，故吏者所以教順也。三老、里有司、伍長者，所以爲率也。故常以冬日順三老、里有司、伍長。苞按：此順與上「與三老、里有司、伍長行里，順之」，皆當作「訓」。以冬賞罰，使各應其賞而服其罰，此示民而易見，故民不比也。」

桓公曰：「凡一年之中，十二月作土功，有時則爲之，非其時而敗，將何以待之？」管仲對曰：「常令水官之吏，冬時行隄防，可治者章而上之都。都以春少事作之。已作之後，常案行隄有毀作。大雨，各葆其所，可治者趣治，以徒隸給。大雨，隄防可衣者衣之，衝水可據者據之，終歲以毋敗爲固。此謂備之常時，禍從何來？所以然者，獨水蒙壤自塞而行者，江、河之謂也。歲高其隄，所以不没也。春冬取土于中，秋夏取土于外，濁水入之不能爲敗。」桓公曰：「善。仲父之語寡人畢矣。然則寡人何事乎哉？亟爲寡人教側臣。」

地員第五十八

夫管仲之匡天下也，其施七尺。施者，大尺之名也，其長七尺。瀆田悉徙，瀆田，謂穿溝瀆而溉田。悉徙，謂其地每年皆須更易也。五種無不宜。其立后而手實，春通：瀆田以下屬五施，赤壚以下屬四施，黃唐以下屬三施，斥埴以下屬再施，黑埴以下屬一施。五土惟五施最爲土厚水深，吉土之氣王，宜立國都。建君而手其實，謂土之所入也。其木宜蚖菕與杜松，其草宜楚棘，見是土也，命之曰五施。五七三十五尺而至于泉，謂其地深五施，每施七尺，故五七三十五而至于泉也。呼音中角，謂此地號呼之聲，其音中角。其水倉，其民彊。赤壚歷彊肥，歷，踈也。彊，堅也。五種無不宜。其麻白，其布黃，其草宜白茅與雚，其木宜赤棠，見是土也，命之曰四施。四七二十八尺而至于泉，呼音中商，其水白而甘，其民壽。黃唐無宜也，唐，虛脆也。唯宜黍秫也，宜縣澤，常宜縣注而澤。行廧落，土既虛脆，不堪版築，故爲行廧及籬落也。地潤數毀，難以立邑置廧。其地遇潤則數頹毀，故不可立邑置廧也。其草宜黍秫與茅，其木宜櫄擾桑，擾桑，又曰柔桑也。見是土也，命之曰三施。三七二十一尺而至于泉，呼音中宮，其泉黃而糗流徙。謂水糗糒之氣，其泉居地中而流，故曰流徙也。斥埴宜大菽與麥，其草宜萯雚，其木宜杞，見是土也，命之曰再施。二七十四尺而至于泉，呼音中羽，其泉鹹，水流徙。黑埴宜稻麥，其草宜萍蓨，其木宜白棠，見是土也，命之曰一施。七尺而至于泉，呼音中徵，其水黑而苦。凡聽徵，如負猪豕，覺而駭；凡聽羽，如鳴馬在野；凡聽宫，如牛鳴窌中；凡聽商，如離群羊；凡聽角，如雉登木以鳴，音疾以清。績按：此言呼以聽土地之音，非謂他音皆然。凡將起五音凡首，凡首，謂音之總先也。先主一而三之，四開以合九九，一而三之，即四也。以是四開合于五音，九也。又九九之爲八十一也。苞按：凡數始于一，成于三。開者，推而衍之也。一分爲三，三分爲九，九分爲二十七，二十七分爲八十一，皆一而三之，如是者四，則適合黄鐘之數。管子所謂開與乘，與算術開方乘除異義。以是生黄鐘小素之首以成宫。素，本宫八十一數，生黄鐘之宫而爲五之本。三分而益之以一，爲百有八，爲徵。黄鐘之數本八十一，益以三分之一二十七，通前爲百有八，是爲徵之數。不無有三分而去其乘，適足以是生商。不無有，即有也。乘亦三分之一也。三分百八而去其一，餘七十二，是商之數也。有三分而復于其所，以是成羽。三分七十二，而益其一分二十四，合爲九十六，是羽之數。有三分去其乘，適足以是成角。三分九十六，去其一分，餘六十四，是角之數。苞按：「凡將起五音凡首」至「以是成角」，疑本注語，錯入本文。蓋承呼音中徵而言五音之彷彿，下接「墳延六施」，意義始貫，更及律數之相生，則枝且贅矣。墳延者六施，六七四十二尺而至于泉。墳延，地名。下皆類此。陝之芳七施，七七四十九尺而至于泉。祀陝八施，七八五十六尺而至于泉。杜陵九施，七九六十三尺而至于泉。延陵十施，七十尺而至于泉。環陵十一施，七十七尺而至于泉。蔓山十二施，八十四尺而至于泉。付山十三施，九十一尺而至于泉。付山白徒十四施，九十八尺而至于泉。中陵十五施，百五尺而至于泉。青山十六施，百一十二尺而至于泉。青龍之所居庚泥，春通：庚，金剛。庚泥，泥剛也。不可得泉。庚，續。其處既有青龍居，又沙泥相續，故不可得泉也。赤壤埶山十七施，百一十九尺而至于泉。其下清商，不可得泉。清商，神怪之名。陛山白壤十八施，百二十六尺而至于泉。其下駢石，不可得泉。言有石駢密，故不可得泉。陡山十九施，百三十三尺而至于泉。其下有灰壤，不可得泉。高陵土山二十施，百四十尺而至于泉。山之上命之曰縣泉。春演：自墳自陵至山十四，加不得泉已四矣。又一加十四丈而高陵土山，反不言無泉，何也？地經曰：「山之吉者，地泉鍾于下，靈光發于頂，故高山之首多生雲煙，降雨澤。」蓋地爲坤，山爲艮，一剛一柔，一高一下，其培塿陵丘迤邐帶者，在坤艮之閒，非氣所鍾也。山之出泉，地經曰：「天池，往往鍾靈爲吉土。」今名山至高多有之。其旁其側，則其脉氣所落而結也。故天眼、石井、珠簾、瀑布、玉乳、玉潭、龍湫、虎跑、蛟飛、杖錫，或天生，或人力，或神通。其泉多名，飲之益人。冬夏常注，大旱不竭。上頂氣仰而升，故得泉淺。傍氣在中，側氣在下。五泉者，山經三穴之法也。凡土與山得水爲上，相者眠就乾濕視，此爲進退地之氣在焉。氣合理曰地理。其地不乾，其草如茅與走，茅、走，皆草名。其木乃樠。鑿之二尺乃至于泉。山之上命曰復呂，其草魚腸與蕕，其木乃柳，鑿之三尺而至于泉。山之上命之曰泉英，其草蘄白昌，其木乃楊，鑿之五尺而至于泉。山之材，材猶旁也。其草競與薔，音嗇。其木乃格，鑿之二七十四尺而至于泉。山之側，其草葍與蔞，其木乃品榆，鑿之三七二十一尺而至于泉。凡草土之道，各有穀造。謂此地生某草，宜某穀。造，成也。或高或下，各有草土。葉下于攣，葉，亦草名。唯生葉無莖，在攣之下。攣，即鬱也。莊周所謂鬱西也。攣下于莧，莧下于蒲，蒲下于葦，葦下于雚，雚下于蔞，蔞下于荓，荓下于蕭，蕭下于薜，薜下于萑，萑，音追，茺蔚草也。一作「蓷」。萑下于茅。凡彼草物，有十二衰，衰，謂草上下相重次也。各有所歸。九州之土，爲九十物。每州有常，而物有次。群土之長，是唯五粟。五粟之物，或赤，或青，或白，或黑，或黄。五粟五章。五粟之狀，淖而不肕，肕，如振切，堅也。剛而不觳，觳，薄。不寧車輪，濘泥。不污手足。其種大重細重，白莖白秀，無不宜也。五粟之土，若在陵在山，在墳在衍。其陰其陽，盡宜桐柞，莫不秀長。其榆其柳，其壓其桑，其柘其櫟，其槐其楊，群木蕃滋數大，條直以長。其澤則多魚，牧則宜牛羊。其地其樊，俱宜竹箭。藻龜楢檀，五臭生之。薜荔白芷，蘪蕪椒連，五臭所校。校，謂馨烈之氣。寡疾難老，士女皆好，其民工巧。其泉黄白，其人夷姤。夷，平也。姤，好也。言均善也。五粟之土，乾而不挌，挌，謂堅禦也。湛而不澤，無高下葆澤以處，言常潤也。是謂粟土。粟土之次曰五沃。五沃之物，或赤，或青，或白，或黄，或黑。五沃五物，各有異則。五沃之狀，剽忞橐土，蟲易全處。剽，堅也。忞，密也。橐土，謂其土多竅穴若橐。多竅，故蟲處之易全。忞剽不白，下乃以澤。既堅密，故常潤濕而不乾白，此乃葆澤之地也。其種大苗小苗，赨音形。莖黑秀箭長。赨，即赤也。箭長，謂若竹箭之長。五沃之土，若在丘在山，在陵在岡，若在陬陵之陽。其左其右，宜彼群木。桐柞枎櫄，枎，音無。櫄，音春。乃彼白梓。其梅其杏，其桃其李，其秀生莖起。其棘其棠，其槐其楊，其榆其桑，其杞其枋。群木數大，條直以長。其陰則生之楂藜，其陽則安樹之五麻。若高若下，不擇疇所。其麻大者，如箭如葦，大長以美。其細者，如蓷如蒸，欲有與，各大者不類。欲有施與，則以麻之大而類也。小者則治，揣而藏之，若衆練絲。言細麻既治，揣而藏，故若練絲。五臭疇生，疇，隴也。沈曰：「類也。」蓮與蘪蕪，藁本白芷。其澤則多魚，牧則宜牛羊。其泉白青，其人堅勁，寡有疥騷，終無痟酲。痟，首疾也。酲，酒病也。五沃之土乾而不斥，斥，瀉鹵。湛而不澤，無高下葆澤以處，是謂沃土。沃土之次曰五位。五位之物，五色雜英，各有異章。五位之狀，不塥不灰，塥，謂堅不相著。青态以落音苔。及。謂色青而細密，和落以相及也。其種大葦無，細葦無，赨莖白秀。五位之土，若在岡在陵，在隫在衍，在丘在山，皆宜竹箭求黽求黽，亦竹類也。楢檀。其山之淺，有蘢與斥。蘢、斥，並古草名。群木安遂，條長數大。安，和易。遂，競長。數，謂速長。其桑其松，其杞其茸。種木胥容，榆桃柳楝。音煉。群藥安生，薑與桔梗，小辛大蒙。大蒙，藥名。其山之梟，梟，猶顛也。多桔符榆。其山之末，有箭與苑。其山之旁，有彼黃䖟，及彼白昌，山藜葦芒。群藥安聚，以圉民殃。其林其漉，其槐其楝，其柞其穀。群木安遂，鳥獸安施。施，謂有以爲生。既有麋麃，又且多鹿。其泉青黑，其人輕直，省事少食。言其性廉。無高下葆澤以處，是謂位土，位土之次曰五蘟。五蘟之狀，黑土黑落，落，地衣也。青怵以肥，芬然若灰。芬然，墳起貌。其種櫑葛，赨莖黃秀恚目，恚目，謂穀實怒開也。其葉若苑。苑，謂蘊結。以蓄植果木，不若三土。三土，謂五粟、五沃、五位。以十分之二，言于三土十分已不如其二分，餘仿此。是謂蘟土。蘟土之次曰五壤。五壤之狀，芬然若澤若屯土。言其土得澤，則墳起爲堆，故曰屯土也。其種大水腸，細水腸，赨莖黃秀，以慈忍水旱無不宜也。忍，耐。蓄殖果木，不若三土以十分之二，是謂壤土。壤土之次曰五浮。五浮之狀，捍然如米，捍，堅貌。其土屑細如米。以葆澤，不離不坼。其種忍蘟，忍蘟，草名。忍葉如藿，葉以長狐茸，草之狀若狐也。黃莖黑秀。其粟大無不宜也。蓄殖果木，不如三土以十分之二。凡上土三十物，種十二物。中土曰五忞。五忞之狀，廪焉如壏，壏，猶彊也。春通：下有「糠以肥」，此「壏」與「濫」同。潤濕以處。其種大稷細稷，秫莖黃秀，慈忍水旱，細粟如麻。其繁美如麻也。蓄殖果木，不若三土以十分之三。忞土之次曰五纑。音盧。五纑之狀，彊力剛堅。其種大邯鄲，細邯鄲。草名。莖葉如枎櫄，其粟大。言其粒大。蓄殖果木，不若三土以十分之三。纑土之次曰五壏。五壏之狀，芬焉若糠以肥。謂其地色黃而虛。其種大荔細荔，青莖黃秀。蓄殖果木，不若三土以十分之三。壏土之次曰五剽。五剽之狀，華然如芬以脤。謂其地色青紫，若脤然也。其種大秬細秬，秬，黑黍。黑莖青秀。蓄殖果木，不若三土以十分之四。剽土之次曰五沙。五沙之狀，粟焉如屑塵厲。言其地粟碎，故若屑塵之厲。厲，踊起也。其種大萯細萯，萯，草名。白莖青秀以蔓。蓄殖果木，不如三土以十分之四。沙土之次曰五塥。五塥之狀，累然如僕累，僕，附也。言其地附著而重累也。不忍水旱。其種大樛杞，細樛杞木名。黑莖黑秀。蓄殖果木，不如三土以十分之四。凡中土三十物，種十二物。下土曰五猶。五猶之狀如糞。其種大華細華，草名。白莖黑秀。蓄殖果木，不如三土以十分之五。猶土之次曰五壯。五壯之狀如鼠肝。其種青粱，黑莖黑秀。蓄殖果木，不如三土以十分之五。壯土之次曰五殖。五殖之狀甚澤以疏，離坼以臞塉。其種雁膳，草名。黑實，朱跗黃實。跗，花足也。蓄殖果木，不如三土以十分之六。五殖之次曰五觳。五觳之狀，婁婁然婁婁，疏也。不忍水旱。其種大菽細菽，多白實。蓄殖果木，不如三土以十分之六。觳土之次曰五鳧。五鳧之狀，堅而不骼。雖堅，不同骨之骼也。其種陵稻，陵稻，謂陸生稻。黑鵞馬夫。皆草名也。蓄殖果木，不如三土以十分之七。鳧土之次曰五桀。五桀之狀，甚鹹以苦，其物爲下。其種白稻長狹。謂稻之形長而狹也。蓄殖果木，不如三土以十分之七。凡下土三十物，其種十二物。凡土物九十，其種三十六。

弟子職第五十九

先生施教，弟子是則。温恭自虛，所受是極。極，謂盡其本原。見善從之，聞義則服。温柔孝悌，毋驕恃力。志毋虛邪，行必正直。游居有常，必就有德。顔色整齊，中心必式。夙興夜寐，衣帶必飾。朝益暮習，小心翼翼。一此不解，是謂學則。

少者之事，夜寐蚤作。既拚盥漱，掃席前曰拚。盥，潔手。漱，滌口。執事有恪。攝衣共盥，先生乃作。沃盥徹盥，汎拚正席，汎拚，謂汎水而拚也。先生乃坐。出入恭敬，如見賓客。危坐向師，顔色毋怍。受業之紀，必由長始。苞按：晨興受業，必以長幼爲次。其更請業請益，則惟所便也。一周則然，其餘則否。謂始教一周，則從長始。一周之外，則不然。始誦必作，其次則已。始誦而作，以敬事端也。至于次誦，則不然。苞按：始誦者，始受于師而誦之也。其次者，次第温習舊業也。

凡言與行，思中以爲紀。古之將興者，必由此始。後至就席，狹坐則起。苞按：坐席狹則起而均席，以讓後至者。若有賓客，弟子駿作。迅起也。對客無讓，績按：弟子供給使令，不敢亢禮也。應且遂行，趨進受命。所求雖不在，必以反命。反命復業，若有所疑，捧手問之。師出皆起。至于食時，先生將食，弟子饌饋。攝衽盥漱，跪坐而饋。置醬錯食，陳膳毋悖。凡置彼食，鳥獸魚鼈，必先菜羹。羹胾中別，胾，謂肉而細切。胾在醬前，其設要方。其陳設食器，要令成方也。飯是爲卒，既飯而食則卒也。左酒右醬。苞按：醬既前設，此應爲漿，卒食後所飲也。告具而退，捧手而立。三飯二叶。苞按：叶，疑當作「汁」，以羹和飯，所謂飧也。左執虚豆，右執挾匕。匕者，所以載鼎實，故曰挾匕也。挾，猶著也。周旋而貳，貳，謂再益。唯嗛之視。食盡曰嗛。周嗛以齒，春通：記「長者舉未釂，少者不敢飲」，又「君未覆手不敢飧」。此同嗛以齒之禮也。苞按：此言弟子或侍食者。周則有始。柄尺不跪，是謂貳紀。豆有柄長尺，則立而進之，此是再益之綱紀也。先生已食，弟子乃徹。趨走進漱，拚前斂祭。先生有命，弟子乃食。以齒相要，坐必盡席。所謂食坐盡前。飯必捧擥，羹不以手。當以挾也。亦有據膝，毋有隱肘。隱肘，則大伏也。既食乃飽，循咡覆手。咡，口也。覆手而循之，所以拭其不潔也。振衽掃席，謂振其底衽，以拂席之汙。已食者作。摳衣而降，旋而鄉席。各徹其饋，如于賓客。賓客食畢，亦自徹也。既徹并器，乃還而立。并，謂藏去也。凡拚之道，實水于盤，攘臂袂及肘。恐濕其袂，且不便于事也。堂上則播灑，室中握手。堂上寬，故播散而灑。室中隘，故握手爲掬以灑。執箕應揲，厥中有帚。揲，舌也。既灑水將掃之，故執箕以舌自當，置帚于箕中也。入户而立，其儀不忒。執帚下箕，倚于户側。謂倚箕于户側也。凡拚之紀，必由奥始。西南隅也。俯仰磬折，拚毋有徹。徹，動也。不得觸動他物也。拚前而退，謂從前掃而却退也。聚于户内。謂聚其所掃之穢壤于户内也。坐板排之，扱穢時以手排之也。以葉適己，適己，猶向己也。實帚于箕。先生若作，乃興而辭。以拚未畢，故辭之令止也。坐執而立，坐執，謂獨坐執箕也。春通：坐，古作「跽」。遂出棄之。既拚反立，是協是稽。協，合也。稽，考也。謂合考書義也。暮食復禮。謂復朝之禮也。昏將舉火，執燭隅坐。錯總之法，横于坐所。總，設燭之束也。櫛之遠近，乃承厥火，櫛，謂燭盡，察其將盡之遠近，乃更以燭，承取火也。居句如矩。句，謂著燭處。言居燭于句，如前燭之法。矩，法也。蒸閒容蒸，然者處下，蒸，細薪也。蒸之閒必令容蒸。然燭者，必處下以焚也。捧椀以爲緒。緒，然燭燼也。椀，所以貯燼也。右手執燭，左手正櫛，有墮代燭。燒燭者有墮，即令其次代之也。交坐毋倍尊者，乃取厥櫛，遂出是去。先執燭者，既捧椀以貯櫛之餘緒，遂以左手正櫛，而投其緒于椀中。至其櫛漸短，有墮而不可執者，則後執燭者代之，而交坐于其處。前執燭者乃取櫛而出棄之也。先生將息，弟子皆起。敬奉枕席，問所何趾。俶衽則請，有常則否。俶，始也。變其衽席，則當問其所趾。若有常處，則不請也。先生既息，各就其友。相切相磋，各長其儀。周則復始，是謂弟子之紀。

朱長春曰：「其辭文近二禮中祝銘之體，意成周設鄉學，頒定教儀，管子書中存之以教五鄉之士之子耳。少儀、小學雜述禮節，而此專屬書堂教條。子游示灑埽應對進退，此足略其格式矣。」

形勢解第六十四

蛟龍，水蟲之神者也。乘于水則神立，失于水則神廢。人主，天下之有威者也。得民則威立，失民則威廢。故曰：蛟龍得水，而神可立也。

虎豹，獸之猛者也。居深林廣澤之中，則人畏其威而載之。人主，天下之有勢者也。深居則人畏其勢。故虎豹去其幽而近于人，則人得之而易其威。人主去其門而迫于民，則民輕之而傲其勢。故曰：虎豹託幽，而威可載也。

風雨至公而無私，所行無常鄉，人雖遇漂濡而莫之怨也。故曰：風雨無鄉，而怨怒不及也。

無儀法程式，蜚搖而無所定，謂之蜚蓬之問。蜚蓬之問，明主不聽也。無度之言，明主不許也。故曰：蜚蓬之問，不在所賓。

羿，古之善射者也。調和其弓矢而堅守之。其操弓也，審其高下，有必中之道，故能多發而多中。明主猶羿也，平和其法，審其廢置而堅守之，有必治之道，故能多舉而多當。道者，羿之所以必中也，主之所以必治也。射者，弓弦發矢也。故曰：羿之道，非射也。造父，善馭馬者也。善視其馬，節其飲食，度量馬力，審其足走，故能取遠道而馬不罷。明主猶造父也，善治其民，度量其力，審其技能，故立功而民不困傷。故術者，造父之所以取遠道也，主之所以立功名也。馭者，操轡也。故曰：造父之術，非馭也。

奚仲之爲車器也，方圜曲直，皆中規矩鈎繩，故機旋相得，用之牢利，成器堅固。明主猶奚仲也，言辭動作皆中術數，故衆理相當，上下相親。巧者，奚仲之所以爲器也，主之所以爲治也。斵削者，斤刀也。故曰：奚仲之巧，非斵削也。

民之從利也，如水之走下，于四方無擇也。故欲來民者，先起其利，雖不召而民自至。設其所惡，雖召之而民不來也。故曰：召遠者使無爲焉。

莅民如父母，則民親愛之。道之純厚，遇之有實，雖不言曰吾親民，而民親矣。道之不厚，遇之無實，詐僞並起，雖言曰吾親民，民不親也。故曰：親近者言無事焉。明主之使遠者來而近者親也，爲之在心。所謂夜行者，心行也。能心行德，則天下莫能與之争矣。故曰：唯夜行者獨有之乎？

毁訾賢者之謂訾，推譽不肖之謂讆。訾讆之人得用，則人主之明蔽。任之大事，則事不成而禍患至。故曰：訾讆之人，勿與任大。

聖人擇可言而後言，擇可行而後行。偷得利而得有害，偷得樂而後有憂者，聖人不爲也。

故聖人擇言必顧其累，擇行必顧其憂。故曰：顧憂者可與致遠。

海不辭水，故能成其大；山不辭土石，故能成其高；明主不厭人，故能成其衆；士不厭學，故能成其聖。飺疾移切，嫌食貌。者，多所惡也。諫者，所以安主也。食者，所以肥體也。主惡諫則不安，人飺食則不肥。故曰：飺食者不肥體也。

明主之舉事也，任聖人之慮，用衆人之力，而不自與焉，故事成而福生。亂主自智也，而不因聖人之慮，矜奮自功，而不因衆人之力，專用己而不聽正諫，故事敗而禍生。故曰：伐矜好專，舉事之禍也。

道者，扶持衆物，使得生育而各終其性命者也。故或以治鄉，或以治國，或以治天下。故曰：道之所言者一也，而用之者異。

道者，所以變化身而之正理者也。故道在身，則言自順，行自正，事君自忠，事父自孝，遇人自理。故曰：道之所設，身之化也。

古者三王五霸，皆人主之利天下者也。故身貴顯而子孫被其澤。桀紂幽厲，皆人主之害天下者也。故身困傷而子孫蒙其禍。故曰：疑今者察之古，不知來者視之往。

與人交，多詐僞，無情實，偷取一切，謂之烏集之交。烏集之交，初雖相驩，後必相咄。故曰：烏集之交，雖善不親。

常以言翹明其與人也，其愛人也，其有德于人也。以此爲友則不親，以此爲交則不結，以此有德于人則不報。故曰：見與之友，幾于不親；見愛之交，幾于不結；見施之德，幾于不報。四方之所歸，心行者也。

能自去而因天下之智力起，則身逸而福多。亂主獨用其智，而不任衆人之智；獨用其力，而不任衆人之力。故其身勞而禍多。故曰：獨任之國，勞而多禍。

朱長春曰：「諸解與宙合不同。宙合言精，自經自傳，一綱一目，所自申其説也。諸解長條大葉，體不相合，義又粗疏，明是周秦漢之間，法家演其説而解之，拘俗淺漫，無所發明，亦無證解，時或牴牾，不如韓子解老遠矣。但解義自三代以來，首爲創體，與後世就文通詁注疏不同，則天地閒傳注一家，古式宗門耶？後來唯郭象注莊，借文立論，自問自發，雖本宗時謬，自成一説，其原出于此。他皆經生家門户耳。」

立政九敗解第六十五

人君唯無好金玉貨財，必欲得其所好，然則必有以易之。所以易之者何也？大官尊位。不然，則尊爵重禄也。如是則不肖者在上位矣。然則賢者不爲下，智者不爲謀，信者不爲約，勇者不爲死。如是則敺國而捐之也。故曰：金玉貨財之説勝，則爵服下流。

人君唯無聽觀樂玩好，以此事君者，皆姦人也。姦人在上，則壅遏賢者而不進。國適有患，則優倡侏儒起而議國事矣，是敺國而捐之也。故曰：觀樂玩好之説勝，則姦人在上位。

人君唯無聽諂諛飾過之言。夫諂臣者，常使其主不悔其過，故主惑而不自知也。如是則謀臣死，而諂臣尊矣。故曰：諂讒飾過之説勝，則巧佞者用。

版法解第六十六

凡將立事，正彼天植。天植者，心也。天植正，則不私近親，不孽疏遠。不私近親，不孽疏遠，則無遺利，無隱治。無遺利，無隱治，則事無不舉，物無遺者。欲見天心，明以風雨。故曰：風雨無違，遠近高下，各得其嗣。萬物尊天而貴風雨。所以尊天者，爲其莫不受命焉也。所以貴風雨者，爲其莫不待風而動，待雨而濡也。若使萬物釋天而更有所受命，釋風而更有所仰動，釋雨而更有所仰濡，則無爲尊天而貴風雨矣。今人君之所尊安者，爲其威立而令行也。其所以能立威行令者，爲其威利之操莫不在君也。若使威利之操不專在君，而有所分散，則君日益輕，而威利日衰侵暴之道也。故曰：三經既飭，君乃有國。

事有先易而後難者，有始不足見而終不可及者，此常利之所以不舉，事之所以困者也。事之先易者，人輕行之；人輕行之，則必困難成之。事始不足見者，人輕棄之；人輕棄之，則必失不可及之功。夫數困難成之事，而時失不可及之功，衰耗之道也。是故明君審察事理，慎觀終始，爲必知其所成，成必知其所用，用必知其所利害。爲而不知所成，成而不知所用，用而不知所利害，謂之妄舉。妄舉者其事不成，其功不立。故曰：舉所美，必觀其所終；廢所惡，必計其所窮。

用財不可以嗇，用力不可以苦。用財嗇則費，用力苦則勞矣。奚以知其然也？用力苦則事不工，事不工而數復之，故曰勞矣。用財嗇則不當人心，不當人心則怨起，用財而生怨，故曰費。怨起而不復反，衆勞而不得息，則必有崩阤堵壞之心。故曰：民不足，令乃辱；民苦殃，令不行。施報不得，禍乃始昌。禍昌而不悟，民乃自圖。

治國有三器，亂國有六攻。明君能勝六攻而立三器，則國治。不肖之君不能勝六攻而立三器，故國不治。三器者何也？曰：號令也，斧鉞也，禄賞也。六攻者何也？親也，貴也，貨也，色也，巧佞也，玩好也。三器之用何也？曰：非號令無以使下，非斧鉞無以畏衆，非禄賞無以勸民。六攻之敗何也？曰：雖不聽而可以得存，雖犯禁而可以得免，雖無功而可以得富。夫國有不聽而可以得存者，則號令不足以使下；有犯禁而可以得免者，則斧鉞不足以畏衆；有無功而可以得富者，則禄賞不足以勸民。明君不爲六者變更號令，不爲六者疑錯斧鉞，不爲六者益損禄賞。故曰：植固而不動，奇邪乃恐；奇革邪化，令往民移。

閉禍在除怨，非有怨乃除之，所事之地常無怨也。凡禍亂之所生，生于怨咎。怨咎所生，生于非理。是以明君之事衆也必經，使之必道，施報必當，出言必得，刑罰必理，如此則衆無鬱怨之心。故曰：閉禍在除怨也。凡人者莫不欲利而惡害，是故與天下同利者，天下持之；擅天下之利者，天下謀之。天下所謀，雖立必隳；天下所持，雖高不危。故曰：安高在乎同利。

明法解第六十七

國之所以亂者，廢事情而任非譽也。聽言而不督其實，故群臣以虚譽進其黨。任官而不責其功，故愚汙之吏在庭。如此則群臣相推以美名，相假以功伐，務多其佼而不爲主用。故明法曰：主釋法以譽進能，則臣離上而下比周矣；以黨舉官，則民務佼而不求用矣。

姦臣之敗其主也，積漸積微，使主迷惑而不自知也。上則相爲候望于主，下則買譽于民。譽其黨而使主尊之，毁不譽者而使主廢之。主聽而行之，則群臣皆忘主而趨私佼矣。故明法曰：比周以相爲慝，是故忘主死佼以進其譽。

凡所謂忠臣者，務明法術，日夜佐主明于度數之理以治天下者也。姦邪之臣，知法術明之必治也，治則姦臣困而法術之士顯。是故姦邪之所務事者，使法無明、主無悟，而己得所欲也。故方正之臣得用，則姦邪在主之側者，必候主間而日夜危之。人主不察而用其言，則忠臣無罪而困死，姦臣無功而富貴。故明法曰：忠臣死于非罪，而邪臣起于非功。

聽言而不試，故妄言者得用；任人而不官，故不肖者不困。故明主以法案其言而求其實，以官任其身而課其功，專任法而不自舉焉。故明法曰：先王之治國也，使法擇人，不自舉也。

臣乘馬第六十八

桓公問管子曰：「請問乘馬。」管子對曰：「國無儲在令。」桓公曰：「何謂國無儲在令？」管子對曰：「一農之量，壤百畝也。春事二十五日之內。」桓公曰：「何謂春事二十五日之內？」管子對曰：「日至六十日而陽凍釋，七十日而陰凍釋。陰凍釋而秇稷。百日不秇稷，故春事二十五日之內耳也。」績按：陽凍，地上也。陰凍，地下也。秇，同蓺，別本作「種」。補：日至六十日而陽凍釋，七十日而陰凍釋，農夫播種黍稷只在自此以後二十五日之內。七十日加二十五日，爲九十五日，更過五日爲百日，則爲失時，不可以種稷矣。故曰百日不秇稷。今君立扶臺，五衢之衆皆作。君過春而不止，民失其二十五日，則五衢之內，阻棄之地也。起一人之繇，百畝不舉；起十人之繇，千畝不舉；起百人之繇，萬畝不舉；起千人之繇，十萬畝不舉。春已失二十五日而尚有起夏作，是春失其地，夏失其苗，秋起繇而無止，此之謂榖地數亡。榖失其時，君之衡藉而無止，民食什五之榖，則君已藉九矣。有衡求弊焉，此盜暴之所以起，刑罰之所以衆也。隨之以暴，謂之内戰。」

輕重丁第八十三

桓公曰：「五衢之民衰然多衣弊而屨穿，寡人欲使帛布絲纊之賈賤，爲之有道乎？」管子曰：「請以令沐途旁之樹枝，使無尺寸之陰。」桓公曰：「諾。」行令未能一歲，五衢之民皆多衣帛完屨。桓公召管子而問曰：「此其何故也？」管子對曰：「途旁之樹未沐之時，五衢之民男女相好往來之市者，罷市相睹樹下，談語終日不歸。男女當壯扶輦推輿，相睹樹下，戲笑超距，終日不歸。父兄相睹樹下，論議玄語，終日不歸。是以田不發，五穀不播，麻桑不種，璽縷不治。内嚴一家而三不歸，則帛布絲纊之賈，安得不貴？」桓公曰：「善。」

海王第七十二

桓公問于管子曰：「吾欲藉于臺雉，何如？」管子對曰：「此毀成也。」「吾欲藉于樹木。」管子對曰：「此伐生也。」「吾欲藉于六畜。」管子對曰：「此殺生也。」「吾欲藉于人，何如？」管子對曰：「此隱情也。」春通：一篇都爲隱情而發，反而用之，奪民之隱爲君隱。桓公曰：「然則吾何以爲國？」管子對曰：「惟官山海爲可耳。」桓公曰：「何謂官山海？」管子對曰：「海王之國，謹正鹽筴。」海王，言以負海之利而王其國。桓公曰：「何謂正鹽筴？」正，税也。管子對曰：「十口之家，十人食鹽。百口之家，百人食鹽。終月大男食鹽五升少半，少半，猶劣薄也。大女食鹽三升少半，吾子食鹽二升少半，吾子，謂小男小女也。此其大曆也。曆，數。鹽百升而釜，鹽十二兩七銖一黍十分之一爲升，當米六合四勺也。百升之鹽，七十六斤十二兩十九銖二絫爲釜，當米六斗四升。令鹽之重，升加分彊，釜五十也。分彊，半彊也。令使鹽官税其鹽之重，每一升加半合爲彊，而取之則一釜之鹽，得五十合而爲之彊。升加一彊，釜百也。升加二彊，釜二百也。鍾二千，十釜之鹽，七百六十八斤爲鍾，當米六斛四斗是也。十鍾二萬，百鍾二十萬，千鍾二百萬。萬乘之國，人數問口千萬也。禺筴之，商日二百萬，春通：筴，市價之計帳也。禺筴，以一萬筴而例其全也。商，今之鹽商。十日二千萬，一月六千萬。萬乘之國，正九百萬也。萬乘之國，食鹽者千萬人，而税之。鹽一日二百鍾，十日二千鍾，一月六千鍾也。今又施其税數，以千萬人如九百萬人之數，則所税之鹽，一日百八十鍾，十日千八百鍾，一月五千四百鍾。月人三十錢之籍，爲錢三十萬。又變其五千四百鍾之鹽，而籍其錢，計一月每人籍錢三十，凡千萬人爲錢三萬萬矣。以籍之數而比其常籍，則當一國而有三千萬人矣。今吾非籍之諸君吾子，而有二國之籍者六千萬。諸君，謂老男老女也。六十以上爲老男，五十以上爲老女也。既不籍于老男老女，又不籍于小男小女，乃能以千萬人而當三千萬人者，蓋鹽官之利耳。鹽官之利既然，則鉄官之利可知也。故能有二國之籍者六十萬人耳。其常籍人之數，猶在此外。通補：其言如加正于鹽，月六千萬，正鹽之月額也。月人之籍三千萬，立人之月額也。人三千萬，鹽六千萬，是一加，兼二國人籍之正，爲六千萬。鉄正在下，不入此數。使君施令曰『吾將籍于諸君吾子』，則必囂號。今夫給之鹽筴，則百倍歸于上，人無以避此者，數也。今鍼官之數曰：一女必有一鍼一刀，若其事立。若，猶然後。耕者必有一耒一耜一銚，若其事立。大鋤謂之銚，羊昭反。行服連輂名，所以載作器人挽者。軺羊昭反。輂居玉反。者，大車駕馬。必有一斤一鋸一錐一鑿，若其事立。不爾而成事者，天下無有。今鍼之重加一也，三十鍼一人之籍。鍼之重，每十分加一分爲彊而取之，則一女之籍得三十鍼也矣。刀之重加六，五六三十，五刀一人之籍也。刀之重，每十分加六分以爲彊而取之，五六爲三十也，則一女之籍得五刀。耜鐵之重加七，三耜鐵一人之籍也。耜鐵之重，每十分加七分以爲彊而取之，則一農之籍得三耜鐵也。其餘輕重，皆准此而行。其器彌重，其加彌多。然則舉臂勝音升。事，無不服籍者。」桓公曰：「然則國無山海不王乎？」管子曰：「因人之山海假之，名有海之國，雖無海而假名有海，則亦雖無山而假名有山。讎鹽于吾國，彼國有鹽，而糶于吾國爲售耳。釜十五，吾受而官出之以百。受，取也。假令彼鹽平價釜當十錢者，吾又加五錢而取之，所以來之也。既得彼鹽，則令吾國鹽官又出而糴之，釜以百錢也。「春通：十五取之，百錢出之，則息六倍以彊。官之倍何太重，而口之食將不堪，必無之事也。釜十五，官出之百，謂來人者十加五，自出者又于十五總之，百加五。我未與其本事也。與，用也。本事，本鹽也。受人之事，以重相推，以重推，謂加五錢之類也。推，猶度也。此人用之數也。」彼人所有，而皆爲吾用之。

國蓄第七十三

五穀食米，民之司命也；黄金刀幣，民之通施也。故善者執其通施，以御其司命，故民力可得而盡也。夫民予則喜，奪則怒，先王知其然，故見予之形，不見奪之理。故民愛可洽于上也。洽，通也。

歲適美，則市糶無予，而狗彘食人食。歲適凶，則市糴釜十鏹，而道有餓民。然則豈壤力固不足，而食固不贍也哉？夫往歲之糶賤，狗彘食人食，故來歲之民不足也。物適賤，則半力而無予，民事不償其本。物適貴，則什倍而不可得，民失其用。然則豈財物固寡，而本委不足也哉？夫民利之時失，而物利之不平也。故善者委施于民之所不足，操事于民之所有餘。夫民有餘則輕之，故人君斂之以輕。民不足則重之，故人君散之以重。斂積之以輕，散行之以重，故君心有什倍之利，而財之橫古莫反。可得而平也。

凡輕重之大利，以重射輕，以賤泄平。萬物之滿虛，隨財準平而不變，衡絶則重見。人君知其然，故守之以準平。使萬室之都，必有萬鍾之藏，藏鏹千萬。使千室之都，必有千鍾之藏，藏鏹百萬。春以奉耕，夏以奉芸，耒耜械器，種饟糧食，畢取贍于君。故大賈蓄家不得豪奪吾民矣。然則何？君養其本謹也。春賦以斂繒帛，夏貸以收秋實，蓋方春蠶家闕乏，而賦與之，約收其繒帛，方夏農人闕乏，亦賦與之，約收其穀實也。是故民無廢事，而國無失利也。人之所乏，君悉與之，則豪商富人不得擅其利。

凡五穀者，萬物之主也。穀貴則萬物必賤，穀賤則萬物必貴。兩者爲敵，則不俱平？故人君御穀物之秩相勝，而操事于其不平之閒。故萬民無籍，而國利歸于君也。

朱長春曰：「據其本實輕重，斂散之權，似乎常平便民之法。悉其穀物予奪收籍之利，乃出平準商賈之行。君而如此析秋毫，御子母，日與卿大夫持籌登壟，鬭捷于大駔儈市，何暇理國政哉？管氏至此乎？五家之内，九合之外，日不給矣。其傳說邪？夫見予于奪，幾于掩民而掠矣。又且日籍于號令，使去一至于去九。物本安在？民何爲命？夫乃大盜白晝劫于市哉！管仲至此乎？」

地數第七十七

地之東西二萬八千里，南北二萬六千里。其出水者八千里，受水者八千里。出銅之山，四百六十七山。出鐵之山，三千六百九山。

揆度第七十八

上農挾五，中農挾四，下農挾三。上女衣五，中女衣四，下女衣三。農有常業，女有常事。一農不耕，民有爲之飢者；一女不織，民有爲之寒者。

輕重乙第八十一

管子入，復桓公曰：「終歲之租金，四萬二千金，請以一朝素賞軍士。」桓公曰：「諾。」以令至鼓期，于泰舟之野期軍士。桓公乃即壇而立，甯戚、鮑叔、隰朋、易牙、賓須無皆差肩而立。管子執枹而揖軍士曰：「誰能陷陳破衆者，賜之百金。」三問，不對。有一人秉劍而前問曰：「幾何人之衆也？」管子曰：「千人之衆。」「千人之衆，臣能陷之。」賜之百金。管子又曰：「兵接弩張，誰能得卒長者，賜之百金。」問曰：「幾何人卒之長也？」管子曰：「千人之長。」「千人之長，臣能得之。」賜之百金。管子又曰：「誰能聽旌旗之所指，而得執將首者，賜之千金。」言能得者累千人，賜之人千金。其餘言能外斬首者，賜之人十金。一朝素賞，四萬二千金廓然虚。桓公惕然太息曰：「吾曷以識此？」管子對曰：「君勿患，且使外爲名于其内，鄉爲功于其親，家爲其德于妻子，若此則士必争名報德，無北之意矣。吾舉兵而攻，破其軍，并其地，則非特四萬二千金之利也。」五子曰：「善。」桓公曰：「諾。」乃誡大將曰：「百人之長，必爲之朝。禮千人之長，必拜而送之，降兩級。其有親戚者，必遺之酒四石，肉四鼎。其無親戚者，必遺其妻子酒三石，肉三鼎。」行教半歲，父教其子，兄教其弟，妻諫其夫，曰：「見其若此其厚而不死列陳，可以反于鄉乎？」桓公終舉兵攻萊，鼓旗未相望，衆少未相知，而萊人大遁。故未列地而封，未出金而賞，破萊軍并其地，禽其軍，此素賞之計也。

離騷經正義

杜怡順　整理

整理説明

離騷經正義一卷，是方苞詮釋屈原名著離騷的著作。

離騷是先秦文學中的鴻篇巨制，全詩記録了屈原信而見疑、忠而被謗的心路歷程，表達了其矢志不渝的愛國情懷。漢人所編楚辭，將其列爲開卷之作，長期以來，它得到了歷代文人墨客的强烈共鳴。方苞此書，重在疏解章句大義，尤其突出强調了作品中所蕴含的「成忠成孝」之「人臣大義」。姜亮夫先生對此書有較高的評價，謂其「多就各節推闡，而極少涉及全篇脉絡。既異于明以來以時文義例説騷之弊，亦少桐城批點之惡氣。望溪學有根柢，非泛泛以文章爲宗主之桐城他家可比」（楚辭書目五種）。可以説，本書篇幅雖小，但對考察方苞的政治思想和文學思想有着獨特的價值。

離騷經正義有清康熙至嘉慶間抗希堂十六種本。該本首尾無序跋，故難以斷定確切的撰寫時間，但從書中所徵引李光地離騷經九歌解義（初刻於清康熙五十七年）來看，該著當作於康熙五十七年之後。今即以此本爲底本進行整理。不當之處，敬請指正。

杜怡順

二〇一八年五月

離騷經正義

帝高陽之苗裔兮，朕皇考曰伯庸。攝提貞於孟陬兮，惟庚寅吾以降。皇覽揆余於初度兮，肇錫余以嘉名。名余曰正則兮，字余曰靈均。

首推所自出，見同姓親臣，義當與國同命也。次及生辰，見人之於天，以道受命也。次及名字，見先人以德命，成忠乃所以成孝也。○清溪李氏曰：不近稱熊繹，而遠溯高陽，大夫不得祖諸侯之義。

紛吾既有此内美兮，又重之以脩能。扈江離與辟芷兮，紉秋蘭以爲佩。

脩能，自脩治以擴充其所能也。扈離芷，佩秋蘭，束身芳潔，自脩之始事也。

汨余若將不及兮，恐年歲之不吾與。朝搴阰之木蘭兮，夕攬洲之宿莽。

木蘭去皮不死，宿莽至冬不枯，喻所守之堅固也。朝搴夕攬，無須臾離，蓋好脩以爲常，故終則九死而不悔也。

日月忽其不淹兮，春與秋其代序。惟草木之零落兮，恐美人之遲暮。

日月不淹，自懼壯盛日徂；英華銷委，又恐君年遲暮，過時而難與圖治也。

不撫壯而棄穢兮，何不改乎此度。棄騏驥以馳騁兮，來吾道夫先路。

穢謂群小。以衆芳比衆賢，故以穢比群小。恐美人之遲暮，故欲其撫壯而棄穢也。騏驥喻賢人，君度之迷亂，以群小之穢德累之。棄穢則必改度，改度則必乘騏驥而已，可爲君前導矣。欲君之棄穢，故下言三后之用衆芳，欲導君以先路，故陳堯、舜之遵道，桀、紂之窘步，邪徑之幽險，皇輿之傾敗，而奔走先後，以及前王之踵武，正所謂導以先路也。○曰糞壤充幃，曰椒充佩幃，則以穢比群小可知。原目君爲美人，爲靈脩，爲哲王，無斥指其穢行之義。

昔三后之純粹兮，固衆芳之所在。雜申椒與菌桂兮，豈惟紉夫蕙茝。

此以芳草比衆賢，與前後所稱異義。

彼堯舜之耿介兮，既遵道而得路。何桀紂之昌被兮，夫惟捷徑以窘步。

惟黨人之偷樂兮，路幽昧以險隘。豈余身之憚殃兮，恐皇輿之敗績。

言導君以捷徑者何人哉？惟此黨人耳。黨人偷一身之樂而導君於邪徑，徑既邪，有不幽昧險隘者乎？日行幽昧險隘，中有不敗績者乎？我所以深惡黨人，非憚其能爲身殃也，恐其敗皇輿之績耳。

忽奔走以先後兮，及前王之踵武。荃不揆余之中情兮，反信讒而齎怒。余固知謇謇之爲患兮，忍而不能舍也。指九天以爲正兮，夫唯靈脩之故也。曰黄昏以爲期兮，羌中道而改路。初既與余成言兮，後悔遁而有他。余既不難夫離别兮，傷靈脩之數化。余既滋蘭之九畹兮，又樹蕙之百畮。畦留夷與揭車兮，雜杜蘅與芳芷。

此喻己所培養滋植之衆賢也。原序其譜屬，率其賢良，以厲國士，則以長育人材爲己任可知矣。

冀枝葉之峻茂兮，願竢時乎吾將刈。雖萎絶其亦何傷兮，哀衆芳之蕪穢。

言己之滋植衆賢，本冀其材成而收採，以備國用，故我一身之廢棄不足惜，但哀衆正亦因兹而沮喪耳。○芳草過時而不採，則零落山丘，亦荒蕪而終於腐臭矣。○前以草木零落喻盛年之逝，故此以萎絶喻遭廢斥也。

衆皆競進以貪婪兮，憑不厭乎求索。羌内恕己以量人兮，各興心而嫉妒。

芳潔不容，以貪婪者之競進也。貪婪競進，皆恕己之心爲之。恕己以量人，則謂人之貪婪與己同，因謂人之競進與己同，是以各興心而嫉妒也。

忽馳騖以追逐兮，非余心之所急。老冉冉其將至兮，恐脩名之不立。

畏競進者之嫉妒，必馳騖追逐於要津，乃能與之相競。然是豈余心之所急哉？彼貪婪者處污穢而不羞，我則惟懼脩名之不立耳。

朝飲木蘭之墜露兮，夕餐秋菊之落英。苟余情其信姱以練要兮，長顑頷亦何傷。

此自喻居官之清潔也。以貪食喻衆之污，故以飲露餐英喻己之潔，情姱練要則脩名可立，雖顑頷無傷也。

擥木根以結茝兮，貫薜荔之落蘂。矯菌桂以紉蕙兮，索胡繩之纚纚。

此自喻當官守道，審固而不可摇奪也。曰擥曰結，曰貫曰矯，皆堅持固攬之義，九章所謂「重仁襲義」也。

謇吾法夫前脩兮，非世俗之所服。雖不周於今之人兮，願依彭咸之遺則。

當官而潔清守道，所以法前脩也。法前脩，自不得同世俗之所服，非世俗之所服，自不合於今人。遭遇如此，計惟守死以善道耳。○自首至此，皆正言己意，以後則言之不足而長言之，長言之不足而嗟歎之也。

長太息以掩涕兮，哀民生之多艱。余雖好脩姱以鞿羈兮，謇朝誶而夕替。

民生多艱，言生逢亂世，進退維谷，雖推廣言之而意仍以自悼也。脩姱以鞿羈，喻爲名義所束，故君昏國危，不得隱然以苟免也。然朝訊而夕已見替矣。

既替余以蕙纕兮，又由之以攬茝。亦余心之所善兮，雖九死其猶未悔。

攬，握之固也。言君所以替我者，以我之服義而不阿也；所以重替我者，以所持堅固而不移也。然求仁得仁，亦余心之所善，雖九死無悔，況廢斥乎？

怨靈脩之浩蕩兮，終不察夫民心。衆女嫉余之蛾眉兮，謡諑謂余以善淫。

以懷王之昏迷而見爲浩蕩，忠厚之至也。惟無思慮，故不能察正人愛君之心，亦不能察黨人嫉妒之心。女之蛾眉，人所愛也，諑以善淫，則變喜而爲嗔矣。原之才美，王所珍也，謂其自伐，則懷疑而造怒矣。

固時俗之工巧兮，偭規矩而改錯。背繩墨以追曲兮，競周容以爲度。

衆人所以興妒而相讒者，以競爲周容而患切人之不媚也。君所以入其讒者，以習於巧者之周容而惡拙者之陳規矩而引繩墨也。○非偭規矩，背繩墨，不能苟合以取容。然始以巧嘗者，尚自知其偭與背也。至競以爲度，則并不知其偭與背矣。

忳鬱邑余侘傺兮，吾獨窮困乎此時也。寧溘死以流亡兮，余不忍爲此態也。

態謂周容之態也。日見此態，所以鬱邑而侘傺也。然吾獨遇此時，則窮困宜也。寧溘死以流亡，豈忍自改常度而爲此態哉？

鷙鳥之不群兮，自前世而固然。何方圜之能周兮，夫孰異道而相安。

公正之士衆人之痓，不獨此時爲然，自前世而固然矣。吾既不能與衆合度，安望衆人之與我相安哉？

屈心而抑志兮，忍尤而攘詬。伏清白以死直兮，固前聖之所厚。

内則屈己之心志，外則忍人之尤訽，而終不悔者，良以伏清白以死直，乃前聖之所厚也。前言亦余心之所善，雖九死猶未悔，問之己心而以爲安也。此則質諸前聖而無所疑，其所以處死者蓋審矣。

悔相道之不察兮，延佇乎吾將反。回朕車以復路兮，及行迷之未遠。

既反覆審處，謂舍死無他塗矣，又復自悔輕身以就死，亦相道之不察也。處死不審，乃行之迷也。進不見用，尚可退而自脩，存吾身以有待，故欲迴車復路，處隱以俟時也。

步余馬於蘭皋兮，馳椒丘且焉止。息進不入以離尤兮，退將復脩吾初服。

去世路之污濁而就山林之清潔，猶步馬於蘭皋，止息於椒丘也。進不入以離尤，退將脩吾初服，所謂及行迷之未遠也。

製芰荷以爲衣兮，集芙蓉以爲裳。不吾知其亦已兮，苟余情其信芳。

古人佩容臭芳草，本可雜佩，故以爲脩持善道之喻。若芰荷、芙蓉則不可以爲衣裳，蓋以喻隱者之野服也。○孔稚圭北山移文「焚芰製而裂荷衣」，六朝人已有是解。

高余冠之岌岌兮，長余佩之陸離。芳與澤其雜糅兮，唯昭質其猶未虧。

雖處隱就閒而增脩其德，益高其冠，益長其佩，故觀芳澤之雜糅而自幸昭質之未虧也。

忽反顧以游目兮，將往觀乎四荒。佩繽紛其繁飾兮，芳菲菲其彌章。民生各有所樂兮，余獨好脩以爲常。雖體解吾猶未變兮，豈余心之可懲。

隱居獨善，已無意於人世矣，忽反顧昭質之未虧，而不忍坐視滔滔之天下。故欲往觀四荒，或有重我之佩飾，好我之芳菲者乎？然持我所守，安往而得合者？民生各有所樂，衆人所樂者周容，而余獨好脩，安能懲吾心、變吾常以求合於衆也。

女嬃之嬋媛兮，申申其詈予。曰：「鮌婞直以亡身兮，終然殀乎羽之野。」

上言心不可懲，度不可變，故承以女嬃之詈，蓋憂其任直以召禍，而欲其懲且變也。

「汝何博謇而好脩兮，紛獨有此姱節。薋菉葹以盈室兮，判獨離而不服。」

「衆不可户説兮，孰云察余之中情？世並舉而好朋兮，夫何煢獨而不予聽？」

此亦女嬃責原之辭也。「察予」之「予」，對衆而言，即謂原也。古人於其所親則「我」之，尚書微子篇「我用沈酗於酒」是也。言衆不可以户説，孰能察余之中情乎？世並好朋，醜正惡直，實繁有徒，汝何煢獨而不予聽乎？

依前聖以節中兮，喟憑心而歷茲。濟沅湘以南征兮，就重華而敶辭。

此原答其姊之辭也。憑，任也。言我非不知舉世之好朋，守正之賈禍，但依前聖之道以自節於中，獨任忠直之心以至於此極也。舉世不可與語，故欲就重華而敶辭，仍將折衷於前聖也。

啓九辯與九歌兮，夏康娱以自縱。不顧難以圖後兮，五子用失乎家衖。羿淫遊以佚畋兮，又好射夫封狐。固亂流其鮮終兮，浞又貪夫厥家。澆身被服强圉兮，縱欲而不忍。日康娱而自忘兮，厥首用夫顛隕。夏桀之常違兮，乃遂焉而逢殃。后辛之菹醢兮，殷宗用之不長。湯禹儼而祇敬兮，周論道而莫差。舉賢才而授能兮，循繩墨而不頗。皇天無私阿兮，覽民德焉錯輔。夫維聖哲之茂行兮，苟得用此下土。

歷舉夏、殷後王之失道，而不及周之幽、厲，古人無一言而不度於禮如此。

瞻前而顧後兮，相觀民之計極。夫孰非義而可用兮，孰非善而可服。

瞻前而顧後，知民之極計，惟義可用，惟善可服，安能懲吾心，變吾常，以從非義而爲不善也。

阽余身而危死兮，覽余初其猶未悔。不量鑿而正枘兮，固前脩以菹醢。

秉義服善而不求苟合於世，吾之初心也。以是而阽於危死，何悔之有。枘喻己之操，鑿喻君之度也。不量君之度而惟正己之操，持方枘以内圓鑿，前脩固以是而菹醢矣。既法前脩，焉能辭世患哉？

曾歔欷余鬱邑兮，哀朕時之不當。攬茹蕙以掩涕兮，霑余襟之浪浪。

感念前脩而歔欷鬱邑，何吾生之適遇此時也。使當三后雜用衆芳，繩墨不頗之時，豈至阽危若此哉？惟躬自飲泣而已。

跪敷衽以陳辭兮，耿吾既得此中正。駟玉虬以椉鷖兮，溘埃風余上征。

以下雖假託荒忽之辭，而按之各有喻義。言我既得此中正之道，質之前聖而無疑，不可以一跌而自沮，仍當乘時上進，以冀君之一悟、俗之一改也。駟虬乘鷖，喻己之材美可用也。溘埃風余上征，喻己爲同姓親臣，雖遭時濁亂，義不可以苟止也。原既疏之後，尚未與君絶，故使齊而反復諫釋張儀，蓋常欲乘間納忠，匡君輔治，故隱寓其義於此。

朝發軔於蒼梧兮，夕余至乎縣圃。欲少留此靈瑣兮，日忽忽其將暮。

懸圃、靈瑣，皆喻君所自，明見疏之後，猶依依於君側之故也。言吾欲少留此靈瑣，非有他也，念日之將暮，仍冀輔君，及時以圖治耳。

吾令羲和弭節兮，望崦嵫而勿迫。路曼曼其脩遠兮，吾將上下而求索。

所以欲令羲和弭節者，以治道脩遠，吾將上下求索所當恢張更易之事，而急布之也。

飲余馬於咸池兮，總余轡乎扶桑。折若木以拂日兮，聊逍遥以相羊。

飲馬咸池，總轡扶桑，自喻長駕遠馭之志也。拂日以迴光，欲稍緩須臾以俟善治之成也。

前望舒使先驅兮，後飛廉使奔屬。鸞皇爲余先戒兮，雷師告余以未具。

此喻用衆賢以輔治也。治道脩遠，時既不逮，必衆賢用心，協規併力，庶或有濟。故使望舒先驅，而飛廉復奔而相屬，鸞皇先戒，而雷師復告以未具。蓋風行雷動，猶苦日之不足也。未具，治具之未張者。

吾令鳳鳥飛騰兮，繼之以日夜。飄風屯其相離兮，帥雲霓而來御。

鳳鳥喻賢德。言吾方欲賢德連翩而進，夜以繼日，輔成善治，而孰意忽爲姦邪所間阻如，飄風、雲霓之來御也。

紛總總其離合兮，班陸離其上下。吾令帝閽開關兮，倚閶闔而望予。

總總離合，陸離上下，喻邪佞之充塞也。衆正抑遏，邪佞充塞，欲叩帝閽，使開關而入訴之，而已爲所拒隔，而不能通矣。上言欲少留靈瑣，雖被疏而猶得至於君所，故欲少留也。至是則閶闔不開，思見君而不再得矣。

時曖曖其將罷兮，結幽蘭而延佇。世溷濁而不分兮，好蔽美而嫉妒。

結幽蘭，喻所懷芳潔之道、深欵之言，即欲開關而入告於帝者也。時既將罷，帝閽終閉，徒結幽蘭以延佇，而陳志無路，故不禁歎恨於舉世之溷濁，姦邪之蔽嫉也。〇古人以言致人，多用物結之。下文「解佩纕以結言」、九章「煩言不可結而貽」是也。〇「延佇」下直接「世溷濁而不分」，足徵以上云云皆自喻遭讒見疏，陳志無路，舊注以遠遊之義解之，誤矣。

朝吾將濟於白水兮，登閬風而緤馬。忽反顧以流涕兮，哀高丘之無女。

古人以男女喻君臣，蓋地道也，妻道也，臣道也，以佐陽而成終，一也。有男而無女則家不成，有君而無臣則國不立，故原以衆女喻讒邪，以蛾眉自喻，蓋此義也。高丘，楚山名。濟白水，登閬風，喻將遠逝以自疏也。高丘無女，喻楚國之無臣也。意謂群邪塞路，我復遠逝，則楚國爲無臣矣。故忽反顧而爲之流涕也。

溘吾遊此春宮兮，折瓊枝以繼佩。及榮華之未落兮，相下女之可詒。

以衆女比讒邪，則下女乃喻親臣、重臣能爲己解於君者。原之屢摧於讒妒，已無意於人世矣。及反顧高丘而不能忘情於宗國，則精神志趣勃然興起，而有與物皆春之思，故以遊春宮爲喻也。衆女雖多嫉妒，然下女中獨無好賢樂善而可詒以瓊枝之佩者乎？不可不多方以求濟也。

吾令豐隆乘雲兮，求虙妃之所在。解佩纕以結言兮，吾令蹇脩以爲理。

貫魚以宮人，寵后、夫人之職也。以有技彥聖事其君，一個臣之道也。故以帝妃喻左右大臣。

紛總總其離合兮，忽緯繣其難遷。夕歸次於窮石兮，朝濯髮於洧盤。

夕窮石，朝洧盤，即下節所謂「日康娛以淫遊」也。

保厥美以驕傲兮，日康娛以淫遊。雖信美而無禮兮，來違棄而改求。

人臣無德而怙其勢寵，猶女之無禮而恃其色美也。康娛淫遊，尚何美之有？曰保厥美，曰信美者，蓋以色言之，爲怙其勢寵之喻也。

覽相觀於四極兮，周流乎天余乃下。望瑤臺之偃蹇兮，見有娀之佚女。

覽觀四極，周天而下，喻君側無一可與言者，故復有望於瑤臺之佚女。蓋以喻王之親暱未在位，而爲王所言，或故舊之臣已去位，而爲王所重者，於宓妃實指其惡，曰驕傲，曰康淫，而有娀無譏焉。則宓妃以喻上官、靳尚輩，而有娀非其倫也。

吾令鴆爲媒兮，鴆告余以不好。雄鳩之鳴逝兮，余猶惡其佻巧。

語意與九章「令薜荔以爲理，憚舉趾而緣木。因芙蓉以爲媒，憚褰裳而濡足」相似。蓋擬度及此而非實有其事也。若曰吾欲使鴆爲媒，則必告余以不好矣，鳩之佻巧又不可信，無人可以自通，故下承以欲自適而不可也。

心猶豫而狐疑兮，欲自適而不可。鳳皇既受詒兮，恐高辛之先我。

高辛，喻君也。鳳皇，喻賢士也。意謂欲自適而不可，不獨守身之義宜然，且安知不有抱潛德而未見者。佚女既受而爲之詒，先我而達於高辛，我雖枉己以求，亦未必其有合。蓋申明自適不可之義，又起下有待於後不得已之極思也。

欲遠集而無所止兮，聊浮游以逍遥。及少康之未家兮，留有虞之二姚。

少康，喻君之嗣子也。帝閽既不可叫，左右莫肯爲言，欲遠逝以自疏，而又無可託足，故欲浮游逍遥，以有待於嗣君。嗣君未與邪佞相合，或尚能親忠，直如少康未有室家之時，庶或留有虞之二姚也。

理弱而媒拙兮，恐導言之不固。世溷濁而嫉賢兮，好蔽美而稱惡。

不得於父而求信於子，則理已弱。以直道事人，則媒甚拙。恐雖有爲之導言者，而亦不能固也。況世溷濁而嫉賢，好蔽美而稱惡，孰有稱予之美於嗣君者乎？前云世溷濁而不分，好蔽美而嫉妒，道其已然也。此則慮其將然，而其後卒如所料，故矢死於懷王之時，而終致命於頃襄王之世也。

閨中既以邃遠兮，哲王又不寤。懷朕情而不發兮，余焉能忍而與此終古。

四句總結上文。閨中既以邃遠，謂帝閽不可叫，而左右親近又莫肯爲言也。哲王又不寤，恨君又不能自覺，而若寐者之忽寤也。安能忍而與此終古，隱含少康未家，未然不可必之事，亦不可以久待之意。

索藑茅以筳篿兮，命靈氛爲余占之。曰：「兩美其必合兮，孰信脩而慕之。」

物各有類，兩美然後相合。今以脩潔之行而遇污穢嫉妒之人，孰能信而慕之者乎？

「思九州之博大兮，豈惟是其有女？曰勉遠逝而無狐疑兮，孰求美而釋女？何所獨無芳草兮，爾何懷乎故宇？」

靈氛之言止此。女喻臣也。言思九州之博大，豈惟楚國有臣，而舍是無可委身者乎？楚國君臣本無求美之心，若他國有求美者，則舍汝其誰也？芳草喻賢人也。原滋蘭樹蕙而惟恐衆芳之蕪穢，恐其眷眷於故國之人材，故開之曰：何所獨無賢士，可比而事君者，而獨懷故宇乎？

下痛蘭芷蕙蓀之變，而決意遠逝以自疏，正與此義相發。

世幽昧以眩曜兮，孰云察余之善惡。以下原自計之辭。言世幽昧以眩曜，孰能察我之善惡者乎？幽昧則不能知賢，眩曜則興心嫉妒。原之時，天下無邦國風士習其察之也，蓋審矣。

民好惡其不同兮，惟此黨人其獨異。户服艾以盈要兮，謂幽蘭其不可佩。覽察草木其猶未得兮，豈珵美之能當。蘇糞壤以充幃兮，謂申椒其不芳。言民之好惡不同，而黨人則有不可以常理測者。楚國之黨人如是，他國可知，雖去故宇，亦未必有合，故靈氛勉以遠逝而無狐疑，而原終猶豫而狐疑也。○蘇糞壤以充幃，則視服艾者有甚矣。謂申椒其不芳，則視謂幽蘭不可佩者有甚矣。

欲從靈氛之吉占兮，心猶豫而狐疑。巫咸將夕降兮，懷椒糈而要之。

百神翳其備降兮，九疑繽其並迎。皇剡剡其揚靈兮，告余以吉故。

百神從巫咸以降，而九疑之神亦並來相迎，謂迎巫咸也。

曰：「勉陞降以上下兮，求榘矱之所同。湯禹儼而求合兮，摯咎繇而能調。偭規矩以改錯，時俗所以周容也。不量鑿而正枘，前脩所以葅醢也。非求榘矱之所同，安能君臣一德而無間於讒邪哉？上求合乎榘矱，然後下能與之，調不求合而强調焉。是謂不量鑿而正枘也。

「苟中情其好脩兮，又何必用夫行媒。」

好脩與信脩同義，言人君中情好賢，則自能知賢而信用之，不必左右之先容也。原所自陳，止歎息痛恨於黨人，然苟君有好德之心，則讒邪安能間哉？於此微見其義，而假巫咸以出之，亦立言之體也。○無信脩者，雖有美而不慕；有好脩者，雖無媒而自合。義亦相應。

「說操築於傅巖兮，武丁用而不疑。呂望之鼓刀兮，遭周文而得舉。寧戚之謳歌兮，齊桓聞以該輔。」

上陳禹、湯、咎、摯，見同德乃能同心也。復舉三事，見好賢則能知賢。專釋「何用行媒」之義也。以三子之疏遠，而三君者一見而信用不移，今以同姓親臣，久於君所，而乃爲群小所間，則君非其人可知，又何責夫黨人，何懷乎故宇？此巫咸勉以遠逝之意也。

「及年歲之未晏兮，時亦猶其未央。恐鵜鴂之先鳴兮，使夫百草爲之不芳。」

巫咸之言止此。言原當及年歲之未晏，與世變之未極，早出而求同德之君，恐小人道長，正氣弱喪，將見百草爲之不芳，天下無邦，不獨楚國爲然也。

何瓊佩之偃蹇兮，衆薆然而蔽之。惟此黨人之不諒兮，恐嫉妒而折之。

此又原之自念也。蓋因百草不芳之言而有感於楚國之蘭芷蕙蓀早已變易，又原衆芳之所以變易，由己之瓊佩偃蹇爲黨人所蔽折也。前此皆以香草爲佩，而此曰瓊佩者，艱危備歷而堅貞不改，可以比德於玉，又承上折瓊枝以繼佩及珵，美而爲言也。

時繽紛以變易兮，又何可以淹留。蘭芷變而不芳兮，荃蕙化而爲茅。

前此雖蔽於讒妒，而左右親信莫肯爲言，然尚有與己同道者相慰於寂寞之濱也。今也蘭芷變而不芳，蕙蓀化而爲茅，同道者亦繽紛而變易焉，則更不可以淹留矣。始也恐以己之萎絶而致衆芳之蕪穢，不意因己之蔽折而衆芳自化爲蕭茅，則其可駭痛也更甚矣。言念及此，故都無復可懷，不得不遠逝以自疏，遠集復無所止，則惟從彭咸以遂志而已。

何昔日之芳草兮，今直爲此蕭艾也。豈其有他故兮，莫好脩之害也。

「好脩」，承「孰信脩而慕之」、「苟中情其好脩」而言。蓋芳草化爲蕭艾，非有他故，以君及在位莫有好此脩潔之行者，故相與變而從邪，其害遂至此極耳。

余以蘭爲可恃兮，羌無實而容長。委厥美以從俗兮，苟得列乎衆芳。椒專佞以慢慆兮，樧又欲充夫佩幃。既干進而務入兮，又何芳之能祗。

於蘭曰無實，曰委厥美，於椒則直指其專佞慢慆。蓋其惡有淺深，而責之亦有輕重也。

固時俗之流從兮，又孰能無變化。覽椒蘭其若兹兮，又況揭車與江離。

惟兹佩之可貴兮，委厥美而歷兹。芳菲菲而難虧兮，芬至今猶未沬。

因衆芳之變易而自思瓊佩之可貴，非獨身之美，亦國之美也。而在上者乃委棄厥美以至於此，然猶幸吾芳之未虧，吾芬之未沬也。

和調度以自娱兮，聊浮游而求女。及余飾之方壯兮，周流觀乎上下。

芬芳未虧，則我之常度未替，可和之以自娱也。浮游四方，或有賢而不妒之女，當及余飾之盛而周流觀乎上下也。

靈氛既告余以吉占兮，歷吉日乎吾將行。折瓊枝以爲羞兮，精瓊靡以爲粻。

發吉占者靈氛也，巫咸特就而證之耳，故仍以靈氛爲言。

爲余駕飛龍兮，雜瑶象以爲車。何離心之可同兮，吾將遠逝以自疏。

將往觀乎四荒，聊浮游而求女，周流觀乎上下，皆設言以自廣也。其實同姓親臣無去國之義，原思之審矣。故至此正言其指，謂靈氛、巫咸雖勉我歷九州以相君，然楚國之離心者不可以更同，即他國人各有心，亦恐難以强同也。吾將遠逝，非復求道之行，聊自疏以遠黨人之穢濁而已。

邅吾道夫崑崙兮，路脩遠以周流。揚雲霓之晻藹兮，鳴玉鸞之啾啾。

以下則與遠遊同義。蓋遊思荒遠而以意設境象，非復有所比喻也。

朝發軔於天津兮，夕余至乎西極。鳳凰翼其承旂兮，高翱翔之翼翼。忽吾行此流沙兮，遵赤水而容與。麾蛟龍以梁津兮，詔西皇使涉予。路修遠以多艱兮，騰衆車使徑待。路不周以左轉兮，指西海以爲期。屯余車其千乘兮，齊玉軑而並馳。駕八龍之蜿蜿兮，載雲旗之委蛇。曰崑崙，曰西極，曰流沙，曰赤水，曰西皇，曰不周，曰西海，皆以西爲言，何也？原既反覆審處，知濁世不可以終變，舊鄉不可以久留，而決意遠逝以自疏。蓋日暮途窮，將從彭咸之所居矣。日薄西山，萬物歸暝，故託言出遊於此。九章「指嶓冢之西隈，與纁黄而爲期」，亦此意也。其將進而有爲，則以遊春宫爲比東方物所始生也。或疑其有意於仇讎之秦廷，過矣。○「待」，當作「持」，周官旅賁氏：車止則持輪。

抑志而弭節兮，神高馳之邈邈。奏九歌而舞韶兮，聊假日以媮樂。陟陞皇之赫戲兮，忽臨睨夫舊鄉。僕夫悲余馬懷兮，蜷局顧而不行。

雖奏韶舞，陟帝鄉，而終不能忘情於舊鄉，仁之至，義之盡也。

亂曰：已矣哉！國無人兮，莫我知兮，又何懷乎故都？既莫足與爲美政兮，吾將從彭咸之所居。

黨人嫉妒，下女難求，蘭芷不芳，蕙茝爲茅，是舉國而無一人知我也。然我不見知，猶可言也。國無人莫足與爲美政，則帝高陽以來之宗緒將至此而卒斬矣。同姓親臣舍，死將安歸哉？○遠集無所止，不覺有懷於舊鄉，而舊鄉復無可懷，徒坐視國政之傎而即於亂亡，故反覆審處，終覺死不可讓也。